Jenseits der Tradition?

Judaism, Christianity, and Islam – Tension, Transmission, Transformation

Edited by Patrice Brodeur, Carlos Fraenkel, Assaad Elias Kattan, and Georges Tamer

Volume 2

Jenseits der Tradition?

Tradition und Traditionskritik
in Judentum, Christentum und Islam

Herausgegeben von
Regina Grundmann und Assaad Elias Kattan

DE GRUYTER

Gedruckt mit freundlicher Unterstützung des Exzellenzclusters „Religion und Politik in den Kulturen der Vormoderne und der Moderne“ an der Westfälischen Wilhelms-Universität Münster aus Mitteln der Exzellenzinitiative des Bundes und der Länder.

ISBN 978-1-61451-681-1
e-ISBN (PDF) 978-1-61451-313-1
e-ISBN (EPUB) 978-1-5015-0017-6
ISSN 2196-405X

Library of Congress Cataloging-in-Publication Data
A CIP catalog record for this book has been applied for at the Library of Congress.

Bibliografische Information der Deutschen Nationalbibliothek
Die Deutsche Nationalbibliothek verzeichnet diese Publikation in der Deutschen Nationalbibliografie; detaillierte bibliografische Daten sind im Internet über http://dnb.dnb.de abrufbar.

Typesetting: epline, Kirchheim unter Teck
Printing: CPI books GmbH, Leck
♾ Printed on acid-free paper
Printed in Germany

www.degruyter.com

Inhaltsverzeichnis / Table of Contents

Regina Grundmann / Assaad Elias Kattan
Vorwort / Foreword —— **1**

Vorüberlegungen / Preliminary Reflection

Georges Tamer
Vorwärts Richtung Vergangenheit? Anmerkungen zur Entwicklung und Beschaffenheit von ‚Tradition' in Judentum, Christentum und Islam /
Forward to the Past? Remarks on the Nature and Development of 'Tradition' in Judaism, Christianity, and Islam —— **5**

Judentum / Judaism

Dagmar Börner-Klein
Interpretation der Tradition. Zur Frage der Anwendung der Kapitalgerichtsbarkeit nach rabbinischem Recht /
Tradition Interpreted: Enforcement of Death Penalties According to Rabbinic Law —— **18**

Regina Grundmann
„Die Knochen Ḥiwis, des Hündischen, sollen zermahlen werden." Die fundamentale Traditionskritik des Ḥiwi al-Balkhi /
"Let the Bones of Ḥiwi the Dog be Ground to Dust": Ḥiwi al-Balkhi's Radical Criticism of Tradition —— **32**

Peter Sh. Lehnardt
Die hebräische liturgische Poesie in Italien im Lichte des Aufeinandertreffens von Traditionen. Werden und Wirken einer Randbemerkung Abraham Aben Esras in seinem Kohelet-Kommentar /
Hebrew Liturgical Poetry in Italy in the Light of the Encounter of Traditions: History and Impact of a Marginal Note by Abraham Aben Esra in His Commentary on Koheleth —— **59**

Farina Marx
Kompilation oder Interpretation? Der Yalkut Shimoni zu Habakuk /
Compilation or Interpretation? The Yalkut Shimoni on Habakkuk — **74**

Ephraim Meir
Zu einer „proflexiven“ Philosophie und „Proligion“ – eine Inbeziehungsetzung der Philosophie Franz Fischers zum dialogischen Ansatz Martin Bubers /
“Proflexive” Philosophy and “Proligion” – Franz Fischer’s Philosophy Related to Martin Buber’s Dialogical Approach — **89**

Christentum / Christianity

Hermut Löhr
Das „neue“ und das „alte“ Gebot. Der Dekalog als Traditions- und Innovationstext im frühesten Christentum /
The “New” and the “Old” Commandment: The Decalogue between Tradition and Innovation in the Early Church — **111**

Gerd Althoff
Papst Urban II. und das Massaker von Jerusalem. Zur Legitimation der Gewalt gegen ‚Ungläubige‘ /
Pope Urban II and the Massacre of Jerusalem: The Legitimation of Violence against the ‘Infidels’ — **129**

Klaus Müller
Plastizität des Gottdenkens. Über den Stachel der Geschichtlichkeit im Vernunft-Glaube-Verhältnis /
The Plasticity of Thinking about God: The Thorn of Historicity in the Relationship between Faith and Reason — **153**

Jürgen Werbick
Heilige Schrift und kirchliche Tradition – Identifikationsorte christlichen Glaubens /
Holy Scripture and Church Tradition – Identification Loci of Christian Faith — **171**

Assaad Elias Kattan
Heilige Tradition? Tradition und Traditionskritik in der christlichen Orthodoxie am Beispiel der Frage nach dem Frauenamt /
Holy Tradition? Women's Ordination as a Paradigm of Tradition and Criticism of Tradition in Orthodox Christianity — **183**

Islam

Angelika Neuwirth
Koranforschung – eine ‚politische Philologie'? Überlegungen zum Koran im spätantiken Horizont /
Koranic Scholarship: A 'Political Philology'? Reflections on the Koran against the Background of Late Antiquity — **195**

Ursula Günther
Die Bedeutung von Tradition für den Zugang muslimischer Jugendlicher zum Islam /
The Significance of Tradition for Muslim Adolescents and their Approach to Islam — 220

Perry Schmidt-Leukel
Traditionen überschreiten durch interreligiösen Dialog. Anmerkungen zum buddhistisch-islamischen Dialog aus christlicher Sicht /
Transgressing Traditions through Interreligious Dialogue: Buddhist-Islamic Dialogue from a Christian Perspective — **241**

Namenregister — 261

Geographisches Register — 264

Vorwort

Vom 11. bis 13. Juli 2010 fand an der Westfälischen Wilhelms-Universität Münster die Tagung *Beyond Tradition? Tradition und Traditionskritik in den Religionen* statt, die durch den Exzellenzcluster *Religion und Politik in den Kulturen der Vormoderne und der Moderne* finanziert wurde. Ziel der Tagung war es, aus den unterschiedlichen Forschungsperspektiven verschiedener Disziplinen das Wechselspiel von Tradition und Traditionskritik in Judentum, Christentum und Islam zu untersuchen, das die Entwicklung der drei Religionen entscheidend geprägt hat. Im Vordergrund der Tagung standen die vielfältigen historischen und gegenwärtigen Erscheinungsformen von Kritik an den überlieferten Traditionen sowie die dynamischen Prozesse, die eine solche Kritik in Judentum, Christentum und Islam ausgelöst hat.

Für die Tagung konnten Referentinnen und Referenten aus der Ethnologie, Geschichte, Islamwissenschaft, Islamischen Theologie, Judaistik, Philosophie, Religionswissenschaft, den Sozialwissenschaften und christlichen Theologien gewonnen werden. Ein Großteil der auf der Tagung gehaltenen Vorträge ist in überarbeiteter Form in dem vorliegenden Band versammelt. Die vorliegende Publikation strebt keinen umfassenden und systematischen Überblick über die Thematik an, sondern liefert eine Reihe von thematisch und historisch breit gefächerten Fallstudien.

Die Beiträge verdeutlichen, dass implizite bzw. explizite Kritik an religiösen Traditionen sowie deren sich stillschweigend vollziehende Umwandlungsprozesse keineswegs nur in der Moderne zu beobachten sind. Auch unter den Bedingungen spätantiker und mittelalterlicher Kulturen waren Verschiebungs-, Umdeutungs- und Kritikvorgänge innerhalb religiöser Traditionen möglich. In nicht wenigen Fällen scheinen sie sogar eine unabdingbare Voraussetzung dafür gewesen zu sein, dass religiöse Traditionen weiter bestehen und als ‚Tradition' rezipiert werden konnten. Insofern zeugen die hier gebotenen Analysen von dem komplexen Zusammenspiel von Normativität und Dynamik religiöser Traditionen und dekonstruieren einen dogmatischen Traditionsbegriff. Als zentrales Ergebnis ist festzuhalten, dass Kritik an religiösen Traditionen zu einem integralen Bestandteil der Tradition selbst werden kann, ein Phänomen, das sich bereits für Spätantike und Mittelalter nachweisen lässt und sich unter den Bedingungen der Moderne deutlich intensiviert hat.

Dem Exzellenzcluster *Religion und Politik in den Kulturen der Vormoderne und der Moderne* danken wir sehr herzlich für die Finanzierung der Tagung und des vorliegenden Bandes. Unser Dank gilt zudem den Herausgebern der Reihe *Judaism, Christianity, and Islam – Tension, Transmission, Transformation* für die

Aufnahme des Bandes und Frau Dr. Alissa Jones Nelson (De Gruyter) sowie Herrn Dr. Albrecht Döhnert (De Gruyter) für die unterstützende Begleitung bei der Herausgabe.

Zu großem Dank verpflichtet sind wir unseren Hilfskräften Frau Lisa Andryszak, Frau Elisabeth Donat, Frau Katharina Linnemann M. A., Frau Antje Thul M. A. und Herrn Andres Wischnath, die uns äußerst engagiert bei der Herausgabe dieses Bandes unterstützt haben.

Münster, Centrum für religionsbezogene Studien, September 2014
Regina Grundmann und Assaad Elias Kattan

Foreword

Between 11 and 13 July 2010, the conference *Beyond Tradition? Tradition and Criticism of Tradition in Religions* took place at the University of Münster. The aim of the conference was to examine from the different research perspectives of a number of various disciplines the interplay between tradition and criticism of tradition in Judaism, Christianity, and Islam, an interplay that has significantly shaped the development of the three religions. The focus of the conference was on the diverse historical and contemporary manifestations of criticism of tradition, as well as on the dynamic processes that led to such criticism in Judaism, Christianity, and Islam.

The conference attracted speakers from Cultural Anthropology, History, Islamic Studies, Islamic Theology, Jewish Studies, Philosophy, Religious Studies, the Social Sciences, and Christian theologies. Most of the papers read at the conference appear in this volume in revised form. This publication does not aim for a comprehensive and systematic overview of the theme, but provides a series of thematically and historically wide-ranging case studies.

As a general result, the contributions illustrate that implicit or explicit criticism of religious traditions, as well as its tacit processes of transformation, are by no means only observable in the modern period. Processes of alteration, reinterpretation, and criticism were also possible within religious traditions under the conditions of culture of Late Antiquity and the medieval period. In not a few cases, such processes even seem to have been a necessary condition for religious traditions to exist further and to be received as a 'tradition'. In this respect, the analyses offered here bear witness to the complex interplay of normativity and dynamics of religious traditions, and deconstruct a dogmatic concept of tradition. One central finding is that criticism of religious traditions can become an integral part of tradition itself, a phenomenon that can be detected in Late Antiquity as well as the Middle Ages, and that has intensified significantly under the conditions of modernity.

We would like to express our sincere gratitude to the Cluster of Excellence *Religion and Politics in Pre-Modern and Modern Cultures* for financing the conference and this volume. Our thanks go also to the editors of the series *Judaism, Christianity, and Islam – Tension, Transmission, Transformation* for including our volume, and to Alissa Jones Nelson and Albrecht Döhnert (both of De Gruyter) for their support during publication.

We are also very grateful to our research assistants Lisa Andryszak, Elisabeth Donat, Katharina Linnemann, Antje Thul, and Andres Wischnath, who all showed great commitment in their support for us in the publication of this volume.

Münster, Centre for Religious Studies, September 2014
Regina Grundmann and Assaad Elias Kattan

Georges Tamer

Vorwärts Richtung Vergangenheit?

Anmerkungen zur Entwicklung und Beschaffenheit von ‚Tradition' in Judentum, Christentum und Islam

Abstract: By examining the function and position of religious traditions in Judaism, Christianity, and Islam, the author argues that monotheistic traditions are moving forward into the future while simultaneously turning backwards towards the past. After defining the terms 'religion', 'tradition' and 'religious tradition' and considering the role of traditions in the doctrinal cores of the three monotheistic faiths, the author concludes that religious traditions can be described as spiritually-based convictions that create continuity with the past in terms of the objects of belief, the individual faith, cult and ritual, ethical conduct and self-preserving institutions.

„Vorwärts Richtung Vergangenheit?" – In dieser Frage, die ich meinem Aufsatz[1] als Titel voranstelle, klingt bereits die Grundannahme durch, mit der ich mich dem Phänomen der monotheistischen Traditionen nähern möchte: Der Zukunft entgegenstrebend, bleiben monotheistische Traditionen doch der Vergangenheit zugewandt. Dabei ist man geneigt, mit der Frage „Vorwärts Richtung Vergangenheit?" Paul Klees *Angelus Novus* zu assoziieren, jene aquarellierte Zeichnung eines Engels, die von Walter Benjamin in seiner neunten These über den Begriff der Geschichte metaphorisch zur Beschreibung des *Engels der Geschichte* verwendet wurde: Dieser, so Benjamin, blickt der Vergangenheit ins Auge, während der aus dem Paradies herausdringende Sturm ihn unaufhaltsam einer Zukunft entgegen treibt, der er den Rücken zugewandt hält.[2] In der Tat verknüpfen religiöse Traditionen Zukunft, Gegenwart und Vergangenheit miteinander. Gleich dem Engel der Geschichte, der eigentlich selbst ein Geschöpf der Gegenwart ist, bleiben sie in ihrer konstanten Vorwärtsbewegung Richtung Zukunft doch immerzu der Vergangenheit verhaftet.

Die Beschreibung solcher Prozesse bildet den Gegenstand der folgenden Ausführungen, in denen ich beabsichtige, Funktion und Bedeutung religiöser Tradi-

1 Es handelt sich beim vorliegenden Beitrag um die deutsche Fassung meines auf Englisch gehaltenen Vortrags auf der Tagung „Beyond Tradition? Tradition und Traditionskritik in den Religionen" (Juni 2010). Der Text behält weitgehend den Charakter des mündlichen Vortrags. Regina Grundmann, Assaad Elias Kattan und Hanna Röbbelen sei für kritische Anmerkungen gedankt.

2 Vgl. Walter Benjamin, *Gesammelte Schriften*, 697.

tionen in Judentum, Christentum und Islam zu beleuchten. Nach einer kurzen Definition der multivalenten Begriffe ‚Religion', ‚Tradition' und ‚religiöse Tradition' werde ich herausarbeiten, welche Rolle diese Traditionen im doktrinären Kern der jeweiligen Religion spielen. Denn oft wird der doktrinäre Kern einer Religion unter den über Generationen akkumulierten Traditionen unverändert konserviert. Ohne mich im gegenwärtigen Rahmen auf eingehende Analyse dieses komplexen Zusammenhangs einlassen zu können, möchte ich mit meinen allgemein gehaltenen Ausführungen in das Thema von Tradition und Traditionskritik in den Religionen aus religionsneutraler, philosophisch-kritischer Perspektive einführen.

I

Religion kann als die Gesamtheit unterschiedlicher theoretischer und praktischer Konstrukte verstanden werden, mit Hilfe derer Gemeinschaften und Individuen versuchen, die Kluft zwischen der Beschränktheit der alltäglichen Existenz und dem Bestreben, diese Beschränktheit zu transzendieren, zu schließen. Religiöse Heilsversprechen bilden den Bezugspunkt für ein solches Bestreben.[3] Um die Kluft zwischen aktuell-empfundener Beschränktheit und ersehnter Transzendenz zu überwinden, nutzt die Religion eine Reihe von aussagekräftigen Metaphern und Symbolen, die Religionsangehörigen Ahnung von einer erstrebenwerten, im Bereich des Noch-Nicht-Seienden, dennoch als Möglichkeit vorhandenen Realität vermitteln sollten. Religion erscheint demnach als eine existentielle Konzeption des Universums, innerhalb derer sich die menschliche Existenz, das menschliche Befinden, zu vollziehen hat.[4] Dabei fungiert Religion als ein Bezugsrahmen, der den außergewöhnlichen Merkmalen des menschlichen Lebens einen Sinn verleiht. Oder aber sie ist die innere Ordnung, in der das Mysterium dieser Welt sich löst.[5]

Außerdem stellt Religion jene Bedeutungssysteme bereit, die es dem Menschen ermöglichen, in einer Gesellschaft mit anderen zusammen zu leben. In diesem Zusammenhang möchte ich anmerken, dass dieser Aspekt der Religion von arabischen Philosophen besonders betont wurde, und zwar von jüdischen

3 Vgl. dazu: Hervieu-Léger, *Religion as a Chain of Memory*, 3. Um den Lesefluss nicht zu beeinträchtigen, wurden alle direkten Zitate aus fremdsprachlicher Literatur wörtlich ins Deutsche übersetzt.

4 Parsons, *Introduction to Max Weber*, 102.

5 Vgl. Batside, *Les Amériques noires*, 33–34.

und muslimischen gleichermaßen, wie zum Beispiel von al-Fārābī, Avicenna, Averroes und Maimonides. Diese erkannten die Rolle der Religion bei der Schaffung und Bewahrung der sozialen Ordnung an und bewerteten in diesem Sinne die Prophetie unter Berücksichtigung der Bedeutung religiöser Vorschriften für die Förderung des sozialen Friedens. Damit stellt sich die Religion als ein Impuls dar, der theoretische Vorstellungen vom Jenseits – sowie deren Implikationen für einen sozialen und politischen Idealzustand – in einer Linie mit dem persönlichen Ringen um die Erfüllung spiritueller, moralischer und ethischer Anforderungen erscheinen lässt. Eine Konzeption der Religion wird damit manifest, die ausnahmslos alle sozialen Zusammenhänge umfasst.

Im Falle des Monotheismus steht die Kommunikation zwischen einem persönlichen Gott und dem Menschen im Mittelpunkt der Religion. Demnach hat Gott seinen Ursprung in einer unsichtbaren, transzendenten und erhabenen Welt. Jedoch wird die transzendente Welt als Teil eines Offenbarungsprozesses angesehen, der es der materiellen Welt erlaubt, mit ihr verbunden zu sein. Insofern zelebriert Religion den Moment des emotionalen Kontakts mit einer überwältigenden göttlichen Präsenz, die direkt in ihrem Bekanntwerden zur Schaffung einer Institution führte, deren Zweck ist, in all ihren Mysterien dieses Zusammentreffen zu bewahren. Darunter fallen „Glaubensinhalte, Dienste und Riten, die eine elementare Erfahrung bewahren, in Erinnerung rufen, aufbauen, vermitteln, weiterleiten, verbreiten, möglicherweise wiedererwecken – oder am Leben erhalten," um diese Erfahrung, „die in sich selbst unerträglich, vergänglich, unbeschreiblich und begrenzt" ist, „in Kürze durchführbar, beständig, unvergesslich und universell in Zeit und Raum zu machen."[6] Demzufolge schafft die Religion eine Verbindung zwischen Vergangenheit und Gegenwart; die Vergangenheit wird vergegenwärtigt, wird zum untrennbaren Teil des aktuellen Geschehens, dessen Gegenwart durch die wiedergeholte Präsenz der Vergangenheit die Grenzen des Augenblicks sprengt, um die Fülle der Zeit zu repräsentieren. Ebenfalls fallen durch die Vergegenwärtigung eines vergangenen Geschehens räumliche Schranken weg; dessen ursprünglicher Ort wird präsent im Hier der erinnernden Handlung, das wiederum im gleichen Zug jedwede Raumbegrenzung überschreitet.

Der Religionsbegriff umfasst fünf Aspekte, die zusammen genommen den Inhalt von Religion ausmachen. Unter diese fünf Aspekte fallen 1.) jene Dinge, für die Wahrheit beansprucht wird. Dies schließt den objektiven Gehalt der Religion ein, jene Glaubensüberzeugungen, die eine bestimmte Religion bei ihren Anhängern voraussetzt; 2.) der Glaube. Dieser beinhaltet die subjektiven Gefühle und religiösen Emotionen der einzelnen Gläubigen; 3.) der kultisch-rituelle Aspekt,

6 Hervieu-Léger, *Religion as a Chain of Memory*, 79–88.

der alle Merkmale von Ritual und Kult einschließt; 4.) ethisches Verhalten, d.h. all diejenigen Vorschriften, mit denen die Interaktion der Menschen untereinander geregelt wird und die nicht unter die Rubrik Kult und Ritual fallen. Ethisches Verhalten beinhaltet oftmals ethische Gebote und kann auch den Bereich des Gesetzes berühren; und schließlich 5.) der soziologische Aspekt, der Religion von ihrer institutionellen Seite beschreibt. Dieser Aspekt beinhaltet auch die Art und Weise, wie sich eine Religionsgemeinschaft von ihren Konkurrenten unterscheidet und abgrenzt.[7]

Obwohl sie gleichbleibend erscheint, befindet sich Religion in Wirklichkeit in einem ständigen Prozess des Wandels, der vor allem durch die Bindung der Religion an das soziale Leben ihrer Anhänger begründet ist. Wie beständig sie auch sein mögen, so sind die Verbindungen der Religion mit der Vergangenheit doch unentwegt dem Risiko ausgesetzt, sich allmählich aufzulösen oder abgeschnitten zu werden. Immerzu ist es der Anfang: Religion überlebt durch ständige Neudefinition ihrer selbst in einem fortlaufenden Transformationsprozess, der epochalen, sozialen und umgebungsimmanenten Faktoren Rechnung trägt. Hierin wird sie stabilisiert durch die Aufrechterhaltung ideologischer, ritueller und sozialer Konstanten, die als Traditionen bezeichnet werden.

II

Im weiteren Sinne kann Tradition als ein ideologischer Prozess definiert werden, der eng mit einer Vergangenheit verbunden ist, die ungebrochen als normative Referenz gilt, wodurch gewisse Institutionen über die Zeit hinweg bewahrt werden. Tradition bezeichnet die Beziehung einer konstituierten Religionsgemeinschaft mit der Vergangenheit sowie die Art und Weise, wie die Vergangenheit für die Gegenwart relevant wird. Tradition legt Konformität fest, die aus einem tradierten Bedeutungskodex resultiert. Demzufolge vermittelt sie Werte, die das individuelle und kollektive Verhalten bestimmen und die von Generation zu Generation weitergegeben werden. Sie ist ein Erbe, das eine Ordnung bestimmt und aufrechterhält, indem sie den transformierenden Effekt der Zeit in eine konservierende Funktion umwandelt. Die akkumulierten Schichten der Geschichte werden damit zur Bewahrung einer anfänglichen Kernphase eingesetzt, aus der die Tradition ihre Legitimität und Autorität schöpft.[8]

7 Die oben angeführte Darstellung stützt sich auf Haussig, "A Religion's Self-Conception of 'Religion'", 20–21.

8 Vgl. dazu Balandier, *Le désordre*, 36–37.

Des Weiteren bezieht sich Tradition auf eine Reihe symbolischer oder ritueller Praktiken, die bestimmten, in der jeweiligen Gesellschaft meistens unhinterfragt akzeptierten Regeln folgen und Kontinuität und Bewahrung von Vergangenem zum Ziel haben.[9] Die Vergangenheit, auf die sich Traditionen stets beziehen, ob diese nun wirklich oder erfunden ist, schreibt feststehende, normalerweise formalisierte Praktiken vor, die immerzu von Neuem wiederholt werden müssen. Ihre Vereinbarkeit bzw. gar Deckungsgleichheit mit dem jeweiligen Präzedenzfall in der Geschichte muss gewährleistet sein.[10] Denn Zweck und Merkmal von Traditionen, einschließlich erfundener Traditionen, ist Beständigkeit. In diesem Sinne begründen bzw. legitimieren Traditionen religiöse Institutionen; es entstehen Macht- und Autoritätsbeziehungen, wodurch es zu einer starken Verknüpfung von Gegenwart und Vergangenheit kommt.

> Jedoch erzwingt die Tradition nicht bloß die permanente Wiederauflage eines immer gleichen Sets an Taten, Überzeugungen und Systemen über Generationen hinweg; sie ist vielmehr auch in sich selbst kreativ und gestalterisch. So bringt die Tradition eine lebendige Welt voller kollektiver Bedeutungen mit sich, in der tagtägliche Erfahrungen, die Gruppen oder Individuen zerstören können, in Beziehung zu einer unveränderlichen, notwendigen Ordnung stehen, die bereits vor Individuen und Gruppen bestand. [...] Diese imaginative Handlungskraft impliziert, dass die Vergangenheit als die alleinige Quelle der Gegenwart verstanden werden kann. [...] Tradition ist die Autorität, die der Vergangenheit zugeordnet wird, um die Probleme der Gegenwart zu lösen. [...] Sie verleiht der Vergangenheit transzendente Autorität.[11]

Somit gestaltet sich Tradition als

> der Korpus an Repräsentierungen, Bildern, theoretischer und praktischer Intelligenz, Verhalten, Einstellungen und so weiter, die eine Gruppe oder Gesellschaft im Namen der notwendigen Kontinuität zwischen Vergangenheit und Gegenwart akzeptiert.[12]

Diese beschriebene Kontinuität ist in ständigem Fluss und das, was sie hervorbringt, daher nicht festgelegt, obschon es sich immer auf dieselbe Quelle bezieht. Weltweit haben sich Gesellschaften über die Jahrhunderte hinweg unübersehbar gewandelt. Nichtsdestotrotz bleiben jene Traditionen, die zwischen den transformierten Gesellschaften und deren Ursprüngen eine Verbindung aufrechterhalten, unbeschadet bestehen – und das, obwohl sie die Konturen der veränderten

---

9 Vgl. Hobsbawm, *The Invention of Tradition*, 1.

10 Vgl. Hobsbawm, *The Invention of Tradition*, 2–3.

11 Hervieu-Léger, *Religion as a Chain of Memory*, 86.

12 Hervieu-Léger, *Religion as a Chain of Memory*, 87.

Situation formen oder vielleicht sogar andersherum: obwohl sie von den Konturen der veränderten Situation geformt werden.

Tradition ist demnach eine transformierende, zugleich stabilisierende Kraft, die auf die Vergangenheit zurückgreift, um die Gegenwart zu gestalten. Jedoch kann ein solcher Rückgriff auf die Vergangenheit, wenn er in erster Linie aus einem bloßen Interesse an der Vergangenheit motiviert ist und keine regulierende Wirkung gegenüber der Gegenwart entfaltet, auf die Gegenwart auch störend wirken. Dies gilt in unserem Zeitalter in besonderem Maße für religiöse Traditionen, die dem Geist der Moderne fremd sind, dennoch das Verhalten ihrer Anhänger bestimmen. Da die Vergangenheit, durch die sie inspiriert sind, durch unmittelbares Einwirken des Göttlichen charakterisiert ist und somit auf einzigartige Weise mit einer enormen Gestaltungskraft versehen ist, stellt sich der Versuch, solche Traditionen zu modernisieren in den meisten Fällen als ein Unterfangen dar, das sich kaum durchführen lässt.

III

In Rekurs auf den oben knapp dargestellten Religionsbegriff können religiöse Traditionen als spiritualitätsbasierte Überzeugungen beschrieben werden, die hinsichtlich der doktrinären Glaubensinhalte, des individuellen Glaubens, des Kults und Rituals, des ethischen Verhaltens und der selbsterhaltenden Institutionen in der Gegenwart eine Kontinuität mit der Vergangenheit erzeugen. Auf jeden dieser Punkte sei im Folgenden unser Augenmerk gerichtet.

1) Die doktrinären Glaubensinhalte bilden die Gesamtheit unerlässlicher Glaubensbekenntnisse und der Schriftgläubigkeit, die eine Religion von seinen Anhängern verlangt. Sie erzeugt eine strenge kollektive Identität innerhalb der religiösen Gemeinschaft, durch die diese sich wirksam gegenüber der religiösen Außenwelt absetzen kann. Für Juden bedeutet dies einen strikten Monotheismus und einen getreuen Glauben in die Thora und die rabbinische Literatur. Bei den Christen hingegen setzt es den Glauben an Jesus Christus, als den Heiland, und an sein Werk der Erlösung voraus, ebenso wie den Glauben daran, dass die Bücher, die das Leben Jesu dokumentieren, göttlich inspiriert sind. Für Muslime wiederum ist das religiöse Identifikationsmerkmal die *Schahāda*, ein Bekenntnis zum monotheistischen Glauben und zur Gottesgesandtschaft Muhammads. Dies schließt die Überzeugung von der Erhabenheit des offenbarten Korans mit ein. Gemäß den Glaubensüberzeugungen in jeder der drei Religionen geht das Fundament der jeweiligen Religion auf eine Offenbarung durch Gott zurück. Ferner wird historischer Ereignisse gedacht, die jeweils als Offenbarungsmoment der Vorsehung Gottes interpretiert werden.

Innerhalb der verschiedenen Konfessionen jeder Glaubensrichtung gibt es anerkannte und nicht anerkannte Interpretationen des religiösen Schriftenkorpus. Die individuelle Überzeugung von einer bestimmten Interpretationsart setzt hierbei die Trennlinien zwischen den unterschiedlichen Konfessionen. Die doktrinären Standards entsprechen den theologischen Grundsätzen, die in der Vergangenheit verkündet wurden, und die in der Gegenwart eine Verbindung zwischen den Gläubigen schaffen und ihnen eine Identifizierung miteinander erlauben. Gleichzeitig erzeugen sie eine Verbundenheit zu jener Vergangenheit, die als Zeit der transzendenten Offenbarung geheiligt wird. Mit Hilfe des Mediums der offenbarten Schriften, der orthodoxen Doktrin und – wenn auch nur in geringem Maße – der Glaubensbekenntnisse, die verschiedene Gruppen religiös Gläubiger voneinander unterscheiden, betont die religiöse Tradition unermüdlich die Bedeutung der Geschichte für die Gegenwart. In diesem Zusammenhang ist die Kontinuität von religiösem Wissen, das aus der Vergangenheit stammt und die Gegenwart und Zukunft beeinflusst, ein zentraler Aspekt. Jenseits des Verständnisses dessen, was überliefert wurde, enthalten Traditionen nämlich auch einen geheimen Schlüssel zur Dekodierung unergründlicher Situationen in der Gegenwart. Dabei gilt: Die

> Wahrheit einer religiösen Tradition ist eher die Wahrheit der *Story* als die Wahrheit des Arguments. Anstelle der Datenanalyse eines Wissenschaftlers macht der religiöse Geist eine Synthese von Bildern. Anstelle von Theorien verfügt die religiöse Person als Eingeweihte über das Wissen des Mythos.[13]

Die Kenntnis der *Story* wird im Kontext von religiöser Tradition zu einer Enthüllung wahren Wissens durch eine Aufdeckung dessen, was wirklich geschah. Als solche sind die eschatologischen Offenbarungen, die in Schriften dargebracht wurden, auch ein – in der Vergangenheit errichteter, auf eine unendliche Zukunft ausgerichteter – Bezugsrahmen zum Umgang mit der Gegenwart.

Letztlich repräsentiert die Gesamtheit aus religiösem und theologischem Wissen die kontinuierliche Bemühung vieler Generationen von Denkern darum, sowohl mit den jeweiligen zeitgebundenen Umständen als auch mit der Crux einer endgültigen Offenbarung zurechtzukommen. Dieser übermittelte Korpus aus geistlichen Informationen fungiert als Verbindung zwischen Vergangenheit und Gegenwart. Das heißt, dass diejenigen, die in der Gegenwart leben, sich – indem sie in den Fluss der Tradition eintauchen – sicher sein können, dass sie auf genau die gleiche Weise wie einst von der Offenbarung festgelegt, Wissen suchen

13 Hammann, *Exploring the Labyrinth*, 118–119.

und Wissen erwerben. Sie sind überzeugt, dass sie dadurch die Zukunft in ihren beiden Varianten sichern: einerseits die weltliche Zukunft der Gemeinschaft und andererseits die eigene individuelle Zukunft im Jenseits.

2) Was auch immer eine Doktrin fest- und vorschreiben mag, der Glaube bleibt letztlich eine Angelegenheit von tiefer persönlicher und gemeinschaftlicher Natur. Daher mag bisweilen eine große Kluft zwischen den lehrbuchmäßigen Äußerungen einer orthodoxen Autorität und den Glaubensbekundungen eines Laien bestehen. Volkstümliche Darstellungen von Frömmigkeit können sowohl von religiösen Autoritäten gefördert werden als auch ein spontaner Ausdruck des Glaubens jenseits der Grenzen der Orthodoxie sein. Nicht zuletzt können sie auch von einem Brauch herrühren, der bereits vor Ankunft der Religion und Festigung der religiösen Traditionen bestanden und sich als derart beständig erwiesen hatte, dass er in den später entstandenen religiös-pragmatischen Korpus integriert wurde. Die Beziehung zwischen solchen Bräuchen und dem doktrinären Kern von Religionen ist typischerweise angespannt, doch gehören Variationen in der Art des Glaubens zur Gesamtheit religiöser Traditionen schlichtweg dazu: Sie erzeugen eine Kontinuität mit der Vergangenheit – zwar nicht zwangsläufig mit der Vergangenheit der Gemeinschaft der Gleichgläubigen, wohl aber mit der Vergangenheit einer bestimmten Region, einem Ort, einer ethnischen Gruppe oder sozialen Klasse. Diese Glaubenstraditionen sozusagen konstruieren kollektive Identitäten und tragen zu einem einheitlichen religiösen Andenken bei. Sie schmieden ein einzigartiges Gefühl von kollektivem Selbst, das gemeinschaftlich geteilt wird innerhalb einer Gemeinde, die Vergangenheit und Gegenwart überbrückt, und nach einer eschatologischen Zukunft strebt. Tiefer persönlicher Glauben erscheint folglich als eine Erfahrung, die zu jenem Kontinuum beiträgt bzw. in jenem Kontinuum erwächst, das sich zwischen den Gläubigen der Vergangenheit und den Gläubigen der Gegenwart auftut. Die Existenz innerhalb dieses über Zeiten und Räume hinweg bestehenden Kontinuums ist an sich schon eine Quelle von Gruppensolidarität und Gemeinschaftsidentität.

3) Die rituellen und zeremoniellen Bräuche der monotheistischen Religionen dienen der Erhaltung früherer Erfahrungen und bilden eine wichtige Verbindung zur Vergangenheit, die durch ihre Vergegenwärtigung in einer Art präsent wird, dass von ihr auch die Zukunft berührt wird. Die liturgischen Feiertage des Judentums liefern hierfür ein geeignetes Beispiel:

> Der Kreislauf der jüdischen Feste liefert offensichtlich ein Paradigma der spezifischen Natur religiösen Rituals. [...] Was einen religiösen Ritus in Beziehung zu allen anderen Formen sozialer Ritualisierung charakterisiert, ist, dass die regelmäßige Wiederholung eines rituellen Setzmusters von Worten und Gesten dazu dient, den Verlauf der Zeit (genauso wie die Vergänglichkeit jedes individuellen Lebens, das in die Kette eingegliedert ist) zu kennzeichnen, und zwar durch die Zurückberufung auf die grundlegenden Ereignisse, die der Kette

> ermöglichten, ihre Macht zu bilden und/oder diese zu bekräftigen, um bei vergangenen und noch bevorstehenden Wechselfällen des Lebens zu bestehen.[14]

Auch die Christen durchlaufen einen Jahreskreislauf der Kirche, der sich nach dem Leben Jesu Christi richtet und in Form von jährlichen Feiertagen der wichtigsten Stationen im Leben Jesu Christi gedenkt. Nicht zuletzt verleiht das Durchleben und das Nachvollziehen der Ereignisse im vorbildhaften Leben Jesu der Kirche Macht. Gemäß einer mystischen Deutung der orthodoxen Kirchen ist z. B. die Eucharistie eine Vergegenwärtigung des von Jesus dargebrachten Opfers und seiner Auferstehung. In gleicher Weise dienen die täglichen Gebete der Muslime, ihr jährliches Fasten und verschiedene andere Praktiken wie das Pilgern dem muslimischen Gedenken an den Propheten und der Bewahrung seiner Lehre. Der Islam selbst wurde auf fünf Glaubenssäulen errichtet, dem Glaubensbekenntnis, dem Beten, dem Fasten, der Pilgerfahrt und den Almosen. Diese Säulen stützen die Glaubensgemeinde im Inneren; sie geben ihr Struktur und Halt und dienen als Abgrenzungsmerkmal gegenüber der Außenwelt. Jede Lesung des Korans in seiner sprachlichen Unverändertheit verwirklicht die ursprüngliche Offenbarung in der jeweiligen Zeit ihrer Zuhörerschaft.

4) Religion stellt ein Raster aus Sinn und Bedeutung bereit, durch das soziales Verhalten erst entstehen und sich ausbreiten kann. Das heißt, religiöse Tradition stiftet Beständigkeit, Lebensmotivation und Lebenssinn. Die Kontinuität mit der Vergangenheit, die in religiösen Traditionen zum Ausdruck kommt, legitimiert indessen bestehende soziale Institutionen und verleiht ihnen Bedeutung. Die *Sunna*, d. h. der ‚Brauch' oder die ‚Gewohnheit' des Propheten Muhammad, dient in diesem Zusammenhang als Paradebeispiel. Die Angewohnheiten des Propheten Muhammad und seiner Zeitgenossen wurden in der *Hadith*-Literatur festgehalten. Die überlieferten Aussagen, Anweisungen und individuellen Angewohnheiten seiner Person werden von gläubigen Muslimen nachgeahmt bzw. befolgt. Diese Befolgung entspringt einer religiösen Überzeugung, dass gewisse Dinge immer auf eine bestimmte ideale Weise getan wurden bzw. getan werden sollten. Dabei geht es in erster Linie darum, einwandfreie religiöse Performanz anzustreben. Durch das Verhalten in Übereinstimmung mit einem bestimmten Korpus an Traditionen wird die Zugehörigkeit zu einer religiösen Gruppierung affirmiert.

5) Tradition dient, indem sie Kontinuität mit der Vergangenheit herstellt, außerdem als effektive Quelle für Autorität, Macht und Legitimität, die ihrerseits wiederum zu einem Teil des Korpus von Traditionen wird. Schließlich erzeugt

---

14 Hervieu-Léger, *Religion as a Chain of Memory*, 125.

die erfolgreiche Aufrechterhaltung der Verbindung zur Vergangenheit – zumal durch Zeiten größter Schwierigkeiten hindurch – Autorität in der Gemeinschaft der Gläubigen. Autorität, die sich dann in den Händen derjenigen konzentriert, die als *Bewahrer* auftreten. Im Judentum beispielsweise besetzen die Rabbiner seit der Zerstörung des Zweiten Tempels durch die Römer eine Autoritätsposition in der Gemeinde. Ihre Autorität speist sich jedoch nicht aus dem Blut Levis, sondern vielmehr aus der Fülle an Wissen, über das sie verfügen. Ihre weitreichende Rechtsexpertise ermächtigte Rabbiner zu Gesetzgebung und juristischer Stellungnahme, was belegt, dass Kenntnis der religiösen Tradition als Quelle spiritueller (und womöglich politischer) Legitimität diente. Ganz ähnlich ist es aus dem historischen Christentum belegt, wo die Erhaltung der christlichen Religion Traditionsbewahrern (d. h. Theologen und Klerus) zu Machtpositionen verhalf. Von besonderem Interesse ist die Weitergabe von Autorität in Form der ‚apostolischen Sukzession': Jesus gab die Autorität an die Jünger weiter, die sie wiederum ihren Nachfolgern im Amt übertrugen. Die Autorität wird folglich über Generationen entsprechend dem Prinzip der Nachfolge von den Älteren auf die Jüngeren übertragen. Das Paradigma eines bestimmtes Führungsmodells war dabei geboren: Jede Herde hat einen Hirten. Entsprechend sollte später der Bischof die Stelle Jesu einnehmen. Üblicherweise zelebriert er feierlich die Eucharistie mit der Gemeinde und übernimmt eine Lehrfunktion ihr gegenüber, wie sie zuvor auch Jesus wahrgenommen hat. Zusammen mit anderen Bischöfen schließt er sich zu einer Art zweiter Jüngerschaft zusammen, deren Aufgabe die Führung der Kirche ist. Die Weitergabe von Macht und Autorität in einer Linie, die nach religiöser Überzeugung vom Ursprung (Jesus) bis zu den allerletzten Dingen, dem Anbruch einer neuen Welt, reicht, wirkt sich auch auf religiöse Wahrheitsansprüche aus. Denn die Überzeugung einer durchgehenden Machtlinie konsolidierte zunächst die Lehrbefugnis der Autoritäten und übertrug ihnen zudem die Entscheidungshoheit darüber, welche religiösen Ansichten als richtig und welche als falsch zu qualifizieren waren, d. h. bei welchen es sich um eine fehlerfreie Orientierung an der Vergangenheit handelte und bei welchen um eine unstatthafte Abweichung vom vergangenheitsinspirierten Pfad der Religion. Und obwohl dem sunnitischen Islam eine zentrale Führungsfigur fehlt, die als gottgewollte Autorität auftritt, so waren theologische Regelungen, die von *Qadis* (Richtern) oder anderen religiösen Persönlichkeiten getroffen wurden und häufig sozio-politische Konsequenzen bargen, doch auch stets durch religiöses Wissen legitimiert. Folglich bedeutete Vertrautheit mit der islamischen Tradition Macht. Vergleichbar damit erkennen auch die schiitischen Muslime Gelehrsamkeit und islamisches Wissen als Grundlage für Führung an. Basierend auf seiner unübertroffenen Gelehrsamkeit wird in der schiitischen Glaubensgemeinschaft eine Person aus der religiösen Elite, den sogenannten *Muǧtahidūn*, mit der Führung der Gemeinde beauftragt. Die

Fähigkeit eines *muǧtahids*, religiöse Einzelfallentscheidungen zu fällen, indem er aus analogen Situationen in den traditionellen Quellen geeignete Schlussfolgerungen anstellt, qualifiziert ihn in den Augen der schiitischen Gemeinde für diese Autoritätsposition. Die betreffende Einzelperson soll die Qualitäten der Gelehrsamkeit und des Verstandes mit denen der höchsten Frömmigkeit und religiösen Hingabe sowie mit einem aufrichtigen Charakter verbinden – gewissermaßen eine Prädestination für das Amt. Es ist schließlich hervorzuheben, dass alle religiösen Autoritäten, gleich welcher Religion sie angehören, innerhalb der Grenzen des spirituellen Vermächtnisses ihrer Religion agieren und navigieren. Durch Erhaltung der Lehren der Vergangenheit und Bewahrung der Einlassungen früherer einflussreicher Gelehrter verfestigen sie ihre Macht in der Gemeinschaft.

IV

Zum Schluss ist es notwendig zu erwähnen, dass religiöse Traditionen nicht nur dazu dienen, eine Verbindung zur Vergangenheit herzustellen und aufrechtzuerhalten, sondern bisweilen auch dazu, eine solche Vergangenheit erst durch intensive Bewahrungsbestrebungen zu konstruieren, unabhängig davon, ob sie in Wirklichkeit existiert hat oder nicht. Somit ist das (Fort-)Wirken bestimmter Traditionen – ungeachtet ihrer Durchsetzungskraft – kein ausreichender Beleg für ihren religionshistorisch tatsächlich bedeutungsvollen Ursprung. Viele Traditionen wurden schließlich zu bestimmten Zeitpunkten schlichtweg als Ellipsen entwickelt, die nur vage in die unergründliche Vorzeit zurückreichten. Verwurzelt in einer solchen Ambiguität sind diese Traditionen vor einem Angriff geschützt. Fast immer ist die Vergangenheit, aus der Warte der Tradition gesehen, „der Prolog. [...] Die Geschichte, die durch religiöse Traditionen generiert wurde, sowohl formal als auch formlos, entweder durch Offenbarung oder Forschung, weist eine ganze andere Perspektive auf.“[15]

Diese Perspektive beinhaltet implizit

> eine ‚Revision‘ mancher Teile ihrer eigenen Vergangenheit, oder im noch größeren Kontext, der universalen Geschichte der Menschheit. Religiös zu sein bedeutet, sich eine bestimmte oder spezifizierte Vergangenheit zu eigen zu machen, eine Vergangenheit, bei der die zeitlichen Grenzen verdeckt dargestellt sein können, eine historische Vergangenheit, in der Dynamiken wirken, die dem Menschenverstand oder sogar bestimmtem Wissen äußerste Gewalt antun können. [...] Jede Tradition wird Ereignisse, ob echt oder imaginär, zu einer schlüssigen Geschichte zusammenfassen, die entweder ihre konventionellen Behauptun-

15 Hammann, *Exploring the Labyrinth*, 79.

> gen rechtfertigt oder ihre Wahrheit verständlich in einen großen, möglicherweise kosmischen Rahmen einbettet.[16]

Dieser Bezugsrahmen kann als ‚Spezialgeschichte' bezeichnet werden.

Indem der Ursprung und das Ende der Welt außerhalb der Zeit gedacht werden, und indem die Ordnung der Welt einem Prinzip jenseits der Gesellschaft zugeschrieben wird, versucht Tradition das Chaos, das mit der Realität verbunden ist, zu beseitigen, während sie diese Realität gleichzeitig der transformierenden Wirkung menschlicher Kontrolle entzieht.[17] Die Vergangenheit wird symbolisch als ein unveränderliches Ganzes jenseits von Zeit und Geschichte konstruiert. Aus religiöser Motivation heraus wird die Vergangenheit aus der Geschichte herausgelöst, indem zentrale Ereignisse über die Zeit hinweg aufgebauscht werden. Dies eröffnet die Möglichkeit, utopisch das Ende der Zeit zu antizipieren. Damit sind religiöse Traditionen, die den Glauben bewahren, befähigt, die Wahrnehmung ihrer Anhänger in gewisser Weise zu beeinflussen: Sie festigen die Gegenwart und schmälern die Ambiguität, indem sie auf eine einstmals dagewesene Version der Wirklichkeit Bezug nehmen, ob sie sich nun mit historischen Fakten decken mag oder nicht.

Dieser Tunnelblick auf die Geschichte spielt eine wichtige Rolle in der Übermittlung von Daten aus der Vergangenheit in die Zukunft: In der Tat bereitet diese Art der ‚Spezialgeschichte' den Boden für einen Fluss von allerlei religiösen Traditionen, so denn der Ursprung der jeweiligen Tradition für gültig erklärt und ihre Bewahrung damit legitimiert wird. Alles in allem dient der spezielle Blick auf die Welt, der sich in der ‚Spezialgeschichte' manifestiert, als äußerer Ring, durch den religiöse Traditionen überprüft und überliefert werden. Das, was jenseits der Tradition zu liegen scheint, wird somit zu einer Bühne für die Kritik an Tradition innerhalb der Reichweite selbsterneuernder Traditionen.

Wie am Anfang meiner Betrachtungen, so kann auch an deren Ende eine Metapher das Verhältnis von Religion und Tradition bildlich veranschaulichen: Die Tradition hängt an der Religion wie der Treibanker am Schiff.[18] Dieser ist gemäß dem Duden eine „bei schwerer See benutzte, ins Wasser gelassene, sackähnliche Vorrichtung, die als Widerstand im Wasser eine bremsende bzw. stabilisierende Wirkung ausüben soll."[19] Genauso ist auch die Tradition ein nach hinten gen Vergangenheit ausgerichtetes Schwergewicht, das die Religion, die Teil einer

---

16 Hammann, *Exploring the Labyrinth*, 82.

17 Vgl. Hervieu-Léger, *Religion as a Chain of Memory*, 84.

18 Die Anregung zum Vergleich der Tradition mit einem Treibanker verdanke ich Peter Sh. Lehnardt.

19 Scholze-Stubenrecht, *Duden – die deutsche Rechtschreibung*.

sich wandelnden, lebendigen Gesellschaft ist, stabilisierend auf Kurs hält. Ohne Treibanker treibt das Schiff orientierungslos, ist auf unruhiger See der Gefahr ausgesetzt, von den Wellen überwältigt zu werden. Eine Religion ohne Tradition droht ebenfalls unterzugehen und entbehrt der Fähigkeit, innerhalb der Gesellschaft Orientierung anzubieten. Damit dies nicht geschieht, muss die Tradition – an der Religion haftend – sich stets mit voran bewegen. Die nach hinten ziehende Schwere der Tradition soll die Vorwärtsbewegung der Religion sichern, gar nicht behindern. Dies wird nur dann möglich, wenn die Tradition von der Gemeinschaft, die sich ihr verpflichtet, als lebendiger Prozess behandelt wird, der entwicklungsfähig ist, ja sogar notwendigerweise den veränderten Umständen entsprechend entwickelt werden muss. Insofern Traditionen *menschliche* Traditionen sind, besitzen sie inhärent Eigenschaften des Menschendaseins. Dazu gehören natürlich Fortschritt und Selbsterneuerung. Sollte die Tradition daran scheitern, zwingt sie die Religion zum Stillstand, was unter der Schwere der Tradition notwendigerweise zum Schiffbruch führt.

Literaturverzeichnis

Balandier, Georges, *Le désordre*: *Éloge du mouvement*. Paris 1988.

Batside, Roger, *Les Amériques noires*. Paris 1967.

Benjamin, Walter, *Gesammelte Schriften*, hrsg. v. Hermann Schweppenhäuser u. Rolf Tiedemann, I,2. Frankfurt 1991.

Hammann, Louis J., *Exploring the Labyrinth*: *Four Approaches to Understanding Religious Traditions*. New York 1987.

Haussig, Hans-Michael, "A Religion's Self-Conception of 'Religion': The Case of Judaism and Islam." In *Islam, Judaism, and the Political Role of Religions in the Middle East*, hrsg. v. John Bunzl, 19–27. Gainesville 2004.

Hervieur-Léger, Danièle: *Religion as a Chain of Memory*, 2. Aufl. New Brunswick 2000.

Hobsbawm, Eric, *The Invention of Tradition*. Cambridge 1992.

Parsons, Talcott, *Introduction to Max Weber*: *The Sociology of Religion*. Boston 1969.

Scholze-Stubenrecht, Werner, Hrsg., *Duden – die deutsche Rechtschreibung*, 25. völlig neu bearb. und erw. Aufl., Der Duden: in zwölf Bänden; das Standardwerk zur deutschen Sprache, I. Mannheim 2012.

Dagmar Börner-Klein

Interpretation der Tradition

Zur Frage der Anwendung der Kapitalgerichtsbarkeit nach rabbinischem Recht

Abstract: Capital punishment is a legitimate sanction in the Hebrew Bible and in the Mishnah, the first collection of legal decisions regarding Jewish law. This collection was written down at the end of the third century and became authoritative in Rabbinic Judaism. Nevertheless, the rabbis used to debate their right to impose capital punishment. On the one hand, biblical and mishnaic law allows the application of the death sentence for Jews; on the other hand, the rabbis had to respect their sovereign's exclusive rights in dealing with capital punishment. This chapter focuses on a specific case of the application of the death penalty by Jewish judges who referred to their right of using their religious law. The whole discussion of the problem reveals that the rabbis had a wide range of arguments at their fingertips from which they could choose the best tool to fit their requirements.

Die Mischna, die die um 200 u. Z. zusammengestellten und in sechs Ordnungen unterteilten rabbinischen Lehren der sogenannten mündlichen Tradition enthält[1], bezieht sich auf folgende Bereiche: 1) Ackerbau und die sich daraus ergebenden steuerlichen Abgaben an den Tempel, 2) Vorschriften zu den religiösen Festen des Jahres, 3) Regelungen des Zusammenlebens zwischen Männern und Frauen, 4) straf- und zivilrechtliche Bestimmungen, 5) Bestimmungen für den Tempelritus sowie 6) Reinheitsvorschriften. Nicht alle diese Vorschriften waren für die rechtliche Praxis der Rabbinen in den folgenden Jahren und Jahrhunderten relevant. Nach der Zerstörung des Tempels im Jahre 70 u. Z., mit der auch der Tempeldienst mit seinen Tieropfern ein Ende fand, waren die Bestimmungen zum Tempelritus nicht mehr praktikabel. Ebenso versiegten die steuerlichen Abgaben an die Priester, die ihr Amt im Tempel nun nicht mehr ausführen konnten. Entsprechend kommentierten die Rabbinen in der babylonischen Diaspora die diesbezüglichen Lehren der Mischna nicht mehr. Sie kommentierten nur einzelne Fälle, die einen interessanten Begründungszusammenhang aufwiesen und daher als Lehrbeispiele im Schulbetrieb benutzt werden konnten.

1 Siehe Schimmel, *Oral Law* und Schäfer, „Dogma".

Als oberste religiöse Instanz entschieden die Rabbinen in Fragen des Festtagskalenders und der religiösen Bräuche und Riten sowie der einzuhaltenden Reinheitsvorschriften. Als richterliche Instanz waren sie für Personenstandsfragen, das Zivilrecht, und das innerjüdische Strafrecht zuständig. Aber sie entwickelten, je nach Stellung der jüdischen Gemeinde im jeweiligen Diasporaland, unterschiedliche rechtliche Praktiken, etwa bei der Rechtsprechung bei Kapitalverbrechen, die im rabbinischen Recht bei erfolgtem Schuldspruch mit der Todesstrafe zu ahnden wären.

In diesem Beitrag soll es darum gehen, die Entscheidungsspielräume der Rabbinen in Bezug auf ihre Rechtspraxis zu beleuchten. Die Quellen zum jüdischen Recht, Mischna, Tosefta und die Talmudim weisen schon früh darauf hin, dass das Kapitalstrafrecht nicht praktiziert wurde. Dennoch sind einzelne Fälle überliefert, in denen dies doch geschah. Anhand eines Falles, der sich auf der iberischen Halbinsel ereignete, soll der Rückgriff der jüdischen Rechtsgelehrten auf die traditionellen Quellen des jüdischen Rechts in diesem Fall nachvollziehbar gemacht werden. Es wird sich zeigen, dass unterschiedliche Interpretationen der Quellen in Bezug auf die Rechtspraxis möglich waren und möglich sind.

1 Die Quellen zur Kapitalgerichtsbarkeit nach jüdischem Recht

Aus einigen Quellen geht hervor, dass Kapitalverbrechen bereits unter der römischen Besatzung zur Zeit des Zweiten Tempels nicht mehr von jüdischen Gerichten gerichtet wurden.[2] Aber Origenes erwähnt in seinem Brief an Africanus[3], dass der Patriarch in Palästina Kapitalverbrechen gerichtet habe. Nach Joh 18,31 („uns ist nicht erlaubt, irgendeinen zu töten“) lag die Vollstreckung der

---

2 Vgl. Juster, *Juifs*, 132–145 u. Neusner, *Rabbinic Traditions*, 103.

3 “But you say, ‘How could they who were in captivity pass sentence of death?’ asserting, I know not on what grounds, that Susanna was the wife of a king, because of the name Joakim. The answer is, that it is no uncommon thing, when great nations become subject, that the king should allow the captives to use their own laws and courts of justice. Now, for instance, that the Romans rule, and the Jews pay the half-shekel to them, how great power by the concession of Cæsar the ethnarch has; so that we, who have had experience of it, know that he differs in little from a true king! Private trials are held according to the law, and some are condemned to death. And though there is not full licence for this, still it is not done without the knowledge of the ruler, as we learned and were convinced of when we spent much time in the country of that people. And yet the Romans only take account of two tribes, while at that time besides Judah there were the ten tribes of Israel. Probably the Assyrians contented themselves with holding them in subjection, and conceded to them their own judicial processes.” Origenes, “Africanus”, 392.

Todesstrafe[4] in den Händen der römischen Verwaltung.[5] Dieselbe Formulierung überliefert noch der babylonische Talmud in Berachot 58a: „Seit dem Tage, an dem wir aus unserem Land in die Verbannung geführt worden sind, haben wir nicht die Erlaubnis, zu töten". Josephus (De Bello 6,2,4) berichtet, Titus habe die Juden bei der Eroberung des Tempels an die Toleranz der Römer erinnert, die ihnen das Recht eingeräumt hatten, jeden Fremden zu töten, der den Tempel betrat. Zeitlin schloß daraus, dass vor der Zerstörung des Tempels der Sanhedrin das Recht an die Römer abtreten musste, Todesstrafen für politische Vergehen zu verhängen. Der religiöse Gerichtshof habe aber bis zur Zerstörung des Tempels die Todesstrafe verhängen können.[6]

Aber auch die rabbinische Literatur selbst spiegelt in Bezug auf diese Sache Uneinheitlichkeit wider. Mischna Makkot 1,10 überliefert die Lehrmeinung, dass der rabbinische Gerichtshof, der einmal im Jahr ein Todesurteil fälle, ein zerstörerischer oder blutiger Sanhedrin zu nennen sei. Demgegenüber behandelt der Traktat Sanhedrin minutiös, wie und wann die vier Hinrichtungsarten – Steinigung, Verbrennung, Enthauptung, Erdrosselung – zu praktizieren sind. Der babylonische Talmud wiederum tradiert eine ausführliche Lehrdiskussion dazu, aus der nicht zu ersehen ist, ob es sich nur um eine theoretische Diskussion handelt, oder um zu praktizierende Rechtsanweisungen. Nach jSanh 1,1 verloren die Juden bereits 40 Jahre vor der Tempelzerstörung das Recht, Todesurteile zu fällen. Nach bSanh 37b wurden Todesstrafen bereits zur Zeit des Zweiten Tempels nicht mehr von einem jüdischen Gerichtshof verhängt:

> Es hat doch Rab Josef gesagt, und ebenso lehrte die Schule Hiskias: Seit dem Tag, da der Tempel zerstört wurde, hat zwar der Sanhedrin zu bestehen aufgehört; doch die vier Hinrichtungsarten haben nicht aufgehört.
> Sie haben nicht aufgehört? Natürlich haben sie aufgehört!
> Vielmehr: *Das Gesetz* der vier Hinrichtungsarten hat nicht aufgehört. Wer durch Steinigung hingerichtet werden sollte, fällt entweder vom Dach oder ein Tier zertrampelt ihn.
> Wer durch Verbrennung hingerichtet werden sollte, fällt entweder in ein Feuer oder eine Schlange beißt ihn.
> Wer durch Enthauptung hingerichtet werden sollte, wird entweder der [heidnischen] Regierung ausgeliefert oder Räuber überfallen ihn. Wer durch den Strang hingerichtet werden sollte, fällt entweder in einen Fluß oder stirbt durch Ersticken.

4 Erwähnung von Kapitalstrafen im Neuen Testament: Matth 15,4; 26,52; Joh 19,10–11; Apg 25,11; Röm 13,1–14.

5 Siehe auch bSanh 41a; bSchab 15a; bRH 31a; jSanh 1,1;18a. Vgl. Mendelsohn, *Criminal Jurisprudence* u. Büchler, „Todesstrafen".

6 Vgl. Zeitlin, "Crucifixion", *JQR* 31 und Zeitlin, "Crucifixion", *JQR* 32.

Aus den Quellen lässt sich erschließen, dass bereits vor der Zeit der Mischna die römische Staatsgewalt den Juden die Ausübung der Kapitalgerichtsbarkeit vorenthielt. Auch später verfügten zwar die jüdischen Gemeinden in der Diaspora über eine gewisse Rechtsautonomie, unterstanden aber gleichzeitig dem jeweiligen Landesrecht. Die Rabbinen formulierten zwar den Grundsatz *dina de-malkhuta dina*,[7] das jeweilige Landesrecht ist zu praktizierendes Recht. Konfliktträchtig war dieses Prinzip aber dann, wenn jüdisches Recht dem Landesrecht entgegenstand. So war es möglich, dass nach jüdischem Recht ein Todesurteil notwendig war, wenn das Landesrecht diese Strafe nicht vorsah. Hier hatten dann die jüdischen Richter zu entscheiden, ob sie sich an jüdischem Recht orientieren wollten und etwa das Risiko einer heimlichen Hinrichtung in Kauf nahmen, oder ob sie den Fall nach jeweiligem Landesrecht aburteilen ließen.

Mittelalterliche Texte belegen nun, dass jüdische Richter auf der iberischen Halbinsel über eine umfangreichere Rechtskompetenz verfügten als ihre Kollegen in Italien, Frankreich oder Deutschland. Ihnen wurde vom jeweiligen Landesherrn zeitweise das Privileg gewährt, Kapitalstrafen zu verhängen.

2 Die Verurteilung eines Mörders nach jüdischem Recht

Nach biblischem Recht ist Mord mit der Todesstrafe zu ahnden. Ein Mörder darf nach Nu 35,30–31[8] nicht durch Geld von seiner Bestrafung ausgelöst, noch von einem Bluträcher zur Strecke gebracht werden. Er muss vielmehr vor Gericht gestellt und dort zum Tode verurteilt werden.[9]

---

7 Siehe bBQ 113b; bBB 54b.

8 „Der Gerichtshof ist verwarnt, kein Sühnegelt für einen Mörder zu anzunehmen, selbst wenn er alles Geld der Welt anbieten würde, und selbst, wenn der Bluträcher einwilligte, ihn laufen zu lassen. Denn das Leben der ermordeten Person ist nicht das Eigentum des Bluträchers, sondern Gottes Eigentum, und die Schrift sagt: *Vielmehr sollst du kein Sühnegeld für das Leben eines Mörders nehmen.* (Nu 35,31) Es gibt kein Vergehen, bei dem das Gesetz so eng ist wie beim Blutvergießen, denn es heißt: *Du sollst das Land nicht verunreinigen, in dem du wohnst, denn Blut verunreinigt das Land.* (Nu 35,33)“ (Maimonides, Hilkhot Rozeach 1,4)

9 „Wenn jemand ein Mörder ist, weil er vorsätzlich getötet hat, darf er nicht durch die Zeugen oder die Zuschauer getötet werden, bevor er vor Gericht gestanden hat und zum Tode verurteilt worden ist, denn die Schrift sagt: *Dass der Mörder nicht sterbe, bevor er vor der Gemeinde zum Gericht gestanden hat.* (Nu 35,12) Dieselbe Regel gilt für jeden, der durch den Gerichtshof des Todes schuldig befunden ist, denn er hat [ein Gebot] überschritten und ein Verbrechen begangen. Er darf nicht getötet werden, bevor er vor Gericht gestanden hat.“ (Maimonides, Hilkhot Rozeach 1,5)

Nach mischnaischem Recht (mSanh 1,4) muss das zur Rechtsprechung von Kapitalverbrechen zuständige Gericht aus 23 Richtern bestehen.[10] Ein Mörder kann jedoch nur hingerichtet werden, wenn es Zeugen für den Mord gibt.[11] Sind keine zwei Zeugen vorhanden, wird der Mörder in Haft genommen und sein Tod durch schlechte Ernährung billigend in Kauf genommen, wie Maimonides es beschreibt:

> Wenn jemand einen Mord begeht, ohne dass dies zwei Zeugen gleichzeitig, wohl aber nacheinander sehen. Oder, wenn jemand vor Zeugen einen Mord begeht, nicht aber zuvor verwarnt wird. Oder, wenn die Zeugenaussagen einander im Kreuzverhör widersprechen, nicht aber in der ersten Untersuchung, so gilt in allen diesen Fällen die Regel, dass der Mörder in eine Zelle eingesperrt wird und mit einer Minimalration an Brot und Wasser ernährt wird, bis sein Magen sich verkleinert hat. Dann aber gibt man ihm Weizen, so dass sein Magen unter der Belastung der Krankheit birst.[12]

Ist aus den zitierten Texten nicht mehr herauszulesen, ob die beschriebenen Beispiele zur Hinrichtung von Mördern konstruiert wurden oder ob sie tatsächliche Fallbeispiele schildern, sind Quellen aus dem 14. Jahrhundert eindeutig, die davon berichten, dass rabbinische Richter die Todesstrafe verhängten.[13]

So verurteilte Jakob ben Ascher (gest. 1340), der Autor der Arba'ah Turim, eines der einflussreichsten Kodifikationswerke des rabbinischen Rechts, zusammen mit einem Tribunal von Rabbinen in Toledo den Denunzianten Joseph ben Samuel zum Tode und lieferte ihn an den königlichen Henker aus.[14] Den Hintergrund für diese Entscheidung dokumentiert das Kodifikationswerk Arba'ah Turim 2, 6 (*Wer getötet hat, wie man ihn derzeit richtet*):

> Obwohl man außerhalb des Landes [Israel] keine Kapitalverbrechen und Prügelstrafen verhängt oder Strafrecht richtet, kann, wenn die Stunde es verlangt, der Gerichtshof, wenn er sieht, dass ein Urteil notwendig ist, wenn das Volk nämlich an den Übertretungen auseinanderbricht, sowohl ein Todesurteil, als auch eine Geldstrafe bei allen Arten von Straftaten verhängen.

---

10 Ein des Mordes angeklagter Hoherpriester hätte sich vor 71 Richtern zu verantworten (mSanh 1,5).

11 Nach mSanh 9,5 muss derjenige, der einen Mord begangen hat, für den es keine Zeugen gibt, in eine Zelle eingesperrt werden.

12 Maimonides, Hilkhot Rozeach 4,8 und 6,5.

13 Dazu Börner-Klein, "Killing"; von Mutius, „Das Apostasieproblem"; De Sola Pool, *Capital Punishment*, 48–51; Kayserling, *Das Castilianische Gemeinde-Statut*, 271; Neumann, *Jews in Spain*, 130–138; Kaufmann, "Jewish Informers"; Epstein, *Responsa*; Régné, "Catalogue".

14 Zitiert bei Kaufmann, "Jewish Informers", 219, Anm. 1.

Die vage Umschreibung „wenn die Stunde es verlangt“ bezieht sich dabei auf den Sachverhalt der Denunziation, wie sie Maimonides beschreibt:

> Es ist gesetzlich, überall einen Denunzianten zu töten, sogar dann, wenn das Richten von Kapitalverbrechen [wegen des Fehlens eines Sanhedrin] aufgehört hat. Es ist gesetzlich, ihn zu töten, bevor er denunzieren kann. Sagt er, ich gehe, um [die Information] über die Person [weiterzugeben] oder das Geld, unabhängig davon, um wieviel es geht, von X in ihre Hände zu spielen, hat er sein Leben verwirkt. Hat er, obwohl er verwarnt wurde, das Verbrechen nicht zu begehen, dennoch gewagt, zu denunzieren, so muss der Gerichtshof ihn hinrichten lassen. [...] In den Städten im Westen ist es oft geschehen, dass Denunzianten entweder getötet, oder an einen nicht-jüdischen [Gerichtshof] ausgeliefert wurden, um ihn zu töten, zu geißeln oder zu inhaftieren, wie es seiner Schuld angemessen war. Demgemäß darf jemand, der der Gemeinde Leid oder Schaden zufügt, Nicht-Juden übergeben werden, um ihn zu geißeln, zu inhaftieren oder mit einem Bußgeld zu belegen, nicht aber jemanden, der einer Einzelperson Leiden oder Schaden zugefügt hat. Auch darf das Eigentum eines Denunzianten nicht konfisziert werden.[15]

Da den jüdischen Gemeinden in den Staaten der iberischen Halbinsel jeweils unterschiedliche Privilegien gewährt wurden, lässt sich keine einheitliche Rechtspraxis in Bezug auf das Strafrecht aufzeigen. Es gibt nur einzelne Zeugnisse für die außergewöhnlichen Verhältnisse in den jüdischen Gemeinden des heutigen Spaniens. So äußerte der 1250 in Deutschland geborene Rabbi Ascher ben Jechiel darüber seine Verwunderung:

> Als ich das erste Mal [nach Spanien] kam, fragte ich verwundert, nach welchem Recht Juden das Recht hätten, heutzutage jemanden ohne einen Sanhedrin gesetzlich zum Tode zu verurteilen. [...] In keinem der Länder, die ich kenne, verhängen die jüdischen Gerichtshöfe Kapitalstrafen, außer hier in Spanien.[16]

Ein ausführlicher Bericht über einen Denunziationsfall, der sich um das Jahr 1280 ereignete, ist durch Salomon ben Adret, der von 1235 bis 1310 in Barcelona lebte, überliefert.[17] Nach einem langwierigen Verfahren war ein Denunziant für schuldig erklärt und hingerichtet worden. Drei Jahre nach der Hinrichtung focht die Familie des Denunzianten jedoch das Urteil bei nicht-jüdischen Behörden mit dem Argument an, ein Justizmord sei begangen worden, denn jüdische Richter hätten nicht das Recht, Todesurteile zu fällen. Sie wiesen weiter darauf hin, dass Todesurteile nach jüdischem Recht nur von einem 23-köpfigen Gerichtshof

---

15 Maimonides, Chovel u-Mazzik 8,10–11.
16 Richter, *Responsen des Ascher ben Jechiel*, 8.
17 Vgl. Kaufmann, “Jewish Informers”, 225.

in Gegenwart von Zeugen und in Gegenwart des Angeklagten verhängt werden könnten. Dieses sei bei der Verurteilung nicht geschehen. Die Behörden verweigerten jedoch eine Anhörung. Salomon ben Adret, der sich für die Verhängung der Todesstrafe ausgesprochen hatte, schilderte den Rabbinen Nordfrankreichs und Deutschlands in einem Brief ausführlich das Gerichtsverfahren, um das Urteil zu rechtfertigen. In diesem Schreiben, das erst 1896 veröffentlicht wurde, weist Salomon ben Adret zunächst darauf hin, dass er eine Denunziation mit der Verfolgung eines Menschen gleichsetzt, die zum Ziel habe, diesen zu töten. Damit klassifiziert er die Hinrichtung eines Denunzianten als Präventivtat, um das Leben eines anderen Menschen zu retten.

Als allgemeine Begründung, warum er sich für die Todesstrafe ausgesprochen habe, verweist Salomon ben Adret auf die Rechtspraxis in Israel, Kastilien, Aragon und Katalonien, nach der es seit Generationen üblich sei, in dieser Weise mit Denunzianten zu verfahren:

> Dass man aber einen als Denunziant bekannten [Menschen] eigenhändig tötet, ist an vielen Orten in Israel geschehen. Und auch Maimonides bezeugte (*Chovel u-Mazzik*), dass man in allen Städten im Westen ebenso verfährt. Und das ist auch täglich der Brauch im Lande Kastilien [...] [und] im Königreich Aragon. Aber auch in Katalonien verfährt man so, sowohl in der Generation, die vor uns lebte, als auch in der unsrigen Generation.[18]

Und weiter heißt es:

> Und selbst, wenn die Halakha in unseren Händen geschwächt ist, können wir so verfahren, wie es auch die frühen Gesetzeslehrer taten, an denen sich alle anderen orientierten [...]. Im Jeruschalmi sagen sie ja [als Begründung] (jPea 20c): Bei jeder Halakha, die in deinen Händen schwach ist, und bei der du nicht weißt, ob es richtig ist [sie anzuwenden], geh und sieh, wie es bei der Gemeinde Brauch ist und handle danach.[19]

Salomon ben Adret folgt hier dem Prinzip, dass der regionale Brauch unter bestimmten Umständen Vorrang vor der Halakha hat.

Nach dieser grundsätzlichen Stellungnahme bezieht sich Salomon ben Adret auf den konkreten Vorwurf, die Zeugen seien weder in Gegenwart des Angeklagten, noch in Gegenwart des Gerichts verhört worden. Dies rechtfertigt er mit folgendem Argument:

> Man sagt, dass man keine Zeugen in Gegenwart eines Richters vernommen hat.

---

18 Übersetzt aus: Kaufmann, "Jewish Informers", 232,10–14.
19 Übersetzt aus: Kaufmann, "Jewish Informers", 232,14–18.

> Wir antworten, selbst bei Strafrechtsfällen vernimmt man [sie] nicht mehrere Male, denn [die Gelehrten] sagen (bBQ 112b): Ist er krank, oder sind seine Zeugen krank, oder sind sie gezwungen, ins Ausland zu gehen, um [sie] zu vernehmen, geschieht das [auch] nicht in seiner [des Angeklagten] Gegenwart.[20]

Aus der folgenden Darstellung Salomon ben Adrets lässt sich jedoch erschließen, dass die Augenzeugen ihren Bericht gar nicht selbst abgegeben hatten. Vielmehr war nur die Aussage eines Zweiten gehört worden, der bezeugte, dass es einen Zeugen für die Denunziation gebe. Dieses Verfahren sei aber, so Salomon ben Adret, nach talmudischem Recht (bBB 96a) gerechtfertigt, nach dem der von jemand Beauftragte dem Auftraggeber gleichgestellt ist:

> In Bezug auf die Angelegenheit der Zeugenschaft in Gegenwart [des Angeklagten] sagen wir [folgendes]: [Eine Zeugenaussage im Auftrag eines Zeugen] anzunehmen, hat den Grund, dass der eigentliche Zeuge sich [vor dem Angeklagten] fürchtet und derart durch [seine Gegenwart] beschämt wird (befangen ist), dass er sich zu einer falschen Zeugenaussage hinreißen lassen könnte. Diese Macht übt er jedoch nicht über seinen Beauftragten aus.[21]

Den Vorwurf, eine Todesstrafe hätte nur von einem rabbinischen Gerichtshof verhängt werden dürfen, der aus 23 Richtern besteht, weist Salomon ben Adret einerseits mit dem Argument zurück, dass das geltende staatliche Recht nur einzelne Richter aber keine Richterkollegien vorsehe. Andererseits ruft er außerordentliche Rechtsentscheide einzelner Rabbinen ins Gedächtnis, die ebenfalls dem mischnaischen und talmudischen Recht entgegenstehen:

> Stündlich ist und war es an jedem Ort und zu jeder Zeit notwendig, Schläge und Strafen anzuordnen, die nicht von einem Gericht [ausgesprochen wurden], um eine Sache einzuzäunen. Wie bei demjenigen, der in den Tagen der Griechen am Schabbat auf einem Pferd ritt und sie ihn [am selben Tag] zum Gerichtshof brachten und ihn steinigten (bSanh 46a). Ähnlich verhält es sich mit der Geschichte von Schimon ben Schetach, der 80 Frauen in Aschkalon hängen ließ (mSanh 6,6), obwohl man Frauen gar nicht hängen und keine zwei Gerichtsverfahren an einem Tag aburteilen darf. Und so verfährt man täglich an jedem Ort und so beschrieben es die Geonim unter den Schriftgelehrten.
>
> Und demgemäß darf man nicht auf den Gerichtshof von 23 sehen und sich darauf stützen und seine Zeugen vor ihm vernehmen und alle Dinge stellen, die beim Verhängen von Kapitalstrafen notwendig sind. Denn man geht nicht nach all jenem vor, sondern [richtet sich] nach der [jeweiligen] Erkenntnis der Wahrheit, um Schaden zu verhindern und Zäune [um die Tora] zu ziehen angesichts der Gesetzesübertretungen.[22]

---

20 Übersetzt aus: Kaufmann, "Jewish Informers", 233,8–12.
21 Übersetzt aus: Kaufmann, "Jewish Informers", 234,26–28.
22 Übersetzt aus: Kaufmann, "Jewish Informers", 232,26–233,6.

Gewichtiger als alle die bisher genannten Gründe sei aber, so Salomon ben Adret, dass man ausschließlich im Auftrage des Königs Recht gesprochen habe:

> Und wir sagten ihm (gemeint ist Peter III., der von 1276–85 König von Aragon war), dass er ihn hinrichten lassen könne, weil alle jene Dinge als Anordnung der Schrift nur in Bezug auf ein Gerichtsverfahren eines Sanhedrin gesagt worden seien. [Bei der Rechtsprechung, die sich nach dem] Landesrecht [richtet], sind alle jene Dinge aber nicht zu berücksichtigen. [...]
>
> Man richtet, indem man die Erkenntnis der Wahrheit [als Maßstab nimmt]. Hingerichtet wird [ein Schuldiger] auf Grund eines Gerichtsverfahrens nach Landesrecht [...] und zwar weder unter [Aussprechen] einer Verwarnung, noch durch ein Gericht [bestehend] aus 23 [Richtern], denn das Landesrecht ist ausschließlich auf die Erkenntnis der Wahrheit [ausgerichtet].
>
> Wenn du damit aber nicht übereinstimmst, sondern alle nach dem Recht der Tora vor ein Gericht eines Sanhedrin stellen ließest, würde die Welt verwüstet, denn die Mörder und [andere] Kreaturen würden sich vermehren, so wie es auch R. Akiba lehrt: Wäre ich im Sanhedrin gewesen, wäre niemals ein Mensch hingerichtet worden (mMak 1,10). Und es heißt: Jeder Sanhedrin, der zweimal ein Todesurteil gefällt hat, wird zerstörerisch genannt [...].
>
> Jeder aber, der vom König als Richter ernannt ist, richtet sich nach der Rechtsprechung des Landes, denn der König erhält durch jene Gesetze das Land.[23]

Von den Antworten auf Salomon ben Adrets Schreiben ist lediglich diejenige des Rabbi Meir von Rothenburg erhalten, der sein Urteil als richtig bestätigt.[24]

Dass die Behandlung von Denunziationsfällen nicht immer vorurteilsfrei war, bezeugt die rund 100 Jahre später, am 21. August 1379, vollzogene Hinrichtung des jüdischen Obersteuerpächters Joseph Picho aus Sevilla. Diesen hatten jüdische Höflinge der Unterschlagung bezichtigt. Picho musste eine hohe Geldstrafe zahlen, verklagte aber seinerseits seine Feinde. Diese nun schmiedeten einen Komplott, um Picho aus dem Weg zu räumen. Den Hintergrund des Geschehens rekonstruiert 1869 Kayserling:

> Als D. Juan I [...] gekrönt wurde, benutzten einige einflußreiche Juden der Gemeinden Castilien's diese Gelegenheit, um sich des der Verrätherei angeklagten Picho zu entledigen. Sie stellten dem Könige vor, daß es von jeher Brauch bei ihnen sei, diejenigen, welche als Verräther unter ihnen auftreten und somit den Frieden der Gemeinden und Familien stören, mit dem Tode zu bestrafen, und gingen ihn um die Erlaubnis an, einen solchen verworfenen Menschen hinrichten zu dürfen. Der König, von den Krönungsfeierlichkeiten in Anspruch genommen, ertheilte, ohne die Sache näher zu untersuchen, ja auch ohne nur nach dem Namen des Delinquenten zu fragen, die verlangte Bestätigung, damit der Häscher das

23 Übersetzt aus: Kaufmann, "Jewish Informers", 235,10–25; 236,24.

24 Abgedruckt in Kaufmann, "Jewish Informers", 237–238.

> Todesurteil vollziehen könne. Mit diesem königlichen Schreiben und dem Urtheile des Rabbinats-Collegiums versehen, begaben sie sich zu [...] dem Häscher; dieser trat mit zwei oder drei Juden in Picho's Haus, unter dem Vorwande, daß seine Maulesel gepfändet werden sollten, ergriff und enthauptete ihn [...]
>
> Der König [...] war über diese That sehr aufgebracht; die jüdischen Vollstrecker des Todesurtheils und einen jüdischen Richter [...] ließ er öffentlich hinrichten, dem Häscher ließ er eine Hand abhauen. Um ähnlichen Vorkommnissen ein für allemal vorzubeugen, entzog er den Juden die bis anher ausgeübte peinliche Gerichtsbarkeit.[25]

Die inoffizielle Hinrichtung des königlichen Steuereintreibers Joseph Picho führte dazu, dass den Rabbinen und dem jüdischen Gerichtshof verboten wurde, strafrechtliche Urteile zu fällen.[26] Durch den Einfluss des Oberrabbiners von Kastilien, Abraham Benveniste, wurde dies mit den Richtlinien von Valladolid 1432 in Bezug auf die jüdischen Gerichtshöfe in Spanien aber wieder aufgehoben.[27]

3 Begründung der Anwendung von Kapitalstrafen nach jüdischem Recht

Eine Begründung für die Rechtsentscheide der mittelalterlichen Rabbinen, Todesurteile auszusprechen ist die Legitimierung einer Tötung als Präventivtat. Nach Mischna Sanh 8,7 darf man eine Person davon abhalten, einen Mord oder eine Vergewaltigung zu begehen, auch wenn man dabei das Leben des potentiellen Täters antastet. Maimonides beschreibt diesen Sachverhalt wie folgt:

> Wenn aber eine Person eine andere verfolgt, um sie zu töten, so ist es die Pflicht eines jeden Israeliten, selbst, wenn der Verfolger ein Minderjähriger ist, den Verfolgten zu retten, sogar auf Kosten des Lebens des Verfolgers.
>
> Ist daher jemand gewarnt worden, und er verfolgt dennoch eine andere Person, darf er getötet werden, sogar, wenn er die Warnung nicht ernst nimmt und er weiterhin [der anderen Person] nachstellt. Ist es möglich, die verfolgte Person zu retten, indem man eines der Glieder des Verfolgers mit einem Pfeil oder mit einem Stein oder einem Schwert schlägt und ihm die Hand abschneidet oder sein Bein bricht oder sein Auge blendet, so soll dies geschehen. Ist es aber unmöglich, genau zu urteilen und der Verfolgte kann nur gerettet

25 Kayserling, *Das Castilianische Gemeinde-Statut*, 272–273.

26 Siehe Lindo, *Jews of Spain and Portugal*, 160–162; Graetz, *Geschichte der Juden*, 44.

27 "If the crime is proven through the testimony of two witnesses, the defamed shall receive for the first offense one hundred lashes, and be driven from the city in accordance with the decision of the Rabbi and the judges and the leaders of the city above-mentioned. If he is guilty of a third offense, as established by the testimony of two proper witnesses, the Rabbi of the court may in accordance with Jewish law, order his death through the judiciary of our lord, the King." Finkelstein, *Self-Government*, 363.

werden, indem der Verfolger getötet wird, darf er getötet werden, auch dann, wenn er noch niemanden umgebracht hat, denn die Schrift sagt: *Du sollst aber ihre Hand abschneiden, dein Auge soll kein Mitleid haben.* (Dtn 25,12) [...][28]

Die Regel ist dieselbe, ob jemand einen anderen verfolgt, um ihn zu töten, oder ob jemand ein verlobtes Mädchen verfolgt, um es zu vergewaltigen. Denn die Schrift sagt: *Wie wenn sich ein Mann gegen seinen Genossen erhebt und ihn erschlägt.* (Dtn 22,26) Und weiter heißt es: *Und wenn die Verlobte schrie und niemand dort war, um sie zu retten.* (Dtn 22,27) Das schließt ein, dass, wenn jemand dort ist, der sie retten könnte, er sie auf jede mögliche Weise retten soll, auch wenn er den Verfolger töten müsste.[29]

Maimonides führt weiterhin aus:

14) Kann eine Person eine andere retten, tut dies aber nicht, so übertritt er das Gebot: *Noch sollst du bei dem Blut deines Nächsten untätig stehen.* (Lev 19,16) [...].[30]

15) Sieht jemand einen anderen verfolgen, in der Absicht, ihn zu töten, oder sieht er jemanden eine ihm verbotene Frau verfolgen, in der Absicht, sie zu vergewaltigen, und, obwohl er sie retten könnte, dies nicht tut, so missachtet er das positive Gebot: *So sollst du ihre Hand abschneiden.* (Dtn 25,12) Und er übertritt zwei negative Gebote: *Dein Auge soll kein Mitleid haben.* (Dtn 25,12) Und *Noch sollst du bei dem Blut deines Nächsten untätig stehen.* (Lev 19,16)

---

28 Bezüglich dieser Regel gibt es keinen Unterschied zwischen den privaten Teilen (Dtn 25,11) und jedem anderen Teil des Körpers [dem eine Verletzung zugefügt wird, durch die] man jemandes Leben gefährdet, zwischen Mann und Frau. Die Absicht des obigen Schriftverses ist, dass, wenn jemand beabsichtigt, einem anderen einen Todesstoß zu versetzen, soll der Verfolgte auf Kosten der Hand des Verfolgers gerettet werden. Ist das unmöglich, muss er gerettet werden, auch wenn das den Verfolger das Leben kosten würde, denn die Schrift sagt: *Dein Auge soll kein Mitleid haben.* (Dtn 25,12) Dies ist vielmehr ein negatives Gebot, dass wir kein Mitleid mit dem Leben des Verfolgers haben dürfen. Daher setzten die Weisen fest, dass, wenn eine Frau Probleme hat, ein Kind zu gebären, das Kind aus ihrem Inneren herausgenommen werden darf, entweder durch ein Medikament oder durch eine Operation, weil es zu betrachten ist, als verfolge es sie und versuche, sie zu töten. Ist aber einmal sein Kopf erschienen, darf es nicht mehr angetastet werden, denn wir dürfen nicht ein menschliches Leben beseitigen, um ein anderes menschliches Leben zu retten. Und was geschieht, ist der Lauf der Natur.

29 Maimonides, Hilkhot Rozeach 1,6–10.

30 Maimonides bringt folgende Beispiele: Ebenso, wenn eine Person sieht, dass jemand im Meer ertrinkt oder von Räubern oder wilden Tieren angegriffen wird, und, obwohl er ihn retten könnte, entweder allein oder, indem er andere zu Hilfe ruft, und er ihn nicht rettet. Oder, wenn jemand einen Heiden oder einen Informanten Böses gegen einen anderen schmieden oder eine Falle für ihn stellen hört, und er dies dem Betroffenen nicht zu Gehör bringt und es ihn wissen lässt. Oder, wenn jemand weiß, dass ein Heide oder eine gewalttätige Person einen anderen angreifen will, und er, obwohl es ihm möglich wäre, ihn für den anderen zu beschwichtigen und ihn zu veranlassen, seinen Sinn zu ändern, und es nicht tut. Oder, wenn jemand in einer ähnlichen Weise handelt, so übertritt er in jedem einzelnen Fall die Anweisung: *Noch sollst du bei dem Blut deines Nächsten untätig stehen.* (Lev 19,16).

16) Obwohl es für [die Missachtung] dieser Gebote keine Prügelstrafe gibt, weil ihre Verletzung nicht durch aktives Handeln geschieht, so ist es ein sehr ernster Verstoß. Denn wenn jemand das Leben nur eines einzigen Israeliten zerstört, so wird es betrachtet, als habe er die ganze Welt zerstört. Wenn aber jemand das Leben nur eines einzigen Israeliten rettet, so wird es angesehen, als habe er die ganze Welt gerettet.[31]

Der mittelalterliche Fall der Denunzianten kann hierauf bezogen werden. Da die Denunziation für den Denunzierten zumeist lebensbedrohlich war, hielten die Rabbinen es für gerechtfertigt, den Denunzianten mit allen Mitteln von seiner Tat abzuhalten.

Die so argumentierenden Rabbinen, fühlten sich einerseits an den Wortlaut des jüdischen Rechts gebunden. Die Anwendung und Durchsetzung dieses Rechts war ihnen aber nur beschränkt möglich. Sie akzeptierten andererseits das Prinzip des *dina de malkhuta dina*, des Rechtes des Staates als gültiges Recht. In den beschriebenen Fällen wird aber ein jüdisches Rechtsanliegen, ein Vergehen im Sinne jüdischen Rechts zu ahnden, sogar mit Hilfe des fremden Prozessrechtes und unter Berufung auf staatliches Recht und die Billigung des Königs zum Ziel geführt.

Im Rahmen einer Diskussion über Tradition und Traditionskritik kann die Frage nach der Anwendung der bereits in der hebräischen Bibel festgeschriebenen Kapitalsgerichtsbarkeit zeigen, dass auch die rabbinischen Gelehrten nicht immer alle bereit waren, dem Wortlaut der autoritativsten Schrift, der Tora, in jedem Fall zu folgen. Spätestens mit Verlust der Eigenstaatlichkeit mussten die Gelehrten einen Weg finden, wie sie biblisches Recht mit dem jeweiligen Landesrecht in Übereinstimmung brachten. War dies argumentativ nicht möglich, blieb ihnen nur die Wahl, sich nach dem Landesrecht auszurichten oder sich gegen die Anwendung des Landesrechtes zu entscheiden. Mit dem bereits in früher rabbinischer Zeit überlieferten Grundsatz *dina de-malkhuta dina* entschied man sich für ersteres. Dass es in diesem Rahmen Kooperationsmöglichkeiten mit einer Regierung gab, zeigen die hier angesprochen Fälle von Aburteilungen jüdischer Denunzianten. Traditionskritische Tendenzen werden hier wieder zurückgedrängt zugunsten der eigenen jüdischen Rechtsanwendung, denn der Fall des jüdischen Denunzianten wäre nach Landesrecht nicht justiziabel. Es bliebe zu untersuchen, ob der Grundsatz *dina de-malkhuta dina* unterschwellig nicht auch in Bezug auf Bräuche und Sitten eines Landes angewendet wurde.[32] Noch im Jahr

---

31 Maimonides, Hilkhot Rozeach 1,14–16.

32 Vgl. Shilo u. Elon, “Dina de-Malkhuta Dina”; Siehe Graff, *Separation*; Shilo, *Dina de-Malkhuta Dina*; Shilo, “Maimonides”.

2010 bezog sich die israelische Tageszeitung Haaretz mit folgendem Wortlaut auf dieses Prinzip:

> Dina de Malkhuta Dina: this is what Judaism commands – Rahm Emanuel is an American citizen and has the right to serve his country the way he sees fit – whether we like his views or not. Judaism has solved that type of conflict of loyalty a long time ago – and this is the golden rule we lived by in our former countries.[33]

Literaturverzeichnis

Börner-Klein, Dagmar, "Killing in Self-Defence in Rabbinical Law." *JSQ* 4,2 (1997): 169–182.

Büchler, Adolf, „Die Todesstrafen der Bibel und der jüdisch-nachbiblischen Zeit." *MGWJ* 50, 5 (1906): 539–562.

Epstein, Isidore, *The Responsa of Rabbi Solomon Ben Adreth of Barcelona (1235–1310) as a Source of the History of Spain: Studies in the Communal Life of the Jews in Spain*. London 1925.

Finkelstein, Louis, *Jewish Self-Government in the Middle Ages*. 2. Aufl. New York 1964.

Graetz, Heinrich, *Geschichte der Juden von den ältesten Zeiten bis auf die Gegenwart*, VIII, Leipzig 1864.

Graff, Gil, *Separation of Church and State: Dina De-Malkhuta Dina in Jewish Law 1750–1848*. JStS, Alabama 2003.

Juster, Jean, *Les juifs dans l'empire romain: leur condition juridique, économique et sociale*. Paris 1914.

Kaufmann, David, "Jewish Informers in the Middle Ages." *JQR* 8,2 (1896): 217–238.

Kayserling, Mayer, *Das Castilianische Gemeinde-Statut: Zugleich, ein Beitrag zu den Rechts-Rabbinats- u. Gemeinde-Verhältnissen der Juden in Spanien*. JGJJ 4. Leipzig 1869.

Lindo, Elias H., *The Jews of Spain and Portugal*. London 1848.

Mendelsohn, Samuel, *The criminal Jurisprudence of the Jews*. New York 1991.

Mutius, Hans-Georg von, „Das Apostasieproblem im Lichte jüdischer Rechtsgutachten aus Deutschland, Frankreich und Italien vom Ende des 10. bis zum Ende des 11. Jahrhunderts." In *Vorträge zur Justizforschung: Geschichte und Theorie* II, hrsg. v. Heinz Mohnhaupt u. Dieter Simon. Frankfurt am M. 1993.

Neuman, Abraham A., *The Jews in Spain: Their Social, Political and Cultural Life During the Middle Ages* I. Phiadelphia, Pa. 1948.

Neusner, Jacob, *The Rabbinic Traditions About the Pharisees Before 70: The Masters*. I. Leiden 1971.

Origenes, "A Letter from Origenes to Africanus." In *The Ante-Nicene Fathers*, IV, hrsg. v. Alexander Roberts u. James Donaldson. 386–392. 2. Aufl. New York 1995.

Régné, Jean, "Catalogue des actes de Jaime I, Pedro III, et Alfonso III, rois d'Aragon, concernant les Juifs (1213–1291)." Revue des études juives, 64 (1912): 67–67, 215–235.

33 http://www.haaretz.com/misc/comment-page/dina-de-malkhuta-dina-thids-is-what-judaism-commands-19.520328 (04. 01. 2012).

Richter, Daniel, *Die Responsen des Ascher ben Jechiel (Rosch)*, Zürich 1992.
Schäfer, Peter, „Das ‚Dogma' von der mündlichen Torah im rabbinischen Judentum." In *Studien zur Geschichte und Theologie des rabbinischen Judentums*, 153–197, AGAJU 15. Leiden 1978.
Schimmel, Harry C., *The Oral Law: A Study of the Rabbinic Contribution to Torah She-Be-Al-Phe*. Jerusalem u. a. 1973.
Shilo, Shmuel, *Dina De-Malkhuta Dina*. Jerusalem 1974.
Shilo, Shmuel, "Maimonides on ‚Dina de-Malkhuta Dina (The law of the state is law)." *JLA*, 1 (1978): 146–167.
Shilo, Shmuel und Elon, Menachem, "Dina de-Malkhuta Dina." In *Encyclopaedia Judaica*, V, 663–669. Detroit 2007.
Sola Pool, David de, *Capital Punishment Among the Jews: A Paper Read Before the New York Board of Jewish Ministers*. New York 1916.
Zeitlin, Solomon, "The Crucifixion of Jesus Re-Examined." *JQR*, 31,4 (1941): 327–369.
Zeitlin, Solomon, "The Crucifixion of Jesus Re-Examined (Continued)." *JQR*, 32,2 (1941): 175–189.

Regina Grundmann

„Die Knochen Ḥiwis, des Hündischen, sollen zermahlen werden."

Die fundamentale Traditionskritik des Ḥiwi al-Balkhi

Abstract: In the ninth century, Ḥiwi al-Balkhi challenged the fundamentals of Jewish belief with 200 questions and objections which became an important document of rationalist criticism in the intellectual history of Judaism. This chapter deals with Ḥiwi's criticism of Jewish tradition and its reception. It will be demonstrated that Ḥiwi's questions and arguments deny not only the authority of the Bible but also of rabbinic exegesis. Moreover, it will be argued that Ḥiwi's criticism became a crucial impetus for the reinterpretation of Jewish tradition undertaken by his main opponent, Saadia Gaon, in his *Book of Beliefs and Opinions*. In terms of reception, Ḥiwi's criticism of tradition in the end became part of Jewish tradition itself.

Das im 9. und 10. Jahrhundert im Kalifat von Bagdad herrschende intellektuelle Klima begünstigte das Entstehen von Heterodoxie. Auf der Grundlage eines philosophischen Rationalismus wurden die überlieferten Traditionen auf den Prüfstand gestellt und Vertreter der verschiedenen Religionen und religiösen Strömungen führten in Bagdad miteinander öffentliche Diskussionen über Glaubensinhalte.[1] Dieser Rationalismus bedeutete im Kalifat von Bagdad auch für das Judentum[2] eine Herausforderung, wenn nicht eine Bedrohung, wovon die Traditionskritik des Ḥiwi al-Balkhi und ihre Bekämpfung durch rabbinische und karäische Gelehrte ein bedeutsames Zeugnis geben.

1 Für diese Diskussionen in Bagdad sei beispielhaft der Bericht eines muslimischen Reisenden aus Spanien aus dem 10. Jahrhundert angeführt: "At the first meeting there were present not only people of various [Islamic] sects, but also unbelievers, Magians, materialists, atheists, Jews and Christians, in short, unbelievers of all kinds. Each group had its own leader, whose task it was to defend its views, and every time one of the leaders entered the room, his followers rose to their feet and remained standing until he took his seat. In the meanwhile, the hall had become overcrowded with people. One of the unbelievers rose and said to the assembly: we are meeting here for a discussion. Its conditions are known to all. You, Muslims, are not allowed to argue from your books and prophetic traditions since we deny both. Everybody, therefore, has to limit himself to rational arguments. The whole assembly applauded these words." Zit. nach Septimus, "A Prudent Ambiguity", 249.

2 In Bezug auf den Islam vgl. insb. Stroumsa, *Freethinkers of Medieval Islam*.

Im Folgenden soll die Traditionskritik des Ḥiwi al-Balkhi im Hinblick auf die Frage nach dem Zusammenhang von Traditionskritik und einer Weiterentwicklung und Neu-Definition von ‚Tradition‘ untersucht werden. Dazu wird zunächst eine thematische Systematisierung der Traditionskritik Ḥiwis vorgenommen und, auf dieser Grundlage, nach dem Verhältnis seiner Traditionskritik zu der rabbinischen Auslegungstradition gefragt. Anschließend werden exemplarische Antworten des Hauptgegners Ḥiwis, Saadia Gaon (882–942), auf Ḥiwis Traditionskritik angeführt, und es wird die Frage nach der Bedeutung der Traditionskritik Ḥiwis für die Entwicklung der Religionsphilosophie Saadias und seiner Bestimmung von ‚Tradition‘ gestellt. Abschließend wird Ḥiwis Nachwirken in der jüdischen Tradition über die Jahrhunderte hinweg skizziert und die Stellung Ḥiwis und seiner Traditionskritik innerhalb der jüdischen Tradition erörtert.

I Ḥiwi al-Balkhi und die Überlieferung seiner Traditionskritik

Über das Leben des Ḥiwi al-Balkhi sind nur sehr wenige Details bekannt. Sein Beiname deutet auf seine Herkunft aus der in der Region Khorasan gelegenen Stadt Balkh hin, die eine Durchgangsstation für die Handelskarawanen auf dem Weg nach China war. Im 9. und 10. Jahrhundert setzte sich die im multiethnischen und multireligiösen Khorasan[3] lebende jüdische Bevölkerung aus Rabbaniten und Karäern zusammen. Die Rabbaniten in Khorasan unterstanden zwar der Akademie von Pumbedita, folgten jedoch einem *Minhag Khorasan*.[4] Darüber hinaus muss es auch unter den Juden in Khorasan ‚von den Söhnen Israels Abgetrennte‘[5], d. h. religiöse Dissidenten, gegeben haben. Ḥiwis religiöse Entwicklung lässt sich nicht rekonstruieren, jedoch ist aus seiner Traditionskritik zu schließen, dass Ḥiwi sich zum Zeitpunkt der Abfassung seiner Traditionskritik weder

3 Vgl. Fischel, “The Jews of Central Asia (Khorasan)”, 30–31.

4 “Although the Jewish communities of Khorasan officially and formally were under the influence of the Academy of Pumbadita which used to send Dayyanim to them, the Rabbanite Jews of Khorasan followed in halakic and ritual matters a course of their own [...].The gaonic sources speak repeatedly of a special Minhag Khorasan in matters of Kiddushin, Jewish calendar, fixing of the festivals etc.” (Fischel, “The Jews of Central Asia (Khorasan)”, 45).

5 So die Bezeichnung für diese heterogene Gruppe in einer in Babylonien oder Persien verfassten polemischen Schrift aus dem 10. Jahrhundert. Vgl. Mann, “An Early Theologico-Polemical Work”, 422–423, 430–431; Fischel, “The Jews of Central Asia (Khorasan)”, 46. Vgl. auch Brody, *The Geonim of Babylonia*, 84–85.

mit dem rabbinischen noch mit dem karäischen Judentum identifiziert hat.[6] Der Wirkkreis Ḥiwis und seiner Traditionskritik war sehr wahrscheinlich primär das damalige Zentrum jüdischer Kultur, Babylonien.[7]

Ḥiwi legte seine Traditionskritik in einer Schrift mit 200 Fragen und Einwänden dar, die er auf Hebräisch und in gereimten Strophen mit jeweils vier Versen verfasste.[8] Damit ist Ḥiwis Traditionskritik das erste bekannte Beispiel einer mittelalterlichen nicht-liturgischen Dichtung in hebräischer Sprache.[9] Der Abfassungszeitpunkt der traditionskritischen Schrift Ḥiwis ist nicht bekannt, aber einem Hinweis in Saadias *Sefer ha-Galuy* ist zu entnehmen, dass Ḥiwis Schrift um 875 bereits verbreitet war.[10] Ḥiwis Schrift selbst ist nicht überliefert, bis auf ein Fragment aus der Kairoer Geniza, das drei seiner Fragen enthält.[11] Abgesehen von diesen drei Fragen lassen sich Ḥiwis Fragen und Einwände – mit gebotener methodologischer Vorsicht – nur über die Repliken seiner Gegner rekonstruieren. Während verschiedene Gelehrte auf einzelne Fragen Ḥiwis Bezug nahmen,[12] verfasste Ḥiwis Hauptgegner Saadia Gaon, vermutlich zwischen 926 und 927,[13] eigens eine Schrift, in der er Ḥiwis 200 Fragen und Einwände zu widerlegen versucht hat. Saadias Polemik gegen Ḥiwi ist nur fragmentarisch überliefert. Das Fragment dieser Polemik aus der Kairoer Geniza hat Israel Davidson 1915 herausgegeben.[14] Zwei weitere, später entdeckte Blätter der Polemik hat Haim Schirmann 1965 veröffentlicht.[15] Das von Davidson herausgegebene Fragment der Polemik, die Saadia in hebräischer Sprache und Reimen abgefasst hat, umfasst 73 Strophen mit jeweils vier Versen; die von Schirmann herausgegebenen zwei zusätzlichen Blätter des Fragments beinhalten 36 ½ weitere Strophen mit jeweils

6 Vgl. die Abschnitte II und III dieses Beitrags.

7 Vgl. Yehoshua, "Did Ḥiwi al-Balkhi Live and Write in Balkh?", 313–314.

8 Vgl. Zucker, "Notes and Completions", 1–3; Fleischer, "A Fragment of Ḥiwi al-Balkhi's Criticism", 52–57.

9 Vgl. Sklare, *Samuel ben Ḥofni*, 125.

10 Vgl. Harkavy, *Studien und Mittheilungen*, 147, 177.

11 Dieses Fragment der Traditionskritik Ḥiwis wurde von Ezra Fleischer ("A Fragment of Ḥiwi al-Balkhi's Criticism", 53) veröffentlicht. Zudem wurden in Japheth ben Elis Kommentar zu Gen 3,8 sowie in einem anonymen Kommentar zur Parascha *Wa-yishlaḥ* jeweils zwei kurze Zitate aus Ḥiwis Schrift gefunden. Vgl. Zucker, "Notes and Completions", 1–3; Fleischer, "A Fragment of Ḥiwi al-Balkhi's Criticism", 52.

12 Vgl. Abschnitt IV dieses Beitrags.

13 Vgl. Baron, "Saadia's Communal Activities", 48.

14 Das Geniza-Fragment der Polemik Saadias gegen Ḥiwi haben zudem Samuel Poznanski 1916 und Solomon A. Wertheimer 1925 veröffentlicht.

15 Schirmann, *Shirim ḥadashim min ha-Geniza*, 31–41.

vier Versen. Der Gesamtumfang der Polemik Saadias gegen Ḥiwi lässt sich auf der Grundlage der Fragmente nicht rekonstruieren.[16]

Umstritten ist, ob die zwölf gegen die Autorität der Bibel gerichteten Einwände, die Saadia am Ende des dritten Kapitels des *Kitāb al-Amānāt wa'l-Iʿtiqādāt* (hebr. Titel: *Sefer Emunot we-Deʿot*; *Buch der Glaubenslehren und Meinungen*), zu widerlegen versucht,[17] Ḥiwi zuzuschreiben sind.[18] Tatsächlich nennt Saadia Ḥiwi namentlich nur im ersten Kapitel des *Kitāb al-Amānāt* in dem Verweis auf seine polemische Schrift gegen Ḥiwi,[19] während er die Kritikpunkte im dritten Kapitel ohne expliziten Verweis auf den oder die Urheber anführt. Zwar gibt es vage Berührungspunkte zwischen den durch das Fragment der Replik Saadias rekonstruierbaren Fragen und Einwänden Ḥiwis und drei der zwölf Einwände[20] sowie zwischen der Frage, die Salmon ben Yeruḥim Ḥiwi in seinem Kommentar zu Koh 7,16 zuschreibt,[21] und dem sechsten der zwölf Einwände, aber dieser Befund erlaubt es nicht, Ḥiwi diese vier Einwände mit Gewissheit zuzuschreiben oder alle zwölf Einwände auf Ḥiwi zurückzuführen.[22] Mit Sicherheit lässt sich lediglich zwischen der Frage, die Saadia Ḥiwi im *Kitāb al-Tamyīz* zuschreibt und die Judah ben Barzillai in seinem Kommetar zum *Sefer Yeẓira* zitiert,[23] und dem fünften der zwölf Einwände eine inhaltliche Übereinstimmung feststellen.

16 Nach Davidson, der davon ausgeht, dass Saadias Schrift insgesamt ca. 460 Strophen umfasst hat, liegt mit dem von ihm herausgegebenen Fragment ungefähr ein Sechstel der Schrift vor. Vgl. Davidson, *Saadia's Polemic against Ḥiwi al-Balkhi*, 34. Vgl. dagegen Rosenthal, "Ḥiwi al-Balkhi", *JQR* 38, 321 und Baron, *A Social and Religious History of the Jews*, 479–480.

17 Vgl. Saadia, *Amānāt*, 144–149; Saadia, *Beliefs*, 173–179.

18 Rosenthal ("Ḥiwi al-Balkhi", *JQR* 38, 340), Stein ("Ḥiwi al-Balkhi", 221), Davidson (*Saadia's Polemic against Ḥiwi al-Balkhi*, 22) und Malter (*Saadia Gaon*, 210) schreiben Ḥiwi die zwölf Einwände insgesamt zu; Graetz (*Geschichte der Juden*, 534) und Guttmann („Die Bibelkritik des Chiwi Albalchi“, 298) den ersten bis zehnten Einwand; Poznanski (*Teshuvot Rav Seʿadya Ga'on*, 12–13) den vierten, siebten und elften der zwölf Einwände.

19 Vgl. Saadia, *Amānāt*, 40; Saadia, *Beliefs*, 45.

20 Vgl. Strophe 28 des Fragments und den vierten Einwand, Strophe 41 und den siebten Einwand, Strophe 67 und den elften Einwand.

21 Vgl. Poznanski, „Miszellen über Saadja“, 732.

22 In Abschnitt II des vorliegenden Beitrags wird auf diese Einwände daher nur zum Vergleich verwiesen.

23 Vgl. Davidson, *Saadia's Polemic against Ḥiwi al-Balkhi*, 83.

II Ḥiwis Kritik an der Bibel

Die durch die Fragmente der Replik Saadias rekonstruierbaren Fragen und Einwände Ḥiwis[24] lassen sich wie folgt thematisch systematisieren:

1. Widersprüche zwischen zwei biblischen Stellen

Nach Ḥiwi gibt es einen Widerspruch zwischen Gen 22,17 und Dtn 7,7,[25] zwischen Ex 3,19 und Ex 6,1[26] sowie zwischen 1 Kg 7,13–14 und 2 Chron 2,12–13[27].

2. Unverständliche biblische Erzählungen

Was ist die Bedeutung der zerteilten Tiere in der in Gen 15 überlieferten Vision Abrahams?[28]

3. Rational nicht nachvollziehbare Gebote

Für Ḥiwi stellt die Beschneidung eine Verletzung des Körpers dar.[29]

4. Rationale Erklärung biblischer Wunder

Ḥiwi erklärt den Durchzug der Israeliten durch das Rote Meer mit Moses Kenntnis von Ebbe und Flut.[30] Das Manna ist nach Ḥiwi die Wüstenpflanze Terenjabin.[31] Ḥiwi liest das Wort קרן in Ex 34,29 nicht als *karan* (strahlen), sondern als *keren* (Horn): Bei seinem Abstieg vom Berg Sinai sei Moses Haut durch das Fasten derart

---

24 Soweit nicht anders angegeben, beziehen sich die Stellenangaben im Folgenden auf Davidsons Edition des Fragments der Polemik Saadias gegen Ḥiwi.

25 Vgl. Strophe 43. Vgl. auch den zweiten und dritten der zwölf Einwände im dritten Kapitel des *Kitāb al-Amānāt*, nach denen sich 2 Sam 24,9 und 1 Chron 21,5 sowie 2 Kön 8,26 und 2 Chron 22,2 widersprechen.

26 Vgl. Schirmann, *Shirim ḥadashim min ha-Geniza*, 41, Vers 72; Zucker, "Notes to the New Fragments", 332.

27 Auf diesen Widerspruch hat Ḥiwi nach einem anonymen Kommentar zu 1 Kg 7,13–14 aus dem 10. Jahrhundert hingewiesen. Vgl. Davidson, *Saadia's Polemic against Ḥiwi al-Balkhi*, 98.

28 Vgl. Strophe 44.

29 Vgl. Strophe 41 und Lev 21,5. Vgl. auch den siebten der zwölf Einwände im dritten Kapitel des *Kitāb al-Amānāt*, der gegen die Beschneidung gerichtet ist, sowie den ersten Einwand, nach dem die biblischen Gebote nicht eingehalten werden müssen, da viele von ihnen nicht hinreichend begründet werden, und den zehnten Einwand, der das Gebot vom Genickbrechen eines Kalbes hinterfragt, wenn ein Leichnam aufgefunden wird, dessen Mörder unbekannt ist (vgl. Dtn 21,1–7).

30 Vgl. Abraham ibn Ezras langen Kommentar zu Ex 14,27 (*Perushe ha-Tora*, II, 94).

31 Vgl. Abraham ibn Ezras langen Kommentar zu Ex 16,13 (*Perushe ha-Tora*, II, 103). Vgl. auch seinen kurzen Kommentar zu Ex 16,15 (*Perushe ha-Tora*, II, 273).

ausgedorrt gewesen, dass sie einem ausgetrockneten Horn geglichen habe.[32] Die Zauberer des Pharao waren nach Ḥiwi in der Lage, die wundersamen Handlungen des Mose und Aaron nachzuahmen,[33] d. h., sie beherrschten dieselben Zaubertricks.[34]

5. Die Bibel lässt sich nicht mit einem rationalistischen Naturbild vereinbaren

Die Strafen, die Gott Adam, Eva und der Schlange auferlegt, sind nach Ḥiwi für andere Geschöpfe der natürliche Zustand. So gibt es neben der Schlange auch andere Tiere, die kriechen, und nicht nur die Frauen gebären unter Schmerzen.[35]

6. Die biblischen Attribute Gottes

6.1 Anthropomorphismen

Ḥiwi führt die folgenden biblischen Anthropomorphismen an: Nach Ex 31,17 ruhte Gott sich nach vollbrachter Arbeit am siebten Tag aus; nach Gen 17,22 ging Gott hinauf, nach Gen 11,5 und Ex 19,20 stieg er herab,[36] nach Gen 18,5–8 aß Gott Fleisch und Brot.[37] Zudem werden Gott in der Bibel Affekte wie Freude,[38] Traurigkeit[39] und Zorn[40] zugeschrieben.[41]

6.2 Gott ist ungerecht

Warum verfluchte Gott die Erde wegen der Taten des ersten Menschen?[42] Warum nahm Gott Abels Opfergabe an, nicht aber die Kains?[43] Warum wurden durch die Flut nicht allein die Menschen, sondern auch die Erde, die Vögel, das Gewürm und das Vieh vernichtet?[44] Warum ließ Gott aus der Generation der Flut Noah überleben?[45] Warum bestrafte Gott Sodom und Gomorra derart hart? Worin waren die Bewohner Sodoms und Gomorras frevelhafter als die Gebaliter, Ammoniter,

---

32 Vgl. Abraham ibn Ezras langen Kommentar zu Ex 34,29 (*Perushe ha-Tora*, II, 225).

33 Vgl. Ex 7,10–8,3.

34 Vgl. Fleischer, "A Fragment of Ḥiwi al-Balkhi's Criticism", 53, Vers 9–12.

35 Vgl. Schirmann, *Shirim ḥadashim min ha-Geniza*, 37, Vers 43–44.

36 Vgl. Strophe 21. Vgl. auch Schirmann, *Shirim ḥadashim min ha-Geniza*, 39, Vers 26–27 und Ex 3,8.

37 Vgl. Strophe 51.

38 Vgl. Ps 104,31.

39 Vgl. Gen 6,6.

40 Vgl. Ps 30,6.

41 Vgl. Strophe 21.

42 Vgl. Schirmann, *Shirim ḥadashim min ha-Geniza*, 36, Vers 30–33; Gen 3,17.

43 Vgl. Strophe 5; Gen 4,3–5.

44 Vgl. Strophe 25; Gen 6,7.13.

45 Vgl. Strophe 26.

Amalekiter, Philister, Moabiter und Edomiter?[46] Warum bestrafte Gott die Nachkommen Lots für den Inzest, den er selbst zuließ, indem er die Aufnahme der Moabiter und Ammoniter in die Kultgemeinschaft untersagte?[47] Warum machte Gott die Nachkommen Esaus wohlhabender und zahlreicher als die Jakobs?[48] Warum erwählte Gott nur Israel? War ihm der Rest der Menschheit gleichgültig?[49]

6.3 Gott ist nicht allwissend

Warum fragte Gott Kain, wo sein Bruder Abel sei, nachdem Kain Abel erschlagen hatte?[50] Wenn Adam nicht auf die Frage Gottes, wo er sei, geantwortet hätte, hätte Gott ihn laut Ḥiwi nicht gefunden.[51] Warum hielt Gott es für notwendig, Abraham einer Prüfung zu unterziehen?[52]

6.4 Gott ist nicht allmächtig

Gott fürchtete sich Ḥiwi zufolge vor Adam, nachdem dieser vom Baum der Erkenntnis gegessen hatte, und stieg deshalb herab, um ihn zu suchen.[53] Warum hat Gott Abel nicht vor Kain beschützt?[54] Warum hatte Gott vor den Erbauern des Turms zu Babel Angst?[55] Wenn JHWH bekannt und mächtig ist, warum fragt Pharao dann „Wer ist JHWH“?[56]

6.5 Gott ist zornmütig

Der Ausdruck ארך אפים[57] bedeutet für Ḥiwi, dass Gott zornmütig ist.[58]

---

46 Vgl. Fleischer, “A Fragment of Ḥiwi al-Balkhi’s Criticism”, 53, Vers 1–3; Ps 83,7–8.

47 Vgl. Fleischer, “A Fragment of Ḥiwi al-Balkhi’s Criticism”, 53, Vers 4–7. Vgl. Gen 19,30–38; Dtn 23,4.

48 Vgl. Strophe 65.

49 Vgl. Strophe 37.

50 Vgl. Strophe 6; Gen 4,9.

51 Vgl. Abraham ibn Ezras langen Kommentar zu Gen 3,9 (*Perushe ha-Tora*, I, 169). Vgl. auch Schirmann, *Shirim ḥadashim min ha-Geniza*, 36, Vers 18–21.

52 Vgl. Strophe 63.

53 Diesen Einwand Ḥiwis zitiert der Karäer Japheth ben Eli in seinem Kommentar zu Gen 3,8. Vgl. Zucker, “Notes and Completions”, 1–2; Fleischer, “A Fragment of Ḥiwi al-Balkhi’s Criticism”, 52. Vgl. auch Strophe 1–3 der Replik Saadias.

54 Vgl. Strophe 7.

55 Vgl. Strophe 32.

56 Vgl. Schirmann, *Shirim ḥadashim min ha-Geniza*, 40, Vers 46–47; Ex 5,2.

57 Ex 34,6; Num 14,18; Joel 2,13; Jona 4,2; Ps 86,15.

58 Vgl. Schirmann, *Shirim ḥadashim min ha-Geniza*, 35, Vers 1–2.

6.6 Gottes Pläne und Werke sind unvollkommen

Warum hat Gott geplant bzw. zugelassen, dass Jakob vier Frauen hatte und damit den Grund für den Streit zwischen den Stämmen gelegt? Denn wenn die zwölf Stämme Israels nur eine Mutter gehabt hätten, so wie sie einen Vater hatten, wären sie dann nicht weniger eifersüchtig aufeinander gewesen?[59] Warum hat Gott den Menschen aus den vier Elementen geschaffen, die auseinanderstreben?[60] Warum hat Gott den Menschen nicht mit einem reinen Körper geschaffen?[61] Warum hat Gott die menschliche Seele in einem Körper eingesperrt?[62] Warum lebt der Mensch nicht ewig?[63]

6.7 Gottes Entscheidungen sind nicht nachvollziehbar und widersprechen dem gesunden Menschenverstand

Warum weilt die Schechina unter den Menschen und nicht unter den reinen Engeln?[64] Warum hat Gott Mose ausgewählt, als sein Gesandter zum Pharao zu gehen, und keine höhergestellte, bedeutendere Person?[65] Nachdem Mose beim Pharao vorgesprochen hatte, verschlechterte sich die Situation der Israeliten in Ägypten.[66] Warum verhärtete Gott das Herz des Pharao?[67]

---

59 Vgl. Strophe 69.

60 Diese Frage wird Ḥiwi in dem Genesis-Kommentar des Karäers Jacob al-Kirkisani zugeschrieben. Vgl. Zucker, “Notes and Completions”, 3–4.

61 Vgl. Strophe 16.

62 Diese Frage wird Ḥiwi in Jacob al-Kirkisanis Genesis-Kommentar zugeschrieben. Vgl. Zucker, “Notes and Completions”, 3–4.

63 Vgl. Strophe 12.

64 Vgl. die Frage, die Saadia Ḥiwi im *Kitāb al-Tamyīz* zuschreibt und die Judah ben Barzillai in seinem Kommetar zum *Sefer Yeẓira* zitiert (Davidson, *Saadia’s Polemic against Ḥiwi al-Balkhi*, 83) und den fünften der zwölf Einwände im *Kitāb al-Amānāt*. – Vgl. auch den achten Einwand, nach dem rational nicht nachvollziehbar ist, warum durch die Asche der roten Kuh jemand, der unrein ist, rein werden kann und gleichzeitig jemand, der rein ist, unrein. Vgl. Num 19.

65 Vgl. Schirmann, *Shirim ḥadashim min ha-Geniza*, 39–40, Vers 28–33; Zucker, “Notes to the New Fragments”, 330–331.

66 Vgl. Schirmann, *Shirim ḥadashim min ha-Geniza*, 41, Vers 60.

67 Vgl. Schirmann, *Shirim ḥadashim min ha-Geniza*, 41, Vers 62–63; Ex 7,3; 7,13–14; 7,22; 8,11; 8,15; 8,28; 9,7; 9,12; 9,34–35; 10,1; 10,20; 10,27; 13,15; 14,4.

6.8 Gott unterstützt das Böse

Warum hat Gott den Menschen mit schlechten Eigenschaften geschaffen,[68] ihm frevelhafte Gedanken eingepflanzt[69] und ihn nicht vom bösen Trieb befreit?[70]

6.9 Gott bedient sich der Magie

Die Änderung des Namens „Abram“ in „Abraham“[71] ist für Ḥiwi Namensmagie.[72]

6.10 Gott lässt Leid zu

Warum gibt es Hunger, Krankheit, Furcht, Gewalttätigkeit, Zerstörung, Hitze und Kälte?[73] Warum hat Gott nicht vom Richten und Vergelten abgelassen?[74] Warum bürdete Gott den Nachkommen Abrahams, die keine Sünden begangen hatten, die Knechtschaft in Ägypten auf,[75] und warum mussten die Israeliten während der Knechtschaft in Ägypten so viel leiden?[76] Warum musste Jakob so großes Leid ertragen, z. B. den Tod Rachels und den vermeintlichen Tod Josefs?[77] Hat die Geburt Jischmaels die Unterdrückung Israels nicht verdoppelt, d. h.: Wenn Jischmael nicht geboren worden wäre, hätte Israel dann nicht bedeutend weniger gelitten?[78]

6.11 Gott ist unbeständig und inkonsequent

Obwohl Gott Adam verkündete, dass er sterben werde, wenn er vom Baum der Erkenntnis esse,[79] starb dieser nicht, nachdem er von der Frucht des Baumes gegessen hatte.[80] Warum setzte Gott nur eine Feindschaft zwischen der Schlange und der Frau fest?[81] Gott setzte die Schlange und den Menschen einander entgegen, schuf aber nach Ḥiwis Meinung eine Verbindung zwischen beiden über

68 Diese Frage wird Ḥiwi in Jacob al-Kirkisanis Genesis-Kommentar zugeschrieben. Vgl. Zucker, “Notes and Completions”,3–4.

69 Vgl. Strophe 19.

70 Vgl. Strophe 30.

71 Vgl. Gen 17,5; Neh 9,7.

72 Vgl. Strophe 42.

73 Vgl. Strophe 10.

74 Vgl. Strophe 24.

75 Vgl. Strophe 47.

76 Vgl. Schirmann, *Shirim ḥadashim min ha-Geniza*, 38–39, Vers 1–15.

77 Vgl. Strophe 70.

78 Vgl. Strophe 50.

79 Vgl. Gen 2,17.

80 Vgl. Schirmann, *Shirim ḥadashim min ha-Geniza*, 35, Vers 14–17; Zucker, “Notes to the New Fragments”, 329.

81 Vgl. Schirmann, *Shirim ḥadashim min ha-Geniza*, 38, Vers 66; Gen 3,15.

den Staub: Er ordnete an, dass die Schlange alle Tage ihres Lebens Staub fressen solle,[82] und vom Menschen heißt es: *Denn Staub bist du und zum Staub sollst du zurückkehren* (Gen 3,19)?[83] Gott schuf den Menschen, bereute jedoch später, ihn geschaffen zu haben.[84] Gott hatte Abraham versprochen, dass er seinen Nachfahren Kanaan geben werde. Warum schwor er später, dass er sie das Land nicht betreten lassen werde?[85] Gott segnete seine Geschöpfe zunächst, damit sie sich die Erde untertan machen.[86] Später hingegen war er ihnen nicht mehr gewogen und vernichtete sie mit der Flut.[87] Gott hat seinen Schwur, dass Abrahams Nachkommen unzählig wie der Staub auf der Erde und die Sterne am Himmel sein werden,[88] in Ḥiwis Augen gebrochen, denn tatsächlich sind die Israeliten mehrfach gezählt worden.[89]

6.12 Gott mag Blut und Opfer

Warum nimmt Gott den Geruch der Opfer als Wohlgeruch an und lässt sich durch ihn beschwichtigen?[90] Warum fordert Gott Opfer, wenn er keine Nahrung braucht; warum fordert er Schaubrote, wenn er nicht isst, und warum schreibt er das Anzünden von Kerzen vor, wenn er Prunk nicht nötig hat?[91] Gott ist nach Ḥiwi bestechlich: Nachdem Abraham ihm Fleisch und Brot vorgesetzt hatte, verkündete Gott ihm, dass Sarah einen Sohn gebären werde.[92]

---

82 Gen 3,14.

83 Vgl. Schirmann, *Shirim ḥadashim min ha-Geniza*, 37, Vers 38–41; Zucker, “Notes to the New Fragments”, 330.

84 Vgl. Strophe 20; Gen 6,6.

85 Diese Frage wird Ḥiwi in einem anonymen Kommentar zu Numeri aus dem 10. Jahrhundert zugeschrieben. Vgl. Davidson, *Saadia's Polemic against Ḥiwi al-Balkhi*, 95–96. Vgl. Gen 12,7; Num 14,23.

86 Vgl. Gen 1,28.

87 Vgl. Strophe 22; Gen 7,23.

88 Vgl. Gen 13,16; 15,5.

89 Diesen Einwand Ḥiwis zitiert ein anonymer Kommentar zur Parascha Wa-yishlaḥ. Vgl. Zucker, “Notes and Completions”, 2–3. Vgl. auch Strophe 43 der Replik Saadias.

90 Vgl. Strophe 28; Gen 8,21. Vgl. auch den vierten der zwölf Einwände im dritten Kapitel des *Kitāb al-Amānāt*, der gegen die Opfervorschriften gerichtet ist.

91 Diese Frage schreibt Salmon ben Yeruḥim Ḥiwi in seinem Kommentar zu Koh 7,16 zu. Vgl. Davidson, *Saadia's Polemic against Ḥiwi al-Balkhi*, 94–95. Vgl. auch den sechsten der zwölf Einwände im *Kitāb al-Amānāt*, der gegen die Vorschriften für das Stiftszelt gerichtet ist.

92 Vgl. Strophe 51; Gen 18,5–10.

6.13 Die Bibel lässt die Existenz mehrerer Götter zu
Die Formulierung „JHWH, der Gott der Hebräer“[93] beinhaltet für Ḥiwi die Aussage, dass die anderen Völker eigene Götter haben.[94] Gott hat die Nationen zwischen sich und anderen Göttern aufgeteilt.[95] Der biblische Gott ist Ḥiwi zufolge nicht der einzige Gott oder die höchste Gottheit, da der vom biblischen Gott nicht auserwählte Teil der Menschheit eigene Götter hat.[96] Gott ist mit den in Gen 18,1–22 erwähnten drei Männern identisch.[97]

6.14 Gott hat die Welt nicht aus dem Nichts erschaffen
Nach Ḥiwi sind *Tohu* und *Bohu* das Material, aus dem Gott die Welt erschaffen hat.[98]

III Ḥiwis Traditionskritik im Spiegel der rabbinischen Tradition

Einige der Fragen und Einwände, die Ḥiwi im 9. Jahrhundert gegen die Autorität der Bibel vorgebracht hat, waren in der jüdischen Tradition durchaus nicht neu, sondern finden sich zu einem Teil bereits in rabbinischen Auslegungen als exegetische Probleme, die mit Hilfe der rabbinischen Hermeneutik gelöst werden. Nur einige Beispiele seien dazu genannt:

Zu 6.1 und 6.13:
Nach bBM 86b waren die drei Männer, die nach Gen 18,1–22 Abraham besucht haben, die Engel Michael, Gabriel und Rafael,[99] die nur den Anschein erweckt hätten, als äßen oder tränken sie.[100]

93 Ex 3,18.
94 Vgl. Schirmann, *Shirim ḥadashim min ha-Geniza*, 40, Vers 40–41.
95 Diese Auslegung von Dtn 32,9 wird Ḥiwi in Samuel ben Ḥofnis Kommentar zur Parascha *Ha'azinu* zugeschrieben. Vgl. Ben-Shammai, “New Findings”, 316–317.
96 Vgl. Strophe 37.
97 Vgl. Strophe 50.
98 Ḥiwis Kritik an der Vorstellung einer creatio ex nihilo lässt sich rekonstruieren aus der Strophe 65, Saadia, *Amānāt*, 40; Saadia, *Beliefs*, 45, und Pseudo-Baḥyas *Kitāb Maʿānī al-Nafs* (vgl. Davidson, *Saadia's Polemic against Ḥiwi al-Balkhi*, 99).
99 Vgl. auch SifDev 38, BerR 48,9.
100 Vgl. auch BerR 48,14.

Zu 6.2:
Die Frage, warum die Tiere gemeinsam mit den Menschen durch die Flut vernichtet worden seien, wird in bSan 108a mit einem Gleichnis beantwortet:

> *Und er vernichtete alles Wesen, das auf dem Erdboden war. (Gen 7,23)*
> Worin hat das Vieh gesündigt, wenn der Mensch gesündigt hat?
> Im Namen des R. Jehoschua ben Qarcha wird gelehrt:
> Ein Gleichnis über einen Mann, der für seinen Sohn einen Hochzeitsbaldachin gefertigt und alle möglichen Speisen für das Festmahl vorbereitet hatte. Als sein Sohn nach [einigen] Tagen starb, stand er auf und stieß den Hochzeitsbaldachin um. Er sagte: Dies alles habe ich nur für meinen Sohn gemacht. Was soll ich nun, wo er gestorben ist, mit dem Baldachin? Ebenso sprach der Heilige, gepriesen sei er: Dies alles, Vieh und Wild, habe ich nur für den Menschen geschaffen. Was soll ich nun, wo der Mensch sündigt, mit Vieh und Wild?

Zu 6.8:
Der böse Trieb wird in bBer 61a mit dem Argument gerechtfertigt, dass er – wie der gute Trieb – Teil der Schöpfung sei und damit wie alles von Gott Geschaffene letztlich gut sei:

> Rav Nachman bar Rav Chisda legte aus:
> Warum ist [in dem Vers] *Und der Herr, Gott, bildete den Menschen* (Gen 2,7) [das Wort ‚bildete‘ [ייצר]] mit zwei Jod geschrieben?
> Weil der Heilige, gepriesen sei er, zwei Triebe [im Menschen] geschaffen hat, einen guten Trieb [יצר טוב] und einen bösen Trieb [יצר רע].

Als Mittel gegen den bösen Trieb hat Gott nach bQid 30b die Tora geschaffen.[101]

Zu 6.9:
Die Änderung des Namens „Abram“ in „Abraham“ wird in bBer 13a folgendermaßen erklärt: „Zunächst war er Vater von Aram, später wurde er Vater der ganzen Welt.“[102]

Zu 6.12:
Hinsichtlich der Frage Ḥiwis, warum Gott Opfer fordere, wenn er keine Nahrung brauche, ist insbesondere bMen 110a von Bedeutung:

> Vielleicht sagst du, dass er [Gott] [das Opfer] zum Essen benötigt.
> Die Bibel lehrt:

101 Vgl. auch bSuk 52a/b.
102 Vgl. auch tBer 1,12.

Wenn ich hungerte, bräuchte ich es dir nicht zu sagen, denn mein ist der Erdkreis und seine Fülle. (Ps 50,12)
Zudem heißt es:
Denn mein sind alle Tiere des Waldes, das Vieh auf tausend Bergen. Ich kenne jeden Vogel der Berge und, was sich auf dem Feld bewegt, ist bei mir. Soll ich [etwa] das Fleisch von Stieren essen oder das Blut von Böcken trinken? (Ps 50, 10–11,13)
Ich habe euch nicht geboten, Opfer darzubringen, damit ihr sagt: Ich werde seinen Willen erfüllen, damit er meinen Willen erfüllt. Nicht um meinetwillen bringt ihr Opfer da, sondern um euretwillen, wie es heißt:
Zu eurem Wohlgefallen sollt ihr es opfern. (Lev 19,5)[103]

Auch wenn offen bleiben muss, wie fundiert Ḥiwis Kenntnisse der rabbinischen Literatur waren,[104] ist – gerade weil sein Wirkkreis sehr wahrscheinlich vorrangig Babylonien war[105] – davon auszugehen, dass Ḥiwi zumindest mit der Lehre von der Einheit von schriftlicher und mündlicher Tora sowie mit der Existenz einer spezifisch rabbinischen Hermeneutik vertraut war und wusste, dass in der rabbinischen Exegese auf der Grundlage der rabbinischen Hermeneutik Widersprüche innerhalb der Bibel harmonisiert sowie Unverständlichkeiten und Unklarheiten aufgelöst werden. Indem Ḥiwi die rabbinischen Auslegungen vollständig übergeht und seine Fragen stellt, ohne die rabbinischen Auslegungen zu berücksichtigen, macht er implizit deutlich, dass für ihn die rabbinische Auslegungstradition insgesamt keine Gültigkeit besitzt. Es ist daher zu kurz gegriffen, in Ḥiwi nur einen radikalen Bibelkritiker zu sehen – er ist auch ein Kritiker der rabbinischen Tradition.[106]

103 Vgl. auch SifBam 143.

104 Nach Baron war Ḥiwi "deeply indebted to the Jewish Aggadah": "In fact, he often presupposed a rabbinic interpretation of the biblical stories as if it were part and parcel of the Bible itself. In his question, for example, as to why Isaac so willingly submitted to his intended sacrifice, he evidently assumed, with the rabbis, that Isaac was a grown man (according to some traditions aged thirty-seven) and fully aware of the danger." (*A Social and Religious History of the Jews*, 299–300) Baron geht dabei, wie Davidson (*Saadia's Polemic against Ḥiwi al-Balkhi*, 72, Anm. 235) und Gil (*Ḥiwi ha-Balkhi*, 95) davon aus, dass die Strophen 61 und 62 der überlieferten Polemik Saadias gegen Ḥiwi auf Isaak zu beziehen sind. Es erscheint aber plausibler, die beiden Strophen auf Abraham zu beziehen: Warum widersetzte sich Abraham nicht Gottes Gebot, seinen Sohn zu opfern? Vgl. Poznanski, *Teshuvot Rav Seʿadya Gaʾon*, 36; Rosenthal, "Ḥiwi al-Balkhi", *JQR* 38, 338. Selbst wenn man die beiden Strophen auf Isaak bezieht, bleibt dennoch offen, wie fundiert Ḥiwis Kenntnisse der rabbinischen Tradition waren.

105 Vgl. Abschnitt I dieses Beitrags.

106 Jakob Guttman kommt in seinem Aufsatz „Die Bibelkritik des Chiwi Albalchi", in dem er Parallelen zwischen den ersten zehn der zwölf Einwände am Ende des dritten Kapitels des *Kitāb al-Amānāt* und der rabbinischen Literatur nachweist, zu dem Schluss: „Ein besseres Mittel, um seine eigene Autorität zu heben, konnte Chiwi nicht leicht finden, als indem er sich mit der Auto-

IV Saadias polemische Replik auf Ḥiwi

Zu Saadias zahlreichen polemischen Schriften, die vornehmlich gegen die Karäer gerichtet sind,[107] gehört auch seine zwischen 926 und 927 verfasste Replik auf Ḥiwis 200 Fragen und Einwände. Dass sich Saadia noch nach mehr als 60 Jahren nach dem Beginn der Verbreitung der Schrift Ḥiwis herausgefordert fühlte, alle 200 Fragen und Einwände Ḥiwis zu widerlegen, ist ein Beleg für die breite Rezeption, die Ḥiwis Traditionskritik erfahren haben muss.[108] Im Folgenden wird Saadias Antwort auf je eine Frage Ḥiwis aus jedem Themenkomplex exemplarisch angeführt. Dabei werden auch argumentative Parallelen zu Saadias 933 verfasstem *Kitāb al-Amānāt* berücksichtigt, seinem durch den mutazilitischen Kalām geprägten religionsphilosophischen Hauptwerk.[109] Dieses Werk habe er mit dem Ziel verfasst, so Saadia in der Einleitung, die innerhalb des zeitgenössischen Judentums existierenden Zweifel an der jüdischen Religion zu zerstreuen und den Glauben insgesamt zu stärken.[110]

Zu 1:
Für Saadia besteht kein Widerspruch zwischen Gen 22,17 und Dtn 7,7, da die Nachfahren Abrahams zwar so zahlreich wie die Sterne gewesen seien, in ihren eigenen Augen aber am geringsten unter allen Völkern. Zudem seien niemals alle Nachfahren Abrahams vollständig gezählt oder verzeichnet worden.[111]

Zu 2:
Nach Saadia symbolisieren die zerteilten Tiere in der Vision Abrahams die Auferstehung der Toten.[112]

---

rität des Talmud und Midrasch zu decken suchte.“ (267) Abgesehen davon, dass diese zehn Einwände Ḥiwi nicht mit Sicherheit zuzuschreiben sind (vgl. Abschnitt I dieses Beitrags), lässt sich Guttmanns Schlussfolgerung auch nicht auf die 200 Fragen und Einwände Ḥiwis übertragen, denn Ḥiwi hätte seine Schrift nur dann mit Hilfe der rabbinischen Tradition zu legitimieren versucht, wenn er diese affirmativ einbezogen und nicht in ihrer Gesamtheit unberücksichtigt gelassen hätte.

107 Vgl. Malter, *Saadia Gaon*, 260–267.

108 Von der breiten Rezeption der Traditionskritik Ḥiwis zeugt auch der Bericht eines Schülers Saadias. Vgl. Zucker, *Rav Saadya Gaon's Translation of the Torah*, 20–21. Zu der Rezeption Ḥiwis vgl. auch Abschnitt IV dieses Beitrags.

109 Vgl. hierzu insb. Stroumsa, “Saadya and Jewish Kalam”, 71–90.

110 Vgl. Saadia, *Amānāt*, 7; Saadia, *Beliefs*, 9.

111 Vgl. Strophe 43.

112 Vgl. Strophe 44–45.

Zu 3:
Saadia rechtfertigt die Beschneidung mit dem Argument, dass sie den Mann von etwas Zusätzlichem befreie, das – so wie die Nabelschnur nach der Geburt – überflüssig sei.[113] Dieses Argument führt Saadia auch im dritten Kapitel des *Kitāb al-Amānāt* an,[114] in dem er die religiösen Gebote rational zu begründen versucht und in Vernunftgebote einerseits und Offenbarungsgebote andererseits unterteilt. Zu den Vernunftgeboten zählt Saadia die rational begründbaren Vorschriften, deren Erfüllung der Mensch allein auf der Grundlage der Vernunft für notwendig hält. Zu den Offenbarungsgeboten, die nach Saadia die Vernunftgebote ergänzen, gehören die Vorschriften, die nicht rational begründbar, sondern ausschließlich durch die Offenbarung gerechtfertigt sind, wobei Saadia versucht, letztlich auch den Offenbarungsgeboten einen mit der Vernunft übereinstimmenden Sinn zu verleihen.[115] Nicht Gott, der die Befolgung der Gebote belohnt, ist nach Saadia auf ihre Erfüllung durch den Menschen angewiesen, sondern die Erfüllung der Gebote dient einzig dem Wohl des Menschen selbst.[116]

Zu 4:
Es ist nicht überliefert, wie Saadia in seiner Replik auf Ḥiwis rationale Erklärung der biblischen Wunder eingegangen ist. Jedoch betont Saadia im *Kitāb al-Amānāt*, dass sich die Überlieferung in Bezug auf die Wunder nicht irren könne. Übernatürliche Wunder seien notwendig als göttliche Fingerzeige und Bekräftigung der Offenbarung. Sie lehrten den Menschen Erkenntnisse, zu denen er sich allein gar nicht oder nur langsam vorarbeiten könne.[117] Das Manna ist für Saadia im *Kitāb al-Amānāt* das größte aller biblischen Wunder, da es kein einmaliges, sondern ein fortdauerndes Wunder gewesen sei. Die Erzählung über das Manna hätte sich

113 Vgl. Strophe 41.

114 Vgl. Saadia, *Amānāt*, 147; Saadia, *Beliefs*, 177. Der Einwand gegen die Beschneidung, den Saadia im *Kitāb al-Amānāt* zu entkräften versucht, zielt allerdings in eine etwas andere Richtung als der von Ḥiwi vorgebrachte: Wie kann es sein, so der Einwand im *Kitāb al-Amānāt*, dass der Körper des Menschen, wenn er auf die Welt kommt, nicht vollkommen ist und erst dadurch, dass etwas von ihm weggeschnitten wird, vollkommen wird?

115 Vgl. Saadia, *Amānāt*, 118–119, 120–122; Saadia, *Beliefs*, 140–141, 143–45.

116 Dies versucht Saadia u. a. mit dem folgenden Vergleich zu verdeutlichen: "Reason [...] deems it proper for a wise man to give employment to an individual who performs a certain function and to pay him a wage for it, merely in order to confer a benefit upon him, since this is something that redounds to the benefit of the worker without hurting the employer." (*Amānāt*, 117; *Beliefs*, 139).

117 Vgl. Saadia, *Amānāt*, 26–29; Saadia, *Beliefs*, 29–33.

nach Saadia nicht in der Überlieferung halten können, wenn sie nicht wahr wäre, gerade weil sie so unglaublich sei.[118]

Zu 5:
Saadia argumentiert, dass die Skorpione den Menschen schon vor der Schlange gebissen hätten und dass das Vieh schon unter Schmerzen geboren habe, als die Frauen noch keinen Geburtsschmerz gekannt hätten. Indem Gott die Schlangen mit den Skorpionen und die Frauen mit dem Vieh auf eine Stufe gestellt habe, habe er beide bestraft.[119]

Zu 6.1:
Saadia bestreitet, dass Gott in der Bibel menschliche Eigenschaften zugeschrieben würden. Die von Ḥiwi als Anthropomorphismen angeführten Verben deutet er kausativ: „Er [Gott] ruhte und schöpfte Atem"[120] ist nach Saadia als ‚er ließ ruhen und Atem schöpfen' zu verstehen; „er [Gott] stieg hinauf"[121] und „er stieg herab"[122] als ‚er ließ hinauf- und herabsteigen'.[123] „Er freute sich"[124] bedeutet nach Saadia, dass Gott ‚erfreute'.[125] Analog sind nach Saadia auch die auf Gott bezogenen Ausdrücke wie „sein Zorn"[126] zu interpretieren.[127]

Ausführlich behandelt Saadia die biblischen Anthropomorphismen im zweiten Kapitel des *Kitāb al-Amānāt*, in dem er die Einheit und Unkörperlichkeit Gottes zu beweisen versucht, und, als notwendige Konsequenz daraus, einen von Anthropomorphismen gereinigten Gottesbegriff entfaltet. Auch hier deutet er die biblischen Anthropomorphismen um, allerdings nicht mehr, wie in der Polemik gegen Ḥiwi, im Sinne einer kausativen Interpretation. Stattdessen erklärt er die konkreten Ausdrücke in der körperlichen Rede von Gott als Allegorien.[128] Ent-

118 Vgl. Saadia, *Amānāt*, 26; Saadia, *Beliefs*, 29–30.
119 Vgl. Schirmann, *Shirim ḥadashim min ha-Geniza*, 37–38, Vers 54–57.
120 Ex 31,17.
121 Gen 17,22.
122 Gen 11,5.
123 Vgl. Strophe 21.
124 Ps 104,31.
125 Vgl. Strophe 21.
126 Ps 30,6.
127 Vgl. Strophe 21.
128 "Such statements [...] are instances of the usage of language and its extension, each of them pointing to some idea [in connection with God]. As for their interpretation, it is such as we find it to be matters other than those pertaining to the Creator. Thus we know that it is really of the nature and the peculiarity of language thus to extend and transfer meanings and employ figures of speech." (Saadia, *Amānāt*, 100; Saadia, *Beliefs*, 117).

sprechend bezeichnet z. B. der auf Gott bezogene Ausdruck „Haupt“[129] nach Saadia die Erhabenheit Gottes, wobei er darauf verweist, dass in der Bibel selbst diese allegorische Deutung bereits angelegt sei, sich auf Ps 3,4 *[Du, Gott, bist] meine Ehre und der Erhöher meines Hauptes* berufend.[130] Um die biblischen Anthropomorphismen als bildhafte Rede zu erweisen, entwickelt Saadia anhand der zehn aristotelischen Kategorien sein Bild eines unkörperlichen, ewigen, überzeitlichen, nicht räumlichen und nicht lokalisierbaren Gottes. Gott wirkt nach Saadia nicht durch körperliche Bewegung, sondern allein durch sein Wollen.[131] Auf diese Weise erklärt Saadia im *Kitāb al-Amānāt* auch, anders als in seiner Replik auf Ḥiwi, den biblischen Ausdruck „und er [Gott] ruhte“.[132]

Zu 6.2:
Auf Ḥiwis Frage, warum durch die Flut nicht allein die Menschen, sondern auch die Erde, die Vögel, das Gewürm und das Vieh vernichtet worden seien, antwortet Saadia, dem Gleichnis in bSan 108a ähnlich,[133] dass die Erde, die Vögel, das Gewürm und das Vieh zur Ehre des Menschen geschaffen worden seien und dieselben Anlagen wie dieser hätten. Aus diesem Grund habe die Erde und alles, was auf ihr lebte, vernichtet werden müssen.[134]

Ḥiwis Behauptung der Ungerechtigkeit Gottes versucht Saadia in ihrer Gesamtheit mit dem Verweis auf die zwei Welten und die Belohnung bzw. Vergeltung in der kommenden Welt zu entkräften. Saadia argumentiert, wie auch ausführlich im fünften und neunten Kapitel des *Kitāb al-Amānāt*, dass der Mensch auf Grund der Gerechtigkeit Gottes in der kommenden Welt für seine Taten belohnt oder bestraft werde.[135]

Zu 6.3:
Die Prüfung Abrahams ist nach Saadia kein Beweis dafür, dass Gott nicht allwissend sei: Gott wisse alles, was geschehen werde, deshalb bedürfe er keiner Prüfungen um seiner selbst willen, sondern Prüfungen seien nur um der Menschen willen notwendig.[136] Der Ausdruck „Nun weiß ich [ידעתי] [, dass du gottesfürch-

129 Jes 59,17.
130 Vgl. Saadia, *Amānāt*, 101; Saadia, *Beliefs*, 118.
131 Vgl. Saadia, *Amānāt*, 108–109; Saadia, *Beliefs*, 127.
132 Vgl. Saadia, *Amānāt*, 109; Saadia, *Beliefs*, 127–128.
133 Vgl. Abschnitt III dieses Beitrags.
134 Vgl. Strophe 25.
135 Vgl. Strophe 7–9. Vgl. auch Strophe 72.
136 Vgl. Strophe 63.

tig bist]“[137] ist nach Saadia zu verstehen als „[Nun] habe ich bekannt gemacht [הודעתי] [‚dass du gottesfürchtig bist].“[138]

Zu 6.4:
Ḥiwis Behauptung, dass Gott sich vor Adam gefürchtet habe, versucht Saadia mit dem Argument zu entkräften, dass Gott Adam hätte sterben lassen, wenn er sich vor ihm gefürchtet hätte.[139]

Zu 6.5:
Ḥiwis Interpretation von ארך אפים als ‚zornmütig‘ hält Saadia entgegen, dass dieser Ausdruck im Gegenteil bedeute, dass Gott mäßigend und langmütig sei.[140]

Zu 6.6:
Ḥiwis Argument für die Unvollkommenheit von Gottes Plänen und Werken, dass die zwölf Stämme miteinander in Frieden gelebt hätten, wenn sie nur eine Mutter gehabt hätten, hält Saadia entgegen, dass Jakob und Esau zwar von einem Vater und einer Mutter abstammten, aber dass Esau dennoch an Jakob Rache nehmen und ihn töten wollte.[141]

Zu 6.7:
Auf Ḥiwis Frage, warum Gott das Herz des Pharao verhärtete, antwortet Saadia, dass Gott Pharao und sein Volk durch die Pest unmittelbar hätte vernichten können, wenn er es gewollt hätte. Die Plagen, die als Folge von Pharaos Verhalten aufgetreten sind, sollen nach Saadia allen, die Gott leugnen, als mahnendes Beispiel dienen.[142]

Zu 6.8:
Den bösen Trieb rechtfertigt Saadia, wie bBer 61a,[143] als essentiellen Bestandteil der Schöpfung. Mit seiner Frage, warum Gott den bösen Trieb nicht beseitigt habe, fordere Ḥiwi, so Saadia, letztlich die Abschaffung der Gebote und Verbote.[144]

137 Gen 22,12.
138 Strophe 64.
139 Vgl. Strophe 2–3.
140 Vgl. Schirmann, *Shirim ḥadashim min ha-Geniza*, 35, Vers 3–5.
141 Vgl. Strophe 69; Gen 27,41–42.
142 Vgl. Schirmann, *Shirim ḥadashim min ha-Geniza*, 41, Vers 62–73. Vgl. auch Saadia, *Amānāt*, 164; Saadia, *Beliefs*, 198–199.
143 Vgl. Abschnitt III dieses Beitrags.
144 Vgl. Strophe 30.

Zu 6.9:
Gott hat nach Saadia den Namen ‚Abram' in ‚Abraham' geändert, weil ihm Abram teuer gewesen sei und er ihm daher mit der Namenserweiterung eine Gunst erweisen wollte. Gegen Ḥiwis Deutung der Namensänderung als Magie wendet Saadia ein, dass Gott keine Zauberei betreibe, wofür er als Beleg den Namenswechsel von ‚Jakob' zu ‚Israel' anführt, indem er Num 23,23 zitiert: *Es ist keine Zauberei in Jakob und keine Wahrsagerei in Israel.*[145]

Zu 6.10:
Auf Ḥiwis Frage nach dem Warum des menschlichen Leids antwortet Saadia, dass Gott seine Geschöpfe nur zu ihrem Besten züchtige. Saadia vertritt in seiner Replik auf Ḥiwi, wie auch im *Kitāb al-Amānāt*,[146] die Ansicht, dass Gott die Menschen leiden lasse, damit sie den Schmerz der Züchtigungen kennen und daher davon abließen, zu sündigen. Die Menschen wüssten nicht, was eine Züchtigung ist, wenn Gott ihnen Leid ersparte.[147]

Zu 6.11:
Dass Gott seine Geschöpfe zunächst gesegnet hat, damit sie sich die Erde untertan machen, sie jedoch später mit der Flut, die er über die Generation Noahs brachte, vernichtet hat, lässt Saadia nicht als Beleg für Gottes Unbeständigkeit und Inkonsequenz gelten: Gott hat, nach Saadia, seine Geschöpfe gesegnet, damit sie sich die Erde untertan machen, obwohl er wusste, dass sie später sündigen würden. Nach Saadia sollte ihr Schicksal eine Mahnung für alle Zeiten sein, damit sich der Gläubige, wenn er an das Schicksal der Generation der Flut denke, mit dem Begehen von Sünden zurückhalte.[148]

Zu 6.12:
In Bezug auf die Opfer argumentiert Saadia mit Lev 17,11, wo es heißt, dass die Seele des Fleisches im Blut sei. Die Menschen müssten daher Blut als Sühneopfer auf dem Altar darbringen, um sich zu vergegenwärtigen, dass sie selbst Fleisch sind, eine Einsicht, die sie demütig machen und züchtigen soll.[149] Zur Verteidigung der Opfer führt Saadia dieses Argument im *Kitāb al-Amānāt* breiter aus: Das Tieropfer solle den Menschen erkennen lassen, dass seine Seele im Blut sei, damit

145 Vgl. Strophe 42.
146 Vgl. Saadia, *Amānāt*, 153–154; Saadia, *Beliefs*, 184–185.
147 Vgl. Strophe 11.
148 Vgl. Strophe 22.
149 Vgl. Strophe 29.

sich der Mensch besinne und nicht sündige und so verhindere, dass sein Blut ebenso vergossen und sein Fett ebenso verbrannt werde.[150] Zudem hält Saadia dem gegen das Opfern von Tieren vorgebrachten Einwand, dass die Tiere durch das Schlachten Schmerzen erlitten, eine mutazilitische Lehre entgegen, nach der die Schmerzen der Tiere in der kommenden Welt vergolten würden.[151]

Zu 6.13:
Ḥiwis Gleichsetzung Gottes mit den drei Männern aus Gen 18,1–22 stellt für Saadia eine Lüge dar, da es, so Saadia, der rabbinischen Auslegung folgend, ausdrücklich heiße: „Und die Engel Gottes wandten sich und gingen, Abraham aber stand noch vor Gott.“[152] Die Erscheinung Gottes, die Abraham als erstes gesehen hat, ist nach Saadia nicht mit den drei Männern identisch,[153] da Abraham nach Gen 18,22 immer noch vor Gott stand, nachdem diese bereits gegangen waren.[154]

Zu 6.14:
Saadias Entgegnung auf Ḥiwis Kritik an der Vorstellung einer creatio ex nihilo, auf die Saadia auch im *Kitāb al-Amānāt* verweist,[155] ist in den überlieferten Fragmenten der Polemik nicht enthalten. In dem ersten Traktat des *Kitāb al-Amānāt*, dem Traktat über die Schöpfung, bringt Saadia jedoch philosophische und exegetische Argumente für eine creatio ex nihilo und gegen die konkurrierenden Theorien vor. Gen 1,2 beschreibt nach Saadia lediglich den unmittelbaren Zustand nach der durch den vorangehenden Vers zum Ausdruck gebrachten Schöpfung aus dem Nichts. Alle anderen Aussagen bezeichneten nur die weiteren Schritte.[156]

V Fazit zu Saadias Replik auf Ḥiwi

Die exemplarisch angeführten Antworten Saadias auf Ḥiwis Fragen und die Parallelen im *Kitāb al-Amānāt* lassen klar erkennen, dass sich wesentliche Argumente des religionsphilosophischen Hauptwerkes Saadias bereits in seiner Polemik gegen Ḥiwi finden. Insbesondere Saadias durch den mutazilitischen Kalām

150 Vgl. Saadia, *Amānāt*, 145; Saadia, *Beliefs*, 175–176.
151 Vgl. Saadia, *Amānāt*, 145; Saadia, *Beliefs*, 175.
152 Strophe 52. Vgl. Gen 18,22.
153 Vgl. Gen 18,1–2.
154 Vgl. Strophe 52–53. Diese Deutung von Gen 18,1–22 gibt Saadia auch im *Kitāb al-Amānāt*. Vgl. Saadia, *Amānāt*, 94; Saadia, *Beliefs*, 108.
155 Vgl. Saadia, *Amānāt*, 40; Saadia, *Beliefs*, 45.
156 Vgl. Saadia, *Amānāt*, 59–60; Saadia, *Beliefs*, 68–69.

beeinflusste Überzeugung von der ontologischen Einheit Gottes und seiner absoluten Gerechtigkeit sowie die Verbindung zwischen göttlicher Gerechtigkeit und der Vergeltung in der kommenden Welt sind bereits in seinen Antworten auf Ḥiwi erkennbar. Vor dem Hintergrund ihrer Ausführungen im *Kitāb al-Amānāt* gewinnen Saadias Argumente in seiner Replik auf Ḥiwi an Schärfe.

Saadias Argumente gegen Ḥiwis Traditionskritik und die Entfaltung dieser Argumente im *Kitāb al-Amānāt* zeigen deutlich, dass Ḥiwis Kritik an der überlieferten Tradition – ebenso wie die Auseinandersetzung mit den Karäern – als wesentlicher Impuls, wenn nicht sogar als Ausgangspunkt für Saadias Neuinterpretation des Judentums gewirkt hat. Die rationalistische Neuinterpretation des Judentums, die Saadia mit seinem gleichzeitigen Anliegen, als Apologet der rabbinischen Tradition zu wirken und diese vor Kritik zu bewahren, in Einklang zu bringen versucht hat, impliziert im *Kitāb al-Amānāt* auch eine Neuinterpretation des Traditionskonzepts. In der Einleitung unterscheidet Saadia zwischen vier menschlichen Erkenntnisquellen: Die erste Quelle ist die sinnliche Wahrnehmung, die zweite die Vernunft, die dritte die logische Schlussfolgerung und die vierte schließlich die Tradition:

> As for ourselves, the community of monotheists, we hold these three sources of knowledge to be genuine. To them, however, we add a fourth source, which we have derived by means of the [other] three, and which has become for us a further principle. That is [to say, we believe in] the validity of authentic tradition, by reason of the fact that it is based upon the knowledge of the senses as well as that of reason [...].[157]

Die Gültigkeit der religiösen Überlieferung ist für Saadia durch historisch bezeugte Wunder erwiesen.[158] Während es in den ersten drei Erkenntnisquellen zu menschlichen Irrtümern kommen könne,[159] sei die Zuverlässigkeit der religiösen Überlieferung unbestreitbar. Zu den ersten drei Erkenntnisquellen stehe die religiöse Überlieferung nicht in einem Widerspruch.[160] Sollten biblische Aussagen den aus den ersten drei Quellen gewonnenen Erkenntnissen widersprechen, seien die Bibelstellen metaphorisch aufzufassen.[161] Saadia hält damit an dem rabbinischen Konzept von ‚Tradition', das sich auf der Lehre von der Offenbarung der schriftlichen und mündlichen Tora am Sinai gründet,[162] uneingeschränkt

157 Saadia, *Amānāt*, 15; Saadia, *Beliefs*, 18.
158 Vgl. Saadia, *Amānāt*, 24–29; Saadia, *Beliefs*, 28–33.
159 Vgl. Saadia, *Amānāt*, 17–23; Saadia, *Beliefs*, 19–26.
160 Vgl. Saadia, *Amānāt*, 15–16; Saadia, *Beliefs*, 18–19.
161 Vgl. Saadia, *Amānāt*, 87; Saadia, *Beliefs*, 100.
162 Das rabbinische Traditionskonzept fasst prägnant die in mAv 1,1–2,8 überlieferte Traditionskette zusammen, über die das rabbinische Judentum direkt mit der Offenbarung am Sinai

fest. Gleichzeitig interpretiert er das rabbinische Traditionskonzept jedoch neu, indem er die Offenbarung am Sinai nicht als die einzige Erkenntnisquelle darstellt und beschreitet damit einen neuen Weg in der jüdischen Theologie.

Sowohl Ḥiwis traditionskritische Schrift als auch Saadias Werk stellen in der jüdischen Religions- und Geistesgeschichte ein Novum dar und spiegeln die einschneidenden Umbrüche innerhalb des Judentums im islamischen Herrschaftsbereich im 9. und 10. Jahrhundert wider. Ḥiwi, der Traditionskritiker, und Saadia, der Apologet der Tradition, sind gleichermaßen durch den Rationalismus ihrer Zeit beeinflusst und wenden diesen – mit unterschiedlichen, ja konträren Zielsetzungen – auf die jüdische Tradition an.

Auf den Zusammenhang von Traditionskritik einerseits und Weiterentwicklung und Neu-Definition der Tradition andererseits, der sich im Falle Ḥiwis und Saadias deutlich manifestiert, verweist indirekt Maimonides in seinem 1172 verfassten Brief an die Juden im Jemen:

> Zu seiner [Saadias] Zeit herrschte [...] bei den Leuten eine Vielzahl von Meinungen sowie Unsicherheiten der Gesetzeslage vor, so daß das göttliche Gesetz fast verschwunden wäre, hätte nicht er – sein Andenken zum Segen – sichtbar gemacht, was verborgen gewesen war und gestärkt, was schwach geworden war. So verbreitete er [das Gesetz], machte es öffentlich bekannt und ordnete es in Wort und Schrift.[163]

Maimonides' Worte lassen sich auch als Zeugnis für die Nachhaltigkeit der Traditionskritik eines Ḥiwi al-Balkhi lesen, die Saadia u. a. zur Erneuerung der jüdischen Tradition und ihrer Anpassung an die Zeitumstände und damit letztlich zu ihrer ‚Stärkung' veranlasste.

VI „Ḥiwi ha-Kalbi" – „Ḥiwi, der Hündische": Ḥiwis Nachwirken in der jüdischen Tradition

Nicht nur Saadia hat sich durch Ḥiwis Traditionskritik provoziert gefühlt, sondern auch andere Gelehrte, die versucht haben, einen oder mehrere seiner Einwände zu entkräften. Ḥiwis Traditionskritik hat dabei Anhänger des rabbinischen und des karäischen Judentums in gleicher Weise zu Widerlegungen herausgefordert.[164]

---

verbunden wird.

163 Maimonides, *Der Brief in den Jemen*, 62.

164 Saadias polemische Schrift gegen Ḥiwi ist nicht die erste überlieferte Replik auf Ḥiwi. In der zweiten Hälfte des 9. Jahrhunderts hatte der Karäer Abū ʿImrān al-Tiflīsī bereits versucht, Einwände Ḥiwis zu widerlegen. Diese Widerlegungen sind nicht überliefert. Vgl. Davidson, *Saadia's*

An den überlieferten Auseinandersetzungen mit Ḥiwi sowohl von rabbinischer als auch von karäischer Seite fällt insbesondere der scharfe polemische Ton auf, der sich mit zunehmender zeitlicher Distanz keineswegs abschwächt.

Im 10. Jahrhundert spricht der Karäer Salmon ben Yeruḥim in seinem Kommentar zu Kohelet die Bitte aus, dass Gott Ḥiwi verfluchen möge. Er stellt Ḥiwi in seinem Kommentar zu Koh 7,16 (*Mache dich nicht zu weise*) als Skeptiker dar, der die biblische Tradition in Frage gestellt und ‚sich zu weise gemacht hat'. Dem Wunsch, dass Gott Ḥiwi verfluchen möge, schließt sich Samuel ben Ḥofni in seinem Kommentar zur Parascha *Ha'azinu* an.[165] Zudem wird Ḥiwi in diesem Kommentar über Jes 37,23/2 Kg 19,22 – *Wen hast du gelästert und gehöhnt[, und gegen wen hast du die Stimme erhoben und deine Augen emporgerichtet? Gegen den Heiligen Israels]* – und über Ps 73,9 – *Sie [die Frevler] versetzen ihren Mund in den Himmel, und ihre Zunge ergeht sich auf der Erde* – zum Archetypus des Gotteslästerers und Frevlers.[166]

Im 12. Jahrhundert zählt Mose ibn Ezra in seinem Werk *Arugat ha-Bosem* Ḥiwi zu den ‚Abtrünnigen' (*kofrim*).[167] In seinen langen Genesis- und Exodus-Kommentaren leitet Abraham ibn Ezra seine Bezugnahmen auf Ḥiwi mit Fluchformeln wie „Die Knochen Ḥiwis, des Hündischen, sollen zermahlen werden"[168] und „Der Name Ḥiwis soll verfaulen"[169] ein. In einer polemischen Umdeutung bezeichnet Abraham ibn Ezra Ḥiwi al-Balkhi erstmals als Ḥiwi ha-Kalbi, Ḥiwi, den Hündischen, eine Bezeichnung, die sich für Ḥiwi konsequent in den weiteren aus dem 12.-17. Jahrhundert überlieferten Quellen findet.

Von diesen Quellen ist im Hinblick auf die Rezeption und Wirksamkeit von Ḥiwis Traditionskritik insbesondere Abraham ibn Dauds *Sefer ha-Kabbala* aus dem 12. Jahrhundert von Bedeutung. Nach Ibn Daud, der Ḥiwi zu den Häretikern und Leugnern der Tora zählt, die Saadia erfolgreich bekämpfte, hat Ḥiwi „eine Tora erfunden"[170], die bis zum Einschreiten Saadias zum Unterrichten in

Polemic against Ḥiwi al-Balkhi, 82.

165 Vgl. Ben-Shammai, "New Findings", 316.

166 Vgl. Ben-Shammai, "New Findings", 316–317.

167 Vgl. Davidson, *Saadia's Polemic against Ḥiwi al-Balkhi*, 100.

168 Abraham ibn Ezras langer Kommentar zu Gen 3,9 (*Perushe ha-Tora*, I, 169) und Ex 14,27 (*Perushe ha-Tora*, II, 94). In seinem langen Kommentar zu Ex 34,29 (*Perushe ha-Tora*, II, 225) und seinem kurzen Kommentar zu Ex 16,15 (*Perushe ha-Tora*, II, 273) heißt es: „Die Knochen Ḥiwis, des Frevlers, sollen zermahlen werden", wobei der Kommentar zu Ex 16,15 noch den Zusatz „und aller, die ihm nachhuren" enthält.

169 Abraham ibn Ezras langer Kommentar zu Ex 16, 13 (*Perushe ha-Tora*, II, 103).

170 Ibn Daud, *Sefer ha-Kabbala*, 66.

Elementarschulen verwendet worden sei,[171] eine Aussage, deren Glaubwürdigkeit nicht grundsätzlich anzuzweifeln ist.[172] Im Hinblick auf die Frage, was mit Ibn Dauds Formulierung, dass Ḥiwi „eine Tora erfunden“ habe, gemeint sein könnte, erscheint die zuerst von Schechter geäußerte These am plausibelsten, nach der es sich um ein Tora-Exemplar gehandelt haben könnte, aus dem alle mit Ḥiwis Ansichten nicht zu vereinbarenden Stellen entfernt worden waren.[173] Diese „neue“ Tora Ḥiwis dürfte wohl nicht allzu umfangreich gewesen sein.

Insbesondere ist an den angeführten Quellen hervorzuheben, dass sie Ḥiwi nicht als Anhänger einer anderen Religion bezeichnen. Verschiedene Wissenschaftler haben sich bemüht zu belegen, dass Ḥiwi sich zu einer anderen Religion als dem Judentum bekannt habe. So wurde versucht nachzuweisen, dass Ḥiwi Anhänger des Zoroastrismus,[174] des Marcionismus,[175] des Manichäismus,[176] eines Christentums gnostischer Prägung[177] oder eines Christentums nichtgnostischer Prägung[178] gewesen sei.[179] Als Beleg für die Zuschreibungen Ḥiwis zum Christentum einerseits und zum Zoroastrismus andererseits wurde von Davidson angeführt, dass Saadia in seiner Polemik gegen Ḥiwi diesen als Anhänger der Trinitäts- und Eucharistielehre[180] und Pseudo-Baḥya im 11. Jahrhundert Ḥiwi als

171 Vgl. Ibn Daud, *Sefer ha-Kabbala*, 66.

172 Vgl. Baron, *A Social and Religious History of the Jews*, 481, Anm. 94.

173 Vgl. Schechter, “Geniza Specimens”, 354–355. Von den fünf weiteren überlieferten Quellen aus dem 14.-17. Jahrhundert, die auf Ḥiwi Bezug nehmen, lesen sich drei Quellen zu einem Teil wie eine Kopie von Ibn Dauds Passage über Ḥiwi und bieten inhaltlich nichts Neues (Samuel ibn Zarza, Simeon ben Ẓemaḥ Duran und David Conforte). In Saadia ibn Danans *Ma'amar al Seder ha-Dorot* findet sich die Hinzufügung, dass Ḥiwi ein „Philosoph“ und „Zauberer“ gewesen sei. Eine kurze Erwähnung Hiwis („in den Tagen Ḥiwi ha-Kalbis, die Knochen sollen zermahlen werden“) enthält zudem ein Responsum Ibn Danans. Vgl. Davidson, *Saadia's Polemic against Ḥiwi al-Balkhi*, 103–104.

174 Vgl. Davidson, *Saadia's Polemic against Ḥiwi al-Balkhi*, 28–29. Vgl. auch Poznanski, *Teshuvot Rav Seʿadya Ga'on*, 13; Menasce, *Une apologétique mazdéenne du IXe siècle*, 180–181. Nach Simon, *Geschichte der jüdischen Philosophie*, 44, sind die Quellen der Kritik Ḥiwis „vermutlich im Zoroastrismus“ zu suchen.

175 Vgl. Stein, “Ḥiwi al-Balkhi”; Guttmann, “The Sources of Ḥiwi al-Balkhi”.

176 Vgl. Ventura, *La Philosophie de Saadia Gaon*, 45–49.

177 Vgl. Rosenthal, “Ḥiwi al-Balkhi”, *JQR* 38, 322; ders., “Ḥiwi al-Balkhi”, *JQR* 39, 79–94; ders., “Khivi ha-balkhi”, 245, 259.

178 Vgl. Davidson, *Saadia's Polemic against Ḥiwi al-Balkhi*, 30–31; Poznanski, *Teshuvot Rav Seʿadya Ga'on*, 14.

179 Zudem wurde mehrfach ein Vergleich Ḥiwis mit dem muslimischen Freidenker Ibn al-Rāwandī vorgenommen. Vgl. dazu exemplarisch Vajda, “Judaeo-Arabica”, 88–90; van Ess, “Ibn ar-Rēwandī”, 12, 19.

180 Vgl. Strophe 50–51 und 54 der Polemik Saadias gegen Ḥiwi und Davidson, *Saadia's Polemic*

„follower of the Magi“[181] dargestellt habe. Dass sowohl Saadias als auch Pseudo-Baḥyas einander widersprechende Äußerungen Bestandteil ihrer Polemik gegen Ḥiwi sind und es sich daher bei diesen Äußerungen um ein rhetorisches Mittel handeln könnte, mit dem Ḥiwis fundamentale Kritik an der jüdischen Tradition diskreditiert und ihre weitere Verbreitung verhindert werden sollte, wurde dabei nicht berücksichtigt. Zudem beachteten die Versuche, Ḥiwi als Anhänger einer anderen Religion darzustellen, zu wenig, dass Ḥiwi seine Traditionskritik in Form von *Fragen* und *Einwänden* formuliert hat. Es ging Ḥiwi mit seiner traditionskritischen Schrift also keineswegs darum, eine wie auch immer religiös geartete Doktrin systematisch zu entwickeln,[182] die aus seiner Sicht an die Stelle des jüdischen Glaubens treten sollte, sondern er hinterfragte von seinem rationalistischen Standpunkt aus die überlieferte jüdische Tradition. Die vorliegenden Quellen geben jedenfalls keinen Anhaltspunkt dafür, dass Ḥiwi seine Leser von einer alternativen religiösen Doktrin überzeugen wollte.

Es ist nicht auszuschließen, dass Ḥiwis Traditionskritik durch Quellen unterschiedlicher religiöser Provenienz beeinflusst worden ist, ohne dass sich Ḥiwi mit einer dieser Quellen im dogmatischen Sinne identifiziert hätte. Um aber die Frage nach Einflüssen anderer Religionen sicher beantworten zu können, wäre eine Fassung von Ḥiwis Traditionskritik erforderlich, in der die Polemik seiner Gegner noch keinen Niederschlag gefunden hat. Selbst wenn sich solche Einflüsse auf Ḥiwis Traditionskritik nachweisen ließen, würde dies nicht die Originalität seines Werkes schmälern und die Tatsache, dass Ḥiwis rationalistische Traditionskritik eine Neuheit in der jüdischen Religions- und Geistesgeschichte darstellt, unbedeutender machen. Ḥiwis Entscheidung, seine traditionskritische Schrift auf Hebräisch zu verfassen, spricht eindeutig dafür, dass er mit seiner Traditionskritik primär in den innerjüdischen Diskurs eingreifen wollte.

Saadias Polemik gegen Ḥiwi, die er in einer eigenen, rhetorisch ausgefeilten Schrift formuliert hat, und die Bezugnahmen von weiteren jüdischen Gelehrten auf Ḥiwi noch Jahrhunderte später zeugen von der Nachhaltigkeit und der innerjüdischen Wirksamkeit seiner Traditionskritik und damit von Ḥiwis Stellung *innerhalb* der jüdischen Tradition. Mit der Tradierung der Traditionskritik Ḥiwis durch die Jahrhunderte hindurch in Polemiken, Bibelkommentaren und Chro-

---

against Ḥiwi al-Balkhi, 30–31, 68, Anm. 223. Vgl. auch Poznanski, *Teshuvot Rav Seʿadya Gaʾon*, 14; Rosenthal, "Ḥiwi al-Balkhi", *JQR* 39, 79.

181 Davidson, *Saadia's Polemic against Ḥiwi al-Balkhi*, 18. Vgl. auch Davidson, *Saadia's Polemic against Ḥiwi al-Balkhi*, 28–29. Vgl. auch Guttmann, „Schrift“, 246–247; Rosenthal, "Ḥiwi al-Balkhi", *JQR* 38, 419.

182 Vgl. Urvoy, *Les penseurs libres dans l'islam classique*, 137–138.

niken ist Ḥiwis Traditionskritik selbst traditionsbildend und Teil der Tradition geworden.

Literaturverzeichnis

Baron, Salo W., “Saadia’s Communal Activities.” In *Saadia Anniversary Volume*, hrsg. v. Boaz Cohen, 9–74, Texts and Studies 2. New York 1943.
Baron, Salo W., *A Social and Religious History of the Jews*, VI, 2. Aufl. New York 1958.
Ben-Shammai, Haggai, “New Findings in a Forgotten Manuscript: Samuel b. Hofni’s Commentary on *Ha’azinu* and Sa‘adya’s ‘Commentary on the Ten Songs’.” *Kiryat Sefer* 61 (1986): 313–332. [hebr.]
Brody, Robert, *The Geonim of Babylonia and the Shaping of Medieval Jewish Culture*. New Haven u. a. 1998.
Davidson, Israel, *Saadia’s Polemic against Ḥiwi al-Balkhi. A Fragment edited from a Genizah Ms*, Text and Studies of the Jewish Theological Seminary of America V. New York 1915.
Fischel, Walter J., “The Jews of Central Asia (Khorasan) in Medieval Hebrew and Islamic Literature.” *Historia Judaica* 7 (1945): 29–50.
Fleischer, Ezra, “A Fragment of Ḥiwi al-Balkhi’s Criticism of the Bible.” *Tarbiz* 51 (1981/82): 49–57. [hebr.]
Gil, Moshe, *Ḥiwi ha-Balkhi, the Khurasani Atheist*. Merhavia 1965. [hebr.]
Graetz, Heinrich, *Geschichte der Juden von den ältesten Zeiten bis auf die Gegenwart*, V, 4. Aufl., Reprint d. Ausg. letzter Hand, Leipzig 1909. Berlin 1998.
Guttmann, Jakob, „Die Bibelkritik des Chiwi Albalchi nach Saadia’s Emunoth we-deoth.“ *MGWJ* 28 (1879): 260–270, 289–300.
Guttmann, Jakob, „Eine bisher unbekannte dem Bachja Ibn Pakuda zugeeignete Schrift.“ *MGWJ* 41 (1897): 241–256.
Guttmann, Julius, “The Sources of Ḥiwi al-Balkhi.” In *Alexander Marx Jubilee Volume (English Section)*, hrsg. v. Saul Liebermann, 92–102. New York 1950.
Harkavy, Abraham, *Studien und Mittheilungen aus der Kaiserlichen Oeffentlichen Bibliothek zu St. Petersburg*, V, St. Petersburg 1891.
Ibn Daud, Abraham, *Sefer ha-Kabbala*. In *Medieval Jewish Chronicles and Chronological Notes*, hrsg. v. Adolf Neubauer, 47–84, I, Oxford 1887.
Ibn Ezra, Abraham, *Perushe ha-Tora*, hrsg. v. Asher Weiser, I–II, Jerusalem 1976.
Maimonides, Moses, *Der Brief in den Jemen: Texte zum Messias*, hrsg., übers. u. kommentiert v. Sylvia Powels-Niami unter Mitwirkung v. Helen Thein. Berlin 2002.
Malter, Henry, *Saadia Gaon. His Life and Works*. Philadelphia 1921. Nachdr. Hildesheim u. a. 1978.
Mann, Jacob, “An Early Theologico-Polemical Work.” *HUCA* 12–13 (1937–38): 411–459.
Menasce, Pierre Jean de, *Une apologétique mazdéenne du IXe siècle: Škand-Gumānīk Vičār. La solution décisive des doutes*, Collectanea Friburgensia 30. Fribourg 1945.
Poznanski, Samuel, *Teshuvot Rav Se‘adya Ga’on al she’elot Ḥiwi ha-Balkhi*. Warschau 1916.
Poznanski, Samuel, „Miszellen über Saadja.“ *MGWJ* 51 (1907): 718–732.
Rosenthal, Judah, “Khivi ha-balkhi, a yidisher tanakh-kritiker fun nayntn y”h.” *YIVO-Bleter* 26 (1945): 241–260.

Rosenthal, Judah, "Ḥiwi al-Balkhi: A Comparative Study." *JQR* 38 (1948): 317–342, 419–430; *JQR* 39 (1948): 79–94.
Saadia, *Amānāt* = *Saadia Gaon. Sefer ha-nivḥar be-Emunot we-De'ot; Kitāb al-mukhtār fi'l-Amānāt wa'l-I'tiqādāt*, hrsg. und ins Hebräische übers. v. Yosef Qafiḥ. Jerusalem 1970.
Saadia, *Beliefs* = Saadia Gaon, *The Book of Beliefs and Opinions*, übers. v. Samuel Rosenblatt. New Haven u. a. 1948. Neuaufl. 1976.
Schechter, Solomon, "Geniza Specimens. The Oldest Collection of Bible Difficulties, by a Jew." *JQR* 13 (1901): 345–374.
Schirmann, Haim, *Shirim ḥadashim min ha-Geniza*. Jerusalem 1965.
Septimus, Bernard, "A Prudent Ambiguity in Saadya Gaon's 'Book of Doctrines and Beliefs'." *HThR* 76 (1983): 249–254.
Simon, Heinrich und Simon, Marie, *Geschichte der jüdischen Philosophie*. München 1984.
Sklare, David E., *Samuel ben Ḥofni and His Cultural World*, EJM 18. Leiden u. a. 1996.
Stein, Menachem, "Ḥiwi al-Balkhi, the Jewish Marcion." In *Joseph Klausner Jubilee Volume*, hrsg. v. Harry Torczyner (Naftali Herz Tur-Sinai) et al., 210–225. Tel Aviv 1936–37. [hebr.]
Stroumsa, Sarah, *Freethinkers of Medieval Islam. Ibn al-Rāwandī, Abū Bakr al-Rāzī and Their Impact on Islamic Thought*. Leiden u. a. 1999.
Stroumsa, Sarah, "Saadya and Jewish Kalam." In *The Cambridge Companion to Medieval Jewish Philosophy*, hrsg. v. Daniel H. Frank und Oliver Leaman, 71–90. Cambridge 2003.
Urvoy, Dominique, *Les penseurs libres dans l'islam classique. L'interrogation sur la religion chez les penseurs arabes indépendants*. Paris 1996.
Vajda, Georges, "Judaeo-Arabica." *Revue des Études Juives* 99 (1935): 68–91.
Van Ess, Josef, "Ibn ar-Rēwandī or the Making of an Image." *Al-Abḥāth* 27 (1978/79): 5–26.
Ventura, Moïse, *La Philosophie de Saadia Gaon*. Paris 1934.
Wertheimer, Solomon A., *Ge'on ha-Ge'onim*. Jerusalem 1925.
Yehoshua, Benzion D., "Did Ḥiwi al-Balkhi Live and Write in Balkh?" *Tarbiz* 51 (1981/82): 313–14. [hebr.]
Zucker, Moshe, *Rav Saadya Gaon's Translation of the Torah. Exegesis, Halakha, and Polemics in R. Saadya's Translation of the Pentateuch*. New York 1959. [hebr.]
Zucker, Moshe, "Notes to the New Fragments of 'R. Saadya Gaon's Polemic against Ḥiwi ha-Balkhi'." *Tarbiz* 35 (1966): 329–332. [hebr.]
Zucker, Moshe, "Notes and Completions to the Questions of Ḥiwi ha-Balkhi." *PAAJR* 40 (1972) (Hebrew Section): 1–7. [hebr.]

Peter Sh. Lehnardt

Die hebräische liturgische Poesie in Italien im Lichte des Aufeinandertreffens von Traditionen

Werden und Wirken einer Randbemerkung Abraham Aben Esras in seinem Kohelet-Kommentar

Abstract: This chapter focuses on an excursus of Abraham Aben Esra in his commentary on Kohelet 5,1, one of the few critical remarks on literary style in medieval Hebrew liturgical poetry at hand for modern research. The intense creative tradition of writing Hebrew liturgical poetry developed as a literary tradition step by step in different ways in different parts of the Jewish Diaspora. Thus Abraham Aben Esra's critical remarks on the liturgical tradition of Rome, far from criticizing the use of Hebrew liturgical poetry as such, constitute a critical review of one tradition in the light of another. This challenged him to pinpoint the aesthetical principles of his own tradition as never done before.

Die religiösen oder liturgischen Dichtungen werden nur selten für kulturhistorische Argumentationen angeführt. Da diese Dichtungen die inneren Dialoge im Rahmen der jeweiligen Religionsgemeinschaft widerspiegeln, können sie auf Grund ihrer Traditionsverbundenheit für Außenstehende fremd und schwer verständlich wirken. Vielleicht besteht aber gerade in einer Annäherung an die Dichtung in einer ‚fremden' liturgischen Sprache einer anderen Kultur die Chance, Einsichten in diese ‚andere' Tradition und in den Umgang mit ihrem Traditionsgut zu gewinnen.

Die folgenden Überlegungen sollen anhand eines einmaligen Zeugnisses der mittelalterlichen hebräischen Literatur zunächst in einen ‚Vorhof des Heiligtums' des jüdischen Wortgottesdienstes einführen. Eine perspektivische Sicht auf die jüdische liturgische Dichtung, den Pijjut, soll mit Hilfe einer Randbemerkung in einem Kommentarwerk zur Bibel von Abraham ben Meir Aben Esra, einem berühmten Grenzgänger zwischen zwei unterschiedlichen Traditionen aus dem 12. Jahrhundert, vermittelt werden. Zu dieser Zeit waren Städte wie Cordoba, Saragossa oder Granada in Andalusien einerseits und Rom andererseits zwei Zentren jüdischer Kultur, die nebeneinander in der arabisch-muslimischen oder der lateinisch-christlichen Mehrheitskultur seit dem 10. Jahrhundert aufgeblüht waren. Abraham Aben Esra, der die ‚convivencia' Andalusiens verließ, als sich die Lage der Juden dort massiv verschlechterte, verglich unter dem Gesichtspunkt des Stils der hebräischen liturgischen Dichtung beide Traditionen miteinander.

Abraham ben Meir Aben Esra (ابن عزرا)[1] wurde ca. 1092 in Tudela geboren, das damals im islamischen Herrschaftsbereich lag.[2] Während seiner ersten Lebenshälfte lebte er in den kulturellen Zentren Andalusiens, wie Cordoba und Granada, und verdiente seinen Lebensunterhalt als Schriftsteller hauptsächlich säkularer Literatur.[3] Nach Aufenthalten in Nordafrika ging er aufgrund der sich immer mehr verschlechternden Lage der Juden im muslimischen Teil Spaniens im Jahre 1140 nach Rom. Möglicherweise war mit dieser Entscheidung auch die Hoffnung verbunden, eine Lehranstellung an der dortigen Jeschiwa zu erhalten.[4] Seine andalusische Bildung, die sich in seinen zahlreichen späteren Schriften widerspiegelt, half ihm dabei nur bedingt, da in Rom das Idealbild eines Gelehrten noch uneingeschränkt vom Talmudstudium und der juristischen Funktion eines Rabbiners bestimmt war. Sieben Jahre versuchte Abraham Aben Esra, in italienischen Gemeinden ein Auskommen zu finden, und verdiente seinen Lebensunterhalt, indem er für lokale Mäzene in Rom und Norditalien Bücher schrieb oder ins Hebräische übertrug. Im Anschluss führte ihn seine Suche nach einem Lebensunterhalt in die Provence und in den 50er Jahren sogar bis nach Frankreich und England. Über die Zeit zwischen seiner Rückkehr in die Provence Ende der 1160er Jahre und seinem Tod ist nichts überliefert.

Während seiner Reisen, die insgesamt ungefähr 28 Jahre dauerten, fertigte er zahlreiche Erstübersetzungen der in Andalusien üblicherweise in Arabisch abgefassten Literatur ins Hebräische an und wurde damit zu einem bedeutenden

1 Aben Esra oder Aven Esra, da der arabische Namensbestandteil *Ibn* (ابن) in der andalusischen Tradition wie ‚Aben' oder ‚Aven' ausgesprochen wurde. Vgl. die lateinischen Umschriften der Namen, die über den iberischen Kulturbereich vermittelt wurden: Ibn Sīna – Avicenna, Ibn Gabirol – Avicebrol, Ibn Rushd – Averoes, usw.

2 Als erste Einführungen zur Biographie Aben Esras und zur Forschungsliteratur siehe Greive, „Abraham ben Meir ibn Ezra", Tilly, „Ibn Esra, Abraham ben Meir". Die umfangsreichste Biographie hinsichtlich seines poetischen Werkes ist Schirmann, *History of Hebrew Poetry*, 13–97.

3 Aus dieser Lebensphase sind nur fast nur die Werke erhalten, die einen Großteil des in seinem Namen von Jehoshua HaLevi im 14. oder 15. Jahrhundert im Orient (Ägypten oder Jemen) redigierten Diwan ausmachen, darunter fast alle säkularen Gedichte in der andalusischen Tradition, die ihm mit Sicherheit zuzuschreiben sind. Siehe Ibn Esra, *Diwân*. Zur Huldigungsschrift Hai Ben Mekits siehe auch die seperate Ausgabe Levin, *Igeret* und die deutsche Übersetzung bei Greive, *Studien*, 149–175. Zu seinen weltlichen Gürtelgedichten aus dieser Epoche siehe Stern, "Muwashshahs". Zu einer Anthologie, die auch liturgischen Dichtungen aus allen seinen Schaffensphasen in englischer Übersetzung und mit kurzen Einleitungen versehen enthält, siehe Ibn Esra, *Twilight*.

4 Siehe die ausführliche Rekonstruktion bei Rottzoll, *Kohelet*, XIII–XXX.

Gestalter der hebräischen Sprache im Mittelalter. Darüber hinaus wurde er zum wichtigsten Vermittler der arabischen Bildung des spanischen Judentums für die meist des Arabischen unkundigen Juden im christlichen Europa auf den Gebieten Sprache, Grammatik und Poetik, Bibelexegese, Theologie, Philosophie, Mystik, Mathematik, Astronomie, Astrologie und Magie, d. h. in allen Bereichen der jüdischen Literatur des Mittelalters mit Ausnahme von Propädeutik und Kommentarliteratur zum Talmud, Halacha und Rechtsentscheide. Vor allem seine umfangreichen enzyklopädischen Kommentare zur Bibel geben uns einen Eindruck von seiner umfassenden Bildung, die, wenn auch nicht die eines andalusischen Rabbiners, so doch die eines andalusischen Literaten, und sicherlich eines Universalgelehrten war.[5] Wahrscheinlich noch während seiner Zeit in Italien verfasste Abraham Aben Esra in seinem Kommentar zu Kohelet einen Abschnitt, der seine andalusisch geprägte Sicht auf die andere Tradition der liturgischen Dichtung, die er während seines Aufenthaltes in Rom kennen gelernt hat, widerspiegelt. Dieser Exkurs zu dem Vers *Dein Mund sei nicht in Panik und dein Herz eile nicht, ein Wort zu äußern vor Gott, denn der Gott ist im Himmel und du auf der Erde: deshalb seien deine Worte wenige (Koh 5, 1)* ist als literarkritische Anmerkung zur Tradition der synagogalen Poesie ein einmaliges Dokument.

Der Pijjut wurde von den Vorbetern traditionell praktiziert; neue Dichtungen wurden auf Grund von alten Vorbildern geschaffen. Zwar lässt sich in der Auswahl und Redaktion der Pijjutim und ganz speziell in der Kontrafaktur häufig eine kritische Auseinandersetzung mit der Tradition aufzeigen,[6] aber diese Kritik wurde, im Gegensatz zur Literarkritik zur säkularen Dichtung,[7] für die synagogale Poesie im Mittelalter nicht eigenständig formuliert oder sogar schriftlich niedergelegt.

Über Jahrhunderte kann Tradition praktiziert werden, ohne dass sie schriftlich fixiert wird. So z. B. der Brauch des Lichtanzündens vor Eingang des Schabbat, für den die Rabbinen im Talmud weder einen Ausgangspunkt in einem Bibelvers hatten noch ein historisches Ereignis kannten,[8] oder etwa die Namensgebung bei der Beschneidung. Dieser jüdische Brauch, der im Neuen Testament ausdrücklich bei der Beschneidung Johannes des Täufers für das erste Jahrhun-

---

5 Vgl. den Titel der Aufsatzsammlung und die Beiträge zu den verschiedenen Fachbereichen in Twersky, *Rabbi Abraham*.

6 Siehe Lehnardt, "Creative Absorption".

7 Zu dem bedeutenden Beitrag von Moses ben Jaakov Aben Esra (Spanien, ca. 1050–1140) zur hebräischen Poetik des Mittelalters vgl.: Abumalham Mas, *Kitāb al-muḥāḍara* und Halkin, *Kitab al-Muḥāḍara*.

8 Siehe bBer 25b.

dert belegt ist,[9] findet sich in der rabbinischen Literatur erst viel später, in dem Midrasch Pirke De-Rabbi Elieser aus dem achten Jahrhundert.[10] Das ‚argumentum ex silentio', es hätte keine Alternative für einen später belegten Brauch gegeben, oder die Annahme einer Konstante ‚das macht man eben so', sind für einen historisch-kritischen Ansatz untragbar. Man sollte sich aber auch bewusst sein, dass bis in die Neuzeit hinein eine Geschichte des Alltags und des Brauchtums oft nur auf einem Konstrukt aus sporadischen Meldungen basiert.[11] Häufig führte erst eine Krise wie Verfolgungen und Vertreibungen oder ein Aufeinandertreffen von Traditionen dazu, dass Traditionsgut festgehalten und genauer beschrieben wurde.[12] In vielen Fällen waren es Reisende, die lokale Traditionen für notierenswert hielten,[13] in manchen Fällen Exilanten, die die Bräuche ihres ehemaligen Lebenszentrums angesichts ihrer neuen Umgebung schriftlich festhalten wollten.[14] So war auch Abraham Aben Esra ein Grenzgänger, der sich nach einer mehrwöchigen Reise von Andalusien nach Italien an den Hohen Feiertagen *Rosh HaShana* und *Jom Kippur* mit der liturgischen Tradition in Rom konfrontiert sah und dazu Stellung nahm. Doch bevor wir uns seinem Text zuwenden, sollen zunächst einige Hintergrundfragen geklärt werden

1 Die hebräische liturgische Dichtung als Teil einer literarischen Tradition

In der dreitausendjährigen Geschichte der hebräischen Literatur kommt der synagogalen Poesie eine besondere Stellung zu. Mit ihren Ursprüngen im byzantinischen Erets Jisrael ist der Pijjut eine seit mehr als 1500 Jahren lebendige poetische

9 Siehe Lk 1, 57–63.

10 Pirke DeRabbi Elieser, 48 [ed. Warschau, fol. 114b] zu Moses Beschneidung durch seine Eltern, vgl. aber Ex 4, 24–26. Siehe auch Börner-Klein, *Pirke de-Rabbi Elieser*, 652–653. Der Verfasser von Pirke DeRabbi Elieser hat, anscheinend auf Grund des Eindrucks, dass die Sitte der (Kinder-)Beschneidung in seinem Umfeld vernachlässigt wird, ein besonderes Interesse an einer Aufwertung dieser Zeremonie, siehe den Index bei Friedlander, *Pirke de Rabbi Eliezer*, 442, 445–447, 451–452, 456, 475.

11 Vgl. Landsman, "Office", 156–187; 246–276.

12 Das bedeutendste Werk dieser Art aus dem Mittelalter ist Abraham Ben Nathan, *Manhig Olam*, herausgegeben unter seinem traditionellem Namen *Sefer HaManhig*; Siehe Raphael, *R. Abraham Ben Nathan of Lunel, Sefer HaManhig*.

13 Siehe z.B Benjamin von Tudela und Petachja von Regensburg, *Jüdische Reisen im Mittelalter*.

14 Dieser Aspekt wird durch die Arbeit von Lucia Raspe an Minhagbüchern aschkenasischer Exilanten in Italien besonders deutlich, siehe Raspe, *Jüdische Hagiographie*, 327, sowie „Rhein", 446.

Tradition, die ihren Höhepunkt mit dem Verfassen von ca. 45000 Liedern zwischen 500 und 1500 hatte. Insbesondere während der Zeit Abraham Aben Esras konnte man sich einen Synagogengottesdienst ohne Pijjut fast nicht vorstellen. Im 12. Jahrhundert wurden sogar noch kontinuierlich neue Pijjutim für alle zentralen liturgischen Anlässe geschrieben. Erst ab dem 13. Jahrhundert werden neue Pijjutim, als Folge der Kanonisierung der ‚klassischen' Werke hauptsächlich nur noch für marginale Anlässe komponiert. Abraham Aben Esra war also gewohnt, andere liturgische Dichtungen zu hören. Als Literat und Dichter, auch von Pijjutim, war er auch in der Lage, diese ästhetisch zu beurteilen.

Da der jüdische Gebetsritus zu dieser Zeit noch nicht in allen seinen Bestandteilen kanonisiert war, war der Besuch einer anderen Gemeinde auch mit der Erwartung verbunden, neue und unbekannte Pijjutim kennen zu lernen. Zwar gab es seit der talmudischen Zeit eine gemeinsame Gebetsstruktur, bestehend aus Einleitungen, Stammgebeten und liturgischen Lesungen, für alle jüdischen Gemeinden, aber durch die geographische Vereinzelung und die Einführung der synagogalen Poesie in nachtalmudischer Zeit entstanden zahlreiche lokale Riten, die ihren Ausdruck, sogar noch im späten Mittelalter, darin finden, dass jede liturgische Handschrift, die als Gebetbuch für eine bestimmte Gemeinde an einem bestimmten Ort diente, fast immer auch ein Unikat in ihrer Textzusammenstellung ist.

Der ständige Wechsel an Pijjutim während des Mittelalters stand in keinem Widerspruch zu ihrem Rang im jüdischen Gebet. In talmudischer Zeit wurde die Benediktion (*Berakha*) in ihren Formen und Inhalten als Grundeinheit des Gottesdienstes definiert. Darüber hinaus wurden bestimmte Reihen von Benediktionen als Kompositionen aufgefasst, wie die Benediktionen rund um das *Schema Israel*, das *Achtzehnbittengebet* in seinen Varianten usw. Zum Teil bis ins Mittelalter hinein war der Wortlaut der Benediktionen aus einer antimagischen Einstellung heraus nicht genau festgelegt, was die Vorbeter nutzten, um in Kompositionen den frei formulierten Prosateil der Benediktionen mit ihren eigenen Dichtungen auszutauschen. Daraus ergab sich, bis ins hohe Mittelalter und zum Teil auch bis heute, der Brauch, Teile von überlieferten Dichtungen durch neue Dichtungen zu ersetzen. Die Bedeutung dieses Vorgangs im byzantinischen Erets Jisrael ist für die Einordnung der mittelalterlichen synagogalen Poesie maßgeblich: Der Pijjut ist als die weitaus wichtigste Form der religiösen Poesie im Judentum weder, wie im Christentum, eine die liturgische Zeremonie begleitende Poesie, noch, wie im Islam, eine das religiöse Leben des Einzelnen begleitende poetische Reflexion. Im Mittelalter war der Pijjut das öffentliche Gebet der jüdischen Gemeinde aus dem Munde des Vorbeters. Vor diesem Hintergrund wird die Literarkritik Abraham Aben Esras zur Liturgiekritik.

Durch die kontinuierlichen Veränderungen der liturgischen Poesien bildeten sich aber nicht nur, wie schon angeführt, regionale Riten heraus, sondern auch, insbesondere seit dem 10. Jahrhundert, regionale literarische Traditionen. Während sich der Pijjut im christlichen Europa bis ins 12. Jahrhundert hauptsächlich an seinen klassischen Vorbildern, besonders an den Dichtungen des Eleazar BiRebbi Kalir[15], orientierte, hatte die andalusische Schule in Folge des klassizistischen Anstoßes von Saadia Gaon nicht nur in der säkularen, sondern auch in der liturgischen Poesie einen eigenen Stil entwickelt, der sich im 12. Jahrhundert erst rund um das Mittelmeer, dann in der gesamten jüdischen Welt umfassend rezipiert wurde. Als Abraham Aben Esra in der Synagoge Roms mit der dortigen liturgischen Tradition konfrontiert wurde, lag seine ‚Überraschung' unter anderem darin, dass sowohl Cordoba als auch Rom als kulturelle Zentren in der Mitte des 12. Jahrhunderts noch ausgesprochen ‚provinziell' waren. Beide Zentren hatten ihre jeweilige profilierte Lokaltradition; von dem jeweils anderen Zentrum aber hatte man eigentlich noch nie etwas gehört. Wie es scheint, betraf das nicht nur die Aussprache des Hebräischen oder die Melodien, sondern auch den literarischen Stil, denn zu der Zeit Aben Esras gab es hauptsächlich zwei Hemisphären der Kommunikation in den jüdischen Gemeinden rund um das Mittelmeer: Eine südliche, die die islamische Welt von Cordoba bis Bagdad umfasste, und eine nördliche, die die christliche Welt von Byzanz bis Frankreich und England einschloss. Das literarische kulturelle Selbstbewusstsein in der christlichen Hemisphäre basierte neben den modernen Bestandteilen wie Kommentarliteratur, Responsen und halachischen Sammelwerken fast ausschließlich auf dem Studium der rabbinischen Texte wie Mischna, Talmud und Midrasch, während sich die jüdische intellektuelle Elite in der islamischen Hemisphäre in allen Bereichen der jüdischen Literatur der Errungenschaften der islamischen Systematisierung des Lernens bediente. Während in der christlichen Hemisphäre das jüdische Bibelstudium durch die Tradition bestimmt war, war das Bibelstudium für die Juden der islamischen Hemisphäre der Ausgangspunkt zu lexikalischen, grammatischen, philosophischen und wissenschaftlichen Analysen. Die jeweilige Pijjuttradition dieser beiden jüdischen Welten spiegelt genau diese unterschiedlichen Ansätze wider: In Italien und Aschkenas ist der Pijjut eine komplexe Reminiszenz rabbinischer Traditionen, manchmal in einer schwer verständlichen biblisch-rabbinischen Sprache verfasst, in Spanien hingegen ist er eine elegante ‚Stilübung' in der das in den lexikalischen, grammatischen, philosophischen und wissenschaftlichen Analysen Gelernte ästhetisch verdichtet wird. Abraham Aben Esra ging es also nicht darum, den Gebrauch des Pijjut als Gebet des öffentlichen

15 Siehe Lehnardt, „Kalir, Eleazar".

Gottesdienstes zu kritisieren, sondern er hatte dessen bestmögliche Gestaltung zum Ziel.

Abraham Aben Esra hat sogar versucht, auf die Liturgie in Rom durch einen eigenen Pijjut Einfluss zu nehmen. Er schrieb ein Gedicht in einem in Andalusien entstandenen Genre zum Abschluss der Pijjutim zum *Schema Jisrael*, dem *Mi Kamokha* für den siebten Pessachtag, das mit den Worten *Ein Eloha MiBaladekha* (Es gibt keinen Gott außer Dir) beginnt und an den Strophenanfängen unterzeichnet ist mit den Buchstaben *ABRaHaM BiRaBbI MEIR ESRA BeMeDINaT ROMA ḤiBbeRO* (Abraham der Sohn Rabbi Meirs Esra hat ihn in der Stadt Rom verfasst). Die Rezeptionsgeschichte zeigt, dass die römische Gemeinde mit Aben Esras Gedicht, das seinem Anspruch auf eine Erneuerung der synagogalen Poesie in Italien Nachdruck verleihen sollte, offensichtlich nur sehr wenig anfangen konnte. Aben Esras Pijjut findet sich in keiner von mehreren hundert erhaltenen Handschriften oder in den Drucken des Gebetsbuches der römischen und italienischen Gemeinden, sondern lediglich in einem Druck des sizilianischen Ritus (der zu der arabischen Welt gezählt wurde) und in einer jemenitischen Abschrift des in Ägypten oder im Jemen zusammengestellten Diwan des Abraham Aben Esra. Dieses Gedicht wurde also nur in der arabischen Hemisphäre der jüdischen Welt rezipiert.[16]

2 Der Exkurs im Koheletkommentar als Kritik einer Tradition

Nach seinen enttäuschenden Erfahrungen in Rom wandte sich Abraham Aben Esra dem Verfassen biblischer Kommentare und wissenschaftlicher Traktate zu. Sein Koheletkommentar stammt, einem Kolophon in einer frühen Handschrift zu Folge und offensichtlich auch, weil Aben Esra in ihm noch auf keinen seiner anderen Kommentare verweist, aus dem Jahr 1040.[17] Die Kommentare Abraham Aben Esras sind nach dem Vorbild der arabischen Kommentarliteratur gestaltet: Der Vers ist in die Erklärung eingeflochten. Abraham Aben Esras Bewusstsein für literarische Formen zeigt darin, dass er am Ende seines Exkurses wieder zum Lemmavers Koh 5,1 zurückkehrt, um zum nächsten Vers in seinem Kommentar überzuleiten.

Der Ausgangspunkt seines Exkurses ist klar im kommentierten Bibelvers begründet: *Dein Mund sei nicht in Panik und dein Herz eile nicht, ein Wort zu äußern vor Gott, denn der Gott ist im Himmel und du auf der Erde: deshalb seien*

16 Siehe Levin, *Religious Poems*, 346–350.
17 Zur Datierung siehe im Detail Rottzoll, *Kohelet*, 3–21.

deine Worte wenige (Koh 5,1). Da es, wie es dem Schöpfer gegenüber eigentlich würdig wäre, dem Menschen unmöglich ist, Gott jederzeit und allerorten zu preisen, soll sich dieser mit Bedacht auf das Gebet vorbereiten. Das Erfordernis, Gebete in ihrer Dauer nicht zu lang ausufern zu lassen, macht es für Abraham Aben Esra notwendig, sie in ästhetischer Hinsicht umso prägnanter zu fassen. Er schließt einen Exkurs zur Ästhetik des Gebetstexts an, wobei für ihn die synagogale Poesie, wie oben ausgeführt, ein den Standardgebeten gleichwertiger Gebetstext ist.[18] Dieser Exkurs ist mehr als eine manchmal zynisch zugespitzte Randbemerkung: Er ist geplant aufgebaut und durchstrukturiert und bietet nach der Darlegung des Problems am Ende eine Lösung auf einem gemeinsamen kulturellen Nenner an.

Abraham Aben Esra beginnt seinen kritischen Exkurs mit der Feststellung, dass sich dieser in vier Kategorien gliedern lasse: „Ich will [dazu] eine grundsätzliche Anmerkung [כְּלָל – *Kelal*] machen: Es gibt in den Pijjutim von Rabbi Eleasar Ha-Killir, seine Ruhe sei ihm zur Ehre, vier Schwierigkeiten [...]“ Die vorgetragene Kritik ist nicht nur grundsätzlich, sondern bezieht sich auch auf das Werk Eleazar BiRebbi Kalirs, der zentralen Dichtergestalt der synagogalen Poesietradition der christlichen Hemisphäre, der den Stil der italienischen Pijjutdichtung bis ins 12. Jahrhundert maßgeblich beeinflusst hat. Damit handelt es sich um keine Randbemerkung Aben Esras zu etwas, das man als ein Randproblem einstufen könnte.

Aben Esra fährt fort:

(A) Die erste Angelegenheit ist, dass viele seiner Pijjutim Rätsel und Gleichnisse sind.
Ich will also einen seiner Pijjutim in Erinnerung rufen. Er (lautet):
לְ(י)רְאִי יַקְפִּיל/וַחֲדָשִׁים יַכְפִּיל/לְיוֹם זֶה פּוּר הִפִּיל/מִצִּיּוֹן לִמְלֹךְ.
Den Spiegel faltet Er zusammen / und neue verdoppelt Er /
Für diesen Tag, (den) Er durchs Los bestimmt hat, / von Zion aus zu regieren.

Auch aus liturgischer Sicht greift Abraham Aben Esra das Problem an einem zentralen Punkt auf. Die angeführte Zeile, an der er im Folgenden seine Kritik verdeutlichen will, ist einem Pijjut zum Schofarblasen für den Zusatzgottesdienst des Neujahrsfestes entnommen, einem der Höhepunkte des liturgischen Jahres-

18 Und dies im Gegensatz zur jüdischen Gebetbuchreform des 19. Jahrhunderts in Mitteleuropa, die mit einem Streit über die Notwendigkeit der Pijjutim begann und mit dem fast völligen Ausschluss der traditionellen liturgischen Poesie zu Beginn des 20. Jahrhunderts endete, siehe Petuchowski, *Prayerbook*. Zur Rolle des Exkurses von Abraham Aben Esra in diesem Prozess vgl. Adler, „Urtheil“, 153; Wolff, „Die Stimmen“, 337–341; 359–362; 369–380; 385–393; Stein, „Urtheil“.

zyklus.[19] Diese Zeile ist von Abraham Aben Esra mit Bedacht ausgewählt worden, da er an ihrem Wortlaut fast alle seiner vier Schwierigkeiten mit dem Pijjutstil des Eleazar Kalir aufzeigen kann.

(A) Die erste Angelegenheit ist, dass zahlreiche seiner Pijjutim Rätsel und Gleichnisse sind.

Das erste Problem ist für Aben Esra die Verständlichkeit. Die Forderung nach Klarheit des Textes ergibt sich für ihn auf Grund von zwei Prämissen: Einerseits kann das Gebet im Judentum auch als halachisch vorgeschriebenes Aufsagen eines Textes beschrieben werden, zum Erfüllen einer Vorschrift aber muss man nach rabbinischer Auffassung normalerweise verstehen, was man tut. Andererseits basiert das Textverständnis Abraham Aben Esras auf einem rationalen Sprachgebrauch, auf einer positivistischen Sprachauffassung, nach der Sprache erlern- und analysierbar sowie eindeutig und klar zu benutzen ist.

Vor diesem Hintergrund ist der in der klassischen byzantinischen synagogalen Poesie verbreitetste Tropus, die Metonymie, nicht zu akzeptieren. Die Antonomasie im Pijjut ist ein Epithet, fast immer eine alternative Bezeichnung für einen Namen oder ein Substantiv, das im Gegensatz zur periphrastischen Umschreibung nicht auf einer Metonymie in der Sprache oder Begriffswelt, sondern auf einer Metonymie in einer biblischen Sprachfolge (im Hebräischen) beruht:

Im Vers:	Treibst du etwa gleich Ihm das Firmament (aus Metall), das fest ist wie ein gegossener Spiegel (Hiob 37, 18)
Auf Hebräisch:	תַּרְקִיעַ עִמּוֹ **לִשְׁחָקִים** חֲזָקִים **כִּרְאִי** מוּצָק (איוב לז 18)
	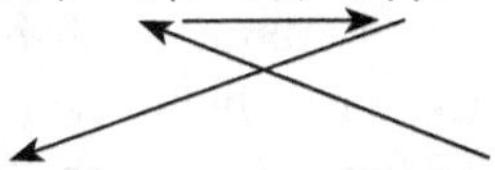
Im Pijjut:	**לִרְאִי** יַקְפִּיל ← את השמים יעביר Den Spiegel faltet Er → Den Himmel faltet er

Zur Auflösung einer derartigen payyetanischen Antonomasie, d. h. einer Alternativbezeichnung (Antonomasie), die außerhalb ihres Kontexts meistens ein unverständlicher Ausdruck (wie לִרְאִי יַקְפִּיל) ist, muss der Hörer den biblischen Zusammenhang des Ausdrucks identifizieren, die dortige Bedeutung abklären oder die Bedeutung des entsprechenden nächststehenden Ausdrucks übernehmen und diese dann in den Pijjutvers zurückübertragen:

19 Abraham Aben Esra ist der einzige, der die Rezitation dieses Pijjut ausdrücklich für Rom bezeugt. Ca. 150 Jahre nach seinem Aufenthalt in Rom sind die meisten Werke dieser Gattung nach einer tiefgreifenden Liturgiereform schon nicht mehr im römischen Ritus zu finden.

„Den Spiegel faltet Er zusammen“ → (a) was heißt hier ‚Spiegel‘? → (b) das Wort „Spiegel“ findet sich in der Bibel im Vers „Treibst du etwa gleich Ihm das Firmament (aus Metall), das fest ist wie ein gegossener Spiegel?“ (Hiob 37, 18); → (c) das dem Wort ‚Spiegel‘ nächststehende Substantiv ist ‚Firmament‘/‚Himmel‘; → (d) Rückübertragung in den Pijjutvers: „Den Himmel faltet Er“.[20]

Was die Antonomasie in der Hebräischen liturgischen Poesie auszeichnet, ist die besondere Begrenzung der Kontiguität als Grundlage der Metonymie auf eine biblische Kollokation. In Extremfällen dient also kein semantischer Zusammenhang, sondern nur die Nachbarschaft von Worten im Bibeltext als Grundlage für die metonymische Bezeichnung.[21] Diese ‚willkürliche‘ Auflösung jeder lexikalischen Unterscheidung, dieses kreative Chaos einer uneigentlichen Sprache ohne logisch mindestens teilweise nachvollziehbare Analogie wie beim Vergleich oder der Metapher, wird somit für Abraham Aben Esra zu einem Stein des Anstoßes.[22]

(B) Die zweite Angelegenheit ist, dass seine Pijjutim mit der Sprache des Talmuds vermischt sind. Es ist aber bekannt, dass es viele Sprachen im Talmud gibt, nicht [nur] die heilige Sprache. Und so sagten sie [sogar dort] schon: ‚Die Sprache der Schrift für sich, und die Sprache des Talmuds für sich.‘ Wer brachte uns [deshalb] in diese Not, in fremden Sprachen zu beten? Wies nicht Nehemia [diejenigen] zu Recht, die in der aschdoditischen Sprache redeten? Um wie viel mehr gilt dies in der Zeit des Gebets! Und warum lernen wir nicht vom Stammgebet, das ganz in Worten der Klarheit (צחות) [abgefasst] ist, in der heiligen Sprache? Warum aber sollen wir in der medischen, persischen, edomitischen [d. h. griechisch-lateinischen] und ismaelitischen [d. h. arabischen] Sprache beten?

Die zweite ästhetische Forderung, die Abraham Aben Esras hier zwar indirekt, aber dennoch klar postuliert, ist die Einheitlichkeit des Sprachregisters. Die Sprache des Gottesdienstes soll biblisches Hebräisch sein; das rabbinische Hebräisch oder die aramäischen Dialekte mit ihren vielen Fremdwörtern der talmudischen Literatur sind für Aben Esra keine Hochsprache. Diese Auffassung einer ‚Ur-Hochsprache‘, die, im Gegensatz zu den späteren Dialekten, die für den Gottesdienst einzig würdige Sprache sei, hat ihren Ursprung allem Anschein nach

---

20 Die Richtigkeit dieser Rückübertragung erhält die formale Bestätigung dadurch, dass die Präposition vor „Firmament“ (*LiShehaqim*) im Bibelvers auf das Wort „Spiegel“ (*LiRei*) im Pijjutvers übertragen worden ist. Es ist allerdings schwer vorstellbar, wie man das alles so schnell beim Hören des Pijjut in der Synagoge erfassen soll. Siehe dazu: van Bekkum, "Hearing".

21 Vgl. z. B. das Wort ‚dies‘ (זה) als Antonomasie für Gott, entsprechend „Dies ist mein Gott, ihn will ich preisen“ (Ex 15, 2); als Antonomasie für Mose, entsprechend „Denn dies ist Mose, der Mann, der uns aus Ägypten heraufgeführt hat“ (Ex 32, 23) usw.

22 Diesen Punkt der Kritik Abraham Aben Esras betont Yahalom, "Poetics". Zu den in der andalusischen Poetik eindeutig bevorzugten Tropen, zum Vergleich und zur Metapher siehe: Pagis, "Play".

in der Stellung des Gebets in der arabisch-muslimischen Kultur, in der das Gebet und die Schriftlesung dem Stilvorbild des Korans entlehnt sind. Gerade in Andalusien, das von den Ursprungsländern des Judentums und des Islam gleichermaßen weit entfernt ist, wird für die Juden ebenso wie für die aus Damaskus vertriebene Ommajadische Elite die Hochsprache zur kulturellen Heimat: nicht der hier gesprochene Dialekt sondern die klassische Schriftsprache der Gründungsepoche.

Inwieweit in diesem Punkt Abraham Aben Esra – oder gerade in diesem Kontext eher Abraham Ibn Esra – dem Modell der arabischen Mehrheitskultur Andalusiens gefolgt ist, kann man an einem andalusischen Neologismus erkennen, den er in seine Forderung nach sprachlicher Korrektheit gemäß dem biblischem Vorbild einfließen ließ. Die Einheitlichkeit (Reinheit) und Korrektheit der Sprache bezeichnet er mit dem Wort *Tsaḥut* (צחות), eine Lehnbildung des arabischen Begriffs *Faṣāḥa* (فَصَاحَة) für die Reinheit von Sprache und Stil.[23]

(C) Die dritte Angelegenheit ist: Selbst in den Worten (sc. dieses Pijjuts), die in der heiligen Sprache [abgefasst wurden], gibt es große Fehler.

Die Wahl des Hebräischen verpflichtet nach Aben Esra dazu, die Grenzen des Sprachregisters anzuerkennen, das Sprachniveau einzuhalten und die Sprache grammatisch richtig zu benutzen. Daher beweist er auf der Grundlage der andalusischen Sprachtheorie, dass die Form des Eröffnungswortes des Pijjut des Eleazar Kalir, ‚*Ansiḥa*', fehlerhaft ist.

Für Abraham Aben Esra ist das Gebet, ebensowenig wie der Reim, ein Feld für Spachmystik, sondern für analytische Ästhetik. Daher akzeptierte er keine ungefähren Assonanzen als Reime. Nur in der Sprachtheorie verankerte Klangaffinitäten kamen für ihn als Reime in Frage. Inwieweit er dabei seinen in gleicher Weise provinziellen und universalen ästhetischen Ansatz durscheinen lässt, war ihm anscheinend nicht bewusst. Sein Ansatz ist insofern provinziell, als er als jemand, der im arabischen Spanien aufgewachsen ist und dort u. a. seine jüdische Bildung erhalten hat, kein Bewusstsein für die verschiedenen Dialekte des Hebräischen hatte. Universal ist er hingegen darin, dass er seine eigene sprachästhetische Theoriebildung weder einer historischen, noch einer lokalen Abhängigkeit unterwarf. So nahm er sein eigenes ästhetisches Urteil vor dem Pietätsargument gegenüber den Vorfahren in Schutz:

23 Wortbildungen wie Tsaḥut, d. h. abstrakte Eigenschaftsnomen mit der Endung –ut, werden später durch die Tibbonim, der Übersetzerfamilie aus dem Arabischen, in der Provence des 12. und 13. Jahrhunderts im Hebräischen eingebürgert.

Es gibt welche, die sagen: Man antwortet nicht dem Löwen nach seinem Tod.

Die Antwort darauf ist: Der Geist Gottes schuf uns alle, und vom selben Stoff wurden die Früheren gleich uns geformt, aber *das Ohr prüft die Worte* (Hiob 12, 11).

Auch diese Zeilen sind ein gutes Beispiel dafür, inwieweit Abraham Aben Esra das gesamte jüdische Bildungsgut sprachlich beherrschte und in einem komplexen Pastichestil seiner Argumentation unterwerfen konnte: Das Argument der Traditionalisten, die jeden Angriff auf Eleazar Kalir damit abwehren wollten, dass die Tradition ihn schon sanktioniert habe, ist ihrer wichtigsten Traditionsquelle, dem Talmud, wortgetreu entnommen: „Rabbi Jehoschua sagte: Man antwortet nicht dem Löwen nach seinem Tod" (bGit 83b). Diesem Zitat aus einer nationalen Traditionsquelle wie dem Talmud stellt Aben Esra in seiner Argumentation für eine universale und damit von der Tradition befreite Ästhetik Zitate aus Hiob gegenüber, einem der vielleicht universellsten Bücher der Bibel, das als Gleichnis eben ohne lokale und historische Abhängigkeiten zeitübergreifend das Verhältnis von Mensch und Gott thematisiert. Der ewige Schöpfergott hat alle gleich erschaffen,[24] auch was die Sinne angeht.[25] Mit dieser Argumentation ist jedem ein ästhetisches Urteil über die Werke der Vorväter auf einer universalen Ebene der sprachlichen Ästhetik des Hebräischen erlaubt.

(D) Die vierte Angelegenheit ist, dass alle seine Pijjutim voll von *Midraschim* und *Aggadot* sind. Unsere Weisen aber sagten: Die Schrift verlässt [die Grenzen] ihres Wortsinns nicht.

Abraham Aben Esras vierter Kritikpunkt bezieht sich auf die Direktheit der Aussage, die ohne Anspielungen auf die Aggada oder den Midrasch erfolgen und nicht auf die Bedeutungserweiterungen, die der Midrasch, hervorgebracht hat, rekurrieren soll. Diese Forderung ergibt sich direkt aus den beiden vorherigen Kritikpunkten. Der Dichter eines Pijjut sollte sich also auch in der Semantik nach der Lexikographie der Bibel richten und nicht nach den zahlreichen späteren Bedeutungen, die die rabbinische Bibelauslegung der jüdischen Tradition beigesteuert hatte. Durch dieses Vorgehen wollte Abraham Aben Esra zunächst Doppeldeutigkeiten vermeiden[26], es basierte aber auch auf einer Grundentscheidung seiner Sprachphilosophie, nach der Bibel und Dichtung, Wissenschaft und Liturgie gleichwertige Teile *eines* Diskurses sind.

24 Vgl. Hiob 33,4: „Gottes Geist hat mich erschaffen" und Hiob 3,6: „Schau, ich bin wie du vor Gott, auch ich bin nur aus Lehm geformt."

25 Vgl. Hiob 12,11.

26 Vgl. ‚erkennen' im biblischen Sinn.

3 Tradition im Lichte einer (anderen) Tradition

Abraham Aben Esras Sprachauffassung ist meines Erachtens somit auch der Schlüssel zu einer angemessenen Würdigung seiner Traditionskritik. Er lebte in einer mehrsprachigen Welt, in der es für ihn zwei Hochsprachen als Schriftsprachen gab. Vor dem Hintergrund der Renaissance des Saadia Gaon im Bagdad des 10. Jahrhunderts und der Implementierung ihrer Grundsätze in der andalusischen Synthese[27] diente zu Lebzeiten Abraham Aben Esras das Arabische für die wissenschaftliche Literatur, das Hebräische hingegen wurde für Dichtung und Liturgie benutzt, um die ethnische Identität der andalusischen Juden zu bewahren und zu stärken. Daraus zog Abraham Aben Esra die Konsequenz, dass das Hebräische, wie das Arabische, nach den Regeln der Grammatik zu gebrauchen ist.

Dieses andalusische Modell konnte nach dem Ende der islamischen Herrschaft auf der iberischen Halbinsel nicht fortgesetzt werden. Den gebildeten Juden im christlichen Spanien dienten das Lateinische und die sich rapide entwickelnden romanischen Dialekte als Verkehrssprache im Umgang mit Nichtjuden am Königshof, im Handel und im Alltag. Untereinander gebrauchten die Juden ihre arabische Muttersprache weiterhin im Dialekt, sowie, wenn es um wissenschaftliche Themen ging, als Schriftsprache. Das Hebräische hingegen entwickelte sich, in einer durch intensiveren Fernhandel und geographische Bildung zusammenwachsenden Staaten- und Kulturwelt, in Europa und rund ums Mittelmeer zu einer Nationalsprache.[28] Als Abraham Aben Esra seinen Exkurs zu Kohelet 5,1 verfasste, stand er am Scheideweg zwischen diesen beiden Modellen. Bei seinen möglichen Lesern konnte er Kenntnisse der arabischen Sprach- und Literaturwissenschaft nicht voraussetzen, da sie nicht, wie er, ihre Bildung nach dem andalusischen Modell erhalten hatten. Als gemeinsamen Nenner auf dem Weg zu einer dem andalusischen Sprachmodell angepassten Literarästhetik konnte er also nur daran appellieren, dem öffentlichen Gottesdienst – im Hebräischen – eine würdigere Form zu verleihen.

Der persönliche Misserfolg, den Abraham Aben Esra mit diesem Vorhaben in Rom hatte, sollte ca. 100 Jahre später durch den Erfolg der spanischen Schule in der hebräischen Dichtung in Italien revidiert werden. Mitte des 13. Jahrhunderts begann in den italienischen Gemeinden ein Revisionsprozess im Gebrauch der liturgischen Poesie, in dem sich die vier Kategorien seines Exkurses widerspie-

---

27 Siehe zu diesem für die hebräische Literaturgeschichte grundlegenden Prozess Drory, *Models*, 126–232.

28 Siehe Dan, "Epic".

gelten. Seitdem gehören seine Lehrbücher zur Grammatik und Poetik, die er in Italien, zum Teil schon während seines Aufenthaltes in Rom, verfasst hatte, zu den Grundsteinen der literarischen Bildung im Judentum. Um mit den Worten von Leopold Zunz, dem Nestor der Erforschung der synagogalen Poesie, abzuschließen:

> Der Herold und Lehrer [in Sachen der liturgischen Poesie *P. L.*] für die romanischen und germanischen Länder war Abraham b. Meir ibn Esra [...]. In Italien, Frankreich, England dichtend und arbeitend, theilte er die Schätze der Speculation und der Poesie freigiebig aus, den Zuhörern reichen Stoff zu eigener Bearbeitung gebend. Durch ihn kam die Kluft zwischen Piut und klassischem [andalusischen *P. L.*] Stil zur deutlichen Erkenntniss.[29]

Literaturverzeichnis

Abumalham Mas, Montserrat, Hrsg., *Kitāb al-muḥāḍara wa-l-muḏākara, Edicion y traduccion*. Madrid 1985. [arab. und span.]

Adler, Liebman, „Das Urtheil des Rabbi Abraham b. Esra (Eben Esra) und anderer berühmten jüdischen Gelehrten über Pijutim." *Die Synagoge* I (1837): 152–155.

Van Bekkum, Wout-Jacques, "Hearing and Understanding Piyyut in the Liturgy of the Synagogue." *Zutot* 1,1 (2001): 58–63.

Tudela, Benjamin von und Petachja von Regensburg, *Jüdische Reisen im Mittelalter*, hrsg. v. Stefan Schreiner, Sammlung Dieterich 416. Leipzig 1991.

Börner-Klein, Dagmar, *Pirke de-Rabbi Elieser: Nach der Edition Venedig 1544 unter Berücksichtigung der Edition Warschau 1852*, SJ 26. Berlin 2004.

Dan, Joseph, "The Epic of a Millennium: Judeo-Spanish Culture's Confrontations." *Judaism* 41, 2 (1992): 113–129.

Drory, Rina, *Models and Contacts: Arabic Literature and its Impact on Medieval Jewish Culture*, Brill's Series in Jewish Studies 25. Leiden 2000.

Friedlander, Gerald, *Pirke De Rabbi Eliezer: (The Chapters of Rabbi Eliezer the Great), According to the Text of the Manuscript Belonging to Abraham Epstein of Vienna*. London 1916.

Greive, Hermann, *Studien zum jüdischen Neuplatonismus: Die Religionsphilosophie des Abraham Ibn Ezra*, SJ VII. Berlin 1973.

Greive, Hermann, „Abraham ben Meir ibn Ezra." In *Theologische Realenzyklopädie*, I, 389–392. Berlin u. a. 1977.

Halkin, Abraham S., Hrsg., *Kitab al-Muḥāḍara wal-Mudhākara – Liber Discussionis et Commemorationis (Poetica Hebraica)*. Jerusalem 1975. [arab. und hebr.]

Ibn Esra, Abraham, *Diwân des Abraham Ibn Esra mit seiner Allegorie Hai Ben Mekiz*, hrsg. v. Jacob Egers. Berlin 1886.

Ibn Esra, Abraham, *Twilight of a Golden Age: Selected Poems of Abraham Ibn Ezra*, hrsg. v. Leon J. Weinberger, JStS. Tuscaloosa u. a. 1997.

Landsman, Leo, "The Office of the Medieval 'Hazzan'." *JQR* 62,3/4 (1972): 156–187; 246–276.

29 Zunz, *Literaturgeschichte*, 207.

Lehnardt, Peter Sh., „Kalir, Eleazar.“ In *Biographisch-Bibliographisches Kirchenlexikon*, III, Sp. 967–969. Hamm 1992.

Lehnardt, Peter Sh., Kapitel 6 “Creative Absorption – Between Tradition and Innovation.” In *Studies in the Emergence of the Tradition of Hebrew Liturgical Poetry in Italy*, 181–260, Ph. D.-Thesis, Beer-Sheva 2006. [hebr.]

Levin, Israel, Hrsg., *Igeret Hay Ben Mekitz by Abraham Ibn Ezra: A Critical Edition Supplemented with a Hebrew Translation of the Arabic Original Hay Ibn Yaqizan by Abu Ali Alhusain Abdalla Ibn Sina*, Tel Aviv 1983. [hebr.]

Levin, Israel, Hrsg., *The Religious Poems of Abraham Ibn Ezra, Critical Edition With Introduction and Commentary*. II. Jerusalem 1976–1980. [hebr.]

Pagis, Dan, “Play and Substance: Aspects of Hebrew-Spanish Imagery.” In *Hebrew Poetry of the Middle Ages and the Renaissance*, hrsg. v. Dan Pagis u. Robert Alter, 25–43, The Taubman Lectures in Jewish Studies 2. Berkeley 1991.

Petuchowski, Jakob J., *Prayerbook Reform in Europe: The Liturgy of European Liberal and Reform Judaism*. New York 1968.

Pierce, Frank, Hrsg., *Hispanic Studies in Honour of J.González Llubera*. Oxford 1959.

Raphael, Yitzhak, Hrsg., *R. Abraham Ben Nathan of Lunel, Sefer HaManhig, Published According to the Oxford MS with Additions and Variants in the New York and Vatican Mss and the Constantinople Edition, With Introduction, Indication of Sources, Parallels, Notes and Explanations*. Jerusalem 1978. [hebr.]

Raspe, Lucia, *Jüdische Hagiographie im mittelalterlichen Aschkenas*. Texts and Studies in Medieval and Early Modern Judaism 19. Tübingen 2006.

Raspe, Lucia, „Vom Rhein nach Galiläa: Rabbi Meir Schatz von Worms als Held hagiographischer Überlieferung.“ *Aschkenas* 17, 2 (2007): 431–455.

Rottzoll, Dirk U., *Abraham Ibn-Esras Kommentare zu den Büchern Kohelet, Ester und Rut*. SJ 12. Berlin 1999.

Schirmann, Jefim, *The History of Hebrew Poetry in Christian Spain and Southern France*, hrsg. v. Ezra Fleischer, Jerusalem 1997. [hebr.]

Stein, Leopold, „Das Urtheil des großen Lehrers Aben-Esra über die ungeeigneten ‚Piutim‘.“ *Der israelitische Volkslehrer 1*: 220–222.

Stern, Samuel M., “The Muwashshahs of Abraham Ibn Ezra.” In *Hispanic Studies in Honour of J. González Llubera*, hrsg. v. Frank Pierce, 367–382. Oxford 1959.

Tilly, Michael, „Ibn Esra, Abraham ben Meir.“ In *Biographisch-Bibliographisches Kirchenlexikon*, II, Sp. 1241–1243. Hamm 1990.

Twersky, Isadore und Jay Michael Harris, Hrsg., *Rabbi Abraham Ibn Ezra: Studies in the Writings of a Twelfth-Century Jewish Polymath*, Harvard Judaic Texts and Studies 10. Cambridge, Mass. 1993.

Wolff, Abraham A., „Die Stimmen der ältesten glaubwürdigsten Rabbinen über die Pijutim, gesammelt, übersetzt und mit Anmerkungen begleitet.“ *Literaturblatt des Orients* 2, 23–26 (1841): 337–341; 359–362; 369–380; 385–393.

Yahalom, Joseph, “The Poetics of Spanish Piyyut in Light of Abraham Ibn Ezra’s Critique of its Pre-Spanish Precedents”, In *Abraham Ibn Ezra y su tiempo: Actas del simposio internacional*, Madrid 1989, hrsg. v. Fernando Díaz Esteban, 387–392. Madrid 1990.

Zunz, Leopold, *Literaturgeschichte der synagogalen Poesie*. Berlin 1865.

Farina Marx

Kompilation oder Interpretation?

Der Yalkut Shimoni zu Habakuk

Abstract: This chapter deals with the exposure of tradition in Jewish literature. Taking as an example the medieval compilation literature Yalkut Shimoni on Habakkuk, this chapter reveals that the author of Yalkut Shimoni alters the rabbinic sources and adapts them to his exegesis. Rather than addressing tradition in a normative way, Yalkut Shimoni thus displays a dynamic and creative understanding thereof.

Im Mittelalter entstanden Sammelwerke, die die rabbinischen Quellen tradieren und in denen rabbinische Werke, die als eigenständige Texte verloren gingen, in Zitaten überliefert sind. Bisher wissenschaftlich kaum beachtet, dienten Sammelwerke wie der Yalkut Shimoni zumeist der Rekonstruktion dieser verlorenen Texte. Die Frage, ob der Autor des Yalkut Shimoni die Tradition durch bewusste Eingriffe in seine Quellen möglicherweise selbst verändert hat, stand bisher nicht im Fokus des wissenschaftlichen Interesses. Tatsächlich weichen im Yalkut Shimoni die biblischen Zitate zum Teil von der Schreibweise des masoretischen Bibeltextes ab. Eine Erklärung dafür könnte sein, dass der Autor des Yalkut Shimoni in diesem Fall Bibelzitate nur sinngemäß, nicht aber wörtlich zitierte, oder dass er biblische Quellen änderte, um diese seiner jeweils benötigten Auslegung anzupassen. Er könnte aber auch auf Bibelzitate zurückgegriffen haben, die einer vormasoretischen Texttradition zuzuordnen sind.[1] Im Hinblick auf die Dialektik von Tradition und Traditionskritik ist die Frage von Bedeutung, ob der Autor des Yalkut Shimoni hauptsächlich an der Bewahrung einer verbindlichen Formulierung des Bibeltextes interessiert war oder aber vielmehr an einer möglichst umfassenden Erklärung des Bibeltextes und zu diesem Zweck ggf. sogar Schreibvarianten innerhalb von Traditionstexten zuließ.

Der Yalkut, wahrscheinlich im 12. oder 13. Jh. verfasst, wird Shimon ha-Darshan zugeschrieben.[2] Der zweibändige Erstdruck Saloniki (Teil 1 1526–27, Teil 2 1521) erwähnt Shimon ha-Darshan am Ende der Yalkutkommentierung zur Tora als Verfasser. Die Angabe, Shimon stamme aus Frankfurt, findet sich erst im Druck Venedig von 1566: „Rabbeinu Shimon, Oberster der Darshanim, das Anden-

1 Vgl. dazu Levy, *Fixing God's Torah*.
2 Vgl. Elbaum, Jacob, "Yalkut Shimoni", 275–276.

ken des Gerechten zum Segen, aus der heiligen Gemeinde Frankfurt.“ Leopold Zunz identifiziert Shimon ha-Darshan in den *Gottesdienstlichen Vorträgen* mit Shimon Kara.[3] Abraham Epstein verweist darauf, dass der Yalkut Shimoni auf Grund der in ihm verwendeten Quellen nicht vor dem 12. Jh. entstanden sein könne.[4] Nach Meinung von Joseph Dan ist der Yalkut ein Werk aus der Zeit der Renaissance in Italien.[5]

Yalkut Shimoni bietet einen fortlaufenden Kommentar zu jedem biblischen Buch. Für diesen benutzte der Autor mehr als fünfzig Quellen, d. h. die verschiedensten rabbinischen Kommentare, aus denen er einen neuen Kommentar erstellte. Dass der Autor dabei die zugrunde liegende Traditionsliteratur veränderte, soll hier am Beispiel von Yalkut Shimoni zum Buch Habakuk gezeigt werden.[6] Die Auslegung des Yalkut Shimoni zum Buch Habakuk ist nach den Kapiteln der prophetischen Schrift in drei Abschnitte unterteilt. Im Unterschied zu den Kommentaren zur Tora konnte der Autor nicht auf eine fortlaufende Auslegung zum Buch Habakuk zurückgreifen, so dass er gezwungen war, traditionelle Literatur zu anderen biblischen Büchern für seinen Kommentar zum Buch Habakuk zu nutzen.

1 Die in Yalkut Habakuk verwendeten Bibelzitate

Der Autor des Yalkut gibt Bibelstellen oft nicht so wieder, wie sie die *Biblia Hebraica* überliefert, sondern verwendet in vielen Fällen andere Schreibweisen oder passt die biblischen Verse an seine Auslegung an. Er beschränkt sich auf die Auslegung einzelner Verse, nimmt also keine fortlaufende Auslegung vor. Angefangen bei Hab 1,7 springt er direkt zu Hab 1,12 und legt dann fortlaufend Hab 1,13–14 und Hab 1,16 aus. Darauf folgt Kapitel 2 mit einer zunächst fortlaufenden Auslegung von Hab 2,1–5, von der aus er dann zu Hab 2,16, Hab 2,19 und Hab 2,20 übergeht. Es schließt sich Kapitel 3 an, in dem er zwar eine relativ fortlaufende Auslegung vornimmt, der Schwerpunkt aber liegt hier auf Hab 3,6 und Hab 3,17. Die fortlaufende Auslegung wird zum Teil nur angedeutet, indem zu manchen Versen lediglich auf Auslegungen in anderen Büchern des Yalkut verwiesen wird. Die verwendeten Belegverse stammen meist aus den Schriften (hier vor allem aus

3 Vgl. Zunz, *Die gottesdienstlichen Vorträge der Juden*, 311–313.
4 Vgl. Epstein, *R. Shim'on Kara*.
5 Vgl. Dan, *Ha-sippur ha-ivri bi-yeme ha-benayim*, 137–138.
6 Alle verwendeten hebräischen Quelltexte sind *der Bar Ilan's Judaic Library* entnommen. Die Kürzel richten sich nach Schwerter, *Theologische Realenzyklopädie Abkürzungsverzeichnis*.

den Psalmen) und aus den Propheten. Wie noch deutlich werden wird, handelt es sich bei den Versen aus dem Pentateuch (vor allem Lev) meist um ehemalige auszulegende Bibelverse der benutzten Quellen. Während in Kapitel 1 und 3 fast die Hälfte aller zitierten Verse in variierter Schreibweise erscheinen, sind es in Kapitel 2 nicht einmal ein Viertel.

Drei Formen der Veränderung von biblischen Versen sind belegbar: Erstens die plene/defektiv Veränderung, zweitens die grammatische Anpassung von Versen an den Fließtext und drittens die Änderung von Bibelstellen zugunsten der Auslegung. Die Plene-Veränderung ist die häufigste Form der Änderung von Bibelstellen im Yalkut Shimoni zu Habakuk. Auch wenn diese Form der Modifikation in der Regel keinen Einfluss auf den Inhalt des Textes hat, so ist dies doch Hinweis auf einen freien Umgang mit den biblischen Versen. Wie der Yalkuttext zu dem Buch Habakuk belegt, scheint dieser Umgang mit der Heiligen Schrift für den Autor des Yalkut Shimoni ohne Weiteres möglich gewesen zu sein.

Aufgrund der Tatsache, dass die Plene-Veränderung die Vokale eindeutig festlegt oder zumindest die Lesevarianten auf ein Minimum beschränkt, reduziert der Autor den Interpretationsspielraum eines Verses. Ein defektiv geschriebenes Wort hingegen kann unterschiedlich vokalisiert werden und somit auch unterschiedliche Bedeutungen haben. Durch die plene Schreibweise eines Wortes ist dies nicht mehr möglich. Es ist also davon auszugehen, dass der Autor des Yalkut die Bedeutung der von ihm plene geschriebenen Wörter unmissverständlich festlegen wollte. So beispielsweise bei dem Wort שגינות in Hab 3,1, das zu שגיונות verändert wird. Dieses Wort ist biblisch ein *Hapax Legomenon* und daher nicht nur schwer deutbar, sondern in seiner Bedeutung umstritten.[7] Hab 3,1 wird zwei Mal zitiert, davon ein Mal als Belegvers:

Hab 2,2 Und JHWH antwortete mir und er sprach: Schreibe die Vision auf und deute [das] auf den Tafeln.

Der Heilige, gepriesen sei er, sagte zu ihm: So wie ich zu dir im ersten Exil sagte:
Erst wenn für Babel siebzig Jahre voll sind. (Jer 29,10)

Sie vertrauten nicht [darauf], sondern sagten:
Baut Häuser und wohnt darin. (Jer 29,5)

[Über die Zeit,] als die siebzig Jahre vollendet waren, steht geschrieben:
So spricht Kyrus, König von Persien. (II Chr 36,23 / Esr 1,2)

7 Wahrscheinlich von שגה "error" nach Jastrow, *Dictionary of the Targumim*, 1521. Für weitere Erklärungen zu dem Wort siehe auch: Andersen, *Habakkuk*, 268–273.

Auch jetzt [ist es so], wenn das Ende kommt, erlöse ich.
Und ebenso heißt es:
Denn ein Tag der Rache ist in meinem Herzen. (Jes 63,4)

Als Habakuk das hörte, fiel er auf sein Angesicht. Er sagte zu ihm: Herr der Welt! Richte mich nicht als einen vorsätzlichen Sünder, sondern als einen versehentlichen [Sünder] (שוגג),
denn es heißt:
Gebet des Propheten Habakuk über Irrende (שגיונות). *(Hab 3,1)*

Die eigentliche Auslegung Hab 3,1 folgt in Kapitel 3, in dem es heißt:

Hab 3,1 Das Gebet des Propheten Habakuk über Irrende (שגיונות). *MTeh 90,2*

David,
denn es steht geschrieben:
Das Gebet Davids: Höre JHWH die Gerechtigkeit. (Ps 17,1)

Was steht weiterhin in Bezug auf die Angelegenheit geschrieben?
Denn du schaust Unheil und Unmut. (Ps 10,14)
Mose,
denn es steht geschrieben:
Und ich betete zu JHWH. (Dtn 9,26)

Was hat er gesagt?
[Warum JHWH entbrennt dein Zorn über dein Volk? (Ex 32,11) *Ergänzt*[8]

R. Jehuda Sohn von R. Simon sagte:
Ihr Gebet ist [voller] Kränkungen.
Jeremia sagte:
Und ich betete zu JHWH. (Jer 32,16)

Was hat er gesagt?]
Gerecht bist du JHWH, als dass ich mit dir streiten sollte. (Jer 12,1) *Ende der Ergänzung*

Denn ich bin heute, und morgen bin ich nicht, und ich streite nicht mit dir.
Und das alles warum?
Denn du bist gerecht.

Wie an beiden Beispielen deutlich wird, führt die Auslegung konsequent hin zum Verständnis von שגינות als „Irrende". Diese Bedeutung wird zusätzlich über die plene Schreibweise שגיונות festgelegt.

Im Gegensatz zu den Plene-Veränderungen bilden die defektiven Änderungen eher die Ausnahme. Im Yalkuttext zum Buch Habakuk werden nur insgesamt fünf Verse defektiv verändert[9], von denen drei auszulegende Bibelverse und zwei Belegverse sind. Im Verhältnis werden vergleichsweise viel mehr auszulegende

8 Dieser Abschnitt wurde vom Herausgeber des Yalkut aus der Quelle MTeh 90,2 ergänzt.

9 Hab 1,12; Hab 3,2; Hab 3,19; Am 3,15; Ex 15,8.

Bibelverse defektiv verändert als Belegverse.[10] Dies könnte ein Hinweis darauf sein, dass im Mittelalter in der rabbinischen Tradition mit verschiedenen Bibelausgaben gearbeitet wurde, die unterschiedliche Schreibweisen zuließen.

Eine Modifikation des biblischen Textes ergibt sich durch grammatische Veränderungen. Bei vielen handelt es sich ‚nur' um grammatische Verbesserungen, die der Autor vornimmt, die vom Autor selbst stammen könnten oder auf die jeweilig benutzte Quelle zurückgehen. In anderen Fällen werden Verse grammatisch so verändert, dass sie anschließend als Belegverse für den jeweiligen Kontext benutzt werden können. Ein Beispiel hierfür ist der Vers Ex 2,10, der als Belegvers zur Auslegung von Hab 1,7 dient:

> *Schrecklich und furchtbar ist es. (Hab 1,7)*
>
> Das ist der Pharao, der Weltherrscher, denn es heißt:
> *Der Herrscher der Völker, und er öffnete ihm [die Fesseln]. (Ps 105,20)*
>
> *Sein Recht und seine Hoheit gingen von ihm aus. (Hab 1,7)*
>
> Das ist Mose, der groß war inmitten seines Hauses, denn es heißt:
> *Und er* (לו)[11] *nahm ihn zum Sohn. (Ex 2,10).*
>
> Er aber stellte sich hin und brachte zehn Plagen über ihn.

Hier erfolgt eine Modifikation von der ursprünglich femininen Form hin zur maskulinen, um den Vers inhaltlich verwenden zu können. Der Vers wird grammatisch verändert, in dem es לו und nicht לה heißt. Durch die Veränderung hin zu „und er nahm ihn zum Sohn" wird der Vers inhaltlich so an den Text angepasst. Eigentlich berichtet der Vers Ex 2,10 an dieser Stelle von der Tochter des Pharaos. Durch die Veränderung kann er nun inhaltlich dem Pharao selbst zugeordnet werden.[12] Es wird in der angeführten Auslegung deutlich, dass der Autor den Vers Ex 2,10 in diese Form brachte, um seine Auslegung beenden zu können.

Während plene und defektive Veränderungen noch als ‚Zufall' oder ‚Fehler' während des Abschreibens der Texte oder als zeitabhängige Schreibweisen erklärt werden könnten, sind die nachgewiesenen grammatischen Veränderungen nur als ein gezielter Eingriff interpretierbar.

Es gibt weitere inhaltliche Eingriffe in den Text, die offensichtlich dazu dienten, den Vers an den Kontext des Yalkuttextes anzupassen. So beispielweise Am 3,15:

---

10 Insgesamt umfasst der Yalkuttext 25 auszulegende Bibelverse und 96 Belegverse.

11 In der *Biblia Hebraica* heißt es an dieser Stelle לה „sie" mit Bezug auf die Tochter des Pharao.

12 Und er [der Pharao] nahm ihn zum Sohn (Ex 2,10).

Hab 3,2 JHWH, ich hörte deinen Ruf, ich fürchtete mich. *MShem 2,1*

Abraham handelte nach deinem Willen, aber du hast ihm [erst] einen Sohn im hundertsten Jahr gegeben.
Ahab, der Götzendienst trieb, zeugte siebzig Söhne!

Sara handelte nach deinem Willen, aber du gabst ihr [erst] einen Sohn im neunzigsten Jahr.
Isebel, Tochter der Götzenpriester, bekam siebzig Söhne,
denn es steht geschrieben:
Und Ahab hatte siebzig Söhne in Schomron. (II Kön 10,1)

Und wie sie für ihn in Schomron waren, so waren sie für ihn bei Isebel: Jeder einzelne von ihnen hatte Paläste, einen für den Sommer einen für den Winter.
Dies ist es, was geschrieben steht:
Und ich werde das Sommerhaus sowie das Winterhaus schlagen. (Am 3,15)

Am 3,15 dient der Auslegung von Hab 3,2. Zwei Worte werden in diesem Vers vertauscht, um sie dem vorrangehenden Kontext anzugleichen. Da die Reihenfolge im vorangehenden Yalkuttext „Sommer und Winter“ ist, wird hier anscheinend auch der biblische Vers dieser Reihenfolge angepasst.

Der Text ist der Quelle MShem 2,1 entnommen. Genau wie bei der Änderung von Ex 2,10 stammt auch die Änderung des Verses Am 3,15 vom Autor selbst.

2 Der kreative Umgang mit der Traditionsliteratur

Der Yalkut zum Buch Habakuk benutzt 16 verschiedene Quellen[13] aus dem Bereich der Kommentarliteratur, die vom Autor nahtlos und ohne einen jeweiligen Quellenverweis hintereinandergestellt werden. Innerhalb dieser Quellen wird Habakuk als Beleg der Auslegung – beispielsweise von einem Vers aus Lev in TanB – genutzt und vom Autor des Yalkut so ausgeschnitten und umgestellt, dass der Habakukvers zum auszulegenden Bibelvers wird, was ein Beispiel aus dem ersten Kapitel verdeutlicht:

Hab 1,7 Schrecklich und furchtbar (ונורא) **ist es, sein Recht und seine Hoheit gingen von ihm aus.** *TanB tazri'a 10*

Schrecklich und furchtbar ist es. (Hab 1,7)
1 Das ist der erste Mensch, denn es heißt:
Furcht (ומוראכם) *und Schrecken sei vor euch. (Gen 9,2)*

---

13 Aus diesen Quellen werden wiederum verschiedene Kapitel benutzt. Die benutzten Quellen sind: AZ, BB, BerR, BQ, Meg, MekhY, MShem, MTeh, Pes, San, Shab, SOR, Sot, TanB, WaR, yRHSh.

Hab 1,7 **Sein Recht und seine Hoheit gingen von ihm aus.**

Das ist Eva, die von ihm ausging, und sie verursachte ihm den Tod, denn es heißt:
Und sie gab auch ihrem Mann. (Gen 3,6)

Eine andere Auslegung: **§ 762**
Hab 1,7 **Schrecklich und furchtbar ist es.** *TanB tazriʿa 10*

2 Das ist der Pharao, der Weltherrscher[14], denn es heißt:
Der Herrscher der Völker, und er öffnete ihm[15] [die Fesseln]. (Ps 105,20)

Hab 1,7 **Sein Recht und seine Hoheit gingen von ihm aus.**
Das ist Mose, der groß war inmitten seines Hauses, denn es heißt:
Und er (לו) nahm ihn zum Sohn.[16] *(Ex 2,10)*
Er [17] aber stellte (ועמד) sich hin und brachte zehn Plagen über ihn[18].[19]

Eine andere Auslegung:
Hab 1,7 **Schrecklich und furchtbar ist es.**
3 Das ist Edom, denn es heißt:
Furchtbar und schrecklich. (Dan 7,7)

Hab 1,7 **Sein Recht und seine Hoheit gingen von ihm aus.**
Das ist Obadja, der ein edomitischer Bewohner war, und über es prophezeite:
So sprach JHWH Gott zu Edom. (Ob 1,1)

Eine andere Auslegung:
Hab 1,7 **Schrecklich und furchtbar ist es.**

4 Das ist Sanherib, denn es heißt:
Mit meinen Fußsohlen werde ich die Nile austrocknen.
(II Reg 19,24; Jes 37,25)

Hab 1,7 **Sein Recht und seine Hoheit gingen von ihm aus.** *WaR meẓoraʿ 18*[20]
Dieser sein Sohn, denn es heißt:
Und es geschah, als er sich niederwarf[21] *[im] Haus des Nisroch usw. (II Kg 19,37)*

---

14 Lehnwort aus dem Griechischen: kosmokrator.
15 Josef ist gemeint. Der Psalm erzählt die Geschichte von Josef in Ägypten.
16 Siehe dazu die Erklärung weiter oben.
17 Gemeint ist Mose. Nachdem Ex 2,10 geändert und nicht auf die Tochter des Pharao, sondern auf den Pharao selbst bezogen wurde, wird in der Folge die Auslegung mit Mose in Bezug auf den Pharao fortgesetzt.
18 Den Pharao.
19 Dies ist ein Zusatz, der nicht Teil der Quelle TanB tazriʿa 10 ist.
20 Dieser Einschub wird vom Herausgeber des Yalkut nicht angemerkt.
21 Um einen Götzen anzubeten.

Eine andere Auslegung:

Hab 1,7 **Schrecklich und furchtbar ist es.**

5 Das ist Hiram, der König von Tyros,[22] denn es heißt:
Sprich zum Fürsten, dem König von Tyros.[23] *(Ez 28,2)*

Hab 1,7 **Sein Recht und seine Hoheit gingen von ihm aus.**

Das ist Nebukadnezar.
Rabbi Simon sagte:
Es gibt die Geschichte von Hiram, den König von Tyros, der der Mann von Nebukadnezars Mutter war, und [dass] er sich über ihn stellte und ihn tötete, denn es heißt:
Und ich habe ein Feuer aus dir hervorbrechen lassen, das dich verzehrt. (Ez 28,18)

Eine andere Auslegung

Hab 1,7 **Schrecklich und furchtbar ist es.**

6 Das ist Nebukadnezar, denn über ihn steht geschrieben:
Und du sagtest in deinem Herzen: Ich werde in den Himmel aufsteigen. (Jes 14,13)

Hab 1,7 **Sein Recht und seine Hoheit gingen von ihm aus.**

Das ist Evil-Merodach.
Unsere Lehrer sagten:
Als Nebukadnezar vertrieben wurde,
denn es steht geschrieben:
Und von den Menschen wird man dich vertreiben. (Dan 4,29)

Während dieser ganzen Zeit war Evil-Merodach König an seiner Stelle. Als er zurückkam, fesselte er ihn im Kerker.
Als Nebukadnezar starb, wollten sie Evil-Merodach zum König machen, aber er akzeptierte [es] nicht. Er sagte zu ihnen: Beim ersten [Mal] hörte ich auf euch und wurde gefesselt, vielleicht lebt er [doch noch] und erhebt sich gegen mich und tötet mich.
Sie erhoben sich gegen ihn und zogen ihn aus seinem Grab, sodass er sah, dass er[24] tot war und machten ihn zum König, denn es heißt:
Aber du bist hingeworfen aus deinem Grab usw. (Jes 14,19)

---

22 Dieser Satz ist nicht Teil der Quelle.

23 Vgl. Ez 28,2. מלך wird hier dem Vers des masoretischen Bibeltextes hinzugefügt. Durch die Ergänzung kann er als Belegvers genutzt werden.

24 Nebukadnezar.

Und Rabbi Eliezer sagte: *WaR meẓora' 18*[25]
Und nicht nur dies, sondern jeder Feind[26], den er hatte, kam zu ihm und durchbohrte ihn mit einem Schwert,
um zu bestätigen, wie es heißt:
Bekleidet mit Enthaupteten, die vom Schwert durchbohrt wurden. (Jes 14,19)

Eine andere Auslegung: *TanB tazriʿa 10*

Hab 1,7 Schrecklich und furchtbar ist es.

7 Das ist der Mensch, der über alles herrscht, was der Heilige gepriesen sei er, geschaffen hat, denn es steht geschrieben:
Du hast ihn als Herrscher über das Werk deiner Hände gesetzt. (Ps 8,7)

Hab 1,7 Sein Recht und seine Hoheit gingen von ihm aus.

In der Stunde, in der er sündigt, bringt vor der Heilige, gepriesen sei er, Züchtigungen über seinen Körper.

[Das gleicht] einem König von Fleisch und Blut. Wenn er seinen Knecht züchtigen will, bringt er Messer und Fesseln und züchtigt ihn. Aber der Heilige, gepriesen sei er, ist nicht so. Wenn er den Menschen züchtigen will, züchtigt er den Körper des Menschen und maßregelt ihn, denn es heißt:
[Beim] Menschen sei es auf der Haut seines Fleisches. (Lev 13,2)

Hauptquelle der Kommentierung ist Tanḥuma Buber tazriʿa 10. Die Quelle wird dabei so zusammengekürzt, dass Hab 1,7 zum auszulegenden Bibelvers wird. Der auszulegende Bibelvers der Quelle ist Lev 13,2, der vom Autor gestrichen wird. An seiner Stelle wird Hab 1,7 der Quelle vorangestellt. Im Folgenden kommt es zu einer sehr ausführlichen Auslegung dieses Verses, die relativ wörtlich der Quelle entnommen wird.

Dem Leser wird das Bild vermittelt, es handele sich hierbei um eine fortlaufende Übernahme des Inhalts aus Tanḥuma Buber tazriʿa 10, jedoch übernimmt der Yalkut ausschließlich die Hauptargumente zur Auslegung und verzichtet auf tiefergehende Details. So streicht er beispielweise direkt zu Beginn einen längeren Exkurs zum ersten Menschen und zu dessen Entstehung. Es folgen erneut ein Teil aus der Quelle und eine Streichung, in diesem Fall von Gen 2,23. Daraufhin übernimmt der Autor eine längere Passage zur Auslegung von Hab 1,7. Während der Yalkut lediglich wiedergibt, dass „zehn Plagen über ihn (den Pharao) gebracht wurden", folgt in der Quelle eine weitere Auslegung zu jeder Plage und ein weiterer ausführlicher Exkurs, der vom Autor komplett gestrichen wird. So verfährt der Autor auch im Folgenden, indem er weitere kleinere Passagen aus der Quelle Tanḥuma Buber tazriʿa 10 streicht.

25 Dieser Einschub wird vom Herausgeber des Yalkut nicht angemerkt.
26 Wörtlich: Feind um Feind.

Interessant ist, dass der Autor dem Leser den Eindruck vermittelt, ausschließlich Tanḥuma Buber tazri'a 10 zu zitieren. Jedoch erfolgt ein Einschub in die Auslegung von Tanḥuma Buber tazri'a 10 – eine inhaltliche Ergänzung – aus Wayiqra Rabba meẓora' 18. Auch diesen Einschub kürzt der Autor und passt ihn so dem Kontext an, so dass kein literarischer Bruch für den Leser erkennbar ist. Daraufhin setzt er inhaltlich exakt an der vorherigen Schnittstelle in Tanḥuma Buber tazri'a 10 an.

Auch in der Folge wird die Quelle in sich um jedes Detail gekürzt, das nicht zur Interpretation des Habakukverses beiträgt und damit auf die Hauptargumente reduziert. Ein weiteres Mal wird die Auslegung um einen Abschnitt aus Wayiqra Rabba meẓora' 18 ergänzt, wobei der in der Quelle zitierte Rabbi Avina durch Rabbi Eliezer ersetzt wird. Auch in der Folge dieses Einschubs wird an der Schnittstelle in Tanḥuma Buber tazri'a 10 fortgesetzt. Das letzte Stück zur Auslegung Hab 1,7 wird noch einmal stärker durch den Autor beeinflusst und um ein weiteres Stück gekürzt, um dann letztlich den Abschluss durch den eigentlich auszulegenden Bibelvers der Quelle Tanḥuma Buber tazri'a 10 zu finden.

Dieses ‚einfache' Zusammenschneiden einer Quelle ist nur eine der Methoden, mit denen der Autor seinen neuen Text zusammenstellt. Eine weitere Methode, eine neue Auslegung zu konstruieren, ist die Verbindung verschiedener Quellen und ihre inhaltliche Veränderung, Voraussetzung dafür ist das Einfügen eines Habakukverses in die zu kombinierenden Teile, wie folgendes Beispiel zeigt:

Hab 3,2 JHWH, ich hörte deinen Ruf, ich fürchtete mich. *MTeh 90,2*

David,
Das Gebet Davids: Höre JHWH die Gerechtigkeit. (Ps 17,1)

Und was hat er gesagt?
Vor den Toten deine Hand, JHWH. (Ps 17,14)

Mose,
Und ich betete zu JHWH. (Dtn 9,26)

Was hat er gesagt?
Gott, verderbe nicht dein Volk und dein Erbe. (Dtn 9,26)

Hab 3,2 JHWH, ich hörte deinen Ruf, ich fürchtete mich. *unbekannte Quelle*

R. Eleasar ben R. Berachia sagte:
Wenn[27] nicht das Gebet von Habakuk gewesen wäre, würden zwei Gelehrtenschüler sich mit einem Gebetsmantel kleiden, denn es heißt:

27 Gemeint ist: wäre nicht.

Hab 3,2 Beim Nähern der Jahre belebe es.

Lies nicht:
„Beim Nähern der Jahre“ (בקרב שנים), sondern „in zweier Nähe“ (בקירוב שנים). *Sot 49a*

Hab 3,2 Im Zorn denke an Erbarmen.

Denn es steht geschrieben:
Und da gedachte Gott Noah. (Gen 8,1)

Hab 3,2 JHWH, ich hörte deinen Ruf, ich fürchtete mich. *MShem 2,1*

Abraham handelte nach deinem Willen, aber du hast ihm [erst] einen Sohn im hundertsten Jahr gegeben.
Ahab, der Götzendienst trieb, zeugte siebzig Söhne!

Sara handelte nach deinem Willen, aber du gabst ihr [erst] einen Sohn im neunzigsten Jahr.
Isebel, Tochter der Götzenpriester, bekam siebzig Söhne,
denn es steht geschrieben:
Und Ahab hatte siebzig Söhne in Schomron. (II Kg 10,1)
Und wie sie für ihn in Schomron waren, so waren sie für ihn bei Isabel: Jeder einzelne von ihnen hatte Paläste, einen für den Sommer einen für den Winter.
Dies ist es, was geschrieben steht:
Und ich werde das Sommerhaus sowie das Winterhaus schlagen. (Am 3,15)

Nachdem zunächst aus Midrash Tehillim 90,2 zitiert wird, geht es weiter mit Sota 49a. Dieser Teil der Quelle wird passend zur Quelle Midrash Tehillim 90,2 eingebaut, wobei auch hier der Teil der Interpretation aus einem größeren Kontext gelöst wird und der Habakukvers durch das Voranstellen zum auszulegenden Bibelvers wird, während er innerhalb von Sota nur als Belegvers, als Teil einer Auslegung, zu werten ist. Nach einer weiteren, äußerst knappen Auslegung aus einer unbekannten Quelle setzt der Autor die Auslegung zu Hab 3,2 mit Hilfe der Quelle Midrash Shmuel 2,1 fort. Bei diesem Quellenabschnitt handelt es sich eigentlich um eine Auslegung zu I Sam 1,11. Der Anfang dieser Auslegung wird im Yalkut abgeschnitten; der Belegvers Hab 3,2 wird auch an dieser Stelle zum auszulegenden Bibelvers. Der Autor des Yalkut scheint intendiert zu haben, jede überflüssige Erklärung zu I Sam 1,11 zu entfernen und allein die Erklärung zu Hab 3,2 für seine Interpretation herauszuarbeiten: Dafür streicht er eine Passage zu Hanna (die zur Deutung von I Sam 1,11 beiträgt) aus der Texteinheit zu Hab 3,2. Abgesehen davon nimmt der Autor nur kleinere Veränderungen an der Quelle vor, wie z. B. die bereits erläuterte Anpassung des Bibelverses Am 3,15.

Eine dritte Methode besteht darin, eine passende Thematik aus einer Quelle in die fortlaufende Habakukauslegung einzubinden, obwohl diese Quelle selbst Habakuk nicht zitiert. Diese Methode wendet der Autor des Yalkut nur einmal an:

Hab 2,20 [Und] JHWH ist in seinem heiligen Palast.

R. Samuel bar Nachmani sagte:
Bevor das Heiligtum zerstört wurde, war die göttliche Anwesenheit (שכינה) in der Halle [des Tempels].

Das restliche Stück steht geschrieben im Buch der Könige, in § 189 und § 198.

Bei diesem Vers zitiert der Autor des Yalkut, wie bereits an anderer Stelle gezeigt, die Auslegung nur an, dann bricht er sie ab und verweist auf eine vorhandene Auslegung. Jedoch wird diese Teilauslegung vom Autor verändert, da sie sich im Grunde nicht auf den auszulegenden Vers Hab 2,20 bezieht. Diese Auslegung aus Tanḥuma shemot 10 bezieht sich ursprünglich auf Ps 11,4.

In den vorangegangenen Quellen hat der Autor stets den in der Quelle vorhandenen Habakukvers vom Belegvers zum auszulegenden Vers geändert. In dieser Quelle setzt er den Habakukvers als auszulegenden Bibelvers ein, obwohl dieser nicht Teil der Quelle ist. Vermutlich handelt es sich um eine ‚Notlösung', um diesen Abschnitt in jedem Fall in seine Text integrieren zu können.

Insgesamt wird deutlich, wie der Autor den Text im Hinblick auf die intendierte Auslegung verändert hat. Er war nicht daran interessiert, *eine* Hauptquelle zu nutzen oder gar einer bestimmten Schule oder Texttradition zu folgen. Vielmehr ging es ihm um das konsequente Fortführen eines bestimmten Themas, zu dem der Text entsprechend konstruiert wurde.

3 Die entstandene Textkomposition des Autors

Der aus vielen verschiedenen rabbinischen Quellen zusammengesetzte Text des Yalkut Shimoni zu Habakuk lässt trotz der unterschiedlichen literarischen Inhalte der einzelnen Quellen eine bewusste Komposition hin zu folgenden thematischen Schwerpunkten erkennen: Die Herrschaft bzw. Macht Gottes, die zum Beispiel durch den erfolgreichen Auszug aus Ägypten oder dem Strafen der Ungläubigen durch Gott herausgestellt wird. Zudem geht es in diesem Zusammenhang um den Umgang mit Frevlern, der hauptsächlich im ersten und zweiten Kapitel thematisiert wird. Das dritte Kapitel, welches das dritte Kapitel des Habakukbuches bearbeitet, setzt einen weiteren Schwerpunkt: Auch hier ist die Macht Gottes zentrales Thema, wird aber nicht nur mit der Sicht auf die Feinde betrachtet, sondern vor allem im Bezug auf die Gläubigen des eigenen Volkes. Das Thema der Treue zu Gott und der Umkehr, nach dem Zweifel an Gott, spielen in dem Kommentar zum Gebet eine zusätzliche, herausgestellte Rolle.

Durch die andere Struktur des dritten Kapitels im Buch Habakuk erklärt sich eine thematisch andere Gewichtung: Das dritte Buch, das strukturell einem Gebet gleicht, gibt Anlass zu einem Kommentar, der sich mehr als die ersten beiden Kapitel mit den Fragen der Gläubigen auseinandersetzt.

Eine strukturelle Komposition ist durch Zahlenschemata vorgegeben. Ein Beispiel dafür ist die Auslegung zu Hab 1,7. Hier benutzte der Autor sieben Auslegungen, um Hab 1,7 auszulegen.[28] Die Struktur jeder einzelnen Auslegung bleibt gleich, indem stets ein Ungläubiger bzw. Sünder angeführt wird, von dem wiederum eine zweite Person belegt, dass jede noch so starke oder mächtige Person bzw. jeder Herrscher durch Gott geschlagen wird. Durch den letzten Belegvers des Abschnitts wird jeweils der Rückschluss zur ersten Person des Abschnitts hergestellt. Der Autor bildet also künstliche Zusammenhänge zwischen den Bibelversen und damit Textfamilien zu einem übergeordneten Thema. Hermeneutisch handelt es sich hierbei um einen *binjan ab*.

Eine solche Zahlensymbolik benutzt der Autor ein weiteres Mal zur Auslegung von Hab 3,15:

Zehn Wunder geschahen für unsere Väter am Meer:

1 Es wurde durchbrochen (נבקעו) und ein Gewölbe gemacht,
denn es heißt:
Du durchbohrst mit seinen Stämmen den Kopf seiner Scharen. (Hab 3,14)

2 Es wurde zweigeteilt, denn es heißt:
Strecke deine Hand aus über das Meer und spalte es. (Ex 14,16)

3 Es wurde trocken, denn es heißt:
Und die Kinder Israels gingen im Trockenen. (Ex 15,19)

4 Es wurde eine Art Lehm, denn es heißt:

Hab 3,15 Du betratest[29] das Meer mit deinen Pferden, den Mörtel großer Meere.

5 Es wurde in Stücke zerbrochen, denn es heißt:
Du hast mit deiner Macht das Meer zerstückelt. (Ps 74,13)

6 Es wurde zu Felsstücken, denn es heißt:
Du hast die Köpfe der Drachen auf dem Meer zerschmettert. (Ps 74,13)

7 Es wurde zerschnitten (גזרים), denn es heißt:
Der das Schilfmeer in Stücke zerriss (לגזרים). (Ps 136,13)

8 Es wurde aufgehäuft (ערימות), denn es heißt:
Und durch den Hauch deiner Nase türmte (נערמו) sich das Meer. (Ex 15,8)

9 Es wurde wie ein Damm (נדכמין), denn es heißt:
Es stand wie ein Damm (כמו נד). (Ex 15,8)

10 Es kamen für sie Meere süßen Wassers aus dem salzigen,

---

28 Auch in Lev 13 – dem finalen Belegvers – ist die Zahl 7 vorherrschend.
29 Gemeint ist: du durchschrittest das Meer (nachdem es geteilt worden war).

denn es heißt:
Und er brachte Fließendes aus dem Felsen hervor. (Ps 78,16)

Das Meer erstarrte auf beiden Seiten und wurde zu einer Art Gefäß aus Glas, denn es heißt:
Es gerannen die Fluten. (Ex 15,8)

Hab 3,15 Du betratest das Meer mit deinen Pferden. *MekhY beshallaḥ 6*

R. Pinchas legte aus:
Der Pharao ritt auf einem Hengst (סוס זכר), da erschien der Heilige gepriesen sei er, wenn man es so sagen wollte, [ebenfalls] auf einem Hengst, denn es heißt:
Du betratest das Meer mit deinen [männlichen] Pferden. (Hab 3,15)

Der Pharao ritt auf einer Stute (סוס נקבה), da erschien der Heilige gepriesen sei er, wenn man es so sagen wollte, [ebenfalls] auf einer Stute, denn es heißt:
Mit meinem [weiblichen] Pferd an Pharaos Wagen. (Cant 1,9)

In diesem Fall werden zehn Wunder genannt, die den Israeliten im Kontext der Meeresteilung widerfahren sind und es möglich machten, das Meer in Stücke zu zerreißen.

Jedes dieser Wunder wird mit einem Vers belegt.[30] Alle Wunder, die angeführt werden, erklären die Teilung des Meeres. Das vierte Wunder wird belegt durch Hab 3,15, der in der Folge dann zur Auslegung genutzt wird. Diese Konstruktion der zehn Wunder endet mit dem Beleg der eigentlichen Teilung des Meeres in Ex 15,8: „Es gerannen die Fluten." Diese Auslegung wird vom Autor ebenfalls aus mehreren Quellen kompiliert, wobei die Struktur, d. h. hier die Zahlensymbolik vom Autor selbst in die Auslegung eingebunden wird.

Der Autor des Yalkut Shimoni zu Habakuk hat die traditionelle rabbinische Literatur damit nicht als feststehende Texttradition angesehen, sondern als Grundlage für einen neuen Kommentar genutzt, in den er sein Verständnis der Quellen einfließen ließ. Damit spiegelt der Yalkut Shimoni zu Habakuk einen nicht normativen, sondern kreativen Umgang mit biblischen und rabbinischen Quellen wider und zeugt somit von einem dynamischen Traditionsverständnis.

Literaturverzeichnis

Andersen, Francis I., *Habakkuk: A New Translation with Introduction and Commentary.* The Anchor Bible 25. New York 2001.

Biblia Hebraica = Ellinger, Karl u. Adrian Schenker, Hrsg., *Biblia Hebraica Stuttgartensia. Editio funditus renovata.* Stuttgart 2007.

30 Die zehn Wunder müssen an dieser Stelle natürlich auch symbolisch gedeutet werden.

Dan, Joseph, *Ha-sippur ha-ivri bi-yeme ha-benayim*. Jerusalem 1974.
Elbaum, Jacob, "Yalkut Shimoni." In *Encyclopaedia Judaica*, XXI. 275–276. Detroit 2007.
Epstein, Abraham, *R. Moshe ha-Darshan mi-Narbona*. Wien 1891.
Epstein, Abraham, *R. Shimʿon Kara we-ha-Yalkut Shimʿoni*. Krakau 1891.
Epstein, Abraham, "Le Yalkout Schimeoni et le Yalkout Ha-Makhiri." *Revue des études juives* 26 (1893): 75–82.
Hyman, Dov, *The Sources of the Yalkut Shimeoni*, 2 Bde., Jerusalem 1965–74. [hebr.]
Hyman, Dov, Yitzchak Lerrer und Yitzchak Shiloni, Hrsg., *Yalkut Shimʿoni al ha-Tora le-Rabbenu Shimʿon ha-Darshan*, 9 Bde., Jerusalem 1973–1991.
Hyman, Dov und Yitzchak Shiloni, Hrsg., *Yalkut Shimʿoni al Neviʾim le-Rabbenu Shimʿon ha-Darshan*, Jerusalem 2009.
Jastrow, Marcus, *Dictionary of the Targumim, the Talmud Babli and Yerushalmi, and the Midrashic Literature*. 2. Aufl. Peabody Mass. 2006.
Krupp, Michael, "New Editions of the Yalkut Shimoni." *Immanuel* 9 (1979): 63–72.
Levy, Barry B., *Fixing God's Torah. The Accuracy of the Hebrew Bible Text in Jewish Law*. Oxford 2001.
Schwertner, Siegfried u. Gerhard Muller, *Theologische Realenzyklopädie: Abkürzungsverzeichnis*. Berlin u. a. 1976.
Wolfe, Rolland E., *The Editing of the Book of the Twelve. A Study of Secondary Material in the Minor Prophets*. Ph.D-Thesis, Harvard University 1933.
Zunz, Leopold, *Die gottesdienstlichen Vorträge der Juden: Ein Beitrag zur Altertumskunde und biblischen Kritik zur Literatur- und Religionsgeschichte*. Frankfurt am M. 1892.

Ephraim Meir

Zu einer „proflexiven" Philosophie und „Proligion" – eine Inbeziehungsetzung der Philosophie Franz Fischers zum dialogischen Ansatz Martin Bubers

Abstract: This chapter compares Franz Fischer's transformative thinking with Buber's dialogical thought. Both thinkers argued that it was imperative that the traces of dialogue with other human beings be palpable in philosophy and religion. Their respective positions toward religion are the consequence of a philosophical point of view that was characterized by Fischer as 'proflective' and by Buber as 'dialogical'. Buber described a twofold attitude to the world: I-it and I-you. In a parallel manner, Fischer contrasted his logic of humanity, one intended for the other, with the logic of reflection, in which the I returns to itself. As critical participants in their religions, they strove for a 'meta-religion' that would confirm and criticize their own religion. Buber's position can be explained through his preference for religiosity as a living relationship with God, whereas Fischer's 'pro-ligion' was a corrective of a 're-ligion' that is too much focused on the self.

In dem umfangreichen Buch über den Anderen in der Sozialontologie des zwanzigsten Jahrhunderts von Michael Theunissen wird Franz Fischer (1929–1970) nicht ein einziges Mal erwähnt.[1] Theunissens Abhandlung stammt aus dem Jahr 1964 und zu dieser Zeit war Fischer in Deutschland ein relativ unbekannter Philosoph. Würde man heute ein ähnliches Buch schreiben, so wäre die Einbeziehung von Fischer unumgänglich. Doch bis heute ist kein Versuch unternommen worden, Fischer in der geistigen Landschaft der dialogischen Philosophie zu verorten. Eine löbliche Ausnahme stellt Wolfdietrich Schmied-Kowarzik dar, der, in seinem Buch über Rosenzweig, Fischer in aller Kürze mit jüdischen Dialogdenkern vergleicht.[2] In diesem Beitrag werde ich Fischers transformative Sichtweise auf Philosophie und Religion mit Bubers dialogischem Denken und seiner Religiosität vergleichen.

---

1 Siehe Theunissen, *Der Andere*. Für eine Einführung in Fischers Leben und Denken siehe Fischer-Buck, *Franz Fischer*.

2 Siehe Schmied-Kowarzik, „Ethik", 372; Schmied-Kowarzik, Rosenzweig, 190–214 konzentriert sich auf Parallelen zwischen Fischer und Levinas. Siehe auch Kaminska und Altfelix, "Pedagogical Quality".

Fischer und Buber argumentierten beide, dass es unerlässlich sei, die Spuren des Dialogs mit dem anderen Menschen in der Philosophie und der Religion greifbar zu machen. Ihr jeweiliger Standpunkt gegenüber der Religion war die Konsequenz aus einer philosophischen Sichtweise, die von Fischer als „proflexiv" und von Buber als „dialogisch" bezeichnet wurde. Beide versuchten, Philosophie und Religion von diesem dialogischen Standpunkt her zu überdenken.

Fischer hat sich in seinen Schriften ausdrücklich auf Buber bezogen, er hat außerdem Bubers Anthropologie an der *Fachschule für Sozialpädagogik* in Hamburg gelehrt und schon dies allein macht den Vergleich zwischen den beiden relevant.[3] Bubers Betonung des Ich-Du gegenüber dem Ich-Es findet seine genaue Entsprechung in Fischers „ziszendentalem Fremdbewusstsein des ‚Du'", das er Kants „transzendentalem Selbstbewusstsein des ‚Ich'" gegenüberstellte.[4] Beide Männer lebten in einer Zeit, die unter zwei schrecklichen Arten des Totalitarismus, dem stalinistischen Kommunismus und dem deutschen Nationalsozialismus, litt, sodass beide verständlicherweise eine Umwandlung des Menschen anstrebten. Sie beschrieben eine zweiseitige Haltung der Welt gegenüber: Ich-Es und Ich-Du, Reflexion und Proflexion und stellten die beiden Haltungen einander gegenüber. Gegen die wachsende Entfremdung seiner Zeit schrieb Buber über dialogische Realität. Fischer indes kontrastierte vor dem Hintergrund des Holocaust seine Logik über die Menschheit, die den Anderen im Sinn hat, mit der Logik der Reflexion, in der das Ich immer zu sich selbst zurückkehrt.

Die Idee, Fischers Religiosität mit der Bubers zu vergleichen, kam mir, nachdem ich Anne Fischer-Bucks Schrift über Dietrich Bonhoeffer und Franz Fischer gelesen hatte.[5] Als kritische Anhänger ihrer jeweiligen Religionen strebten sowohl Fischer als auch Buber eine ‚Meta-Religion' an, die ihre eigene Religion bestätigte, aber auch kritisierte. Bubers Position kann dadurch erklärt werden, dass er der Religiosität als der lebendigen Beziehung zu Gott den Vorrang gegenüber der institutionellen Religion gab, während Fischer über ‚Pro-ligion' als Verbesserung der ‚Re-ligion' schrieb, die sich zu sehr auf das Selbst konzentriert und den Anderen vergisst. Im jüdischen Denken ist eine solche kritische Haltung möglich, weil der Name Gottes unaussprechlich ist. In diesem Sinn kann man die tiefste Bedeutung der Welt nicht erfassen und in ein System einschließen, in Bubers Worten: Man kann lediglich auf sie hinweisen. Fischer hob die Idee hervor, dass die Tiefe der Wirklichkeit immer größer

---

3 Vgl. Fischer, *Proflexion*, 552–553; Fischer-Buck, *Franz Fischer*, 17; „Sinn aus sich selber", 349.

4 Fischer, *Proflexion*, 477.

5 Siehe Fischer-Buck, *Proflexion*.

sei als das, was man über sie sagen könne. Er bevorzugte ein ‚religionsloses Christentum'. Er wollte eine Umkehr vom metaphysischen Gotteskonzept hin zu einem Gott, der mitten im Leben zu finden sein sollte, von einer selbstgenügsamen Kirche hin zu einer Kirche für den Anderen. Auch Buber betrachtete das Judentum nicht als bloße Religion, sondern eher als eine beispielhafte dialogische Lebensweise, die auf Elemente der Magie und der Gnosis verzichte. Er bevorzugte ein unterschwelliges Judentum, das vor allem durch die Propheten und den Chassidismus vertreten wird. Beide Wissenschaftler unterschieden zwischen dem, was über die endgültige Wirklichkeit gesagt werden könne, und dem, was unaussprechlich, aber dennoch durch die Beziehung zum Anderen zugänglich sei.

1 Proflexive Philosophie

Nach Fischer sind Äußerungen immer zweitrangig gegenüber der vorausgesetzten Wirklichkeit: die Realität hat Vorrang. Das ‚Gemeinte', die gemeinte Wirklichkeit als Quelle der bedeutungsvollen Äußerungen, des ‚Gesagten', werde niemals gänzlich ausgedrückt. Die Tragweite der unterschiedlichen Bedeutungen, des ‚Gemeinten', könne nicht auf Äußerungen, auf das ‚Gesagte', das objektive Wissen reduziert werden. Mit dieser Sichtweise fechtet Fischer den Idealismus Hegels an, der die Meinung vertritt, dass allgemeine Äußerungen der beabsichtigten oder gemeinten Wirklichkeit entsprächen. Durch seine revolutionäre Ansicht wirft Fischer Hegel vor, das Einzigartige nicht zu beachten und nicht zwischen dem, was über die Wirklichkeit, das ‚Gegebene', gesagt werden könne, und dem, was tatsächlich gemeint sei, dem ‚Gemeinten', zu unterscheiden. Die gemeinte Wirklichkeit werde in Äußerungen sichtbar, jedoch niemals erschöpfend; sie könne die Äußerungen lediglich in Verbindung mit ihrer Quelle bringen.

Von dieser Perspektive aus gesehen sind die Wissenschaften nicht ganz autonom: Sie haben ihre Wurzeln in einem Glauben, der ohne die Wissenschaften nicht existieren kann. Dieses neue Verständnis von einem Glauben, der mit der Wissenschaft verbunden ist, aber gleichzeitig über sie hinausgeht, ist weder kompatibel mit dem Denken derjenigen, die die ultimative Wahrheit ohne Hinweis auf irdische Wirklichkeit ‚besitzen', noch mit den Ansichten derjenigen, die sich auf eine wertfreie Wissenschaft ohne Verbindung zum Ultimativen und Unaussprechlichen beschränken.

Während seiner Studienjahre in Wien beschäftigt sich Fischer mit der alten philosophischen Frage nach der Beziehung zwischen Existenz und Bedeutung, Wirklichkeit und Vernunft. In dieser frühen Periode fragt er sich in seiner *Philo-*

sophie des Sinnes vom Sinn[6], ob Wirklichkeit überhaupt geäußert werden könne. Er geht von einer transzendenten Bedeutung aus, der wir uns annähern, indem wir Sinn stiften; die Wirklichkeit sei bedeutungsvoll und wir seien kognitiv mit ihr durch die Sinnstiftung verbunden. Sinnstiftung setze also einen vorhandenenen Sinn voraus. Während seiner Zeit in Bonn, von 1955 an, denkt Fischer über ‚Bildung' und ‚Gewissen' nach. Das Resultat sind Schriften, die in den Publikationen *Die Erziehung des Gewissens* und *Darstellung der Bildungskategorien im System der Wissenschaften* erschienen.[7] Er kommt zu der Schlussfolgerung, dass die traditionelle philosophische Logik für seine neuen Erkenntnisse unzureichend sei.[8] In seinen letzten Lebensjahren entwickelt er seine eigene praktisch-ethische ‚Logik der Menschlichkeit' oder ‚Menschlichkeitsphilosophie', die auf dem Vorrang der praktischen Vernunft beruht. 1965 veröffentlicht er *Proflexion und Reflexion. Philosophische Übungen zur Eingewöhnung der von sich reinen Gesellschaft*[9], in der er sich Bubers Gedanken vom holistischen Ich-Du und dem entfremdenden Ich-Es nähert. Sein gesamtes Werk zeigt eine Evolution, die von seinem proflexiven Denken gekrönt wird, das frei von sich selbst ist und in welchem der nicht-reflexive Blick auf dem Antlitz des Anderen den reflexiven Einblick ersetzt.[10] Seine endgültige Philosophie, die in erster Linie nicht erkenntnistheoretisch ausgerichtet ist, will in ihrer Eigenschaft als Weisheit, deren Wurzeln in lebendiger und liebevoller Zuwendung gegenüber dem anderen Menschen liegen, konkret sein.

Fischer fragte sich, wie Wahrheit möglich sei. Jede Wissenschaft arbeite mit einem ‚Grundbegriff' a priori, der auf Sinn hinweist und den die Wissenschaftler selbst nicht vollständig erklären könnten. Auf immer höheren Ebenen bezögen sich Wissenschaftsgebiete auf andere Wissenschaftsgebiete, um Antworten auf die letztgültigen Fragen geben zu können. Biologie, Psychologie, die Sozialwissenschaften, Geisteswissenschaften, Philosophie und Theologie – sie alle verwiesen auf einen vorausgesetzten Sinn, den ‚Sinn aus sich selber'. Selbst die Theologie, die die höchste Wissenschaft von allen sei, arbeite lediglich mit Äußerungen. Nur im Alltagsleben und in der Einzigartigkeit einer jeden Situation könne Sinn wahr gemacht werden. Die Wissenschaften erhielten demnach erst dann ihren Sinn, wenn sie mehr seien als objektives Wissen. Denken und Handeln gehören in

6 Siehe Fischer, *Philosophie des Sinnes*.

7 Siehe Fischer, *Die Erziehung* und Fischer, *Darstellung der Bildungskategorien*.

8 Vgl. Fischer, „Sinn aus sich selber", 332.

9 Das Buch wurde im Aloys Henn Verlag veröffentlicht, Ratingen; eine Neuauflage von Wolfdietrich Schmied-Kowarzik wurde 2007 in Wien herausgegeben. Erschienen außerdem in *Proflexion*, 348–453.

10 Vgl. Fischer, *Proflexion*, 551, Nummer 21.

Fischers Philosophie zusammen. Objektive Beobachtung sei in der Wissenschaft nicht genug; daraus ergebe sich aber keine Theologisierung der Wissenschaften. Sie verorte die Wissenschaften vielmehr in die Perspektive der Suche nach einem letztendlichen, normativen Sinn und richte sie gemäß ihrem endgültigen Sinn aus. Daher seien die Wissenschaften beschränkt: Ihren Vertretern müsse klar sein, dass sie sich lediglich mit dem ‚Gegebenen‘ beschäftigen, aber nicht in der Lage seien, das ‚Gemeinte‘ zu artikulieren. Wenn sie ihre Beschränkung vergäßen, würden sie vereinnahmend werden. Die Hypostasierung oder Verselbständigung des wissenschaftlichen Ausdrucks führe zur Vernachlässigung oder Missachtung der gemeinten Wirklichkeit. Das Gemeinte setze die Wissenschaften voraus, die darin verwurzelt blieben. Es gebe keine Dichotomie zwischen Wissen und ultimativem Sinn, zwischen Vernunft und Glauben. Daraus folgert Fischer, dass eine ‚Umkehr‘ in den Wissenschaften stattfinden müsse: Wissenschaft und Gewissen sollten miteinander verwoben sein. Die Wissenschaften hätten eine Aufgabe zu erfüllen; sie könnten ohne die gemeinte Wirklichkeit nicht richtig funktionieren, und die gemeinte Wirklichkeit könne ohne die Wissenschaft nicht existieren. Fischer betont, dass „das Meinen“ der Wirklichkeit Wissen benötige, aber nicht auf „das Sagen“ des Wissens reduziert werden könne.

Die Wissenschaften bezögen sich auf eine Wirklichkeit, die bereits vor der wissenschaftlichen Reflexion vorhanden sei. Fischer unterscheidet zwischen sechs ‚Bildungskategorien‘, die verschiedene Annäherungen der Wirklichkeit repräsentieren.[11] Anne Fischer-Buck beleuchtete diese unterschiedlichen Annäherungen durch das Beispiel eines gewalttätigen Kindes, ein Phänomen, das schließlich auf eine positiv-normative Haltung hinweist.[12]

1. Zuerst gibt es die vorausgesetzte, „unvermittelte Wirklichkeit“, an der wir teilhaben. Diese Wirklichkeit geht jeglicher Bildungskategorie voraus. Zum Beispiel: Ich mache die Erfahrung, dass das Kind, das ich liebe, mich schlägt.

2. Die erste theoretische Bildungskategorie ist die des Erscheinungshorizonts des „unmittelbar Allgemeinen“. Hier beschreibt man die unmittelbare Wirklichkeit, aber lediglich allgemein. Wir sagen etwas Allgemeines über Gewalttätigkeit. Aber was ist die Bedeutung dieses allgemeinen Phänomens?

---

11 Fischer unterscheidet zwischen Bildungskategorien von einer horizontalen sowie von einer vertikalen Sichtweise aus. Über die horizontalen Bildungskategorien findet Bildung statt: Man stellt sich Fragen über die Wirklichkeit, die wissenschaftlich beleuchtet sind, dies führt zu Fragen über Werte und zu praktisch-ethischen Entscheidungen. Mithilfe der vertikalen Bildungskategorien diskutiert Fischer Semantik, Logik, Physik, Biologie, Psychologie, Soziologie, Historiographie, Rechts-, Politik- und die ästhetischen Wissenschaften und schließlich die Theologie. Siehe Aulke, „Bildungskategorien“.

12 Vgl: Fischer-Buck, *Proflexion*, 13–17.

3. Auf der Stufe der theoretischen Bildungskategorie des „Prädikativ-Allgemeinen“ erklärt man wissenschaftlich: Frustration führt zu Aggression. Hier stellt sich eine neue Frage: Was muss geschehen? Dies kann nur beantwortet werden, wenn man nach dem positiven Sinn fragt.

4. Ein höheres Verhältnis zur Wirklichkeit oder einen höheren Bildungshorizont stellt das „Positiv-Allgemeine“ dar. Auf dieser Stufe der positiven Gewissenserkenntnis ist das theoretische Wissen unzureichend, sodass man eine praktische Sichtweise benötigt. Wir werden uns dessen bewusst, dass wir uns in einer Wirklichkeit befinden, die an uns appelliert. Es wird gefordert, eine Situation zu schaffen, in der das Kind nicht oder zumindest weniger aggressiv ist. Das Kind ist vielleicht ein Außenseiter und muss in die Gesellschaft integriert werden. Wie bringen wir es in eine Situation, dass es wieder liebt?

5. Mit dem Vorangegangen erreichen wir wieder die konkrete Situation und die praktische Erziehung: die Stufe des „unmittelbar Konkreten“. Hier entwickeln wir nicht nur Einblicke in die ansprechende Wirklichkeit; wir können mögliche Situationen für das konkrete Kind verwirklichen. Wir beschränken uns nicht auf das, was ‚ist‘, auf den Bereich des *Wissens*, sondern erweitern den Blick auf das, was sein ‚muss‘, was zum Bereich des *Gewissens* gehört.

6. Auf der letzten Stufe, der des „positiv-Konkreten“, werden wir Zeugen davon, dass das Positive gelebt werden kann und es wird bestätigt, dass auf der Basis der früher gemachten Erfahrungen etwas Sinnvolles erreicht werden kann. Ethisches Leben wird möglich – nicht als rigide Disziplin, sondern weil der Erzieher in seinem Erziehungsprozess darauf vertraut, dass die nachfolgende Generation sein Gewissen entwickelt. Dieser letzte Horizont bringt uns zu der herausfordernden vorausgesetzten Wirklichkeit zurück.

In Fischers Erziehungsdenken, das sich auf das Einzigartige konzentriert[13], ist das Positive in jede Wissenschaft eingebunden. Die Wissenschaften müssen wissen, dass sie mit grundlegenden Konzepten, mit *Bildungsbegriffen* arbeiten, die sie nicht vollständig erklären können: Biologie arbeite mit dem Konzept des Lebens, Psychologie mit dem der Persönlichkeit, Soziologie mit dem der Gesellschaft, Rechtswissenschaft mit dem der Gerechtigkeit, Philosophie mit dem des Denkens und Theologie mit dem des Glaubens. Dies mache die Wissenschaften relativ: Sie könnten sich nicht als etwas Absolutes präsentieren, sie könnten nicht behaupten, die gesamte Wirklichkeit zu umfassen. Die Wissenschaften

13 Horkheimer u. Adorno, *Dialektik der Aufklärung*, argumentierten, dass die Aufklärung keine wirkliche Emanzipation gebracht habe. Vernunft als ökonomische Vernunft habe das Individuum verdrängt, und die Wissenschaft mit ihren Wiederholungen und die Technologie als Automatisierung des Geistes hätten so eine Zivilisation ohne den Anderen geschaffen.

arbeiteten alle mit Beschreibungen (Stufe 2) und Hypothesen, die Situationen erklärten (Stufe 3), die wiederum eine Norm bräuchten (Stufe 4), die in der konkreten Situation realisiert werde (Stufe 5). Die Wissenschaftler selbst (Stufe 2 und 3) müssten deshalb zugeben, dass sie die Wirklichkeit nicht vollständig erklären könnten und dass ein praktischer Ansatz nötig sei (Stufe 4 und 5). Das Positive ziehe sich durch alle Stufen, weil schließlich alle Wissenschaften auf das Unaussprechliche, auf das Gemeinte hinwiesen.

Proflexion stellt somit einen radikalen Bruch mit dem ‚Imperialismus‘ der Wissenschaften und mit dem Subjekt-Objekt-Denken dar. Fischer war nicht der einzige, der sich der Katastrophe bewusst war, die entsteht, wenn Wissen hypostasiert wird. Philosophie war das Nachdenken über das Objekt, in dem der Philosoph sich selbst auch als Objekt der Philosophie betrachtete. Diese Reflexion über das Selbst und die ewige Rückkehr zu diesem nennt Fischer „die Aporie des Selbst[14]“. In seiner eigenen meditativen Weise schlägt er eine neue Art des Denkens vor, das nach einem Sinn sucht, der nicht im Selbst, sondern in dem Anderen liege, dem wir begegnen. Das Ich müsse sich dem Anderen in Proflexion zuwenden. Das neue Denken ist „von sich rein“, „ohne mich“; es ist „mit dem Anderen“.[15] Die Proflexion finde Sinn im Erkennen des Anderen.[16] In der Reflexion kehre das Ich zu sich selbst zurück; in der Proflexion richte sich die Flexion auf den Anderen, auf Alterität. Statt Selbstbestätigung kommt die selbstlose Offenheit zu dem Anderen. Im Gegensatz zur „abstrakten Philosophie“, in der Reflexion Vorrang hat, tendiert Fischers ‚konkrete‘ Philosophie zu dem Anderen, ohne zum Selbst zurückzukehren.[17]

Seine eigene praktisch-ethische Philosophie analysiert die Wirklichkeit mit ihrer ethischen Forderung, derer wir uns in der Praxis der Orientierung zum konkreten Du bewusst werden. Statt des abstrakten Hegelschen „Denken des Denkens“, in dem die gemeinte Wirklichkeit im Denken absorbiert werde, steht der „Sinn von Sinn“, der nicht im Denken absorbiert werde, sondern nur in der Praxis gelebt werden könne, im Mittelpunkt seiner Philosophie.[18] In Schellings Fußstapfen tretend kritisiert er die negative Philosophie, die die gemeinte Wirklichkeit durch Konzepte des absoluten Wissens neutralisiere und verliere, und entwickelt eine positive Philosophie, die den Ruf der Wirklichkeit als Wirklichkeit

14 Fischer, *Proflexion*, 85–122. Er zeigt das Problem der Reflexion über das Sein, weil Reflexion den Menschen zum eigenen Selbst bringt, ohne das Nicht-Ich zu berücksichtigen.

15 Fischer, *Proflexion*, 349.

16 Vgl. Fischer, *Proflexion*, 357.

17 Vgl. Fischer, *Proflexion*, 543, Nummer 1.

18 Vgl. Fischer, *Philosophie des Sinnes*.

einbezieht. Die gemeinte Wirklichkeit wurde zum Ausgangspunkt für die Suche nach Sinn. Fischer betrachtet die Horizonte des Sinnes in der Wirklichkeit, die den Sinn der Wirklichkeit voraussetzen: Die gemeinte Wirklichkeit werde durch das Gesagte vermittelt, aber niemals darin absorbiert.[19] Laut Fischer kann Hegels Philosophie des Geistes aufgrund ihrer reflexiven Struktur und der Rückkehr zum Ich die intersubjektive Begegnung und die gegenseitige Beziehung nicht ganz berücksichtigen. Fischer drängt sein Publikum dazu, zwischen Proflexion und Reflexion zu wählen. Er entwickelt ein transformatives Denken, in dem das Ich sich vom eigenen Selbst befreit und selbstlos mit dem Anderen in einer exzentrischen Praxis der Brüderlichkeit ist.

2 Proligion

Fischers proflexives Denken zeigt die Grenzen philosophischer Äußerungen auf und macht so den Weg für den Horizont des Glaubens frei, in dem man sich dem letztgültigen Sinn, der nicht ausgedrückt, sondern nur beachtet und empfangen wird, öffnen kann.[20] Proflexives, du-zentriertes Denken bedeutet eine Hinwendung von Religion zu Proligion, es verlangt nach einem Christentum, das nicht religiös, sondern weltlich ist. Fischer ist sich darüber bewusst, dass das nicht in Worte Fassbare nicht in einem religiösen System enthalten sein kann. In seinem undogmatischen Denken ist Jesus der endgültige Sinn, ‚Sinn aus sich selber', er verkörpert die menschliche Bestimmung in Verantwortung und in der ‚Gewissheit des Gewissens'.

Fischer war ein gläubiger Mensch, sehr an der Bibel interessiert, glaubte aber nicht an Dogmen. Ihn faszinierte der katholische Pädagoge Don Bosco (1815–1888), die Spiritualität von François de Sales (1567–1622) und er war ein Kenner der Entmythologisierung Rudolf Bultmanns und der dialektischen Theologie Karl Barths. Bereits 1949 ist er sich bewusst, dass er einen neuen Weg des Glaubens finden müsse, als er in einer Minoritenkirche eine religiöse Erfahrung macht, die ihm einen Einblick in eine andere Welt schenkt und ihn vom Selbst zum Anderen führe, sowie vom Kampf um das Leben zu Vertrauen und Gewaltlosigkeit.[21] In diesem Zusammenhang fragt er sich, wie man in einer wissenschaftlich orientierten Epoche wie der seinen noch gläubig sein könne, nachdem während des Holocaust die Wissenschaft in den Dienst des Bösen gestellt worden sei. Im

19 Vgl. Schmied-Kowarzik, „Sinnreflexion", 17–18.
20 Vgl. Schmied-Kowarzik, „Affinität", 25.
21 Vgl. Fischer-Buck, *Franz Fischer*, 26.

Gegensatz dazu will Fischer mit seiner eigenen Philosophie durch Bildung einen neuen Ansatz für die Wissenschaften schaffen. Die Wissenschaften, so glaubt er, sollten die Humanität der Menschen als Geschöpfe respektieren und fördern. Der positive Sinn brauche einen ethischen Standpunkt, der sich der Wirklichkeit in einer wissenschaftlichen Art und Weise annähere, mit Blick auf ein immer-konkretes Du. Sinn besitze sowohl eine transzendente, positive Quelle, den „positiven Glauben", als auch eine immanente, kognitive Quelle, die „Sinnreflexion".[22] Fischers *Philosophie der Bildung* zeigt die Grenzen des menschlichen Denkens, indem sie Wissenschaft und Gewissen miteinander verbindet.

Als Konsequenz dieses neuen Denkens, das nicht moralisierend, sondern meditativ ist, wird das ‚Ich denke', das die Wirklichkeit absorbiert, durch die Proflexion ersetzt. Es ist diese Proflexion, die Gastfreundschaft ermögliche und die Perspektive des Göttlichen eröffne. In der Freundschaft mit dem Anderen, mit dem Fremden, bekomme das Wort ‚Gott' als „Selbander", proflexiv mit den Menschen in Beziehung gesetzt, eine Bedeutung. „Das Wörtliche" als das lebendige Wort sei der Zugang zur erhabenen Wirklichkeit, während „das Sprachliche", mit seinen lediglich deskriptiven Funktionen, über die Wirklichkeit spreche.[23] Parallel zu der auf den Anderen zentrierten Proflexion ist also auch Proligion auf den Anderen zentriert und immer in konkreten Situationen verankert. Das Ich wird vom Anderen gerufen: „Es, ergo sum". „Ich bin, weil du bist."[24]

3 Dialogische Philosophie

Die Aufmerksamkeit gegenüber dem Anderen ist die Basis von Fischers und auch Bubers Denken, es machte die Besonderheit ihres Denkens aus. In der letzten Dekade seines Lebens will Fischer das Ich von den Ketten des Selbst befreien. Das, was außerhalb des Selbst liegt, soll das Ich konstituieren. Das Selbst kann nicht sich selbst denken, sein Sinn kommt vielmehr von der dynamischen Bewegung zu dem Anderen hin. Auch für Buber gibt es kein Ich in oder aus sich selbst, das Ich ist dazu bestimmt, zum Ich-Du zu werden, und die Sinnstiftung erfolgt in der Begegnung, die den Menschen zu einem Zwischen-Mensch macht, der durch die Begegnung transsubstantiiert, wesensverwandelt wird. Sowohl für Buber als auch für Fischer ist Gegenseitigkeit in der Beziehung essentiell.

---

22 Altfelix, „Sinn von Sinn", 45–49.
23 Vgl. Fischer, *Proflexion*, 556.
24 Fischer, *Proflexion*, 445.

Wie Fischer vertritt auch Buber in seinem Buch *Ich und Du*[25] die Ansicht, dass nicht die objektive Sichtweise, die Sicht des Ich-Es, der Höhepunkt, sondern die Kategorie des ‚Zwischens' zentral sei. Für beide Philosophen ist die Manipulation, das Benutzen des Anderen, seine Kategorisierung und Beschreibung problematisch. Die Subjekt-Objekt-Beziehung muss in eine intersubjektive Beziehung umgewandelt werden. Die Philosophie muss mit der Subjekt-Objekt-Ontologie brechen, denn sie ist ein Weg, der in die Richtung einer Begegnung jenseits philosophischer Konzepte weist. Ihre Berufung liege darin, von der Urhandlung der Begegnung, sowie von der Vollkommenheit der Präsenz zu zeugen.[26] Auf analoge Weise würde Fischer sagen, dass Philosophie proflexiv werden müsse als eine Art Liebesweisheit, die nicht vom Denken, sondern von der Liebe ausgeht. Bubers dialogische Philosophie ist in sich selbst eine Ich-Es-Übung, sie ist die ‚Schmetterlingspuppe' und das Ich-Du der ‚Schmetterling'. Doch diese Philosophie trägt, genau wie Fischers, die Spuren der Begegnung in sich: Sie wendet sich von Objekten einem Du zu.

Buber distanzierte sich von der ekstatischen Religiosität, der er Anfang des 20. Jahrhunderts anhing, und entwickelt nach und nach ein dialogisches Denken, in dem er seine eigenen früheren gnostischen Tendenzen negiert. In *Ich und Du*, erschienen 1923, kommt der Es-Welt eine große Wichtigkeit und der Du-Welt eine noch größere zu. Man heiligt das Alltagsleben durch die Beziehung zum Anderen und öffnet so die Perspektive zum ewigen Du. Buber dachte, dass die Wissenschaften, die Psychologie, die Wirtschaft und die Politik alle in die Ich-Du-Sphäre eingebracht werden müssten. Andernfalls würden sie ihren tieferen Sinn verlieren. Doch vielleicht trennt Buber in *Ich und Du* das interessierte Ich und das dialogische Du zu streng. Nichtsdestotrotz erschafft Buber, wie auch Fischer, keine rein utopische Philosophie. Mit seinen Meditationen führt Fischer den Leser zu einer Entscheidungsfindung, die sich mit konkreten Situationen auseinandersetzt und es erlaubt, in der bestmöglichen Art und Weise die Probleme des Lebens zu bewältigen. Sporadisch lassen sich noch gnostische Überbleibsel in seinen Schriften feststellen. Weniger gnostische Spuren finden sich in Bubers *Ich und Du*, doch auch hier sind sie nicht völlig abwesend und in dem bisweilen scharfen Gegensatz zwischen Ich-Du und Ich-Es greifbar.

Als Reaktion auf die Krisenzeit, in der er lebt, entwickelt Buber spezielle Gedanken zu Gesellschaft und Politik. Er gibt sich nicht einer weltfremden und weltfeindlichen Frömmigkeit hin, da er wenig daran interessiert ist, die Mysterien des Himmels zu ergründen; sein Anliegen ist das Alltagsleben des Men-

25 Buber, *Ich und Du*.
26 Siehe Alan Udoff in Buber, *Knowledge*, VIII-XXII.

schen und seine konkrete soziale und politische Situation. Er flieht weder aus der irdischen Realität in einen radikalen Gnostizismus, noch schafft er eine Theologie, die mit abstrakten, metaphysischen Kategorien arbeitet. Er stand mit beiden Beinen fest in einer irdischen Realität, die er als wesentlich dialogisch interpretiert.

Buber legt das Sein als das Zusammensein mit anderen Menschen aus. In seiner Anthropologie bedeutet Existenz Ko-Existenz. Er spricht über die „Gottesfinsternis“, die von den Menschen ausgelöst werden könne, wenn diese in Ich-Es-Beziehungen gefangen seien, oder von dem Gott, der sein göttliches Antlitz verhülle.[27] Seine Sichtweise gründet in der Reaktion auf die tiefe Krise des Humanismus, die Buber zu seinen Lebzeiten erfährt. Das Ich ist authentisch und wirklich in der Beziehung, aber unauthentisch und weniger wirklich durch Gebrauch und Erfahrung. Buber prägt den beinahe biblischen Satz „Im Anfang ist die Beziehung“.[28] Fischer und Buber protestierten beide gegen das cartesianische Diktum des Ego als ‚cogito‘. Sie ersetzen dieses Diktum durch: Ich bin mit dem Anderen, also bin ich. Verantwortungsvoll sein ist in der Anthropologie beider Denker unumgänglich. Buber zitiert die göttliche Ansprache der Bibel: „Aieka“, „Wo bist du?“ (Gen 3,9). Der Mensch ist folglich ein Wesen, das entgegnen muss, um eine verantwortungsvolle Person zu werden. In *Ich und Du* entwickelt Buber eine Ontologie der Präsenz, die Gegenseitigkeit verlangt. Wie schon erwähnt, ist auch für Fischer Gegenseitigkeit in der Beziehung essentiell.

Vor dem Hintergrund einer Welt mit einer stetigen Zunahme des Es misst Buber in *Ich und Du* der Gegenwärtigkeit und Entwicklung der Ich-Du-Sphäre viel Gewicht bei. Er nimmt ein dialogisch-relationales, transformatives Denkmodell an, in dem nicht das Selbst, das Selbstbewusstsein und das Selbstinteresse zentral sind, sondern die Orientierung eines Ich auf ein Du. Er beabsichtigte einen dialogischen ‚Zwischenmenschen‘ zu schaffen, eine Person, die im Zusammenhang mit ihren Mitmenschen steht. Das Ich ist nicht isoliert, sondern wird erst durch die Beziehung mit dem Anderen zur Person. In Bubers Humanismus kommt Begegnung zustande, indem ein Ich ein Du anspricht. In dieser Ansprache wandele sich ein Es zum Du: der „Gegenstand“ wandele sich zur „Gegenwart“.[29] Die Entfremdung vom Anderen durch eine vergegenständlichende Haltung werde durch die Belebung des Anderen ersetzt und eine unvollständige teilweise Annäherung an ihn mache der Animation des Anderen Platz. Das Du entspringe dem

27 Vgl. Buber, “Replies”, 716.
28 Buber, *Ich und Du*, 20.
29 Buber, *Ich und Du*, 16.

Es, aber es entstamme ihm nicht. Das Ich sei dazu bestimmt, dem Anderen zu begegnen und nicht dazu, sich ihm in einer rein kognitiven Weise anzunähern, ihn zu benutzen oder zu manipulieren; es sei im Grunde eine Ich-in-Beziehung. Das sich beziehende Ich und das angesprochene Du, das sich offenbare, können sich treffen, und diese gegenseitige „Beziehung" sei „Begegnung".[30] Buber betont, dass in der Sphäre des „Zwischen", die den humanisierenden Faktor in der menschlichen Gesellschaft darstelle, die Institutionen sich zu sehr „außerhalb" befände, Gefühle dagegen zu sehr „innerhalb". Institutionen seien objektiv, Gefühle subjektiv, während die Begegnung inter-subjektiv sei.[31]

So wie Fischer kritisiert auch Buber berufliche Aktivitäten, die in der Sphäre des Ich-Es verharren. Seine Haltung zur Psychologie illustriert für mich diesen Punkt. Buber bemerkt, dass das Berufsfeld der Psychologie nicht im Ich-Es verbleiben dürfe, ohne die Möglichkeit des Ich-Du, ohne eine gemeinsame Welt, eine „Umfassung" zu schaffen. Erstaunlicherweise parallel zu Fischer, schreibt Buber, dass wir nicht nur Psychoanalyse bräuchten, sondern Psychosynthese. Der Therapeut müsse eine holistische Beziehung zum Patienten eingehen. Eine effektive Hilfe entspränge aus einer Sicht des Anderen, nicht aus Teilen des Anderen, sondern seiner Ganzheit, nicht in der Vergangenheit, sondern in der Gegenwart. Buber argumentiert, dass man durch die Begegnung heile.[32] Er versucht nicht, die professionelle Haltung des Therapeuten abzuschaffen, sondern weist auf die Möglichkeit der echten Heilung durch die Begegnung hin. Beide, das Ich-Es und das Ich-Du seien notwendig, denn das Letztere ersetze das Erstere nicht, sondern ergänze es. Therapie müsse den Patienten wieder ganz machen. Aus dieser Perspektive heraus ist der Mensch mehr als ein Individuum. Da ist das ‚Zwischen', deshalb müsse man nicht nur eine Beziehung zu der *Welt* einer Person eingehen, sondern auch zu einer *Person* in der Welt. So wird auch Schuld von Buber nicht nur als ein neurotisches inneres Gefühl ohne Basis in der Wirklichkeit erklärt, sondern als existentiell und wirklich gedeutet.

Bubers Einleitung zu Hans Trübs postum erschienenem Buch *Heilung aus der Begegnung*[33] gibt uns weiteres Anschauungsmaterial über Bubers Protest gegen einen rein professionellen Ansatz zur menschlichen Psyche. In dieser Einleitung betont er, dass eine Seele niemals allein krank sei und dass das ‚Zwischen' die Situation zwischen der Seele und einem anderen existierenden Wesen, immer

30 Buber, *Begegnung*, 6. Das Gegenteil davon ist das, was Buber „Vergegnung" nennt, das Fehlen der Begegnung oder das Scheitern einer echten Begegnung.

31 Buber, *Ich und Du*, 41–43.

32 Vgl. Buber, *Believing*, 138–143.

33 Vgl. Trüb, *Heilung*.

involviert sei. Der Psychotherapeut müsse aus der Rolle der professionellen Überlegenheit heraustreten, in die Situation zwischen einem Rufendem, und einem, der gerufen wird. Buber geht dann auf die Situation der Begegnung ein, wo der Therapeut zu einer modifizierten Methodik zurückkehrt. In dieser veränderten Methodik könne das Unerwartete geschehen, das vorherrschenden Theorien widerspricht und die sich stets erneuernde persönliche Betroffenheit des Psychotherapeuten fordert.[34] Was Buber in seiner Einleitung beschreibt, ist die Notwendigkeit der Begegnung, des Zwischen, das der Ausbildung und der Berufsausübung des Therapeuten, dessen Selbst einbezogen wird, Sinn verleiht.

Am 18. April 1957 fand ein Zwiegespräch zwischen Buber und Carl R. Rogers, moderiert von Maurice Friedman, statt. Dieses öffentliche Gespräch, von der Universität von Michigan organisiert, zeugt ebenfalls von Bubers Distanz zu einer rein professionellen Haltung zur Heilung der Seele. Es zeigt Ähnlichkeiten zwischen den beiden Männern, jedoch auch grundlegende Unterschiede. Rogers, der durch seine klientenzentrierte Therapie berühmt wurde, fühlte sich Buber nahe, der sich jedoch in einigen Punkten von Rogers distanzierte. Für Buber ist die Beziehung zwischen Psychotherapeut und Klient nicht vollständig reziprok, eingedenk der Situation der Person, die Hilfe brauche. Augenblicke des Verstehens würden durch den Therapeuten ermöglicht, nicht durch den Patienten. Darüber hinaus sprach Rogers von „Akzeptanz" (*acceptance*), dem warmen Blick auf den Patienten, dem Respekt für dessen Individualität, während Buber von der „Bestätigung"(*confirmation*) einer Person sprach, nicht nur in dem, was sie ist, sondern in dem, was sie werden könne. Rogers stimmte dem zu und brachte eine neue Nuance in seine Position ein, indem er das Element der Akzeptanz des Individuums in seiner Potenzialität hinzufügte. Daraufhin unterschied Buber zwischen einer Person und einem Individuum, um auf die Einzigartigkeit eines menschlichen Wesens hinzuweisen, die in einem Prozess entwickelt werden könne, den Jung *Individuation* nannte. Man könne immer individueller werden, doch dies unterscheide sich davon, mehr und mehr zu einer Person zu werden, die ein in Reziprozität mit der Welt lebendes Individuum sei. In diesem Rahmen müsse man dem Menschen gegen sich selbst helfen.[35] Friedman analysierte die Diskussion zwischen den beiden Persönlichkeiten richtigerweise als Kreisen um die Frage, ob die Beziehung zwischen Therapeut und Patient auf einer einseitigen Inklusion basiere, wie Buber meinte, oder auf völliger Gegenseitigkeit, wie Rogers behauptete. Buber nahm an, dass der Therapeut nicht darauf beschränkt sei, seinen Patienten als ein Es zu behandeln, und dass die einseitige Inklusion

---

34 Vgl. Buber, "Healing", 93–97.

35 Vgl. Buber, *Knowledge*, 156–174.

der Therapie (oder der Erziehung) somit immer noch eine Ich-Du-Beziehung sei, die auf Vertrauen und Partnerschaft gründe. Wahre Heilung erfolge demnach nur in der Begegnung.[36]

In seinen Schriften zur Psychologie hat Buber das Wesentliche des Unterbewusstseins, der Schuld, der Traumdeutung und der Übertragung neu definiert.[37] Im Unterbewusstsein seien die Sphären des Körpers und der Seele nicht getrennt; es ist also ein Zustand, aus dem das Physische und das Psychische sich noch nicht auseinander entwickelt hätten: Sie könnten nicht voneinander unterschieden werden. Buber bestreitet, dass das Unterbewusste etwas Psychisches sei, wie es Freud und seine Schüler behaupten. Schuld sei nicht eine grundlose neurotische Schuld, sondern eine existentielle Schuld, die ihren Platz in der zwischenmenschlichen Sphäre habe. Träume seien nicht die Repression bewusster Fakten; Träume trügen dazu bei, Erinnerungen zu gestalten und seien deshalb nicht Gegenstand der Untersuchung. Übertragung sei nicht, das Unterbewusste bewusst machen; die Übertragung ziele darauf, etwas zu verdeutlichen, das Produkt der Beziehung sei. Laut Bubers Ansicht bestätige der Therapeut eine Person in ihrer dynamischen Existenz; er bringe nicht das Alte zum Vorschein, sondern gestalte das Neue. Ich schlussfolgere daraus, dass Bubers Haltung gegenüber der Psychologie Fischers Ansatz zu den Wissenschaften ähnelt: Beide sehen die Wissenschaften aus der Perspektive einer erhabenen, dialogischen Wirklichkeit.

4 Dialogische Religiosität

Bei Buber ist das ewige Du eine Präsenz, die nicht abwesend werden kann.[38] Die Begegnung zwischen zwei Menschen ist auch der *locus theologicus*, der Ort, an dem man Gott trifft. Das Ich, das „Du“ sagt, spricht gleichzeitig das ewige „Du“ an. Die Beziehung zu Gott entsteht *in* der Beziehung mit den Mitmenschen, folglich ist es sinnlos, das ewige Du gegenwärtig machen zu wollen, ohne eine wahre dialogische Gesellschaft zu schaffen. Auch für Fischer zeigt sich das göttliche Reich in einer anti-narzisstischen Perspektive. In Bubers Philosophie ist das Wort ‚und‘ zentral: Ich *und* Du, Gott *und* Mensch, Gott *und* die Beteiligung an der Welt. Die Lebendigmachung der Welt ist der Kern wahrer Spiritualität.

36 Vgl. Buber, *Knowledge*, 21–23.
37 Vgl. Buber, *Knowledge*, 23–29.
38 Buber, *Ich und Du*, 69.

Indem wir der Welt begegneten und das primäre Wort Ich-Du aussprächen, „blicken wir an den Saum des Ewigen du hin“ und „aus jedem vernehmen wir ein Wehen von ihm“.[39]

In diesem panentheistischen Gedanken, der vom Chassidismus beeinflusst ist, ist die intersubjektive Begegnung die Voraussetzung für den Kontakt mit dem ewigen Du. Durch die Begegnung mit einem bestimmten „Du“ erhalte man einen „Durchblick zu ihm“.[40] Die Welt allein führe nicht zu Gott, aber man finde Ihn auch nicht, indem man die Welt verlasse. Die „Umkehr“ des Menschen zum dialogischen Kern des Selbst, die „Umkehr“ als „das Wiedererkennen der Mitte, das sich-wieder-hinwenden“[41], seine Präsenz beim Anderen, mache die Gegenwart des ewigen Du wirklich. Die menschliche Existenz werde so zu einer Art Sakrament: durch die Beziehung und Begegnung mit dem Anderen, in dem Schauen des Anderen,[42] werde Gott gegenwärtig in der Welt. Man kann in Bubers *Ich und Du* einen Ausdruck wie „Verwirklichung Gottes“ lesen, weil man Gott durch die Solidarität mit anderen Menschen wirklich mache.[43] Das ewige Du werde jedoch niemals zum „Es“. Gott ist die „ewige Gegenwart“,[44] die den Menschen gegenwärtig sei, wenn sie einander gegenwärtig sind. Deshalb befindet sich für Buber das Zwiegespräch mit Gott im Zwiegespräch der Menschen untereinander; Anthropologie führt zu Metaphysik. Er diskutiert das Verhältnis der Menschen zu Gott hauptsächlich im dritten Teil von *Ich und Du*, nachdem er die Beziehung zwischen den Menschen und die Situation des Menschen in der sozialen und politischen Welt analysiert hat.

Buber beschäftigt sich mit dem Alltagsleben des Menschen. Wie Fischer ist auch er kritisch gegenüber einer Religion, die nicht mit dem sozialen Leben in Verbindung steht. Er kritisiert eine Religion, die eine „Schmetterlingspuppe“ ist, die stets „neue Flügel“[45] bekommen muss. Er sieht eine Spannung zwischen Religion und Religiosität, die gelegentlich zum Gegensatz wird. In seiner universellen Religiosität sind Dialog und Moral zentral, er interpretiert das Judentum als eine bahnbrechende dialogische Lebensweise. Seiner Ansicht nach wird authentische Religiosität den Menschen umwandeln und Gott in das Alltagsleben einbringen.

---

39 Buber, *Ich und Du*, 12. Die Sätze werden wiederholt in *Ich und Du*, 90.
40 Buber, *Ich und Du*, 69.
41 Buber, *Ich und Du*, 89.
42 „Schauen“ und „zublicken“ stehen im Gegensatz zu „beobachten“; *Ich und Du*, 39.
43 Buber, *Ich und Du*, 100.
44 Buber, *Ich und Du*, 93.
45 Buber, *Ich und Du*, 101.

Buber sieht in den chassidischen Erzählungen eine Möglichkeit, Orientierung in das Leben einer Person zu bringen. Er betrachtet den Chassidismus als eine grundlegende Quelle des Judentums und strebt eine aufgeklärte Form des Chassidismus jenseits der engen Grenzen der chassidischen Gemeinschaften an. Er leistete einen enormen Beitrag für den Einfluss des Chassidismus auf die moderne Religiosität. Der Chassidismus ist eine energetische, quasi spontane, anti-institutionelle Bewegung, die sich auf die gelebte menschliche Existenz vor Gott konzentrierte und die aufgrund ihrer Kritik gegenüber einem Leben ohne Intention auch einige a-nomistische und anti-nomistische Untertöne besitzt. Buber interpretiert den Chassidismus dialogisch, so dass Juden und Nicht-Juden ihn verstehen können. In seiner Interpretation des Chassidismus und des Judentums als solchem betont Buber das Leben in der Gemeinschaft.

5 Zwischen Buber und Fischer

Für Buber und Fischer ist der Andere nicht Objekt meines Denkens oder meiner empirischen Erfahrung, was den Anderen zum Selbst reduzieren würde. Sie fanden einen Weg, an den Anderen zu denken, ohne unverändert zum Selbst zurückzukehren. Die Identität des Ich ist somit mit dem Anderen verbunden; Subjekt-sein bedeutet in Verbindung zu stehen. Dies heißt auch, dass Ethik nicht auf der Freiheit des Ich basiert, sondern auf dessen Beziehung zum Anderen. Folglich dachten beide dialogischen Philosophen, dass die Religion, als Streben zur Verwirklichung des Reichs Gottes, ihre Aufgabe nur erfüllen könne, wenn dieses Reich mit dem Übergang vom Ich zum Du verbunden sei. Die Beziehung mit Gott ist ohne Hinwendung zum Anderen unmöglich.

Beide Denker wenden ihr dialogisches Denken auf etwas an, das mehr ist als Inter-Subjektivität, sie erweitern die Perspektive auf die Gesellschaft als solche, auf die Interaktionen innerhalb einer Gruppe und auf die Interaktionen zwischen Gruppen. Sie schreiben über die Verwirklichung einer offenen Gesellschaft als solche als Konsequenz ihres dialogischen Denkens. So wie Buber dachte, dass die Essenz des Zionismus mit der Beziehung zur arabischen Bevölkerung zusammenhing, wollte Fischer in seinem xenologischen Denken den Fremden als konstitutiv für das kollektive Ich willkommen heißen.

Buber und Fischer akzeptieren das Wissen völlig, kritisieren es aber auch gleichzeitig und schreiben über ein tieferes Wissen, das das Ich nicht zur Rückkehr zu sich selbst bewegt, sondern es aus sich selbst zum Anderen katapultiert. Laut Fischer könne die tiefe Wirklichkeit niemals erschöpfend beschrieben werden. Es bleibe eine permanente Diskrepanz zwischen der Wirklichkeit und dem, was über sie gesagt werden könne: Allgemeine Aussagen könnten nie deckungsgleich mit der Wirklichkeit sein, da sie dem Einzigartigen gegenüber blind seien.[46] In Bubers dialogischem Denken bedeutet das Sprechen über etwas niemals das gleiche wie das Zwiegespräch, beschreibende Sprache ist für ihn keine dialogische Sprache, die zum Du tendiert. Diese Umkehr vom Deskriptiven zum Normativen charakterisiert das Denken beider Philosophen.

Fischer strebt eine offene Gesellschaft an, in der der Fremde zu Hause sein könne. Es solle eine Gesellschaft des stets einschließenden ‚Wir‘ sein. Die Menschen müssten sich selbst fremd werden, in eine Position der Entfremdung treten, die durch die selbstlose Offenheit gegenüber dem Anderen bewirkt würde. „Selbsterfühlung“ würde durch die „Fremdgesehenheit“, die Anerkennung des Anderen ersetzt.[47] Buber teilt diese Utopie, die ihre Verwirklichung will.[48] Dies wird in seinen kritischen Gedanken über den „Geist Israels“ deutlich, der in der Antwort auf die hohe Forderung ruhte, eine Einheit der Menschen zu verwirklichen, die danach strebe, die Einheit Gottes zu spiegeln. Für beide würde der Übergang von dem Einem zu dem Anderen das Schauen des Göttlichen ermöglichen.[49] Sie sind sich des Problems einer selbstzentrierten Religion bewusst und ziehen eine Religiosität vor, in der ein Mensch auf die göttliche Ansprache antwortet, in dem er in der Gesellschaft handelt und entscheidet. Für Fischer erwächst endgültiger Sinn aus dem, was von uns beabsichtigt ist, aus dem „Gemeinten“ als Gottes Wirklichkeit, die nie ausreichend ausgedrückt oder in Konzepte gefasst werden kann. Für Buber kommt endgültiger Sinn aus der göttlichen Gegenwart, die immer da ist, aus dem ewigen Du, das nie vollkommen erreicht werden kann und das sich doch in unseren Beziehungen und Begegnungen manifestiert. Beide glauben an eine Orthopraxis, die eine radikale Umkehr vom Ich zum Du bringen würde.

Beide vertreten eine Religiosität, die als ‚Meta-Religion‘ bezeichnet werden kann. Wie Martina Urban herausstellt, war es David Koigen (1877–1933), der diesen Begriff einführte und damit eine Kritik der Religion innerhalb der Reli-

---

46 Vgl. Fischer-Buck, *Proflexion*, 7.

47 Fischer, *Proflexion*, 550. Die Einsicht, dass man im Kontakt zum Nicht-Ich sich selbst ist, führt zu einer radikalen Änderung der Perspektive. Peter Berger beobachtete, dass sich zum Beispiel die christliche Theologie im Kontakt mit so unterschiedlichen Wirklichkeiten wie der jüdischen, der hellenistischen und der muslimischen Kulturen entwickelte, genauso wie durch den Kontakt mit der Moderne. Siehe Berger und Weiße, „Im Gespräch“, 25. Es gibt natürlich immer die Option, sich in fundamentalistischer Weise innerhalb der eigenen Religion einzuschließen. Auf der anderen Seite der Skala führt jedoch der positive Kontakt und der Dialog mit dem Anderen zu einem anderen Selbstverständnis.

48 Vgl. Buber, „Der Geist Israels“, 13–16.

49 Vgl. Fischer, *Proflexion*, 556; Buber, *Ich und Du*, 93.

gionsdebatte beabsichtigte. Urban verortet Koigen und Buber in der jüdisch-philosophischen Tradition der *Meontologie*, einer Wissenschaft des Nicht-Seins oder dessen, das noch nicht existiere, das, in Abwesenheit Gottes, das Individuum vorantreibe, sich in der anti-apokalyptischen, messianischen Bemühung der Selbst-Perfektionierung zu üben.[50] Buber und Fischer haben eine selbstkritische und selbstkorrektive Sicht auf die Religion. Fischer meint, dass ein Mensch seine Bestimmung erfüllt, indem er das Wissen in die Perspektive einer nie gänzlich erklärten Realität bringt, die letztlich Gottes herausforderndes Wort ist, das danach verlangt, verstanden und in konkreten Situationen umgesetzt zu werden. Buber bildet seinen Glauben in dem Verweis auf Gott, den man nicht ausdrücken oder vergegenständlichen, sondern nur anrufen kann. Sie schaffen keine Kantsche Religion der Vernunft, sondern vereinigen die religiöse Handlung mit der Zuwendung und Offenheit gegenüber dem Anderen, sie streben eine nicht-homogene Gesellschaft an. Sie üben Kritik an der institutionalisierten Religion, sie entwickeln eine anderen-zentrierte, selbst-korrigierende Form der Religion und bringen sie zurück zu dem erneuernden Geist, aus dem sie entsprungen ist

Für beide Denker ist Gott nicht am Rande, sondern inmitten des Lebens zu finden. Sie waren besorgt, weil Gott meistens in Tempeln und religiösen Systematiken gefangen war. Religion könne schnell selbstgenügsam werden und sich von wahrer Religiosität, die Offenheit gegenüber anderen Menschen mit sich bringe, entfernen. Nur die Verwirklichung einer Anderen-zentrierten Gesellschaft könne dem Wort ‚Gott' einen Sinn geben.

Buber und Fischer unterscheiden zwischen der empirischen Position eines Menschen und seiner Offenheit einem Du gegenüber, das keine Eigenschaften besitzt. Ein Mensch ist in Bubers Denken nicht ‚erfahrbar', er ist kein „lockeres Bündel benannter Eigenschaften".[51] Wenn man auf die Haarfarbe eines anderen achte, auf seine Sprache oder seine Anmut, begegne man ihm nicht wirklich.[52] Ähnlich dazu sagt auch Fischer, das „Du hat keine Eigenschaften".[53] Das ‚Du' bekommt seine Bedeutung schließlich von dem, was der Beschreibung entgeht, von der höchsten Wirklichkeit, einer Wirklichkeit, die den Menschen anspricht und auf die Wissenschaft und Glaube antworten.

Es gibt noch andere erstaunliche Parallelen zwischen den beiden hier beschriebenen Denkern. Wie Buber schreibt auch Fischer über Psychoanalyse

50 Siehe Urban, "Deconstruction".
51 Buber, *Ich und Du*, 13.
52 Buber, *Ich und Du*, 20.
53 Fischer-Buck, *Franz Fischer*, 79.

und Psychosynthese.[54] In seinen drei letzten Lebensjahren kontrastiert Fischer die Psychoanalyse als die „Relation“ zwischen Objekt und Subjekt, mit der „Proletion“ des Subjekt zum Subjekt. Im ersten Fall bezieht sich das Ich auf das Du rückwärts von seinem eigenen Standpunkt aus; im zweiten Fall bezieht sich das Ich vorwärts zum Du, es widmet sich dem Du. In der Psychoanalyse sind Ich und Du in zwei Ich-Teile getrennt, Gegenseitigkeit ist ausgeschlossen. In der Psychosynthese tauschen sich Ich und Du in zwei Du-Teilen aus, und Gegenseitigkeit wird geschaffen. Im ersten Fall steht das Ich einem Ich gegenüber; im zweiten Fall ist ein Du für ein anderes Du da. In der Psychoanalyse steht das Eigene gegen das Fremde, sie sind nur dem Schein nach Partner. In der Psychosynthese setzt sich das Fremde gegen das Eigene durch, sie sind wirklich Partner und das „streuhafte Wir“ wird durch ein „sammelhaftes Ihr“ ersetzt. Es gibt hier eine klare Parallele zwischen Fischers Denken und Bubers Überlegungen zur Psychoanalyse, *casu quo* Psychosynthese.

Bubers Unterscheidung zwischen der Person und dem selbst-zentrierten Individuum korrespondiert mit Fischers Unterscheidung zwischen „denen, die ohne sich selbst mit dem, der ohne sich selbst mit uns und denen, die mit sich selbst ohne den, der mit sich selbst ohne uns ist“[55]. So wie mit dem „Nichttun“ in Bubers Denken verhält es sich mit Fischers Konzept der Atension. In *Ich und Du* lobt Buber das *wu wei* des Tao, den Weg des Lao-Tzu, das „Nichttun“.[56] Laut Tao sei die Freiheit von Wünschen und Begehren, von Leidenschaft und Lust, die höchste Vollendung einer Person. Diese innere Freiheit entspreche dem äußeren Nicht-Handeln, dem *wu wei*.[57] Buber führt an, dass dieses Nichttun die Aktivität des ganzen Menschen sei, „wo sich nichts Teilhaftes mehr am Menschen regt, also auch nichts von ihm in die Welt eingreift“.[58] Es ist die Tätigkeit der Nicht-Tätigkeit. Dieses Denken Bubers über Nicht-Tätigkeit entspricht Fischers „Atension“ als das richtungslose Zuhören in meditativer Stille, das seine gesamte proflexive Philosophie kennzeichnet. In der Philosophie des Gemeinten, bedeute die „Atension“, in der Anderen-zentrierte, proflexive „Extension“ mit Selbst-zentrierter reflexiver „Intension“ kontrastiert wird, die ruhige Situation eine Rückkehr zur präkogniti-

54 Vgl. „Psychoanalyse und Psychosynthese“, in *Proflexion*, 595–596.

55 Fischer, *Proflexion*, 357: „Wir sind ohne uns mit dem, der ohne sich mit uns ist. Wir sind mit uns ohne den, der mit sich ohne uns ist.“

56 Buber, *Ich und Du*, 70.

57 Später distanziert Buber sich jedoch vom Tao als zu quietistisch und fokusierend auf ewige Ruhe und kosmische Ordnung, die in Allem immanent anwesend ist. Siehe Friedmans Einleitung zu Buber, *Knowledge*, 31–32.

58 Buber, *Ich und Du*, 70.

ven Wirklichkeit.[59] Diese Rückkehr zur präkognitiven Wirklichkeit sei die Bedingung für jegliches verantwortungsvolles und gewissenhaftes Handeln.[60] Fischers „atensionales Kalkül" als ruhige Erwartung, die zu Teilnahme und Dialog führt, entspricht Bubers Ansicht über den ruhigen Geist, der die „Tätigkeit des ganz gewordenen Mensch" sei,[61] die Tätigkeit des nicht-selbst-zentrierten Menschen, die Tätigkeit der Nicht-Tätigkeit, die die höchste Begegnung möglich mache. In Bubers Interpretation des *wu wei*, ebenso wie in Fischers „Atension", kehrt das Ich nicht zu sich selbst zurück. In Fischers Worten: Das Ich ist „von sich rein" mit dem Nicht-Ich. In Bubers Terminologie: Das Ich hat alles an Bewusstsein des Selbst hinter sich gelassen, es ist nicht mehr teilhaft, reflektiert nicht mehr über die eigenen Tätigkeiten, sondern es ist *ganz*. Fischers Kritik des Ich, das sich selbst denkt und seine Definition des Ich als ohne sich mit dem Anderen seiend, verhält sich analog zu Bubers Kritik des Ich-Es, das er als vorherrschend in seiner Zeit ansieht, sowie seiner Präferenz für das Ich-Du, das die Humanität des Menschen ausmacht. Und so ist die ultimative Wirklichkeit, für Buber das ewige Du' und für Fischer ‚das Gemeinte', nicht Objekt unserer Gedanken; man kann lediglich in der Praxis der Begegnung und in einer Gesellschaft, die sich selbstlos den Anderen geöffnet hat, darauf verweisen.

In diesem Zusammenhang wäre es vielleicht wünschenswert gewesen, wenn Buber eine weniger dichotome Denkweise gehabt hätte und die Wissenschaften stärker an die Ich-Du-Sphäre gebunden hätte. In *Ich und Du* hindert der häufige Gegensatz zwischen dem Ich-Du und dem Ich-Es Buber daran, der Wissenschaft eine prominentere Position in seinem dialogischen Denken einzuräumen. Ich meine, dass in diesem Punkt Fischers philosophisch-pädagogische Sicht der Bubers vorzuziehen ist.[62] Doch wie ich bereits gezeigt habe, hat auch Buber in seiner Haltung zu Psychoanalyse und Psychotherapie - zu einem späteren Zeitpunkt - Wissen und Professionalität in die ultimative Bedeutung der Begegnung eingebettet.

Wie Buber, der das Ich-Du mit dem Ich-Es kontrastiert, sieht auch Fischer zwei Ansätze als Gegensätze an: das proflexive und das reflexive Modell. Der Mensch ist dazu aufgerufen, zwischen beiden eine Entscheidung zu treffen. Sowohl für Fischer, als auch für Buber kennzeichnet Gegenseitigkeit die Begeg-

---

59 Vgl. Fischer, *Proflexion*, 349.

60 Siehe Fischer-Buck, *Proflexion*, 29 und 72–73.

61 Buber, *Ich und Du*, 70.

62 Mehr als Buber in „Ich und Du" erkannte Fischer die Wichtigkeit der moralischen, juristischen, politischen und religiösen Systemen an, die auf „Sinn aus sich selber" gründen. Siehe Schmied-Kowarzik, „Sinnreflexion", 21.

nung zwischen Personen, im Kontrast zum idealistischen Denken, in dem das Ich zu sich selbst zurückkehrt. Die Hinwendung vom Anderen zum Ich verhindert die Rückkehr des Ich zu sich selbst. Für Buber befindet sich der Geist weder in einem Ich noch in einem Du, sondern in einer Zwischensphäre.[63] Auch in Fischers Logik der Gegenseitigkeit steht die reziproke Beziehung, die ‚Wechselstiftung‘ oder die Begegnung in der Proflexion, der ‚Gegenlauf‘, im Kontrast zur reflexiven Bewegung mit der Rückkehr zu sich selbst, dem ‚Umlauf‘.[64] So wie der Andere kein Objekt meiner Reflexion ist, sondern derjenigen, dem sich das Ich in einer selbstlosen Bewegung nähert, so ist auch Gott nicht das Objekt meiner Bedürfnisse, sondern bringt mich mit dem Anderen in Kontakt und ist in der Interaktion zwischen menschlichen Wesen gegenwärtig. Stärker als Fischer unterstreicht Buber die Bewegung vom Ich zum Nicht-Ich und betont weniger die Bewegung des Nicht-Ich zum Ich, doch schließlich heben beide die Gegenseitigkeit in der Begegnung als eine gottgegebene Wirklichkeit hervor.

Literaturverzeichnis

Altfelix, Thomas, „Sinn von Sinn.“ In *Die Bildung von Gewissen und Verantwortung: Zur Philosophie und Pädagogik Franz Fischers*, hrsg. v. Wolfdietrich Schmied-Kowarzik u. Detlef Zöllner, 30–49, Franz-Fischer-Jahrbücher 15. Leipzig 2010.

Aulke, Reinhard, „Was sind Bildungskategorien? 1. horizontal betrachtet. – 2. vertikal betrachtet.“ In *Kategoriale Bildung in der Praxis*, hrsg. v. Anne Fischer-Buck u. Reinhard Aulke, 9–11, 89–101, Praktisches Beiheft zum Franz-Fischer-Jahrbuch 1. Norderstedt 2000.

Berger, Peter L. u. Wolfram Weiße, „Im Gespräch: Religiöse Pluralität und gesellschaftlicher Zusammenhalt.“ In *Religiöse Differenz als Chance? Positionen, Kontroversen, Perspektiven*, hrsg. v. Wolfram Weiße u. Hans-Martin Gutmann, 17–26, Religionen im Dialog III. Münster 2010.

Buber, Martin, *Ich und Du*. Um ein Nachwort erweiterte Neuausgabe. Heidelberg 1958.

Buber, Martin, „Der Geist Israels und die Welt von heute.“ In *An der Wende: Reden über das Judentum*, 13–33. Köln 1952.

Buber, Martin, *Begegnung: autobiographische Fragmente*. Stuttgart 1960.

Buber, Martin, “Healing Through Meeting.” In *Pointing the Way: Collected Essays*, 93–97. New York 1974.

Buber, Martin, *A Believing Humanism: My Testament, 1902 – 1965*. New York 1967.

Buber, Martin, “Replies to my Critics.” In *The Philosophy of Martin Buber*, hrsg. v. Arthur Schilpp u. Maurice Friedman, 689–746, The Library of Living Philosophers 12. La Salle, Ill. 1967.

63 Vgl. Buber, *Ich und Du*, 38.
64 Vgl. Fischer, *Proflexion*, 349.

Buber, Martin, *The Knowledge of Man: Selected Essays*, hrsg. v. Maurice Friedman. Atlantic Highlands NJ 1988.

Fischer, Franz, *Darstellung der Bildungskategorien im System der Wissenschaften*, hrsg. v. Dietrich Benner u. Wolfdietrich Schmied-Kowarzik, Nachgelassene Schriften Franz Fischer III. Kastellaun 1975.

Fischer, Franz, *Die Erziehung des Gewissens: Schriften und Entwürfe zur Ethik, Pädagogik, Politik und Hermeneutik*, hrsg. v. Josef Derbolav, Nachgelassene Schriften Franz Fischer II. Kastellaun 1979.

Fischer, Franz, *Philosophie des Sinnes von Sinn: Frühe philosophische Schriften und Entwürfe (1950 – 1956)*, hrsg. v. Erich Heintel, Nachgelassene Schriften Franz Fischer I. Kastellaun 1980.

Fischer, Franz, *Proflexion, Logik der Menschlichkeit: Späte Schriften und letzte Entwürfe. 1960–1970*, hrsg. v. Michael Benedikt u. Wolfgang W. Priglinger, Nachgelassene Schriften Franz Fischer IV. Wien 1985.

Fischer-Buck, Anne, *Franz Fischer (1929-1970): Ein Leben für die Philosophie*. Wien 1987.

Fischer-Buck, Anne, „Franz Fischer – 1929-1970: „Sinn aus sich selber" und „atensionales Kalkül"." In *Die Bildung von Gewissen und Verantwortung: Zur Philosophie und Pädagogik Franz Fischers*, hrsg. v. Wolfdietrich Schmied-Kowarzik u. Detlef Zöllner, 332–355, Franz-Fischer-Jahrbücher 15. Leipzig 2010.

Fischer-Buck, Anne, *Proflexion und religionsloses Christentum: Versuch einer Beziehung zwischen Dietrich Bonhoeffer und Franz Fischer*. Norderstedt 1995.

Horkheimer, Max u. Theodor W. Adorno, *Dialektik der Aufklärung: philosophische Fragmente*. Frankfurt am M. 2003.

Kaminska, Monika u. Thomas Altfelix, "The Pedagogical Quality of the Ethical Relation: Understanding Lévinas as a Pedagogue from the Perspective of Franz Fischer." In *Wechselseitigkeit als Grenzerfahrung*, hrsg. v. Reinhard Aulke, Anne Fischer u. Detlef Zöllner, 67–97, Franz-Fischer-Jahrbücher 12. Leipzig 2007.

Schmied-Kowarzik, Wolfdietrich, „Ethik: Bestimmtsein vom Anderen her und auf ihn hin." In *Dialogdenken, Gesellschaftsethik: Wider die allgegenwärtige Gewalt gesellschaftlicher Vereinnahmung*, hrsg. v. Angelica Bäumer u. Michael Benedikt, 361–390, Passagen-Philosophie. Wien 1989.

Schmied-Kowarzik, Wolfdietrich, *Franz Rosenzweig: Existentielles Denken und gelebte Bewährung*. Alber-Reihe Philosophie. Freiburg im Br. 1991.

Schmied-Kowarzik, Wolfdietrich, „Sinnreflexion – Gewissen – Bildungssinn – Gegenseitigkeit." In *Vom Bildungssinn der Wissenschaften und von der Ethik des anderen*, hrsg. v. Anne Fischer-Buck, 13–30, Franz-Fischer-Jahrbücher 5. Leipzig 2000.

Schmied-Kowarzik, Wolfdietrich, „Die Affinität von Wirklichkeit und Sinn." In *Die Bildung von Gewissen und Verantwortung: Zur Philosophie und Pädagogik Franz Fischers*, hrsg. v. Wolfdietrich Schmied-Kowarzik u. Detlef Zöllner, 1–29, Franz-Fischer-Jahrbücher 15. Leipzig 2010.

Theunissen, Michael, *Der Andere: Studien zur Sozialontologie der Gegenwart*, 2., um eine Vorr. verm. Aufl. Berlin 1977.

Trüb, Hans, *Heilung aus der Begegnung: Eine Auseinandersetzung mit der Psychologie C. G. Jungs*. Stuttgart 1952.

Urban, Martina, "Deconstruction Anticipated: Koigen and Buber on a Self-corrective Religion." *Shofar* 27,4 (2009): 107–135.

Hermut Löhr

Das „neue" und das „alte" Gebot

Der Dekalog als Traditions- und Innovationstext im frühesten Christentum

Abstract: This chapter examines the role of the Decalogue in the differentiation process accompanying the emergence of Christianity from Judaism in the first and second centuries CE. The analysis illustrates how Christian authors connected the new revelation in Jesus Christ with the traditional notion of divine (moral) law and belief in the one God.

1 Das „neue" und das „alte" Gebot

Das „neue" und das „alte" Gebot, Tradition und Innovation in moralischer Hinsicht, werden im frühesten Christentum einander ausdrücklich gegenübergestellt. Nach Joh 13,34, einem Text vielleicht von Beginn des 2. Jahrhunderts,[1] äußert Jesus gegenüber seinen Jüngern:

> Ein neues Gebot gebe ich euch, dass ihr einander liebt; wie ich euch geliebt habe, so liebt einander. Darin werden alle erkennen, dass ihr meine Jünger seid, wenn ihr Liebe habt untereinander.

Die Äußerung begegnet in den Gesprächen Jesu mit seinen Jüngern nach der Fußwaschung und wird sachlich und z. T. wörtlich in Kap. 15 (V. 12.17) wiederholt. Die Szene ersetzt im Aufriss der Evangelien die ältere Abendmahlsepisode der Synoptiker; man kann durchaus von einer radikalen Neuinterpretation des Berichts vom letzten Mahl Jesu sprechen.[2] Möglicherweise steht die Motivik vom (neuen) Bund[3] auch in Joh 13 im Hintergrund; sie könnte sogar die Rede vom „neuen Gebot" mit geprägt haben.[4] Das zitierte Wort Jesu weist dabei erkennbar über den Rand der Erzählung hinaus: Die Gegenwart der Erzählung wird schon zur

---

1 Zur Datierung des vierten Evangeliums vgl. Schnelle, *Einleitung*, 510.

2 Dabei setzte ich voraus, dass Joh ein (Lk) oder mehrere synoptische Evangelien kannte. Vgl. zur Diskussion den Überblick von Labahn u. Lang, „Johannes".

3 Vgl. Mk 14,24 parr. Mt 26,28; Lk 22,20; vgl. 1Kor 11,25.

4 Vgl. Brown, *Gospel*, 614.

Vergangenheit (ἠγάπησα „wie ich euch geliebt habe“[5]), die im Präsens formulierte Zukunft der Jünger ist die Zeit der frühchristlichen Gemeinde, welche dieses Evangelium liest bzw. sich in ihm ausdrückt. In dieser Szene des Abschieds – und gleichsam als Vermächtnis[6] – gibt Jesus ein neues Gebot (ἐντολή; verbal in 15,17). Es würde zwar schlecht zum Konzept des vierten Evangeliums passen, wenn von einem neuen „Gesetz“ (νόμος) die Rede wäre,[7] doch ist die Vorstellung von Jesus als neuem Gesetzgeber in solchen und anderen Texten des frühesten Christentums bereits angelegt und wird ab dem 2. Jh. zunächst in literarischen, später auch in ikonographischen Quellen deutlich greifbar und wirkmächtig.[8]

Jesus, im Sinne des Johannesevangeliums der fleischgewordene Logos Gottes (Joh 1,14), der Sohn Gottes (1,34.49; 3,18 u.ö.), der Sohn (3,17.35 f. u.ö.) und Ausleger des Vaters (Joh 1,18), gibt eine neue Weisung im Gegensatz zu den als Gegenüber noch präsenten traditionellen autoritativen Weisungen, Gesetzen und Normen. Diese neue Weisung wird unterstützt und veranschaulicht durch das vorausgehende Handeln: die zeichenhafte und vorbildliche Selbsterniedrigung und der Dienst, den Jesus verrichtet. Die Einheit von Wort und Tat, aus der allein autoritativer Anspruch entstehen kann, wird so einfach und klar zum Ausdruck gebracht. Inhaltlich besteht die neue Weisung in der Liebe „untereinander“. Es geht sachlich um die Nächstenliebe gemäß dem Tora-Gebot Lev 19,18.[9] Allerdings ist der „Nächste“ nicht der Angehörige derselben vorgegebenen sozialen oder politischen Einheit oder desselben, von Gott erwählten Volkes. Vielmehr denkt die Weisung an die Gruppe von Jesus-Schülern und -anhängern in der Zeit nach

---

5 Der griechische Text verwendet den Aorist; ebenso 15,12. Die Szene steht unter dem Vorzeichen der gekommenen Stunde des Abschieds (13,1); der Rückblick der Erzählung wird in die wörtliche Rede Jesu übernommen. Soll in 15,12–13 die – gewissermaßen alltägliche – Liebe Jesu zu seinen Jüngern von dem höchsten Erweis dieser Liebe, dem freiwilligen Gehen in den Tod, unterschieden werden? Dann würde sich das Liebesgebot des Joh gerade von einer Martyriumsethik abgrenzen.

6 Der zitierte Vers entstammt der ersten der sog. ‚Abschiedsreden‘ des Joh (13,31–14,31; 15–16; Kap. 17: Hohepriesterliches Gebet). Zum Verhältnis zur frühjüdischen Testamentenliteratur vgl. Winter, *Vermächtnis*, 1994.

7 Jesu Rede vom „Gesetz“ (νόμος) im Johannesevangelium ist auffällig distanziert; es handelt sich um „euer“ (= der Juden) oder des Mose Gesetz; vgl. Joh 7,19.23; 8,17; 10,34; 15,25; 18,31. Damit rückt aber der Jesus des vierten Evangeliums nicht allein von seinen jüdischen Zeitgenossen und ihrer Gesetzgebung ab (und nähert sich den ‚gesetzesfreien‘ Heiden), sondern von der Menschenwelt insgesamt, dem Kosmos, welchen die Juden im Johannesevangelium repräsentieren.

8 Zur Traditionsgeschichte und zum literarischen Befund im frühen Christentum vgl. Berger, „Ursprung“; Kühneweg, *Gesetz*.

9 Der wörtliche Anklang ist jedoch weniger deutlich als in der synoptischen Tradition; so zu Recht Brown, *Gospel*, 613.

Ostern, d. h. an eine oder die frühchristliche Gemeinde aus Juden und Heiden, die noch zur Zeit des Johannesevangeliums keine ganz stabile Gruppe gewesen sein wird. Das Liebesgebot wird so zur Weisung in der christlichen ἐκκλησία, und damit, sozial-funktional betrachtet, zum Mittel der Profilierung, Konstituierung und Stabilisierung einer sich neu bildenden Gruppe.[10] Von einem eigentlichen ‘identity marker’ sollte man aber m. E. nicht sprechen; dazu bleibt der Verweis auf die wechselseitige Liebe zu allgemein.

Die Rede vom „neuen“ Gebot findet sich nicht nur im Johannesevangelium, sondern auch im 1. Johannesbrief,[11] der aus demselben frühchristlichen Milieu wie das Evangelium stammen dürfte: „Wiederum schreibe ich euch ein neues Gebot, welches wahr ist bei ihm und bei euch, denn die Finsternis vergeht und das wahre Licht scheint schon.“ (2,8) Im vorhergehenden Vers heißt es dagegen: „Geliebte, kein neues Gebot schreibe ich euch, sondern das alte Gebot, das ihr von Anfang an hattet. Das alte Gebot ist das Wort, das ihr gehört habt.“ Das Beieinander von „altem“ und „neuem“ Gebot ist kein unachtsamer Widerspruch und kein unauflösbares Paradox, sondern erklärt sich einfach durch die unterschiedlichen Referenzen der Rede von „alt“ und „neu“: „Alt“ ist das Gebot in der Perspektive der Glaubens- und Gemeindegeschichte der intendierten Adressaten; es wird identifiziert mit dem verkündigten und gehörten Wort, das im chronologischen und sachlichen Sinne die Grundlage der gemeinsamen Glaubensüberzeugung bietet.[12] Darüber hinaus könnte die Rede vom „Anfang“ (ἀρχή) auch einen allgemeineren Verweis auf die (biblisch-jüdische) ethische Tradition meinen oder sogar auf den Uranfang alles Seienden verweisen, der nach Joh 1,1 (vgl. 1Joh 1,1) mit demselben griechischen Begriff verbunden ist.

„Neu“ ist das Gebot aus der Perspektive der Offenbarungsgeschichte: Mit der Sendung des Sohnes durch Gott (der schon in 1Joh 1,5 als Licht identifiziert wurde) ist eine neue Erkenntnis und ethische Orientierung bekannt geworden. Inhaltlich gefüllt wird die Rede vom „neuen“ bzw. „alten“ Gebot dann durch

---

10 Zwar sind Nächsten- und Feindesliebe damit nicht ausgeschlossen (so zu Recht Wengst, *Johannesevangelium*, 121 Anm. 95), doch im Sinne des Evangeliums wäre es nicht zutreffend, von einem universalen Liebesgebot (etwa im Unterschied zum partikularen Liebesgebot im AT) zu sprechen.

11 Zum Aussagezusammenhang verweise ich insgesamt auf die gründliche Erörterung von Popkes, *Theologie der Liebe*, 93–161 mit vielen Hinweisen zur Forschungsliteratur. Das Beieinander von altem und neuem Gebot findet sich innerhalb des johanneischen Schrifttums auch in 2Joh 4–6.

12 Ob ein Bezug konkret auf die Mahlszene Joh 13 mitzudenken ist, kann hier offen bleiben. Im Unterschied zum Evangelium wird das Liebesgebot in 1Joh als Gebot Gottes (des Vaters) prononciert.

das Liebesgebot (3,11): „Denn dies ist die Ankündigung, die ihr von Anfang an gehört habt: dass ihr einander liebt.“ Damit wird Ethik aber nicht an die Stelle der Gottesbeziehung gesetzt. Denn zum einen werden in Ergänzung des Gebots der Liebe untereinander auch Doppelgebote formuliert. In Hinsicht auf Glaube und Liebe formuliert der Text (3,23): „Und dies ist sein Gebot, dass wir dem Namen seines Sohnes Jesus Christus vertrauen und einander lieben, wie er uns das Gebot gegeben hat.“ Und, vielleicht als Antwort auf die synoptische Überlieferung Mk 12,28–34parr., wird ein Doppelgebot der Liebe erkennbar (4,21): „Und dieses Gebot haben wir von ihm, das, wer Gott liebt, auch seinen Bruder liebt.“ Scheint in dieser Aussage der Akzent auf der Verpflichtung zur Nächstenliebe zu liegen (mit der Rede vom „Bruder“ wird das Bildfeld der Familie auf die Sozialität der christlichen Gruppe übertragen), so gibt der Gesamtduktus des Briefes die geforderte zwischenmenschliche Liebe als Antwort auf die Liebe Gottes zu verstehen. Die (syntaktisch und sachlich nicht umkehrbare) Aussage lautet in ihrer Endgültigkeit: „Gott ist Liebe“ (1Joh 4,8b.16b), Gotteserkenntnis und praktizierte Liebe gehören zusammen (4,8). Im Kontext von 1Joh erklärt sich die Betonung des Gebots der geschwisterlichen Liebe aus konkreten innergemeindlichen Verwerfungen, auf die das Schreiben reagiert.[13] Diese konkrete Veranlassung mag zu dem Eindruck beigetragen haben, 1Joh sei Vertreter einer Konventikelethik, die, durchaus mit Hilfe des Liebesgebotes, das Sich-Verschließen der Gemeinschaft gegenüber der Umwelt befördere. Die Verankerung des Liebesgebots im Gottesverständnis würde jedoch theologisch ein weiteres Verständnis des Liebesgebotes erlauben. Mit anderen Worten: In der Argumentation von 1Joh interferieren verschiedene Bedeutungsebenen und Interessen, die analytisch voneinander abzuheben wären. Die Gegenüberstellung der zitierten Textpassagen aus Joh und 1Joh ist nicht beliebig, sondern begründet sich durch einen engen historischen Zusammenhang zwischen dem Evangelium und 1Joh; beide Texte dürften demselben Milieu, vermutlich derselben frühchristlichen Gruppe entstammen, und sie sind damit – jenseits der unterschiedlichen Gattungen – Ausweis einer geschichtlichen Entwicklung im entstehenden Christentum, vielleicht in Kleinasien um die Wende vom 1. zum 2. Jahrhundert n. Chr.[14] Dasselbe Gebot kann also im frühen Christentum in Texten, die miteinander historisch zusammenhängen und möglicherweise ausdrücklich aufeinander verweisen,[15] bald als das „alte“,

---

13 Vgl. etwa 1Joh 2,18–27.

14 Zur (hypothetischen) johanneischen Schule und ihren Schriften vgl. Schnelle, *Einleitung*, 471–544.

15 Versteht man die Rede vom neuen wie vom alten Gebot als eine ‚Inszenierung‘ von Tradition und Innovation, kann man sie nicht direkt für die chronologische Anordnung von Joh und 1Joh

bald als das „neue“ Gebot bezeichnet werden. Das Gebot – man darf wohl auch sagen: das Gebieten Jesu – kann ebenso als moralische Innovation inszeniert werden – und dann ist diese Neuheit primär religiös (nämlich offenbarungstheologisch) begründet, nicht so sehr inhaltlich. Dasselbe Gebot kann aber auch als die länger bestehende und bekannte und theologisch fundierte Grundlage der moralischen Existenz in der Gruppe präsentiert werden, möglicherweise verbunden mit der Vorstellung von der Urszene der Gebotsübergabe durch Jesus und dem sachlichen Bezug auf das Toragebot Lev 19,18. Dabei verschränkt sich die Rede vom „neuen“ und „alten“ Gebot mit der Vorstellung der Gottesoffenbarung und der christologisch motivierten Differenzierung in der Gottesvorstellung. Die Frage nach der Bewertung von Aussagen, Inhalten, Normen etc. als Innovation oder als Tradition hängt stark von der jeweils gewählten Perspektive ab; Tradition und Innovation können so unmittelbar nebeneinander stehen, ohne dass dies als Spannung oder Widerspruch empfunden werden müsste.

Dieses spannungsvolle Miteinander von Tradition und Innovation prägt die Geschichte des frühesten Christentums, seiner Sozialformen und Riten ebenso wie seiner religiösen und ethischen Konzepte, von Anfang an. Aus dem Judentum ist das Christentum historisch erwachsen; mit dem Judentum verbindet das Christentum dieselbe heilige Schrift.[16] Gerade daran mag es liegen, dass das früheste Christentum ein Bestreben der Abgrenzung und Profilierung in allererster Linie gegenüber dem jüdischen Umfeld empfand; der Diskurs über Tradition und Innovation im frühen Christentum hat das Judentum und seine Traditionen explizit oder implizit primär im Blick. Der in der exegetischen Forschung der letzten Jahrzehnte gewonnene Begriff des “parting of the ways” zwischen Judentum und Christentum ist gut geeignet, die historischen und sozialen Prozesse zu kennzeichnen, jedenfalls besser, als Beschreibungsmodelle des Bruchs oder der Revolution.[17] Zugleich ist aber festzuhalten, dass für das entstehende Christentum

auswerten (es sei denn, 1Joh 1 sei ohne den Verweis auf Joh 1 nicht zu verstehen – was m. E. nicht begründbar ist). Die Priorität des Evangeliums gegenüber 1Joh muss vorausgesetzt werden, um den Prolog des Briefes als Antwort auf den Prolog des Evangeliums interpretieren zu können; so erkennbar auch Hahn, *Tradition*, 55–63. Die chronologische Reihenfolge der Entstehung der johanneischen Schriften ist aber umstritten: Weder ist die durch die kanonische Anordnung suggerierte Vorordnung des Evangeliums vor den Briefen gesichert noch die Abfolge von 1–3 Joh. Vgl. Schnelle, *Einleitung*, 475–476. Unbestreitbar sind aber Berührungen zwischen den Prologen von Joh und 1Joh, vgl. etwa die Übersicht und Überlegungen bei Klauck, *Johannesbriefe*, 94 f.

16 Die erste Aufzählung des christlichen Kanons des Alten Testaments findet sich bei Melito von Sardes (gest. vor 195 n. Chr.); sie entspricht inhaltlich dem sog. masoretischen Kanon des Judentums. Der Text ist in Eusebs Kirchengeschichte überliefert (Euseb, h. e. 4,26,13–14.).

17 Vgl. Dunn, *Jews and Christians* und *Parting of the Ways*.

allein die jüdische Tradition mit einem ausformulierten und offenbarungstheologisch fundierten Moralkodex eine Möglichkeit zur ausdrücklichen Anknüpfung und Weiterentwicklung bot.

2 Zur Bedeutung des Dekalogs im Judentum des Zweiten Tempels

Im Folgenden ist exemplarisch zu reflektieren, welche Rolle der Dekalog – abgekürzt als fundamentaler Normentext der jüdischen wie der christlichen Tradition seit der Antike anzusprechen – in diesem Prozess der Berührung und Abstoßung im frühesten Christentum einnimmt, inwieweit er für Tradition und Innovation und deren diskursive Konstruktion in den erhaltenen Quellen in Anspruch genommen wird.

Um den Kontext zu skizzieren, in welchem die frühchristliche Dekalogrezeption steht, seien einige Bemerkungen zur Bedeutung der „Zehn Worte"[18] im Judentum des Zweiten Tempels vorangestellt.[19] Mit dem doppelten Vorkommen des Dekalogs in der Tora[20] und der kompositorischen Sonderstellung (vor zwei der großen Gesetzescorpora des Pentateuch, Bundesbuch [Ex 20,22–23,13 oder 19] und deuteronomischem Gesetz [Dtn 12–26]) ist eine Sonderrolle des Dekalogs im Judentum des Zweiten Tempels bereits gegeben. Die genaue Bedeutung und Verbreitung des Dekalogs wird in der Forschung allerdings unterschiedlich beurteilt: Während manche von einer weiten, nicht immer direkt aus den Quellen belegbaren Verbreitung ausgehen, sehen andere die Bedeutung des Textes auf einzelne religiöse und sozio-kulturelle Milieus eng beschränkt. Direkte Anspielungen und Zitate des Dekalogs sind in der frühjüdischen Literatur tatsächlich selten. Aber auch jenseits der literarischen Quellen (deren Datierung im Einzelnen unklar und umstritten ist) sind die Wege der Vermittlung des Dekalogs nur vermutungsweise anzugeben und jedenfalls nicht auf die direkte Lektüre der Tora beschränkt; auch – der im Einzelnen allerdings kaum greifbare – religiöse Unterricht von Kindern sowie Gottesdienst und Alltagsrituale dürften zur Verbreitung des Dekalogs über schriftgelehrte Kreise hinaus erheblich beigetragen haben. In der Literatur des frühen Judentums wird der Dekalog wiederholt zur direkten moralischen Weisung eingesetzt – eine Weisung, die zwar faktisch auf jüdische Rezipienten beschränkt geblieben sein dürfte, aber einen implizit

---

18 Ex 34,28; Dtn 4,13; 10,4.
19 Vgl. Löhr, „Dekalog"; Kellermann, „Dekalog"; Sänger, „Tora für die Völker".
20 Ex 20,2–17 / Dtn 5,6–21.

universalen Anspruch erhebt. Dieser wird ausgesprochen und ausgearbeitet bei Philo von Alexandrien (erste Hälfte 1. Jh. n. Chr.), dem wohl bedeutendsten jüdischen Philosophen der Zeit: Bei Philo, der mit seiner Schrift *De Decalogo* als Teil der umfassenderen *expositio legis*[21] den ersten uns erhaltenen Dekalog-Kommentar vorlegt, erscheint der Dekalog als Zusammenfassung der moralischen Prinzipien der ganzen Tora und ist universal gemeint. Dies wird etwa in den Erläuterungen zum Fremdgötterverbot (Decal 155), zum Sabbatgebot (Decal 98) und zum Elterngebot (Decal 107) deutlich.[22] Durch diesen Zugriff liegt der Akzent auf der Affirmation der Tradition und der universalen Gültigkeit, nicht jedoch auf der, etwa durch Interpretation, zu etablierenden Innovation durch den Dekalog. An Philos Schrift lässt sich darüber hinaus auch studieren, dass der Dekalog nicht nur selbst als Zusammenfassung des ganzen Gesetzes verstanden werden kann. Vielmehr führt Philo unter Aufnahme des Motivs von den zwei Tafeln,[23] und damit auf die normative Gründungserzählung, die Normsätze des Dekalogs selbst auf zwei moralische Hauptthemen bzw. Prinzipien zurück. Wenn auch die exakte terminologische Gegenüberstellung fehlt, erkennt man hier unschwer den von Albrecht Dihle herausgearbeiteten[24] gemeinantiken „Kanon der zwei Tugenden“ von εὐσέβεια und δικαιοσύνη, von Gottesfurcht und Gerechtigkeit gegenüber den Mitmenschen (vgl. Decal. 50.110 f.). Mit dieser Leistung steht Philo wohl auch im jüdischen Kontext nicht ganz allein, doch hat er diese Auffassung den erhaltenen Quellen nach am deutlichsten ausformuliert. Antipartikularer, universaler Geltungsanspruch sowie die Suche nach zugrunde liegenden Prinzipien: Diese Grundzüge nicht nur philonischer Rezeption des Dekalogs im frühen Judentum sollten davor bewahren, das antik-jüdische Denken im Bereich religiöser Moral insgesamt in falsche Alternativen zu zwängen, wie es etwa die in gegenwärtiger Forschung gelegentlich vertretene Gegenüberstellung jüdischer Gebotsethik und hellenistischer Einsichtsethik tut.[25]

---

21 Zur Gliederung des philonischen Kommentarwerkes vgl. Royse, “Philo”, 33–50.

22 Damit zeigt der jüdische Philosoph, ein älterer Zeitgenosse des Apostels Paulus, dass die Gebote der sog. ‚ersten Tafel‘ nach jüdischem Verständnis einer Interpretation des Dekalogs als universaler Norm keineswegs entgegenstehen müssen.

23 Zu diesem Motiv vgl. Löhr, „Steintafeln“.

24 Vgl. Dihle, *Kanon*.

25 Auch die Unterscheidung von ‚jüdischer‘ und ‚hellenistisch-jüdischer‘ Ethik, die Theißen, *Testament*, 10 vornimmt, ist irreführend.

3 Phänomene der Dekalog-Rezeption im entstehenden Christentum

Folgt man der Interpretation von Caspar J. Kraemer,[26] so ist das älteste pagane Zeugnis über das frühe Christentum zugleich ein Beleg für die religionspraktische Rezeption des Dekalogs. Im berühmten Christenbrief Plinius' des Jüngeren an den Kaiser Trajan aus dem Jahr 112 n. Chr. berichtet der Statthalter von Bithynien und Pontus u. a. von aus Verhören gewonnenen Informationen über die gottesdienstliche Versammlung der inkriminierten Christen:

> Sie versicherten aber, dies sei ihre höchste Schuld oder Irrtum gewesen, dass sie gewohnt gewesen seien, am festgesetzten Tag vor dem Licht zusammenzukommen und Christus gleichwie einem Gott im Wechsel zu singen und sich durch einen Eid [lat. *sacramento*[27]] nicht zu irgendeinem Verbrechen zu verpflichten, sondern dazu, dass sie nicht Diebstahl oder Raub oder Ehebruch begehen, dass sich nicht Vertrauen täuschen oder ein anvertrautes Gut, das von ihnen abgefordert wird, ableugnen.[28]

Wichtig ist die Einsicht, dass, wenn Plinius einigermaßen gut informiert ist und subjektiv wahrheitsgetreu berichtet, eine moralische Selbstverpflichtung im Gottesdienst frühchristlicher Gemeinden in Kleinasien um die Wende vom 1. zum 2. Jh. zu belegen ist, eine Selbstverpflichtung, die zumindest Nähe zu manchen Bestimmungen des Dekalogs aufweist.[29] Die Annahme ist plausibel, dass der Verpflichtung eine moralische Unterweisung vorausging, die mit Hilfe des Dekalogs oder eines Dekalog-nahen Textes vorgenommen wurde.[30] Eine zeitlich und v. a. geographisch unabhängige Bestätigung für diese These bietet der sog. *Zwei-Wege-Traktat*, der sich sowohl in der ersten erhaltenen christlichen Kirchenordnung, der Didache (Did), wie auch dem Barnabasbrief (Barn) findet; beide

---

26 Vgl. Kraemer, "Pliny".

27 Zu Erwägungen, hier begegnet bereits der christliche Sakramentsbegriff, vgl. Sherwin-White, *Letters of Pliny*, 706.

28 *Adfirmabant autem hanc fuisse summam uel culpae suae uel erroris, quod essent soliti stato die ante lucem conuenire, carmenque Chirsto quasi deo dicere secum inuicem seque sacramento non scelus aliquod obstringere, sed ne furta, ne latrocinia ne adulteria committerent, ne fidem fallerent, ne depositum adpellati abnegarent* (Ed. Mynors, 339; meine Übersetzung). Die Passage bereitet dem Verstehen und Übersetzen manche Probleme, die hier nicht weiter erörtert werden können. Vgl. u. a. die Kommentierung durch Sherwin-White, *Letters of Pliny*, 691–710, sowie die instruktiven Überlegungen von Reichert, „Konfusion".

29 Sherwin-White, *Letters of Pliny*, 706 stellt daneben eine Nähe zu 1Thess 4,3–6 und 1Petr 4,15 fest. Verbindungen zur Dekalogfassung von Mk 10,19 sah bereits Coulter, "Further Notes".

30 Dass die ethischen Standards auch römischem Empfinden entsprechen dürften, passt zur darstellerischen Absicht des Plinius. Vgl. dazu Reichert, „Konfusion".

Texte dürften in ihrer redaktionellen Gestalt aus der ersten Hälfte des 2. Jahrhunderts, allerdings aus unterschiedlichen Regionen des östlichen Mittelmeerraums, stammen.[31] Die beiden Fassungen sind wohl literarisch nicht direkt voneinander abhängig, sondern greifen auf eine gemeinsame Quelle zurück, deren Ursprünge im Judentum des ersten Jahrhunderts liegen könnten.[32] Während Barn 19 nur Ehebruch und Begehren nennt, greift Did 2, eingeleitet durch die Wendung „Das zweite Gebot der Lehre“[33] ausführlicher auf den Dekalog zurück: Die Weisungen gegen Mord, Ehebruch, Diebstahl und falsches Zeugnis entsprechen der Dekalogreihe von Ex 20,13–16 parr. Dtn 5,17–20 (hebräischer Text diff. LXX). John S. Kloppenborg spricht in diesem Zusammenhang vom “Torahizing” des *Zwei-Wege-Traktats*,[34] treffender wird man wohl von einer Dekalogisierung sprechen können. Daneben stehen allerdings auch sachlich verwandte Weisungen, die keine direkten Zitate aus dem Dekalog (oder der Tora) darstellen. Jedenfalls sind Did 2 und Barn 19 Belege dafür, dass die am Dekalog orientierte Weisung auch ihren Platz in der frühchristlichen Gemeinde, möglicherweise in der Katechese oder im Gottesdienst, hatte. Beide Texte treten so bestätigend zum Zeugnis des Plinius. In der Sache ist diese Weisung traditionell; die Tatsache freilich, dass ihre Quelle, der Dekalog vom Sinai, nicht ausdrücklich herausgestellt wird, sowie der freie Umgang mit dem Bezugstext zeigen, dass die Autorität des Textes und seines Inhalts nicht mit dem Verweis auf die Tradition begründet wird. Die genannten Passagen sind damit freilich auch die einzigen Belege aus der frühesten Zeit des Christentums, in welchen der Dekalog oder Einzelgebote aus ihm direkt zu paränetischen bzw. katechetischen Zwecken eingesetzt werden.

In welcher Weise nimmt Jesus von Nazareth Bezug auf den Dekalog? In der eingangs zitierten Passage aus dem Johannesevangelium wird das auf die unmittelbare Anhängerschaft bezogene Liebesgebot als die zentrale Weisung Jesu verstanden. Eine – denkbare und andernorts im entstehenden Christentum belegte[35] – Verknüpfung des Liebesgebotes mit dem Dekalog, besonders der zweiten Tafel, wird nicht vorgenommen. Wie Jey J. Kanagaraj[36] und Jan van der

---

31 Zu den Einleitungsfragen vgl. Draper, „Didache“ bzw. Prostmeier „Barnabasbrief“.

32 Vgl. den Versuch, die Traditionsgeschichte zu rekonstruieren, bei Niederwimmer, *Didache*, 48–64 (Schaubild S. 62).

33 2,1: δευτέρα δὲ ἐντολὴ τῆς διδαχῆς.

34 Vgl. Kloppenborg, “Transformation”; Kloppenborg, “Didache”, 207–209.

35 Vgl. Mt 19,18 f.; Röm 13,8–10; Jak 2,8–11, zu den beiden letztgenannten Passagen s. u. Im frühen Judentum ist diese Verknüpfung bisher nicht belegt, vgl. immerhin PsPhok 3–41; siehe Konradt, *Jakobusbrief*, 197 Anm. 172.

36 Vgl. Kanagaraj, “Implied Ethics”.

Watt[37] gezeigt haben, weist der der Ethik des Johannesevangeliums zugrunde liegende Wertekanon aber verschiedene implizite Bezüge zum Dekalog auf. Der generelle Eindruck ist der, dass durch solche sachlichen Bezüge ein Grundbestand moralischer Werte geschaffen wird, auf dem die Evangelienerzählung beruht. Die Sabbatnorm wird durch die Hauptfigur der Erzählung, Jesus, doch so stark tangiert, dass nicht nur von einem Streit um die Auslegung, sondern von einer Relativierung oder In-Frage-Stellung zu sprechen ist.[38] Nun wird man die Darstellung des vierten Evangeliums nicht ohne Weiteres für historisch bare Münze nehmen dürfen. D. h. der Rückschluss aus dem Textbefund auf den historischen Jesus ist nur sehr eingeschränkt möglich. Dies gilt aber nicht nur für das Johannesevangelium, sondern auch für die älteren und meist für historisch zuverlässiger gehaltenen Evangelien nach Matthäus, Markus und Lukas. Die in früheren Phasen der historisch-kritischen Erforschung der Bibel angestrebte Isolierung von echten Worten des historischen Jesus dürfte tatsächlich nur ganz selten möglich sein. D. h. aber, auch die Analyse der synoptischen Evangelien sagt uns weniger über den historischen Jesus und seine Nachwirkung, als vielmehr über die verschiedenen Jesus-Bilder im Christentum des 1. Jahrhunderts.[39] Wenden wir uns zunächst expliziten Dekalog-Zitaten bei den Synoptikern zu: In der Textpassage Mk 10,17–22 parr. Mt 19,16–22 / Lk 18,18–23, der sog. Perikope vom reichen Jüngling, werden fünf bzw. sechs Dekaloggebote angeführt. Dies dient zur Erinnerung an die gemeinsame, moralische Basis der Diskussion, die von der Hauptfigur in Erinnerung gebracht und damit bestätigt wird. Doch wird in der matthäischen Fassung (Mt 19,19) zum einen die Reihe der Gebote, welche u. a. auch das Gebot der Elternehrung umfasst, durch das Nächstenliebegebot ergänzt. Zum anderen wird in derselben Fassung deutlich, dass die Befolgung dieser Gebote dem Standard der „Vollkommenheit" (vgl. V. 21) noch nicht entspricht: Die Perikope läuft auf die Forderung nach Besitzverzicht und Jesus-Nachfolge zu. Kann man hier noch nicht von einer ausgearbeiteten Zwei-Stufen-Moral sprechen, so ist diese strukturell doch angedeutet. Damit rückt der Text in die Nähe der Didache, der ältesten erhaltenden Kirchenordnung, die auf der redaktionellen Ebene den dekalogischen Mahnungen die sog. *sectio evangelica* (Did 1,3–2,1)[40] voranstellt, eine Passage mit sich an die Bergpredigt anlehnenden Mahnungen. Auch die erste und die zweite Antithese der Bergpredigt (Mt 5,21–26.27–30) zitieren je einen Dekalogsatz, nämlich die Verbote des Tötens und des

37 Vgl. van der Watt, "Radical Social Redefinition".
38 Vgl. bes. den Erzählerkommentar in Joh 5,18.
39 Vgl. Löhr, "Jesus and the Ten Words".
40 Vgl. Niederwimmer, *Didache*, 93–100.

Ehebruchs. Diesem Verweis auf die Tradition wird, pointiert eingeleitet mit der Wendung „Ich aber sage euch“ (V. 22.28), eine Weisung Jesu gegenübergestellt. Diese Worte Jesu lehnen die zitierten Dekalog-Bestimmungen nicht einfach ab, sondern radikalisieren sie: Nicht (erst) das Töten, sondern schon das Zürnen, Beschimpfen und Verfluchen sind ein schweres Vergehen am Bruder. Nicht erst der vollzogene Ehebruch, sondern das Begehren im eigenen Herzen (vgl. V. 28) bringen in die Hölle. Während die Dekalog-Gebote die Ebene der tatsächlich feststellbaren Handlungen betreffen, scheinen hier und in anderen Passagen die Worte Jesu auf den Bereich der vorausliegenden Absichten und Bestrebungen zu zielen; d. h. die hier präsente Ethik nimmt eine Introspektion vor und behauptet (!) diese als Innovation gegenüber der Tradition. Natürlich ist das so präsentierte jesuanisch ‚Neue‘ gegenüber dem ‚Alten‘ sachlich nicht wirklich neu, sondern im Judentum des Zweiten Tempels (und vielleicht im Zehnten Gebot selbst[41]) schon vorgedacht. Gleichwohl wird in diesen Passagen wie in der Bergpredigt insgesamt das mit dem Offenbarer gekommene Neue gegenüber der Tradition hervorgehoben und diese damit radikalisiert. Bei dieser argumentativen Operation gerät der Dekalog auf die Seite des Alten, das überholt wird. Er steht allerdings nicht allein auf dieser Seite; neben den Dekalogpassagen werden in den Antithesen andere Bestimmungen der Tora zitiert.[42]

Mit den genannten expliziten Zitaten ist der Bezug der Jesus-Erzählungen des frühen Christentums auf den Dekalog freilich noch nicht ausgeschöpft: Es fällt auf, dass die überlieferten Texte die direkte Zitierung von Geboten der sog. *ersten Tafel* vermeiden, diese aber sehr wohl sachlich berühren. Dies gilt schon für die Antithesen der Bergpredigt: Möglicherweise steht hinter dem strikten Schwurverbot in Mt 5,33–37 ein Bezug auf das Verbot, den Gottesnamen zu missbrauchen.[43] Das heißt, dass die Position des Bergpredigers sich durchaus auf dekalogische Normen beziehen lässt, ohne dass dies im Text eigens herausgearbeitet würde. Mehrfach nimmt die Jesus-Tradition außerhalb der Bergpredigt sachlich auf das erste Gebot Bezug, ohne es zu zitieren. So führt Jesus in Mt 22,34–40 parr. Mk 12,28–34 / Lk 10,25–28 statt des Dekaloggebotes Dtn 6,5 (vgl. Jos 22,5) als höchstes Gebot an und sieht in diesem Wort, zusammen mit Lev 19,18, die Zusammenfassung von Gesetz und Propheten. Diese Kombination war in jüdischer Tradition vorgegeben[44] und musste aufgrund des Vorkommens des Verbs ἀγαπᾶν in

---

41 Vgl. dazu die Überlegungen bei Freedman, *Nine Commandments*, 153–158.

42 Vgl. Mt 5,31.33.38.43.

43 Vgl. Löhr, “Jesus and the Ten Words”, 3148.

44 Vgl. Berger, *Gesetzesauslegung*, 151–165.

beiden Texten besonders plausibel erscheinen. In der Versuchungsgeschichte[45] beantwortet Jesus die letzte Versuchung mit dem Zitat von Dtn 6,13 / 10,20, einem Text, der dem ersten Gebot des Dekalogs nahe steht. In einer Reihe von Evangelien-Szenen[46] wird die Auslegung des Sabbat-Gebots thematisiert, damit jedoch nicht die Sabbatnorm selbst abgelehnt. Dabei scheinen die frühchristlichen Texte nebeneinander auf traditionelle und konsensfähige Einstellungen zum Sabbat zu rekurrieren[47] sowie die Neuinterpretation durch Jesus zu betonen.[48] Interessant ist die Auseinandersetzung um die Frage der Ehescheidung:[49] Nachdem Jesus zunächst die in der Tora geregelte Praxis des Scheidebriefes dem ebenfalls in der Tora[50] formulierten Willen des Schöpfers gegenüberstellt (Mk 10,5–9), führt er in einer zweiten Antwort (an die Jünger) die Kategorie des Ehebruchs ein (Mk 10,10–12) und stellt so, ohne ausdrückliches Zitat, eine Verbindung zum Dekalog-Gebot her.[51] Das sachliche Problem wird auch bei Paulus in 1Kor 7 unter Berufung auf eine Weisung des „Herrn", also Jesu, erörtert (vgl. V. 10 f.). Doch spielt das Stichwort vom „Ehebruch" bei Paulus keine Rolle, und damit entfällt die Anspielung auf die Dekalog-Norm. Darf man den Befund als kleines Indiz für eine wachsende Bedeutung des Dekalogs im entstehenden Christentum, z. B. in der katechetischen Praxis vor der Taufe, deuten?

Aus der frühchristlichen Literatur des Neuen Testaments außerhalb der Jesus-Tradition seien noch zwei prominente Beispiele der Dekalog-Rezeption betrachtet. Der Text Röm 13,8–10 will die ἀγάπη, also die menschenfreundliche, unerotische Liebe, als praktische christliche Tugend einschärfen. In diesem Zusammenhang vertritt Paulus die These: „Erfüllung nun des Gesetzes ist die Liebe".[52] Damit nimmt der Autor die zuvor prägende Thematik des Gesetzes und seiner geforderten, aber nicht realisierten Erfüllung im Gehorsam auf und überführt ihn in die moralische Weisung für Christen. Exemplarisch für die Tora zitiert Paulus in Röm 13,9 vier Gebote aus der zweiten Tafel des Dekalogs, die im Gebot der Nächstenliebe zusammengefasst werden:

---

45 Vgl. Mt 4,1–11 parr. Lk 4,1–13.

46 Vgl. Mk 2,23–28 parr.; 3,1–6 parr.; Lk 13,10–17; 14,1–6; Joh 5,1–18; 7,21–23; 9, bes. 13–17.

47 Vgl. Mk 3,4 parr.; Joh 7,22–24.

48 Vgl. Mk 2,8 f. parr.; 2,28 parr.

49 Vgl. Mk 10,2–12 par. Mt 19,3–9; Lk 16,18; vgl. Mt 5,27–32.

50 Vgl. Gen 1,27; 2,24; 5,2.

51 In der matthäischen Fassung der Perikope wird die Kategorie des Ehebruchs in die erste Antwort Jesu einbezogen (vgl. Mt 19,4–9); die Jüngerbelehrung (V. 10–12) ist dann der Frage nach der Ehelosigkeit gewidmet.

52 V. 10b; vgl. V. 8.

> Das: ‚Du sollst nicht ehebrechen, du sollst nicht töten, du sollst nicht stehlen, du sollst nicht begehren‘ – und wenn es noch ein anderes Gebot gibt, wird in diesem Wort zusammengefasst: ‚Du sollst deinen Nächsten lieben wie dich selbst‘.

Möglicherweise hat der Apostel mit der Wendung „und wenn es noch ein anderes Gebot gibt“ auch andere (Tora-)Vorschriften außerhalb des Dekalogs mit im Blick; ausdrücklich gesagt wird das jedoch nicht. D. h. aber, die soziale Tafel des Dekalogs (in der in Dtn 5LXX gebotenen Reihenfolge, unter Auslassung des Verbots des Falschzeugnisses) steht in ethischer Hinsicht exemplarisch und repräsentativ für den Normanspruch der Tora insgesamt. Dieses selektive, zugleich aber recht unbefangene Zurückgreifen auf die jüdische Tradition passt gut in den Kontext des Römerbriefes, der z. B. in 9,4 auch die fortdauernde Gültigkeit der an Israel ergangenen Verheißungen Gottes bekräftigt. Das zweite Beispiel: Der Jakobusbrief, der mit hoher Wahrscheinlichkeit nicht, wie er jedoch vielleicht andeutet (vgl. Jak 1,1), von einem Bruder Jesu stammt,[53] dürfte in wichtigen Passagen als Reaktion auf die Fortentwicklung paulinischer Theologie im frühen Heidenchristentum zu verstehen sein.[54] Im Abschnitt Jak 2,8–11 wird zunächst das Gebot der Nächstenliebe herausgestellt. Es folgen Überlegungen, die darauf zielen, die Gültigkeit der Tora insgesamt zu bekräftigen: Wer ein Gebot übertritt, macht sich am ganzen Gesetz schuldig. Beispielhaft dafür werden zwei Dekaloggebote der zweiten Tafel angeführt:

> Wenn ihr tatsächlich das königliche Gesetz erfüllt gemäß der Schrift: ‚Du sollst deinen Nächsten lieben wie dich selbst‘, so tut ihr gut daran. [...] Wer nämlich das ganze Gesetz bewahrt, fehlt aber in einem, ist an allen (Geboten) schuldig geworden. Der nämlich, der sagt: ‚Du sollst nicht ehebrechen‘, hat auch gesagt: ‚Du sollst nicht töten‘. Wenn du aber nicht die Ehe brichst, doch tötest, bist du zum Übertreter des Gesetzes geworden.

Obwohl so eine Verpflichtung auf die ganze Tora formuliert zu sein scheint, wird dennoch mit Hilfe des Dekalogs eine Auswahl getroffen. Deutlich ist die Verknüpfung von Gebot, Gesetz und heiliger Schrift. Gerade der letzte Aspekt, der Dekalog als Teil der heiligen Schrift, spielte in den zuvor betrachteten Zeugnissen des frühen Christentums keine herausragende Rolle. So wurden etwa die Dekalogzitate der synoptischen Tradition nie als Schriftzitate eingeführt. Durch die Rede vom „königlichen Gesetz“ wird jedoch vermutlich nicht der Dekalog, sondern das Nächstenliebegebot besonders herausgehoben.[55] Die Argumenta-

---

53 Vgl. ausführlich zu dieser Frage Frankemölle, *Brief des Jakobus*, 45–54.

54 Zu den Einleitungsfragen zu Jak vgl. Schnelle, *Einleitung*, 421–436.

55 Vgl. Frankemölle, *Brief des Jakobus*, 400–402.

tion dieses Abschnittes überzeugt freilich nur, wenn vorausgesetzt werden kann, dass Nächstenliebegebot und Gebote der zweiten Tafel des Dekalogs sachlich zusammengehören. Damit stellt der Jakobusbrief offenbar den gleichen Zusammenhang her wie Paulus in Röm 13. Dass die erste Tafel nie zum Gegenstand deutlicher Zitate oder Anspielungen wird, verbindet den Jakobusbrief mit den echten Paulus-Schreiben. Man kann nach den Gründen für dieses Zurücktreten der ersten Tafel fragen, das gegenüber dem Befund im frühen Judentum auffällt. Will man sich nicht mit dem Verweis auf den Zufall begnügen, so könnte eine Erklärung darin liegen, dass die Entwicklung frühchristlicher Messianologie es nicht erlaubte, den κύριος des ersten Dekaloggebots unmittelbar mit dem κύριος Ἰησοῦς zu identifizieren, der im entstehenden Christentum in den Mittelpunkt auch der praktischen Religionsausübung[56] tritt. Dass Gott und der κύριος Jesus keine spannungsfreie, konzeptionell schon ganz durchdachte Einheit bilden, zeigt ein Text wie 1Kor 8,6 deutlich. Von daher mag die Rezeption bzw. die weitere Tradierung der Normen und Werte der zweiten Tafel des Dekalogs dem Judenchristen Paulus unproblematischer erschienen sein; die Aufgabe der theologischen Innovation des traditionellen Ein-Gott-Glaubens war mit dem Dekalog nicht zu leisten. Und umgekehrt: Die bisher ausreichende religiöse Begründung der akzeptierten Normen konnte nicht ohne Modifikation weitergeführt werden. Dass die theologische Arbeit an diesem Problem im frühen Christentum weitergeht, sei anhand von zwei Texten aus dem zweiten Jahrhundert angedeutet.

1. Ein frühes Beispiel bietet das Schreiben des Gnostikers Ptolemäus an die Flora, wohl von der Mitte des 2. Jahrhunderts[57], das, wie Francis T. Fallon meint,[58] auf philonisches Denken zurückgreifen dürfte. Ausdrückliches Ziel des Schreibens ist das rechte Verstehen des Gesetzes, das im „Pentateuch" (4,1 – der erste erhaltene Beleg für den Begriff in griechischer Sprache) des Mose enthalten sei. Der Autor nimmt eine Dreiteilung des Gesetzes vor, nach den jeweiligen Urhebern: Gott, Mose, und den Ältesten des Volkes. Der erste Teil des Gesetzes, der νόμος τοῦ θεοῦ, wird wiederum in drei Teile eingeteilt und bewertet: Dabei ist der Dekalog als erster Teil des göttlichen Gesetzes reine, gute Gesetzgebung, während der zweite Teil, im Wesentlichen die *talio*, als Mischung von Gut und Übel erscheint. Der dritte Teil, der Opfer, Beschneidung, Sabbat, Fasten, Pesach/Mazzot u. a. betrifft, sei hingegen nurmehr typologisch und symbolisch (5,2). Die Frage nach dem Bestand der traditionellen Normen wird so mit fundamentalen theologi-

56 Vgl. nur Röm 10,9; 1Kor 12,3; Phil 2,11.
57 Vgl. insgesamt zu diesem Text W. A. Löhr, „Ptolemäus".
58 Vgl. Fallon, "Law".

schen Überlegungen verknüpft. Als göttlicher Gesetzgeber kommt für Ptolemäus nicht der absolut einfache, vollkommene und von Natur aus gute Gott, der Vater Jesu Christi, auch nicht der Teufel, sondern nur der Demiurg, der göttliche Schöpfer dieser Welt (7,4), in Frage. Das Verhältnis von Tradition und Innovation wird hier also mit Hilfe einer tiefen Spaltung im Gottesbegriff im Gleichgewicht gehalten – eine Lösung, die das orthodoxe Christentum stets zu vermeiden suchte.

2. Das zweite Beispiel hierfür ist der christliche Philosoph Justin (der Märtyrer; gest. um 165 n. Chr.). Vor allem in seinem „Dialog mit (dem Juden) Trypho" wird die Frage nach dem Verständnis und der Gültigkeit des alttestamentlichen Gesetzes aufgegriffen. Eine Zweiteilung des Gesetzes vertritt auch Justin, verbindet diese aber gerade nicht mit einer Zweiteilung des Gottesbildes. Vielmehr spricht Justin von zwei Gesetzgebern, nämlich Mose und Jesus. Die Gesetzgebung beider ist teilweise deckungsgleich, nämlich in Bezug auf die ewigen Gebote Gottes, die sich nach Dial 93,2 im Doppelgebot der Liebe zusammenfassen lassen. Eine ausdrückliche Identifikation mit dem Dekalog nimmt Justin zwar nicht vor, doch lassen seine Ausführungen im Dialog wie in der Apologie deutlich erkennen, dass dieser – mit Ausnahme des Sabbatgebots – im Hintergrund steht.[59] Justin spricht in diesem Zusammenhang von dem „von Natur aus Guten und Frommen und Gerechten" (Dial 45,3; vgl. 4) und kommt damit dem Gedanken des natürlichen Gesetzes zumindest sehr nahe. Dieses ewig gültige göttliche Gesetz werde durch Jesus in seiner universalen, nicht auf Israel beschränkten Gültigkeit wiederholt und wiederhergestellt (Dial 45–47; 93), nicht zuletzt durch seinen Kreuzestod, der vom „Fluch des Mosegesetzes" (Dial 95,1 f.) erlöse. So kann Jesus, der neue Gesetzgeber, der „samenhafte Logos" (λόγος σπερματικός[60]), zugleich mit dem (ewigen) Gesetz selbst identifiziert werden[61] (vgl. Dial 43,1; 122,5). Das (in Jesus affirmierte) Neue ist also in ethischer Hinsicht das längst Bekannte und Alte. Und die übrige Gesetzgebung des Mose ist temporale, strafende und ordnende Reaktion auf die Sünde der Fremdgötterverehrung Israels gemäß Ex 32 (Dial 18–27) und darüber hinaus prophetisch-typologischer Hinweis auf das mit Christus Kommende.

---

59 Vgl. Bourgeault, *Décalogue*, 174–206.
60 Vgl. Kühneweg, *Gesetz*, 113.
61 Dies geschieht explizit nur im Dialogus, vgl. Kühneweg, *Gesetz*, 165 Anm. 54.

4 Ergebnis

Die Aufgabe, Tradition und Innovation auszubalancieren, ist dem Christentum seit seinen Anfängen und mit seiner schrittweisen Ausdifferenzierung aus der jüdischen Mutterreligion gegeben: Der Bezug auf dieselbe heilige Schrift, die damit zusammenhängende Behauptung, denselben Gott zu verehren, einerseits, die Berufung auf eine neue und abschließende Offenbarung in Jesus von Nazareth, welche die traditionelle Gottesvorstellung revidiert, andererseits, stellen auch die ethisch-religiösen Normen in dasselbe Spannungsfeld. Dabei kommt dem Dekalog eine besondere Rolle zu. Seine Hochschätzung als zentraler Teil der Tora ist im Judentum des Zweiten Tempels belegt, zugleich seine Einordnung in eine Reihe weitere moralischer Ratschläge oder Mahnungen, aber auch seine Zusammenfassung in zwei ethische Grundprinzipien. Diese Elemente werden in frühchristlichen Texten aufgenommen. De facto ist damit die frühchristliche Ethik als dekalogische oder Dekalog-nahe Ethik weitgehend traditionell jüdisch. Man darf sich daher die frühchristliche Dekalog-Rezeption keineswegs als Wiederaufnahme zurückliegender Tradition über einen tiefen Graben hinweg vorstellen. Doch wird diese Traditionsverhaftung kaum positiv herausgestellt. Auch zeigt die Tatsache, dass dekalogische Gebote in Reihen mit anderen Weisungen stehen, dass das frühe Christentum (wie das vorausliegende und zeitgenössische Judentum) einen durchaus kreativen Umgang mit der Tradition pflegt; von einem starren Umgang mit ihr kann keine Rede sein. Auf der anderen Seite wird das Neue der durch Jesus inaugurierten Moral nicht explizit mit Hilfe des Dekalogs formuliert. Tendenzen, die Dekalogtradition durch andere Normen zu überbieten, sind schon im Neuen Testament spürbar und werden später, besonders mit Hilfe der Bergpredigt, weiter zu einer Zwei-Stufen-Ethik ausgearbeitet, dabei können auch fundamental-theologische Überlegungen eingebracht werden. In solchen Kontexten wird der Dekalog zwar nicht ungültig, aber inferior. In Teilen der frühchristlichen Tradition ist eine deutliche Zurückhaltung gegenüber der ersten Tafel, und besonders gegenüber dem ersten (und zweiten) Gebot, spürbar. Das bedeutet keine Ablehnung in der Sache, wohl aber könnte der Befund darauf deuten, dass den Autoren bewusst war, dass ihr neues Bekenntnis hier theologische Deutungs- und Adaptionsaufgaben stellte, die noch nicht bewältigt waren.

Literaturverzeichnis

Berger, Klaus, *Die Gesetzesauslegung Jesu: Ihr historischer Hintergrund im Judentum und im Alten Testament. I: Markus und Parallelen.* WUNT 40. Neukirchen-Vluyn 1972.

Berger, Klaus, „Der traditionsgeschichtliche Ursprung der ‚Traditio Legis‘.“ *VigChr* 27,2 (1973): 104–122.

Bourgeault, Guy, *Décalogue et morale chrétienne: enquête patristique sur l'utilisation et l'interprétation chrétiennes du décalogue de c. 60 à c. 220*. Recherches 2. Paris u. a. 1971.

Brown, Raymond E., *The Gospel According to John XIII-XXI: A New Translation with Introduction and Commentary*. AncB 29a. Garden City, NY 1970.

Brown, Raymond E., *The Epistles of John: A New Translation with Introduction and Commentary*. AncB 30. Garden City, NY 1983.

Coulter, Cornelia C., "Further Notes on the Ritual of the Bithynian Christians." *CP* 35,1 (1940): 60–63.

Dihle, Albrecht, *Der Kanon der zwei Tugenden*. Veröffentlichungen der Arbeitsgemeinschaft für Forschung des Landes Nordrhein-Westfalen 144. Köln u. a. 1968.

Draper, Jonathan A., „Die Didache.“ In *Die apostolischen Väter: Eine Einleitung*, hrsg. v. Wilhelm Pratscher, 17–38, UTB 3272. Göttingen 2009.

Dunn, James D. G., Hrsg., *Jews and Christians: The Parting of the Ways A. D. 70 to 135*. WUNT 66. Tübingen 1992.

Dunn, James D. G., *The Parting of the Ways: Between Christianity and Judaism and their Significance for the Character of Christianity*, 2. Aufl., London 2006.

Fallon, Francis T., "The Law in Philo and Ptolemy: A Note on the Letter to Flora." *VigChr* 30,1 (1976): 45–51.

Frankemölle, Hubert, *Der Brief des Jakobus*. ÖTK 17. Gütersloh 1994.

Freedman, David N., *The Nine Commandments: Uncovering a Hidden Pattern of Crime and Punishment in the Hebrew Bible*. New York u. a. 2000.

Hahn, Horst, *Tradition und Neuinterpretation im Ersten Johannesbrief*. Zürich 2009.

Kanagaraj, Jey J., "The Implied Ethics of the Fourth Gospel: A Reinterpretation of the Decalogue." *Tyndale Bulletin* 52,1 (2001): 33–60.

Kellermann, Ulrich, „Der Dekalog in den Schriften des Frühjudentums: Ein Überblick.“ In *Weisheit, Ethos und Gebot: Weisheits- und Dekalogtraditionen in der Bibel und im frühen Judentum*, hrsg. v. Henning Reventlow u. Axel Graupner, 147–226, BThSt 43. Neukirchen-Vluyn 2001.

Klauck, Hans-Josef, *Die Johannesbriefe*. EdF 276. Darmstadt 1991.

Kloppenborg, John S., "The Transformation of Moral Exhortation in Didache 1–5." In *The Didache in Context: Essays on its Text, History and Transmission*, hrsg. v. Clayton N. Jefford, 88–109, Supplements to Novum Testamentum 77. Leiden u. a. 1995.

Kloppenborg, John S., "Didache 1. 1–6, James, Matthew, and the Torah." In *Trajectories through the New Testament and the Apostolic Fathers*, hrsg. v. Andrew F. Gregory u. C. M. Tuckett, 193–221. Oxford, NY 2005.

Konradt, Matthias, *Christliche Existenz nach dem Jakobusbrief: Eine Studie zu seiner soteriologischen und ethischen Konzeption*. StUNT 22. Göttingen 1998.

Kraemer, Caspar J., "Pliny and the Early Church Service: Fresh Light from an Old Source." *CP* 29,4 (1934): 293–300.

Kühneweg, Uwe, *Das neue Gesetz: Christus als Gesetzgeber und Gesetz; Studien zu den Anfängen christlicher Naturrechtslehre im 2. Jahrhundert*. MThSt 36. Marburg 1993.

Labahn, Michael u. Manfred Lang, „Johannes und die Synoptiker: Positionen und Impulse seit 1990.“ In *Kontexte des Johannesevangeliums: Das vierte Evangelium in religions- und traditionsgeschichtlicher Perspektive*, hrsg. v. Jörg Frey u. Udo Schnelle, 443–515, WUNT 175. Tübingen 2004.

Löhr, Hermut, „Der Dekalog im frühesten Christentum und seiner jüdischen Umwelt." In *Judentum und Christentum zwischen Konfrontation und Faszination: Ansätze zu einer neuen Beschreibung der jüdisch-christlichen Beziehungen*, hrsg. v. Wolfram Kinzig u. Heinrich Assel, 29–43, Judentum und Christentum 11. Stuttgart 2002.

Löhr, Hermut, "Jesus and the Ten Words." In *Handbook for the Study of the Historical Jesus*, IV, hrsg. v. Tom Holmén u. Stanley E. Porter, 3135–3154. Leiden, Boston 2011.

Löhr, Hermut, „Steintafeln. Tora-Tradition in 2Kor 3." In *Der zweite Korintherbrief. Literarische Gestalt – historische Situation – theologische Argumentation. Festschrift zum 70. Geburtstag von Dietrich-Alex Koch*, hrsg. v. Dieter Sänger, 175–187, FRLANT 250. Göttingen 2012

Löhr, Winrich A., „Ptolemäus, Gnostiker." In *Theologische Realenzyklopädie*, 27, 699–702. Berlin, New York 1997.

Mynors, Roger A., *C. Plini Caecili Secundi epistularum libri decem*. OCT Scriptorum classicorum bibliotheca Oxoniensis. Oxford 1963.

Niederwimmer, Kurt, *Die Didache*. Kommentar zu den Apostolischen Vätern I. Göttingen 1989.

Popkes, Enno Edzard, *Die Theologie der Liebe Gottes in den johanneischen Schriften: Zur Semantik der Liebe und zum Motivkreis des Dualismus*. WUNT 197. Tübingen 2005.

Prostmeier, Ferdinand R., „Der Barnabasbrief." In *Die apostolischen Väter: Eine Einleitung*, hrsg. v. Wilhelm Pratscher, 39–58, UTB 3272. Göttingen 2009.

Reichert, Angelika, „Durchdachte Konfusion: Plinius, Trajan und das Christentum." *ZNW* 93 (2002): 227–250.

Royse, James R., "The Works of Philo." In *The Cambridge Companion to Philo*, hrsg. v. Adam Kamesar, 32–64. Cambridge 2009.

Sänger, Dieter, „Tora für die Völker – Weisungen der Liebe: Zur Rezeption des Dekalogs im frühen Judentum und Neuen Testament." In *Weisheit, Ethos und Gebot: Weisheits- und Dekalogtraditionen in der Bibel und im frühen Judentum*, hrsg. v. Henning Reventlow u. Axel Graupner, 97–146, BThSt 43. Neukirchen-Vluyn 2001.

Schnelle, Udo, *Einleitung in das Neue Testament*, 7. Aufl., Göttingen 2011.

Sherwin-White, Adrian N., *The Letters of Pliny: A Historical and Social Commentary*. Oxford 1966.

Theißen, Gerd, *Das Neue Testament*, 3. Aufl., München 2006.

Watt, Jan Gabriel van der, "Radical Social Redefinition and Radical Love: Ethics and Ethos in the Gospel According to John." In *Identity, Ethics, and Ethos in the New Testament*, hrsg. v. Jan Gabriel van der Watt, 107–134, Beihefte zur ZNW 141. Berlin, New York 2006.

Wengst, Klaus, *Das Johannesevangelium: 2. Teilband: Kapitel 11–21*, 2. Aufl. ThKNT 4,2. Stuttgart 2007.

Winter, Martin, *Das Vermächtnis Jesu und die Abschiedsworte der Väter: Gattungsgeschichtliche Untersuchung der Vermächtnisrede im Blick auf Joh. 13–17*. FRLANT 161. Göttingen 1994.

Gerd Althoff

Papst Urban II. und das Massaker von Jerusalem

Zur Legitimation der Gewalt gegen ‚Ungläubige'

Abstract: The Roman Catholic Church understands itself as an institution with a tradition unchanged since its very beginnings. Nevertheless, it is well known that an important change took place in the High Middle Ages, when the popes centralized the church structure and developed new claims of validity concerning their rights in the church and the world. The Investiture Contest between kings and emperors and a long lasting schism were the consequences of this initiative. This chapter examines the theological basis for these new claims, which have remained unexplored until today. It argues that the use of the Old Testament provided the foundation for this new perspective on the rights of the papal office. The popes and their advisors developed a new theory, namely that all the faithful were to be obedient, and they used 1 Samuel 15:22 to argue that disobedience was heresy. They even established the idea that they could treat heretics violently and supported it with several references from the Old Testament. The crusades were legitimized in a similar manner, and this chapter puts Psalm 79 in the foreground of the motivating arguments used by popes and the church to encourage the crusaders.

Die im Titel des Beitrags anklingende Frage wird umso mehr verwundern, je intensiver sich jemand mit der Geschichte des 1. Kreuzzuges auseinandergesetzt hat. Was soll Papst Urban II. mit dem Massaker von Jerusalem zu tun haben? Eine Verbindung zwischen dem Papst, der 1095 mit seiner Predigt in Clermont-Ferrand den 1. Kreuzzug auslöste, und dem Massaker, das die Kreuzfahrer im Juli 1099 nach der Eroberung Jerusalems an der moslemischen und jüdischen Bevölkerung der Heiligen Stadt verübten, hat man in der bisherigen Forschung nämlich nicht hergestellt. Das Massaker wurde nicht in einen inhaltlichen Zusammenhang mit der oder den Kreuzzugspredigten gebracht, mit denen die Erlaubtheit, ja die Gottwohlgefälligkeit des gewaltsamen Vorgehens zur Befreiung der heiligen Stätten propagiert wurde.[1] Das will ich jedoch im Folgenden tun, indem ich die

1 Der Beitrag ist zugleich ein Kapitel meines Buches *„Selig sind, die Verfolgung ausüben..." Das Papsttum und die Gewalt im Hochmittelalter* (Darmstadt 2013). Ich danke den Herausgebern sehr herzlich für die Möglichkeit, einige Thesen des Buches auf der hier publizierten Tagung vorzu-

Argumente rekonstruiere, mit denen Urban in seiner Predigt die Legitimität der gewaltsamen Befreiung der Heiligen Stätten begründete und so der Bereitschaft der Krieger einen gewaltigen Schub gab, sich an das Unternehmen zu wagen.

Der ‚Erfolg' dieser Predigt steht ja außer Zweifel, wobei nur mit einem Satz darauf hingewiesen sei, dass Urban sich mit einiger Sicherheit nicht allein auf die Wirkung seines Wortes in Clermont-Ferrand verlassen, sondern die Anliegen der Predigt viele Monate zuvor mit kirchlichen und weltlichen Magnaten in Südfrankreich ausführlich besprochen hat. Seine Gesprächspartner wurden dann die weltlichen und geistlichen Führer des Kreuzzuges.[2] Es handelte sich mit anderen Worten bei der Predigt in Clermont mit großer Wahrscheinlichkeit um eine Inszenierung, deren Absichten den Zuhörern wohl bekannt waren. Diese Technik der Überzeugungsarbeit durch eine Predigt, der die Angesprochenen, sozusagen von Gott berührt, zustimmen, kennen wir auch von anderen Fällen nicht nur im Zusammenhang des Kreuzzugsgeschehens.[3] Mit den Argumenten dieser Predigt, so möchte ich vorrangig zeigen, hat Urban II. auch und gerade die Gewalt legitimiert, der dann die Bevölkerung Jerusalems, soweit sie ‚ungläubig' war, zum Opfer fiel. Man kann sogar noch einen Schritt weiter gehen und thesenhaft formulieren, dass Urban mit seiner Argumentation, die dann, wie mehrere Quellen bezeugen, durch andere Kreuzzugsprediger vielfältig verbreitet und wiederholt worden ist, die Rache der Kreuzfahrer an der Bevölkerung Jerusalems geradezu zum Programm gemacht hat. Konkret beabsichtigt dürfte das Massaker damit zwar nicht gewesen sein, es war aber eine naheliegende Folge der intensiven Nutzung der Gewaltpotentiale, die bestimmte Texte des Alten Testaments boten. Man subsumiert diese Texte heute unter dem Stichwort der Bannideologie. Es handelt sich um Texte, die davon handeln, dass Gott seinem auserwählten

---

stellen. Zu dem Massaker siehe zuletzt Elm, „Eroberung Jerusalems", Hay, "Gender Bias", Kedar, "Jerusalem Massacre"; Angenendt, *Toleranz und Gewalt* mit anderer Erklärung und Bewertung dann „Die Kreuzzüge": In diesem Beitrag verwertet der Verfasser Aspekte und Einsichten – insbesondere die Vorstellungen von der *pollutio* heiliger Orte durch ‚Ungläubige' –, die ihm durch die Kenntnis von Vorstufen meines jetzigen Beitrags zugänglich wurden, dessen Publikationsort damals aber noch nicht abzusehen war.

2 Zur Vorbereitung seiner Predigt in Clermont-Ferrand während eines mehrmonatigen Aufenthalts in Südfrankreich siehe Becker, *Papst Urban II.*, bes. II, 381–388, Riley-Smith, „Der Aufruf von Clermont", 51–52.

3 Zum Inszenierungscharakter der Kreuzzugspredigt Bernhards von Clairvaux, durch die er König Konrad III. im Dom zu Speyer 1146 zur Kreuznahme bewog, siehe Althoff, „Demonstration und Inszenierung", Schwarzmaier „Bernhard von Clairvaux"; anders Dinzelbacher, *Bernhard von Clairvaux*, 293–296, der wie immer Spontaneität am Werk sieht, vgl. Dinzelbacher, *Warum weint der König?*; zu anderen bestellten Predigten siehe Althoff, *Spielregeln*, 177: Anm. 54 und Seite 30: Anm. 24.

Volk die Vernichtung der ‚ungläubigen' und deshalb ‚unreinen' Völker befahl.[4] Diese Potentiale hat Urban in seiner Predigt ganz offensichtlich aktiviert. Sein argumentatives Vorgehen gehört in den Kontext eines neuen Verhältnisses zur Legitimität von Gewaltanwendung im Dienste und Auftrag der Kirche, wie sie das sogenannte Reformpapsttum im 11. Jahrhundert auch schon vor Urban II. gefunden und auf verschiedenen Feldern eingesetzt hatte. Vor Urban hatte hier vor allem, aber nicht nur, Gregor VII. bereits Akzente gesetzt.[5] Die Kultivierung einer sozusagen wiederentdeckten Gewaltrhetorik hat nicht nur im Falle der Kreuzzüge, aber hier besonders signifikant, realer Gewaltausübung den Weg bereitet. Von den Konsequenzen distanziert, die solche biblisch fundierte Gewaltrhetorik hatte, aber hat sich nach 1099 niemand.

Die bisherige moderne Forschung hat einen solchen Zusammenhang nicht hergestellt und thematisiert, sondern das Massaker ganz anders erklärt. Man kommt nicht umhin wertend zu sagen, dass die Forschung, die vorrangig in christlich geprägten Ländern stattfand, vor allem viel Energie aufgewendet hat, die Tatsache zu bewältigen, dass die Kreuzfahrer nach der Eroberung Jerusalems die wehrlose Bevölkerung im wahrsten Sinne des Wortes abgeschlachtet hatten. In islamischen Ländern ist dagegen das Massaker bis heute als Manifestation christlicher Willkür und Barbarei überaus präsent.[6] Um die Brutalität des Vorgehens der Kreuzfahrer in Erinnerung zu rufen, seien nur Auszüge aus dem längeren Bericht Wilhelms von Tyrus über das Massaker zitiert. Die Schilderung vermittelt zugleich einen Eindruck davon, wie geplant und organisiert das Geschehen ablief:

> Es liefen der Herzog und seine Begleitung mit gezogenem Schwert, beschützendem Helm und vorgehaltenen Schild wie ein Trupp in die Viertel und auf die Plätze, und wen immer sie auffinden konnten, den streckten sie mit der Schärfe des Schwertes nieder, ohne Rücksicht auf Alter und Stand. So groß war das Blutbad der überall Niedergemetzelten und der Haufen der abgeschlagenen Köpfe, dass kaum noch ein Weg frei und ein Durchgang möglich war als über die Leichen der Toten. Auf verschiedenen Wegen drangen unsere Fürsten und ihr Gefolge vor, richteten ein unzähliges Blutbad an und gelangten bis zur Stadtmitte, dürstend nach dem Blut der Ungläubigen und entschlossen zu ihrer Niedermetzelung [...] Als sie hörten, dass das Volk im Tempel Zuflucht genommen hatte, marschierten sie allesamt

4 Vgl. dazu Zenger, *Ein Gott der Rache?*, Achenbach, „Zum Sitz im Leben", Teil I und Teil II; jetzt Schmitt, *Der „Heilige Krieg"*.

5 Siehe dazu Althoff, „Päpstliche Autorität" (erscheint demnächst).

6 Zu zeitgenössischen islamischen Reaktionen auf das Massaker siehe Maalouf, *Der heilige Krieg*, 52–72; zum Stellenwert des Massakers in der Erinnerung des modernen Islam siehe Waas, *Geschichte der Kreuzzüge*, 153–154., Tibi, *Kreuzzug und Djihad*, 113–133.

> dorthin, drangen mit Mann und Pferd ein, köpften dort schonungslos, wen sie antrafen und erfüllten alles mit Blut.[7]

Man könnte noch eine ganze Weile so fortfahren, berichtete Details auszubreiten und damit deutlich zu machen, dass hier ein kollektiver Wille zur Vernichtung der gesamten Bevölkerung fassbar wird, der zugleich darauf hinweist, dass man die Aktion beschlossen und vorbereitet haben muss.[8] Das aber hat die bisherige Forschung nicht herausgearbeitet. Die Bewältigung dieses ungeheuerlichen Geschehens, d.h. seine Erklärung, Abschwächung und Entschuldigung durch die moderne Forschung geschah vielmehr auf folgende Weise und mit folgenden Argumenten:[9] Man erklärte einmal das Massaker ungeachtet aller Brutalitäten für nicht ungewöhnlich, sondern den damaligen militärischen Gepflogenheiten entsprechend, wenn die Verteidiger einer Stadt nicht kapitulierten. Jerusalem hatte ja nicht kapituliert, sondern war erobert worden. Dann kannte man angeblich keine Gnade. Es soll hier nicht länger darüber diskutiert werden, wie stichhaltig diese Einschätzung eigentlich ist. Man muss aber doch darauf hinweisen, dass zeitnahe Beispiele für diese angeblichen militärischen Gepflogenheiten nicht beigebracht wurden. Überdies ist auffällig, dass einem Teil der muslimischen Verteidiger Jerusalems sogar der freie Abzug gestattet worden war, während die eigentlich an der Verteidigung eher unbeteiligte Bevölkerung der Stadt Opfer des Massakers wurde. Man bezweifelte überdies, dass wirklich die gesamte Bevölkerung getötet worden sei – und tat das mit dem Hinweis, einige ‚Ungläubige'

---

7 Wilhelm von Tyrus, *Chronicon*, VIII, cap. 19–20, 410–412: *Porro dux et qui cum eo erant per vicos civitatis et plateas strictis gladiis, clipeis tecti et galeis, iuncto agmine discurrentes quotquot de hostibus reperire poterant, etati non parcentes aut conditioni, in ore gladii indifferenter prosternebant, tantaque erat ubique interemptorum strages et precisorum acervus capitum, ut iam nemini via pateret aut transitus nisi per funera defunctorum. Iamque pene ad urbis medium diversis itineribus, stragem operantes innumeram, nostri principes pervenerant et subsequentis populi infinita multitudo, infidelium cruorem sitiens et ad cedem omnino proclivis [...] audientes quod infra septa templi populus fugiens se contulerat, illuc descendunt unanimes et intromissa tam equitum quam peditum multitudine, quotquot ibi reperiunt, nemini parcentes, obtruncant gladiis, sanguine replentes universa.*

8 Ausführliche Darstellungen des Massakers vor allem bei dem Verfasser der *Gesta Francorum* (Hg. v. Hill); Petrus Tudebodus, *Historia de Hierosolymitano itinere*, 1–117, Raimund von Aguilers, „Historia Francorum qui ceperunt Iherusalem", 231–309, Albert von Aachen, *Historia Ierosolimitana*, Fulcher von Chartres, *Historia Hierosolymitana*, und Guibert von Nogent, *Dei gesta per Francos*.

9 Es kann hier keine Dokumentation der gesamten Wertungen der internationalen Kreuzzugsforschung geleistet werden. Der Tenor dieser Wertungen sei lediglich mit neueren Arbeiten belegt, die sich ausführlicher mit dem Massaker beschäftigen. Exemplarisch für das Folgende sind zu vergleichen Elm, „Die Eroberung Jerusalems", Kedar, "Jerusalem Massacre", Angenendt, *Toleranz und Gewalt* und „Die Kreuzzüge", Jaspert, *Die Kreuzzüge*.

hätten doch nach dem Ausweis der Quellen bei der Beseitigung der Leichen der Erschlagenen mitgewirkt. Es habe also Überlebende gegeben. Auch über die Qualität dieses Arguments, wenn es denn überhaupt eines ist, möchte ich mich nicht auslassen.

Man deklarierte weiter die Berichte über die Grausamkeiten als Topoi, die vor allem dem Alten Testament entnommen worden seien, – und deren Realitätsgehalt deshalb zweifelhaft sei. Es sei unstatthaft, die Schilderungen des brutalen Vorgehens der Kreuzritter als Beschreibungen der Wirklichkeit aufzufassen, da sie alten Darstellungsmustern verpflichtet seien. Die Initiative zu diesem Massaker schob man Kriegern in die Schuhe, die nach langen Strapazen und Entbehrungen im Moment des Sieges jegliche Kontrolle über ihr Tun verloren hätten und in Raserei verfallen seien. Diese Einschätzungen finden sich bis in die neueste Forschung, wie ich wenigstens kurz an einigen Beispielen dokumentieren möchte. Bereits im Jahre 1956 brachte Adolf Waas in seiner zweibändigen und überaus informierten „Geschichte der Kreuzzüge" den älteren Forschungsstand zur Erklärung des Massakers wie folgt auf den Punkt. Er tat das mehrfach, am ausführlichsten aber, als er den emotionalen Ausnahmezustand schilderte, in dem die Kreuzfahrer ihren Zug angetreten und durchgeführt hätten:

> Doch erinnern wir uns, dass diese Erregung und Übersteigerung des Gefühls ihren Platz mitten in erbitterten Kämpfen hat. So liegt es nahe, dass sie auch in einem Blutrausch ihre Entladung finden kann. Das tritt am klarsten in Erscheinung bei der Eroberung Jerusalems. Alle Hoffnung, alles Streben war auf diesen Augenblick konzentriert. Ungeheure Anstrengungen waren nötig gewesen, bis man im Besitz der Stadt war. Nun machte man alle Muslime, die man dort fand, hemmungslos nieder. Auch Frauen und Kinder wurden nicht geschont. Die Zahl der getöteten Menschen wird von den Quellen sehr verschieden geschätzt. Die Zahlen schwanken zwischen 100000 und 10000. Jedenfalls haben die Franken selbst, wie Wilhelm von Tyrus und andere berichten, Abscheu und Ekel darüber verspürt. Selbst wenn die kleinste Zahl richtig ist, bedeutet das schon ein schauerliches Blutbad. Ein besonders hässliches Bild malt Michael der Syrer (also ein christlicher, kein feindlicher Chronist): Der Patriarch zog eine Straße entlang und mordete auf seinem Weg alle Ungläubigen. So kam er zur Kirche des Heiligen Grabes, die Hände mit Blut verklebt am Griff seines Schwertes. Dort wusch er sie mit den Worten des Psalmisten: ‚Der Gerechte freut sich in dem Herren, wenn er solche Rache sieht, die er ausführt. Er wird seine Hände baden im Blute der Gottlosen'. Dann feierte er die heilige Messe und sagte, er habe niemals ein Gott wohlgefälligeres Opfer gebracht. Unmittelbar nach diesen Morden reinigten sich die Kreuzzugsfürsten und traten eine demütige Prozession an. Hier zeitigt also die fromme Erregung der Kreuzfahrer am Punkte ihrer höchsten Steigerung und Erhitzung bei der endgültigen Eroberung der Heiligen Stadt ein schauerliches Blutbad.[10]

---

10 Waas, *Geschichte der Kreuzzüge* I, 23–24.

Fromme Erregung im Moment des Triumphes hat sich also in einem Blutrausch der Krieger entladen. Die Täter selbst haben bald Abscheu und Ekel über ihr Tun empfunden, wie Waas wenig später akzentuiert:

> Ja man war sogar im Augenblick überzeugt, ein Gott wohlgefälliges Werk zu tun, da er die Eroberung ja befohlen hatte, bis dann der aufsteigende Ekel Ernüchterung und Abscheu vor sich selbst brachte. [...] Eine solche religiöse Erregung kann nicht nur die Höhen der Menschen, sondern auch die dämonischen Tiefen des Bösen im Menschen erschließen und hervorquellen lassen.[11]

Diese Art der Erklärung ließe sich seither in vielen Varianten belegen. Sie hat die Funktion, mit verschiedenen Argumenten Verständnis für die Handlungsweisen der Täter zu wecken und sie so zu entschuldigen, soweit dies möglich ist. Arnold Angenendt hat 2007 in seinem Buch „Toleranz und Gewalt. Das Christentum zwischen Bibel und Schwert" unter der Überschrift „Waten im Blut" den neuesten Stand der Erklärungen dokumentiert. Er unterscheidet sich nicht wesentlich von denjenigen, die Waas anbot. Die wichtigste, immer noch gültige Erklärung sei mit den Worten von John France (1994) zitiert: "However horrible the massacre at Jerusalem: it was not far beyond what common practice of the day meted out to any place which resisted."[12] Zeitnahe Belege hierfür sind alle, die diese Wertung übernahmen, schuldig geblieben.

Elm unterstreicht das zweite Hauptargument, das Zweifel an der Schrecklichkeit des Geschehens bis heute fundiert: das Massaker werde von den Gewährsleuten „mit Bildern und Worten beschrieben, die ihnen die literarische Tradition zur Verfügung stellte."[13] Mit der literarischen Tradition ist vor allem das Alte Testament gemeint, das Bilder und Vorstellungen zur Verfügung gestellt habe, die als Topoi verwandt worden seien, ohne dass die ausgedrückten Gräueltaten wirklich passiert sein müssten: „Weil besonders die Reinigung des Heiligen Landes von heidnischer Besudelung hervorgehoben werden sollte, brauchte es die besondere ‚Blutsprache'", zitiert Angenendt Elm zustimmend.[14] Zwar ist längst bekannt, dass bekannte Formulierungen von Autoritäten, also Topoi, auch benutzt wurden, um einen Sachverhalt möglichst prägnant auszudrücken, dass man also keineswegs davon ausgehen kann, dass solche Topoi inhaltsleer sind. Doch ist die Vorstellung vom leeren Topos, wie sie hier durchscheint, sicher nicht ausgerottet und leistet hier gute Dienste bei der Verharmlosung des Geschehens. Man

---

11 Waas, *Geschichte der Kreuzzüge* I, 24.

12 France, *Victory in the East*, 355; siehe auch Elm, „Die Eroberung Jerusalems", 44.

13 Elm, „Die Eroberung Jerusalems", 50.

14 Angenendt, *Toleranz und Gewalt*, 426.

kann sagen, dass die zitierten Abschwächungen, Erklärungen und Entschuldigungen inzwischen herrschende Lehre sind, die zum Handbuchwissen gehören. Ich dokumentiere dies nur mit der zusammenfassenden Wertung der hier behandelten Ereignisse durch Nikolas Jaspert in der Reihe *Geschichte Kompakt*, in der er 2003 den Band „Die Kreuzzüge" verfasst hat. Er fasst die Bewertung der hier diskutierten Problematik wie folgt zusammen:

> Zwar dürfte inzwischen als gesichert gelten, dass sich die brutale Ermordung zahlreicher Männer, Frauen und Kinder sowohl muslimischen wie jüdischen Glaubens in die militärischen Gepflogenheiten der Zeit einordnen lässt: Die Verteidiger hatten einer Kapitulation nicht zugestimmt und konnten daher nicht mit Erbarmen rechnen.[15]
>
> Auch wissen wir, dass die erschreckenden, immer wieder abgedruckten Schilderungen der von den Kreuzfahrern begangenen Gräuel sich an alttestamentlichen Vorlagen, etwa der Eroberung Jerichos, orientierten. Die Kreuzfahrer selbst stellten sich als neues Volk Israel in biblische Tradition, ähnlich taten es die Chronisten. Ein abgewogener und wissenschaftlicher Umgang mit den Quellen kann auch hier vorschnellen Urteilen und Interpretationen vorbeugen.[16]

Diese Bewertung fasst den Forschungsstand gewiss richtig zusammen. Ich möchte diesen Einschätzungen aber eine andere Perspektive und andere Erklärungsmuster entgegensetzen, deshalb habe ich sie so ausführlich zitieren müssen. Hierzu analysiere ich im Folgenden die einschlägige Überlieferung unter zwei Fragestellungen: Wie motivierte einerseits Papst Urban in seiner Kreuzzugspredigt die Krieger zur bewaffneten Pilgerfahrt und mit welchen Argumenten legitimierte er Gewaltanwendung zur Befreiung des Heiligen Landes und der heiligen Stätten? Und wie wurde andererseits das Massaker in Jerusalem von den westlichen christlichen Autoren der Zeit dargestellt und gegebenenfalls gerechtfertigt?

Beginnen wir mit der berühmten Kreuzzugspredigt Papst Urbans in Clermont–Ferrand. Die Forschung hat seit langem herausgearbeitet, dass vorrangig drei der zeitgenössischen Autoren, die den angeblichen Wortlaut der Predigt Urbans überliefern, wohl tatsächlich als Augen- und Ohrenzeugen des Geschehens angesehen werden dürfen. Balderich, der spätere Erzbischof von Dol, Robert, der Mönch von St. Remi in Reims und Fulcher von Chartres.[17] Das heißt aber noch nicht, dass sie wirklich den authentischen Wortlaut wiedergegeben hätten. Deckungsgleich sind ihre Versionen nämlich nicht. Sie sind vielmehr so unterschiedlich, dass heute die Meinung vorherrscht, man kenne den genauen Wortlaut der Predigt

---

15 Jaspert, *Die Kreuzzüge*, 42.
16 Jaspert, *Die Kreuzzüge*, 42.
17 Zu Urbans Predigt siehe neben Becker, *Papst Urban II*; neuerdings Cole, *Preaching of the Crusades*, Constable, „Language of Preaching", Maier, „Konflikt und Kommunikation".

des Papstes nicht. Damit sollte man sich aber nicht zufrieden geben, denn wenn auch nicht der Wortlaut, so ist doch die Substanz der päpstlichen Argumentation in Clermont-Ferrand mit einiger Wahrscheinlichkeit zu rekonstruieren. Die Unterschiede in den Darstellungen könnten sich nämlich damit erklären, dass die Autoren aus der wahrscheinlich nicht ganz kurzen Predigt jeweils unterschiedliche Argumente herausgriffen und in den Vordergrund stellten. Unter dieser Prämisse seien die überlieferten Versionen der Predigt Urbans noch einmal analysiert. Bei zweien dieser Autoren fällt stark ins Auge, dass nach ihrer Darstellung Papst Urban Argumente zur Legitimierung der Gewalt aus bestimmten Psalmen des Alten Testaments gewann. Vor allem aus dem Psalm 79. Am ausführlichsten lässt Balderich von Dol Urban mit Psalm 79 argumentieren: Nachdem der Papst breit, eindringlich und aufputschend geschildert hat, wie sehr die Christen in Jerusalem und Antiochia unter der Herrschaft der ‚Ungläubigen' unterdrückt und allen Plagen ausgesetzt waren; dass die Kirchen, in denen einst die göttlichen Geheimnisse zelebriert wurden, nun als Viehställe dienten;[18] dass die Almosen, die zum Seelenheil der Gläubigen an die Kirchen gegeben waren, nun von den *Turci* geraubt würden: Und das alles an dem Ort, an dem der Erlöser für die Gläubigen starb; und wo er danach noch jährlich das Wunder des Osterfeuers wirke.[19] Nachdem er dies und vieles Andere breit ausgeführt hat, fasst der Papst nach Balderich sozusagen zusammen:

> Es bedrängen uns Tränen und Zittern, es bedrängen uns Schluchzen und Seufzer. Lasst uns wehklagen Brüder, o weh, lasst uns wehklagen und mit dem Psalmisten im Innern weinend aufseufzen. Wir Unglücklichen, wir Unglückseligen, an denen sich die Prophezeiung erfüllt hat: ‚Gott, die Heiden sind in dein Erbe eingedrungen, sie haben deinen heiligen Tempel entweiht (*polluerunt*), haben Jerusalem in Trümmer gelegt. Sie gaben die Leichen deiner Diener den Vögeln des Himmels zum Fraß, das Fleisch deiner Frommen den Tieren des Feldes. Sie vergossen ihr Blut wie Wasser rings um Jerusalem und niemand begrub sie.' Weh uns, Brüder, wir, ‚die wir gemacht wurden unseren Nachbarn zur Schmach und zum Hohn und Spott unserer Umgebung, lasst uns mit unseren Brüdern mitleiden und mittrauern, wenigstens mit Tränen.[20]

---

18 Balderich von Dol, *Historia Jerosolimitana*, I: a. 1095, 13: *ecclesiæ in quibus olim divina celebrata sunt mysteria, proh dolor! ecce animalibus eorum stabula præparantur!*

19 Balderich von Dol, *Historia Jerosolimitana*, I: a. 1095, 13: *Inde violenter abstrahunt Turci quas pro eleemosyna illuc multotiens intulistis oblationes; ibi nimirum multas et innumeras religioni nostræ ingerunt irrisiones. Et tamen illo in loco (non ignota loquor) requievit Deus; ibi pro nobis mortuus est; ibi sepultus est. Quam pretiosus sepulturæ Domini locus concupiscibilis, locus incomparabilis! Neque siquidem ibi Deus annuum prætermittit facere miraculum: quum in diebus Passionis suæ, extinctis omnibus et in Sepulcro et in ecclesia circum circa luminibus, jubare divino lampades extinctæ reaccenduntur.*

20 Balderich von Dol, *Historia Jerosolimitana*, I: a. 1095, 14: *sed instant lacrimæ et gemitus, in-*

Damit hatte der Papst ausführlich den Psalm 79 zitiert, in dem die Zerstörung des Tempels nach der Eroberung Jerusalems im Jahre 586 beklagt und in dem Gott selbst aufgefordert wird: „ergieße deinen Zorn über die Völker, die dich nicht kennen [...]. Vor unseren Augen sollen die Heiden die Rache erfahren für das vergossene Blut deiner Diener."[21] Diese Verse des Psalms hat Balderich allerdings nicht zitiert. Wahrscheinlich durfte er bei seinen Lesern aber Kenntnisse voraussetzen, die ein noch längeres Zitat überflüssig machten. Denn nach der Darstellung Balderichs nutzte Urban die direkt folgende, wieder sehr lange Argumentationskette dazu, seine Zuhörer aufzufordern, auf Grund der geschilderten Lage in die „unbesiegbare Schlachtreihe Christi" einzutreten, deren Streitern für sehr geringe Mühen eine unvergängliche Krone winke. Er versprach ihnen die Gebetshilfe der Kleriker, deren Aufgabe es sei zu beten, während sie, die Krieger, gegen die Amalekiter zu kämpfen hätten. Sie, die Kleriker, würden wie Moses die Arme zum Gebet ausbreiten, während die Krieger als unerschrockene Kämpfer das Schwert gegen Amalech schwingen sollten.[22] Auch hier wird also wieder eine bekannte Szene des Alten Testaments aufgerufen und als Vorbild dargeboten.

Halten wir hier also fest, dass Balderichs Darstellung der Rede Urbans die Argumentation des Papstes ganz darauf ausrichtet, die Verunreinigung der heiligen Stätten durch die Heiden als ein Sakrileg darzustellen, das Christen ehrlos und zum Gespött macht, wenn diese sich nicht aufraffen, diesen Frevel zu rächen. Tun sie dies hingegen, ist ihnen ewiger Lohn gewiss. Belegt wird diese Gewissheit mit der Berufung auf Psalm 79 und die Kämpfe der Israeliten gegen die Amalekiter, die sozusagen die Modelle für Gott wohlgefälliges Verhalten liefern. In der

---

stant suspiria et singultus. Ploremus, fraters, eia ploremus et cum Psalmista medullitus plorantes ingemiscamus. Nos miseris, nos infelices quorum prophetia ista complete est: Deus, venerunt gentes in hæreditatem tuam: polluerunt templum sanctum tuum; posuerunt Jerusalem in pomorum custodiam; posuerunt mortician servorum tuorum escas volatibilibus cœli, carnes sanctorum tuorum bestiis terræ: Effuderunt sanguinem eorum, tanquam aquam in circuitu Jerusalem, et non erat qui sepeliret. *Væ nobis, fraters! Nos, qui jam* facti sumus opprobrium vicinis nostris, subsannatio et illusio his qui in circuitu nostro sunt, *condoleamus et compatiamur fratribus nostris, saltem in lacrimis!*

21 Psalm 79 (78) nach der Vulgata: [6]*effunde furorem tuum super gentes quae non cognoverunt te* [...] [10]*nota fiat in gentibus ante oculos nostros ultio sanguinis servorum tuorum qui effusus est* (zit. nach *Biblia Sacra*, hg. v. Gryson).

22 Balderich von Dol, *Historia Jerosolimitana*, I: a. 1095, 15: *et sub Jesu Christo, duce nostro, acies Christiana, acies invictissima, melius quam ipsi veteres Jacobitae, pro vestra Jerusalem decertetis.* [...] *Vos autem qui ituri estis, habebitis nos pro vobis oratores; nos habeamus vos pro populo Die pugnatores. Nostrum est orare, vestrum sit contra Amalechitas pugnare. Nos extendemus cum Moyse manus indefessas, orantes in cœlum; vos exerite et vibrate intrepidi præliatores in Amalech gladium.*

Darstellung des zweiten Ohrenzeugen, Robert von Reims, ist diese Stoßrichtung der Argumentation Urbans in sehr vergleichbarer Weise zu finden. Er zitiert zwar nicht den Psalm 79, aber den Psalm 78,8 indem er das Volk der Perser, wie er sie nennt, als eine *generatio* bezeichnet „mit wankelmütigem Herzen und treulosem Sinn gegen Gott."[23] Dann aber folgt eine Beschreibung der Taten dieser ‚Ungläubigen', die sich wie eine Konkretion der Klagen des Psalm 79 liest, auch wenn sich keine wörtlichen Übernahmen finden:

> [Sie haben] die Länder jener Christen überfallen, mit Schwert, Raub und Feuer verwüstet, die Gefangenen teils in ihr Land verschleppt, teils auch elendiglich abgeschlachtet, die Kirchen Gottes entweder von Grund auf zerstört oder für den Ritus ihrer eigenen Götzen in Beschlag genommen. Altäre besudeln sie mit Unrat, sie beschneiden die Christen und das Blut der Beschneidung gießen sie auf den Altar oder in die Taufbecken. Bei manchen Leuten gefällt es ihnen, sie mit einem besonders schimpflichen Tod zu quälen: Sie durchbohren den Nabel, binden ihn an einen Baumstamm und treiben sie so unter Schlägen herum, bis sie mit heraushängenden Eingeweiden zusammenbrechen.[24]

Auch dies ist nur ein Ausschnitt aus der längeren Argumentation des Papstes, die dann in die Aufforderung mündet, aufzubrechen und das Land dem ruchlosen Volk zu entreißen:

> Besonders soll euch bewegen das heilige Grab unseres Herrn Heilands, das im Besitz unreiner Völker ist und die heiligen Orte, die jetzt unehrenhaft behandelt und unehrerbietig durch deren Unrat besudelt werden. [...] Macht euch auf den Weg zum heiligen Grab, entreißt den verruchten Völkern dieses Land, macht es euch untertan, jenes Land ist von Gott den Söhnen Israels gegeben, wie die Schrift sagt, ‚wo Milch und Honig fließt.'[25]

---

23 Robert Monach, *Roberti Monachi Historia Iherosolimitana* I: cap. 1, a. 1095, 727: [...] *gens regni Persarum* [...] generatio *scilicet* quæ non direxit cor suum, et non est creditus cum Deo spiritus ejus [...].

24 Robert Monach, *Roberti Monachi Historia Iherosolimitana* I: cap. 1, a. 1095, 727–728: [...] *terras illorum Christianorum invaserit, ferro, rapinis, incendio depopulaverit, ipsosque captivos partim in terram suam abduxerit, partimque nece miserabili prostraverit, ecclesiasque Dei aut funditus everterit aut suorum ritui sacrorum mancipaverit. Altaria suis fœditatibus inquinata subvertunt, Christianos circumcidunt, cruoremque circumcisionis aut super altaria fundunt aut in vasis haptisterii immergunt. Et quos eis placet turpi occubitu multare, umbilicum eis perforant, caput vitaliorum abstrahunt, ad stipitem ligant et sic flagellando circumducunt, quoadusque, extractis visceribus, solo prostrati corruunt.*

25 Robert Monach, *Roberti Monachi Historia Iherosolimitana* I: cap. 1, a. 1095, 728: *Præsertim moveat vos sanctum Domini Salvatoris nostri Sepulcrum, quod ab immundis gentibus possidetur, et loca sancta, quæ nunc inhoneste tractantur et irreverentur eorum immundiciis sordidantur.* [...] *Viam sancti Sepulcri incipite, terram illam nefariæ genti auferte, camque vobis subjicite, terra illa filiis Israel a Deo in possessionem data fuit, sicut Scriptura dicit,* quæ lacte et melle fluit.

Trotz aller Unterschiede im Detail ist also auch hier wieder wie bei Balderich ein Grundmuster der Argumentation zu fassen, durch das die Krieger motiviert werden sollen, die Verunreinigung, die ‚Besudelung' der heiligen Stätten durch die ‚Ungläubigen' an diesen zu rächen und das Land selbst in Besitz zu nehmen, so wie es die Klagen und *exempla* des Alten Testaments vorgeben. Ich verzichte darauf, in allen Einzelheiten nachzuweisen, wie häufig dieses Leitmotiv auch bei Autoren anklingt, die nicht in Clermont anwesend waren, und wie eng es mit den Vorstellungen des Psalms 79 verknüpft ist. Zitiert sei nur noch aus der ausführlichen Darstellung des rund 70 Jahre nach dem Massaker schreibenden Chronisten Wilhelm von Tyrus, der über eine exzellente Kenntnis der christlichen Überlieferung zum ersten Kreuzzug verfügte.[26] Daher kann er als Zeuge dafür fungieren, welche Vorstellungen über die Inhalte und Argumente der Predigt Urbans sich im Verlaufe des 12. Jahrhunderts fest- und durchgesetzt hatten. Wilhelm rückt das angesprochene Denkmuster von der Verunreinigung der heiligen Stätten durch die ‚Ungläubigen' und der Sühne dieses Frevels durch ihr Blut ins Zentrum seiner Darstellung der Rede Urbans, die die päpstliche Argumentation ganz breit referiert. Folgendes soll der Papst unter anderem gesagt haben:

> Das gottlose Volk der Sarazenen drückt die heiligen Orte, die von den Füßen des Herrn betreten worden sind, schon seit langer Zeit mit seiner Tyrannei und hält die Gläubigen in Knechtschaft und Unterwerfung. Die Hunde sind ins Heiligtum gekommen und das Allerheiligste ist entweiht. [Es folgt eine klagende Aufzählung vieler Einzelheiten, dann fährt Wilhelm fort] Wehe uns, die wir in den Jammer der gefahrvollen Zeit versunken sind, von der der fromme König David, sie im Geiste voraussehend klagend gesprochen hat: Gott, es sind Heiden in dein Erbe eingefallen, sie haben deinen heiligen Tempel verunreinigt, Herr wie lange wirst du zürnen und deinen Eifer wie Feuer brennen lassen? Wehe uns, dass wir dazu geboren sind, unseres Volkes und der Heiligen Stadt Zerstörung zu sehen und dazu stillsitzen müssen und die Feinde ihren Mutwillen treiben lassen.[27]

---

26 Zu Wilhelm allgemein vgl. Schwinges, *Kreuzzugsideologie und Toleranz*, Edbury u. Rowe, *William of Tyre*, Möhring, „Wilhelm v. Tyrus" sowie Schwinges, "William of Tyre".

27 Wilhelm von Tyrus, *Chronicon*, I, cap. 15, 132–134: *Sarracenorum enim gens impia et inmundarum sectatrix traditionum loca sancta, in quibus steterunt pedes domini, iam a multis retro temporibus violenta premit tyrannide, subactis fidelibus et in servitutem dampnatis. Ingressi sunt canes in sancta, prophanatum est sanctuarium ... Ve nobis, qui in hanc tam periculosi temporis descendimus miseriam! Quam in spiritu previdens electus a domino David rex fidelis deplorat, dicens: deus, venerunt gentes in hereditatem tuam, polluerunt templum sanctum tuum, et item: populum tuum humiliaverunt et hereditatem tuam vexaverunt: utquid, domine, irasceris in finem, accendetur velut ignis ira tua?* [...] *Ve nobis, utquid nati sumus videre corruptionem populi nostri et contritionem civitatis sancte et sedere illic, cum dantur in manibus inimicorum sancta?*

Danach folgt unmittelbar der Appell an die Krieger, dies eben doch nicht tatenlos hinzunehmen:

> Bewaffnet euch mit dem Eifer Gottes, liebe Brüder, gürtet eure Schwerter an eure Seiten, rüstet euch und seid Söhne des Gewaltigen. Besser ist es, im Kampfe zu sterben, als unser Volk und die Heiligen leiden zu sehen [...]. Wendet die Waffen, mit denen ihr in sträflicher Weise Bruderblut vergießt, gegen die Feinde des christlichen Namens und Glaubens.[28]

Und dann folgen die Versprechungen all der geistlichen Belohnungen für die frommen Werke, durch die die Gnade Gottes sicher erkauft werden kann. Nach dem Schluss der Rede aber berichtet Wilhelm das nicht unwichtige Detail: Der Papst habe allen anwesenden Prälaten aufgetragen, nach Hause zurückzukehren und ihre Völker mit großer Dringlichkeit und Sorgfalt auf das von ihm Gesagte zu verpflichten.[29] Man darf also wohl gesichert davon ausgehen, dass die Substanz der Predigt Urbans in unzähligen weiteren Predigten sozusagen vervielfältigt und bekannt gemacht worden ist.

Die zitierten Belege sind wohl ausreichend, um zu sichern, dass in der Predigt Urbans der alttestamentliche Gedanke von der Verunreinigung (*pollutio*), die die Heiligen Stätten in Jerusalem dadurch erleiden, dass ‚Ungläubige' dort leben und ihre Religion ausüben, das Kernstück der päpstlichen Argumentation bildete. Aus diesem Frevel leitete der Papst die Verpflichtung aller christlichen Krieger ab, nach Jerusalem zu ziehen und diesem Zustand mit Gewalt ein Ende zu bereiten, indem sie – was wichtig ist hervorzuheben – die heiligen Stätten mit dem Blut der ‚Ungläubigen' von der ‚Besudelung' reinigten. Diese Gewalt übten die Krieger als Werkzeuge Gottes aus, mit der sie dem Zorn Gottes Nachdruck verliehen und sich so dessen Belohnungen verdienten, wie es die heute sogenannte Bannideologie des Alten Testamentes forderte und versprach.[30] Soweit der Versuch einer Rekonstruktion dessen, was Urban in Clermont-Ferrand gesagt hat.

Ganz ähnliche Gedanken kehren nun aber bei den gleichen Autoren auch in den Beschreibungen des Massakers wieder, wenn sie nämlich davon sprechen, warum es zu dem Massaker kam und kommen musste, und in welchem Bewusst-

---

28 Wilhelm von Tyrus, *Chronicon*, I, cap. 15, 134: *Vos igitur, dilectissimi, armamini zelo dei, accingimini unusquisque gladio suo super femur suum potentissime, accingimini et estote filii potentis: melius est enim mori in bello quam videre mala gentis nostre et sanctorum.* [...] *arma, que cede mutua illicite cruentastis, in hostes fidei et nominis christiani convertite* [...].

29 Wilhelm von Tyrus, *Chronicon*, I, cap. 15, 135: *His dictis finem dicendi fecit, precipiens his qui aderant ecclesiarum prelatis ut ad propria reversi cum omni instantia et debita sollicitudine plebes suas ad idem hortentur et invitent diligentius.*

30 Vgl. dazu Schmitt, *Der „Heilige Krieg"*.

sein die Kreuzfahrer gehandelt haben. Der gerade zitierte Wilhelm von Tyrus bietet eine geradezu programmatische Bewertung der Ursachen des Massakers, die diesem Grundgedanken verpflichtet ist:

> Dies (das Massaker) hat sich sicher nach dem gerechten Urteilsspruch Gottes (*iusto iudicio Dei*) ereignet, dass die, die das Heiligtum des Herrn mit ihren heidnischen Riten entweiht und die den gläubigen Völkern Ungehöriges vergolten hatten, dies mit dem Verlust ihres eigenen Blutes sühnten und das Verbrechen durch das Sühneopfer ihres Todes bezahlten.[31]

Eine knappe, aber gleichartige Begründung für das Massaker gibt auch Balderich von Dol, der ausführt:

> Sie [‚die Ungläubigen'] wurden mit solchem Hass verfolgt, weil sie den Tempel des Herrn, die Kirche des Heiligen Grabes und den Tempel Salomons und andere Kirchen mit ihren unerlaubten Gebräuchen veruntreut und unanständig entehrt hatten.[32]

Auch Guibert von Nogent betont, dass er nie ein größeres Gemetzel an Heiden gesehen und selten davon gelesen habe, aber er hält es für Gottes Werk, der den Heiden eine „verdiente Vergeltung habe zukommen lassen für die vielen Strafen und Tötungen, die sie ihrerseits den Pilgern zugefügt hatten." Denn es sei doch sicher, dass Gott unter nichts mehr gelitten habe als unter dem Zustand, dass Kreuz und Grab [des Erlösers] von gottloser Hand gefangen gehalten worden seien.[33]

Diesen Stimmen der zeitgenössischen und der späteren Berichterstatter aber geht eine Stellungnahme zeitlich noch voraus, die geistliche und weltliche Anführer der Kreuzfahrer in einem Brief an Urban II. rund sechs Wochen nach der Eroberung Jerusalems abgaben. Als Verfasser des Briefes werden der Erzbi-

---

31 Wilhelm von Tyrus, *Chronicon*, VIII, cap. 20, 412: *Iustoque dei iudicio id certum est accidisse, ut qui supersticiosis ritibus domini sanctuarium prophanaverant et fidelibus populis reddiderant alienum, id proprii cruoris luerent dispendio et morte interveniente piaculare solverent flagicium.* Siehe dazu die Literaturhinweise in Anm. 9.

32 Balderich von Dol, *Historia Jerosolimitana*, IV, cap. 14, 102: *Tanto siquidem odio persequabantur eos, quia Templum Domini et Sancti Sepulchri ecclesiam et Templum Salomonis et alias ecclesias suis usibus illicitis peculiaverant ac indecenter contaminaverant.*

33 Guibert von Nogent, *Dei gesta per Francos*, VII, cap. 10, 283: *Tantas gentilium usquam cedes accidisse raro legimus, numquam vidimus, deo eis referente vicem, qui tot pro se peregrinantium penas et mortes, quas tanto fuerant tempore ibidem passi, digna nequissimis retributione restituit. Non enim est quisquam sub deo intellectus, cui estimabile habeatur quanta illic cunctis sancta loca petentibus a gentilium insolentia tormenta, labores atque neces illata constent, quae magis deum certa est fide doluisse credendum quam manu prophana captivatam crucem atque Sepulchrum.*

schof Dagobert von Pisa, Herzog Gottfried von Bouillon und Graf Raimund von St. Egidii genannt, die Urban II. einen längeren Rechenschaftsbericht über den Verlauf des Kreuzzuges gaben, durch den, wie sie eingangs sagen, Gott das an ihnen erfüllt habe, was er in alten Zeiten versprochen hatte.[34] Da der Brief ein Schlüsselzeugnis für meine Interpretation darstellt, sei er ausführlicher analysiert. Er ist deshalb ein Schlüsselzeugnis, weil er nicht ein Versuch nachträglicher Rechtfertigung des Geschehens ist, sondern von dem Bewusstsein der Aussteller geprägt wurde, dass ihre Taten mit den Vorgaben und Vorstellungen des Empfängers dieses Briefes – Urbans II. – vollständig in Einklang standen. Auch den Kreuzfahrern war, wie der Brief allenthalben deutlich macht, sehr präsent, dass man die Versprechungen Gottes an das Volk Israel, wie sie das Alte Testament bietet, in typologischer Deutung auf die Kreuzfahrer beziehen konnte.[35] Dies ist nicht überraschend, denn diese Nutzung der heiligen Texte zur Deutung und Bestimmung der eigenen Rolle und Geschichte hatte ja nicht zuletzt das Reformpapsttum intensiv betrieben. Und man liegt sicher richtig mit der Annahme, dass diese Deutungen den Kreuzfahrern nicht nur einmal, sondern immer wieder in Predigten und sonstigen Formen der Einflussnahme von den Priestern und Bischöfen nahegebracht worden sind, die den Kreuzzug begleiteten. Diese waren ja immer an den Beratungen der Kreuzfahrer beteiligt, die den Fortgang des Kreuzzugs betrafen. Häufig hört man davon, dass sie den Kreuzfahrern die Hilfe Gottes in Aussicht stellten, wenn sie bestimmte Anforderungen zu erfüllen bereit seien.[36] Der Brief ist denn auch ein weiteres Zeugnis dafür, wie sehr die

---

34 „Epistula (Dagoberti) Pisani archiepiscopi et Godefridi ducis et Raimundi de S. Aegidii et uniuersi exercitus in terra Israel ad papam et omnes Christi fideles“, Nr. 18, 167–174.

35 Vgl. z. B. „Epistula Dagoberti“, 168: [...] *universus Dei exercitus, qui est in terra Israel;* [...] *Deus magnificavit misericordiam suam complendo in nobis ea, quae antiquis temporibus promiserat* [...].

36 Vgl. beispielsweise die Schilderung des Wilhelm von Tyrus (wie Anm. 27) über die Entscheidungsschlacht der Kreuzfahrer vor Antiochia, VI, 16, 329: *Mane autem facto, circa primum diei crepusculum, sacerdotes et ministri domini per ecclesias divina celebrantes et consummantes sacrificium plebes monent, ut peractis de more confessionibus in spiritu humilitatis et animo contrito contra mundi pericula corpore et sanguine domini se communiant et indultis offensis et rancore deposito, siquis erat, reformata plenius caritate cum maiore fiducia ad prelium egrediantur et eius vere sint auditores et membra, qui dixit: in hoc cognoscent omnes quia mei eritis discipuli, si dilectionem habueritis adinvicem. Celebratis igitur divinis et legionibus universis celesti munere saciatis, tanta est eis divinitus infusa gratia, ut qui heri et nudius tercius quasi segnes et abiecti, macilenti et exsangues pre defectu virium vix poterant attollere lumina, frontes erigere, et ieiuniis attenuati, victi laboribus, querebant latibula, pristine honestatis inmemores, nunc ultro in publicum prodeuntes, abiecta ignavia quasi resumptis viribus arma baiulant viriliter et de bellicis tractare animositate presumunt solita, palmam sibi promittentes.*

Kreuzfahrer unter dem Eindruck christlich-kirchlicher Argumente standen, und auf welch fruchtbaren Boden diese Argumente bei ihnen gefallen waren. Im Brief der Anführer des Kreuzzuges ist nämlich immer wieder die Rede davon, wie Gott den Kreuzfahrern half, sie auch durch Misserfolge und Schwierigkeiten auf die Probe stellte oder sogar strafte. Dementsprechend stehen in diesem Brief Aktivitäten der Kreuzfahrer, mit denen sie Gottes Hilfe erlangen wollten, ebenso im Vordergrund der Darstellung, wie die Wunder, die Gott für die Kreuzfahrer wirkte. Beten, Fasten und Bußprozessionen werden ebenso hervorgehoben wie Visionen und Wunder, mit denen Gott in das Geschehen eingriff.[37] In dieser Tendenz passt der Brief nahtlos zu den vielen erzählenden Quellen, die gleichfalls immer wieder hervorheben, an welchen Einzelheiten man das Eingreifen Gottes in den Verlauf des Kreuzzuges erkennen könne: Visionen, Wunder werden auch dort ebenso angeführt wie Bemühungen der Kreuzfahrer, durch Beten, Fasten und Bußübungen die göttliche Hilfe zu sichern.

Bezüglich der Belagerung und Eroberung Jerusalems werden in dem Brief dagegen überraschender Weise nur zwei Ereignisse angesprochen. Zunächst einmal: Dass die Kreuzfahrer nur durch ihre Demut, die sie auf Anweisung der Priester in barfüßigen Bußprozessionen nachwiesen, die sie um die Stadt herum veranstalteten, die Hilfe desjenigen erlangt hätten, der selbst demütig in Jerusalem eingezogen war. Also die Hilfe Christi.[38] Nachdem so der Akzent ganz auf die göttliche Hilfe bei dem erfolgreichen Unternehmen der Belagerung und Eroberung Jerusalems gesetzt war, folgt nur noch eine weitere Information:

> Und wenn ihr wissen wollt, was mit den Feinden, die dort gefunden wurden, gemacht worden ist, dann sollt ihr wissen, dass im Vorhof und im Tempel Salomos die Unsrigen im Blute der Sarazenen ritten bis zu den Knien der Pferde.[39]

---

37 Vgl. „Epistula Dagoberti", 169: *Praeterea etsi principes et reges Saracenorum contra nos surrexerunt, Deo tamen volente facile victi et concultati sunt;* [...] *aperuit nobis Deus copiam suae benedictionis et misericordiae et induxit nos in civitatem atque Turcos et omnia eorum potestati nostrae tribuit*; Seite 171–172.: [...] *geminibus flexis adiutorem Deum invocavimus, ut, qui in aliis nostris necessitatibus legem Christianorum confirmaverat, in praesenti bello, confractis viribus Saracenorum et diaboli, regnum Christi et ecclesiae a mari usque ad mare usquequaque dilataret.*

38 Vgl. „Epistula Dagoberti", 170–172.: [...] *habito consilio, episcopi et principes circinandam esse civitatem nudis pedibus praedicaverunt, ut ille, qui pro nobis in humilitate eam ingressus est, per humilitatem nostram pro se ad iudicium de suis hostibus faciendum nobis eam aperiret. Placatus itaque hac humilitate Dominus, VIII die post humilitationem nostram civitatem cum suis hostibus nobis tribuit* [...].

39 „Epistula Dagoberti", 171: *Et si scire desideratis, quid de hostibus ibi repertis factum fuerit, scitote: quia in porticu Salomonis et in templo eius nostri equitabant in sanguine Saracenorum usque ad genua equorum.*

Vor dem Hintergrund der in der Predigt Urbans benutzen Argumente, wie sie eben diskutiert wurden, liest sich dieser knappe Hinweis auf das Blutbad, der geradezu von Stolz und jedenfalls nicht von Zweifeln über die Rechtmäßigkeit des Tuns geprägt ist, wie eine Vollzugsmeldung, die implizit auf einen Auftrag des Papstes Bezug nimmt. Diesen Sinn der Nachricht scheint man in Rom gut verstanden zu haben, denn der Nachfolger Urbans, Papst Paschalis II., der den Brief entgegennehmen musste, weil Urban 1099 verstorben war, beantwortete das Schreiben im April des Jahres 1100. Die Antwort begann mit dem Satz: „Was der Herr durch den Propheten seinem Volk versprochen hat, erkennen wir durch Euch erfüllt.“[40] Es folgt ein langer Lobpreis, dass und wie der Herr seine alten Wunder erneuert habe, und es schließen sich Ermahnungen und Segenswünsche für die Kreuzfahrer an, und unter ihnen folgender:

> Der Herr möge vollenden, was er begonnen hat und die Hände der Kreuzfahrer, die er im Blute der Feinde geweiht hat, unverletzt bis ans Ende in überschießender Gnade beschützen.[41]

Auch wenn es natürlich nicht ausdrücklich gesagt ist, dürfte die Weihe der Hände im Blute der Feinde von den Zeitgenossen und den Kreuzfahrern selbst nicht nur auf das Blutvergießen im Kampf gegen muslimische Heere bezogen worden sein. Dazu hatte das Massaker von Jerusalem ein zu großes Echo ausgelöst, wie wir bis heute ermessen können. Die Kreuzfahrer durften und mussten vielmehr folgern, dass auch die Säuberung Jerusalems mit dem Blute der Ungläubigen die Akzeptanz des Papstes gefunden hatte. Ein kritisches Echo auf dieses Massaker sucht man in den christlichen Quellen denn auch vergeblich.

Damit schließt sich gewissermaßen der Kreis der Argumentation, die ich nicht darauf angelegt habe, alle in die von mir angestrebte Richtung weisenden Belege aufzuführen. Präsentiert habe ich vielmehr nur die Hauptzeugnisse. Damit habe ich zwar eine Reihe von Belegen ausgelassen, die den Befund hätten weiter bestätigen können. Doch habe ich versucht, alle starken Argumente für meine Perspektive vorzulegen – auch wenn man die Intensität der langen Klagen, Ermahnungen und Versprechungen Urbans nicht adäquat abbilden konnte. Zusammenfassend darf ich das Ergebnis noch einmal formulieren. Zeitgenössische wie spätere Quellen erlauben es, zumindest die argumentative Substanz der

---

40 „Epistula Paschalis II“, Nr. 22, 178: *Quod per prophetam populo suo Dominus pollicetur, impletum vobis agnoscimus.*

41 „Epistula Paschalis II“, Nr. 22, 178: [...] *ut quod coepit adimpleat [Deus] et manus vestras, quas hostium suorum sanguine consecravit, immaculatas usque in finem adfluentissima pietate custodiat.*

Predigt Papst Urbans II. in Clermont-Ferrand zu rekonstruieren. Der Papst hat mit Hilfe alttestamentlicher Textstellen und Vorstellungen ein Modell entwickelt, das die gewaltsame Befreiung der heiligen Stätten aus der Hand der ‚Ungläubigen' dadurch legitimierte, dass deren Riten diese Stätten verunreinigt hatten und dies eine Beleidigung Gottes bedeutete, die Gott erzürnt habe. Um diesen Zorn Gottes zu besänftigen, aber war es nach Psalm 79 und anderen Stellen des AT folgerichtig, dass diejenigen mit ihrem Blute büßten, die diese Verunreinigung verursacht hatten. Wer als Werkzeug Gottes diese Sühne durch Blut ins Werk setzte, handelte Gott wohlgefällig und verdiente sich himmlischen Lohn. *Deus le vult*, Gott will es, war so nicht zufällig der Schlachtruf der Kreuzfahrer.

Dieses Legitimationsmodell für die Anwendung von Gewalt ist nicht erst ein Produkt späterer Bewältigungsstrategien nach dem Massaker, denn seine Existenz, wie vor allem die Briefe und die Schilderungen von Augenzeugen der Predigt zeigen, lässt sich schon unmittelbar in der zeitlichen Umgebung des Geschehens nachweisen. Es war ein sehr erfolgreiches Modell, das verbreitet und akzeptiert wurde und auch späteren Kreuzzügen noch die Richtung wies. Dies zeigen später nicht nur der bereits zitierte Wilhelm von Tyrus, sondern auch Briefe Bernhards von Clairvaux, in denen lobend auf das Massaker angespielt wird.[42] Auch die Rückeroberung Jerusalems durch die Muslime im Jahre 1187 beweist noch einmal die ungebrochene Wirkmächtigkeit des Denkmodels, weil man auf diese Katastrophe auf christlicher Seite sofort mit Hinweisen auf den Psalm 79 reagierte.[43]

Ein starkes Argument für die These, dass der Psalm 79 und seine Klagen und Forderungen in der Tat von den Päpsten herangezogen und genutzt wurde, bietet noch der Kreuzzugsaufruf Papst Innozenz' III. aus dem Jahre 1213.[44] In Briefen, die er in der gesamten westlichen Christenheit verbreiten ließ, versuchte Inno-

---

42 So im berühmten Kreuzzugsbrief Nr. 363, in dem Bernhard an die Großtaten der Kreuzfahrer bei der Eroberung Jerusalems erinnert: Bernhard von Clairvaux, *Epistula 363*, hier S. 652: *Quam multi illic peccatores, confitentes peccata sua cum lacrimis, veniam obtinuerunt, postquam patrum gladiis eliminata est spurcitia paganorum!*

43 Vgl. Bühler, *Der Kreuzzug Friedrich Barbarossas 1187–1190*, 65 mit dem Zitat aus der „Historia de expeditione Frederici imperatoris", in Chroust, *Quellen*, 6: *Audita tremendi severitate iudicii quod super terram Iherusalem divina manus exercuit, tanto sumus nos et fratres nostri horrore confusi tantisque affecti doloribus, ut non facile nobis occurreret, quid agere aut quid dicere debeamus, quod etiam psalmista deplorat et dicit: Deus venerunt etc.*

44 Er wurde in ganz Europa verbreitet und von Historiographen verschiedener Länder in ihre Werke inseriert, so von Burchard von Ursberg, *Chronicon*, dessen Version im Folgenden wiedergegeben ist. Allg. zu Innozenz' Kreuzzugsvorbereitungen siehe Roscher, *Papst Innocenz III.*, bes. 140–169.

zenz die Krieger Europas zum Aufbruch ins Heilige Land Christi zu motivieren, da diejenigen,

> die treu für ihn [Christus] kämpfen, von ihm glückselig den Siegerkranz erhalten, und diejenigen, die in solcher Not nicht den Dienst schuldiger Knechtschaft leisten wollen, am Jüngsten Tag der gerechten Prüfung den verdienten Spruch der Verdammnis ertragen sollen.[45]

Er versprach ihnen die Vergebung ihrer Sünden nach Reue und Beichte, formulierte Regelungen für Zinserlasse und andere finanzielle Sicherungen derjenigen, die sich zur Kreuznahme entschließen würden. Und er kündigte an:

> Damit es nicht scheint, als bürdeten wir anderen schwere Lasten auf und wollten selbst keinen Finger rühren, verkünden wir öffentlich vor Gott, dass wir selbst mit mutiger Entschlossenheit leisten werden, was wir von anderen verlangen.[46]

Vor allem aber wusste er, dass für das Unternehmen die Hilfe Gottes nötig war, dass es daher geraten sei, „weniger mit realen Waffen als mit spirituellen zu kämpfen." Deshalb ordnete er Bittprozessionen an, in denen Männer und Frauen getrennt einmal im Monat Gott anflehen sollten,

> dass der barmherzige Gott diese Last der Verwirrung von uns nehme, indem er jenes Land, in dem er alle Sakramente unserer Erlösung vollzogen hat, aus der Hand der Ungläubigen befreit.[47]

Diese Gebete sollten mit Fasten und Almosen verbunden werden, damit sie „wie auf Flügeln schneller und leichter zu den Ohren des allmächtigen Gottes fliegen und er uns zur rechten Zeit mild erhört."[48] An jedem Tag aber

---

45 Burchard von Ursberg, *Chronicon*, a. 1212, 101: [...] *ut, qui fideliter pro ipso certaverint, ab ipso feliciter coronentur, et qui noluerint in tante necessitatis articulo debite servitutis impendere famulatum, in novissimo districti examinis die iuste mereantur dampnationis sententiam sustinere.* (Übersetzung nach FSGA 18b, 269).

46 Burchard von Ursberg, *Chronicon*, a. 1212, 104: *Ne autem aliis onera gravia et importabilia imponere videamur, que digito nostro movere nolimus, protestamur coram Deo, quia, quod ab aliis exigimus faciendum, hoc ipsi prompto animo faciemus.* (Übersetzung nach FSGA 18b, 275).

47 Burchard von Ursberg, *Chronicon*, a. 1212, 104: [...] *oportet in tali conflictu non tam corporalibus armis quam spiritualibus dimicare. Ideoque statuimus et mandamus, ut singulis mensibus fiat generalis processio, seorsum virorum ac mulierum, in humilitate mentis et corporis, cum devota orationum instantia postulantium, ut misericors Deus hoc a nobis auferat obprobrium confusionis, liberando terram illam, in qua universa nostre redemptionis sacramenta peregit, de manibus paganorum* [...]. (Übersetzung nach FSGA 18b, 275).

48 Burchard von Ursberg, *Chronicon*, a. 1212, 104: *Orationi vero ieiunium et elemosina coniunga-*

> sollen sich alle Männer und Frauen während der Messfeier nach dem Friedenskuss, wenn gerade für die Sünden der Welt die heilsame Hostie geopfert werden soll, demütig zur Erde niederwerfen, und die Kleriker sollen folgenden Psalm mit lauter Stimme singen: ‚Herr, es sind Heiden eingedrungen.' Wenn der mit dem Vers beendet worden ist: ‚Gott steht auf', soll der zelebrierende Priester dieses Gebet mit lauter Stimme am Altar singen: ‚Deus, qui admirabili.'[49]

Das letzte Gebet hatte Innozenz III. selbst formuliert. Mit diesen Bestimmungen aber rückte der Papst den Psalm 79 erneut ins Zentrum der Kreuzzugsagitation. Die Klage des Psalms über die Verunreinigung der heiligen Stätten durch die Heiden sollte Gott durch die Stimmen der Priester nahe gebracht werden, während alle Laien die Dringlichkeit der Bitten mit ihrer Proskynese unterstrichen. Dies war einerseits die intensivste Art, Gottes Hilfe herabzuflehen; andererseits machte sie es diesen Bittenden schwer, sich anschließend dem schuldigen Dienst für Christus, dem Kreuzzug, zu entziehen. Wer so um Gottes Hilfe beim Kreuzzug bat, hatte implizit ein Kreuzzugsgelübde abgelegt. Der Papst aber hatte mit der Anordnung dieser liturgischen Bittrituale die Rache für die todeswürdigen Frevel der ‚Ungläubigen' an den heiligen Stätten in Jerusalem erneut zur Hauptaufgabe der Kreuzfahrer gemacht. Er dürfte gewusst haben, dass er damit in der Tradition seiner Vorgänger bis hin zu Urban II. stand.

Damit sind aber noch nicht alle Spuren genannt, die auf die Bedeutung des Psalm 79 in der Kreuzzugspredigt Papst Urbans II. weisen. Ein frühes Echo auf diese Predigt scheint bereits aus den jüdischen Gemeinden im Rheinland zu kommen, deren Mitglieder bekanntlich Opfer von Pogromen bestimmter Kreuzfahrer wurden, noch bevor sich diese auf den Weg ins Heilige Land machten.[50] Über diese Geschehnisse haben sich erschütternde Berichte, aber auch Gedichte erhalten, in denen der Psalm 79 immer wieder begegnet. Die Juden flehten in ihrer Not um die Hilfe Gottes und baten ihn, sie und ihr Schicksal zu rächen. Sie taten dies, indem sie den Psalm 79 zitierten: „Mögest du rächen das vergossene Blut deiner Knechte," oder: „Vollzieh meine Rache und die Rache für das Blut meiner Frommen," oder: „Schütte deinen Grimm über die Völker, welche dich nicht

---

tur, ut his quasi alis facilius et celerius ipsa volet oratio ad piissimas aures Dei, qui nos clementer exaudiat in tempore oportuno. (Übersetzung nach FSGA 18b, 275).

49 Burchard von Ursberg, *Chronicon*, a. 1212, 104: *In singulis quoque diebus intra missarum solemnia post pacis osculum, cum iam pro peccatis mundi offerenda sit hostia salutaris, omnes, tam viri quam mulieres, humiliter prosternantur in terram, et a clericis psalmus iste: 'Deus, venerunt gentes,' cantetur alta voce; quo cum hoc versu finito: 'Exurgat Deus' et sacerdos, qui celebrat, orationem istam alta voce super altare decantet: 'Deus, qui admirabili.'* (Übersetzung nach FSGA 18b, 275/77); siehe dazu Roscher, *Innocenz III.*, 146–147.

50 Vgl. hierzu Haverkamp, *Hebräische Berichte über die Judenverfolgungen*, Einleitung, 1–24.

erkennen und über die Königreiche," oder: „Möge kund werden an den Völkern vor unseren Augen die Rache für das Blut deiner Knechte."[51] So wie der Papst den Psalm 79 benutzt hatte, um Gottes Rache an den ,Ungläubigen' zu fordern, weil sie mit ihren Riten heilige Stätten entweiht und die Christen getötet hatten, so nutzten nun die Juden den gleichen Psalm, um Gottes Rache für das vergossene Blut seiner jüdischen Knechte an den Christen zu fordern. Es scheint nicht ausgeschlossen, dass sie den Psalm 79 auch und gerade deshalb nutzten, weil sie wussten, dass er in den christlichen Predigten zum Kreuzzug eine herausragende Rolle gespielt hatte. Über die Vorgänge in Clermont waren die Juden in Mainz nämlich ganz offensichtlich informiert, deren anonymer Chronist zunächst vom Aufruf Urbans, den er „Satan" und „Papst des bösen Rom" nennt, berichtet, ehe er das Ergebnis dieses Aufrufs anspricht:

> Da hielten sie üblen Rat wider das Volk des Ewigen [die Juden]; sie sprachen, warum sollten sie sich abmühen, Krieg zu führen gegen die Ismaeliten um Jerusalem herum, wo doch unter ihnen ein Volk sei, das ihre ,Furcht' nicht respektiere, ja dessen Väter sogar ihren Gott gekreuzigt hätten: ,warum sollten wir sie am Leben lassen, warum sollten sie unter uns weilen? Wir wollen unsere Schwerter an ihrem Kopf erproben, danach begeben wir uns auf den Weg unseres Irrtums.'[52]

Die Formulierungen lassen erkennen, dass die Mainzer Juden von den den Kreuzfahrern durch Urban gesetzten Zielen und Aufgaben wussten, und dass diese daraus eigenmächtig die Konsequenzen gezogen hatten, die ,Ungläubigen' gleich in der Heimat zu bekriegen. Zwar ist die beiderseitige Benutzung des Rachepsalms auch unabhängig voneinander denkbar, doch macht die jüdische Argumentation mit diesem Psalm dann besonderen Sinn, wenn sie als Echo auf die christlichen Akzentuierungen verstanden wird.

Mit den hier vorgetragenen Beobachtungen und Quellenanalysen erscheint eine Reihe von Einschätzungen zu der Frage revisionsbedürftig, was den ersten Kreuzzug auslöste und die Krieger Europas zu immensen Anstrengungen motivierte. Die Argumentation Urbans II. hat mit ihrem alttestamentlich fundierten Insistieren auf der Verunreinigung der heiligen Stätten in Jerusalem durch die ,Ungläubigen', die Rache und Sühne erfordere, offensichtlich den Nerv der Zeit getroffen, immense Anstrengungen ausgelöst, aber auch letztendlich ein Massaker bewirkt, das noch heute erschreckt. Dieser Zusammenhang von der Predigt Urbans II. und dem Massaker von Jerusalem wird durch den Psalm 79 hergestellt

51 Vgl. Haverkamp, *Hebräische Berichte über die Judenverfolgungen*, 16, Anm. 71.
52 Haverkamp, *Hebräische Berichte über die Judenverfolgungen*, 298.

oder nahegelegt. Natürlich bleiben aber auch nach dem Gesagten viele Fragen offen, von denen einige noch angesprochen seien.

Über die Wege und die Intensität der Verbreitung dieses kirchlichen Legitimationsmodells für Gewalt sind wir nicht detaillierter unterrichtet. Es gibt aber genügend Anhaltspunkte dafür, dass es schon nach Clermont in unzähligen Predigten vor und auf dem Kreuzzug den Kriegern immer wieder nahegebracht worden ist. Und dies scheint sich bei späteren Kreuzzugsaufrufen und Kreuzzügen fortgesetzt zu haben. Der sicher wirkungsvolle Hinweis auf die ‚Besudelung' der heiligen Stätten durch die ‚Ungläubigen' und die dafür fällige Rache zielte in Clermont-Ferrand wahrscheinlich nicht bewusst darauf, die Bevölkerung Jerusalems zu massakrieren, wenn man die heiligen Stätten zurückgewonnen habe. Doch stärkte er das Bewusstsein der Kreuzfahrer, Werkzeuge Gottes zu sein, Gewalt anwenden und seine Rache ausführen zu dürfen, da die Heiden die heiligen Stätten mit ihren Kulten ‚besudelt' und so den Zorn Gottes heraufbeschworen hätten. Sühne durch das Blut dieser Heiden war daher als Reinigungsvorgang unabdingbar und gottgewollt. Es ist nicht bekannt, wer aus diesem Bewusstsein die Konsequenz gezogen hat, nach dem Eindringen in die Heilige Stadt und dem militärischen Sieg über die Verteidiger alle Energien darauf zu verwenden, die heiligen Stätten zunächst mit dem Blute der ‚Ungläubigen' zu reinigen, die dort lebten, ehe man die heiligen Stätten dann in aller Andacht verehrte, indem man, selbst vom Blute gereinigt, in weißen Gewändern und mit bloßen Füssen an den Orten umherging, die die Füße des Herrn betreten hatten. Wer auch immer dies war, – und er bzw. sie sind sicher unter den Führern der Kreuzfahrer zu suchen – durfte sich aber zu solchem Tun berechtigt fühlen und konnte diese Berechtigung aus den Predigten Papst Urbans ableiten. Auch Urban II. aber stand bereits in einer Tradition, durch die in neuer Weise das Potential der Heiligen Schriften zur Legitimierung päpstlicher Primatsansprüche genutzt worden war. Im 11. Jahrhundert wurde es von den Päpsten aktiviert, die sich die Freiheit der Kirche vom Einfluss der Laien, vor allem der Könige, auf die Fahnen geschrieben hatten.[53] Die Befreiung von den bisherigen Schutzherren und deren Möglichkeiten, Ordnung mit Gewalt und Zwang aufrecht zu erhalten, zeitigte aber fast notwendig die Konsequenz, selbst Zwang und Gewalt ausüben zu müssen. Die Legitimation hierzu fand man in den Geschichten des Alten Testaments, die davon handeln, wie Gott gegen die Feinde seines erwählten Volkes den Bann ausspricht und vollstrecken lässt. Zu Gleichem fühlte man sich auch berufen. Dieses Vorgehen stellte eine massive Kritik bisheriger Tradition und Gewohnheit dar, weil es die Traditionen und ihre Belegstellen beiseiteschob, die bisher die Grundlage des Zusammenwir-

53 Siehe dazu Althoff, „Päpstliche Autorität" und *Selig sind, die Verfolgung ausüben*.

kens von Kirche und Welt, aber auch der kirchlichen Institutionen untereinander gebildet hatten. Unter dieser Kritik, die alles andere als eine Trennung von Staat und Kirche beabsichtigte, ist die alte Welt des Sakralkönigtums zusammengebrochen – aber auch die Päpste sind der beanspruchten *plenitudo potestatis* nicht recht froh geworden.

Literaturverzeichnis

Quellen

Albert von Aachen, *Historia Ierosolimitana*, hrsg. v. Susan B. Edgington. OMT. Oxford 2007.
Balderich von Dol, *Historia Jerosolimitana*. In RHC Occ IV. Paris 1879.
Bernhard von Clairvaux, *Epistula 363*. In *Sämtliche Werke lateinisch/deutsch* III, hrsg. v. Gerhard B. Winkler, 648–661. Innsbruck 1992.
Biblia Sacra iuxta vulgatam versionem, hrsg. v. Robert Gruyson u. a., 5. Aufl. Stuttgart 2007.
Bühler, Arnold, Hrsg., *Der Kreuzzug Friedrich Barbarossas 1187–1190: Bericht eines Augenzeugen*, 2. Aufl. Fremde Kulturen in alten Berichten XIII. Stuttgart 2005.
Burchard von Ursberg, *Chronicon*, hrsg. v. Oswald Holder-Egger u. Bernhard v. Simson. MGH SS rer. Germ. 16. 2. Aufl. Hannover, Leipzig 1916.
„Epistula (Dagoberti) Pisani archiepiscopi et Godefridi ducis et Raimundi de S. Aegidii et uniuersi exercitus in terra Israel ad papam et omnes Christi fideles." In *Die Kreuzzugsbriefe aus den Jahren 1088–1100: Eine Quellensammlung zur Geschichte des ersten Kreuzzuges*, hrsg. v. Heinrich Hagenmeyer, 167–174. Innsbruck 1901.
„Epistula Paschalis II papae ad omnes crucesignatos in Asia triumphantes." In *Die Kreuzzugsbriefe aus den Jahren 1088–1100: Eine Quellensammlung zur Geschichte des ersten Kreuzzuges*, hrsg. v. Heinrich Hagenmeyer, 178. Innsbruck 1901.
Fulcher von Chartres, *Historia Hierosolymitana*, hrsg. v. Heinrich Hagenmeyer. Heidelberg 1913.
Guibert von Nogent, *Dei gesta per Francos*, hrsg. v. Robert B. C. Huygens. CC Cont. Med. 127A. Turnhout 1996.
Haverkamp, Eva, Hrsg., *Hebräische Berichte über die Judenverfolgungen während des Ersten Kreuzzugs*. MGH 1, Hebräische Texte aus dem mittelalterlichen Deutschland 1. Hannover 2005.
Hill, Rosalind, Hrsg., *Gesta Francorum: The Deeds of the Franks and the Oher Pilgrims to Jerusalem*. OMT. Oxford 1962.
„Historia de expeditione Frederici imperatoris." In *Quellen zur Geschichte des Kreuzzuges Kaiser Friedrichs I.*, hrsg. v. Anton Chroust, MGH SS rer. Germ. N. S. 5, 1–115. Berlin 1928.
Petrus Tudebodus, *Historia de Hierosolymitano itinere*. In RHC Occ III, 1–117, Paris 1866.
Robert Monach, *Roberti Monachi Historia Iherosolimitana*. In RHC Occ III, 717–882. Paris 1866.
Raimund von Aguilers, *Historia Francorum qui ceperunt Iherusalem*. In RHC Occ III, 231–309. Paris 1866.
Wilhelm von Tyrus, *Chronicon*, hrsg. v. Robert B. C. Huygens, CC Cont. Med. 63/63A. Turnhout 1986.

Forschungsliteratur

Achenbach, Reinhard, „Zum Sitz im Leben mesopotamischer und altisraelitischer Klagegebete: Teil I: Zum rituellen Umgang mit Unheilsdrohungen in Mesopotamien.“ *ZAW* 116, 3 (2004): 364–378.

Achenbach, Reinhard, „Zum Sitz im Leben mesopotamischer und altisraelitischer Klagegebete: Teil II: Klagegebete des Einzelnen im Psalter.“ *ZAW* 116, 4 (2004): 581–594.

Althoff, Gerd, „Demonstration und Inszenierung. Spielregeln der Kommunikation in mittelalterlicher Öffentlichkeit.“ *Frühmittelalterliche Studien* 27 (1993), 27–50.

Althoff, Gerd, *Spielregeln der Politik im Mittelalter: Kommunikation in Frieden und Fehde.* Darmstadt 1997.

Althoff, Gerd, „Päpstliche Autorität im Hochmittelalter: Neue Geltungsansprüche und ihre Konsequenzen.“ In *Autorität und Akzeptanz: Das Reich im Europa des 13. Jahrhunderts*, hrsg. v. Jan Keupp u. Hubertus Seibert. [im Druck].

Althoff, Gerd, *„Selig sind, die Verfolgung ausüben...“ Das Papsttum und die Gewalt im Hochmittelalter.* Darmstadt 2013.

Angenendt, Arnold, *Toleranz und Gewalt: Das Christentum zwischen Bibel und Schwert*, 4. Aufl. Münster 2008.

Angenendt, Arnold, „Die Kreuzzüge: Aufruf zum ‚gerechten‘ oder zum ‚heiligen‘ Krieg?“ In *Krieg und Christentum: Religiöse Gewalttheorien in der Kriegserfahrung des Westens*, hrsg. v. Andreas Holzem, 341–367, Krieg in der Geschichte 50. Paderborn 2009.

Becker, Alfons, *Papst Urban II: (1088–1099).* Schriften der MGH 19. Stuttgart 1964.

Cole, Penny J., *The Preaching of the Crusades to the Holy Land: 1095–1270.* Medieval Academy Books 98. Cambridge 1991.

Constable, Giles, “The Language of Preaching in the Twelfth Century.” *Viator* 25 (1994): 131–152.

Dinzelbacher, Peter, *Bernhard von Clairvaux: Leben und Werk des berühmten Zisterziensers.* Gestalten des Mittelalters und der Renaissance. Darmstadt 1998.

Dinzelbacher, Peter, *Warum weint der König? Eine Kritik des mediävistischen Panritualismus.* Badenweiler 2009.

Edbury, Peter W. u. John G. Rowe, *William of Tyre: Historian of the Latin East*, 2. Aufl. Cambridge Studies in Medieval Life and Thought 4,8. Cambridge 1990.

Elm, Kaspar, „Die Eroberung Jerusalems im Jahre 1099: Ihre Darstellung, Beurteilung und Deutung in den Quellen zur Geschichte des Ersten Kreuzzugs.“ In *Jerusalem im Hoch- und Spätmittelalter: Konflikte und Konfliktbewältigung – Vorstellungen und Vergegenwärtigungen*, hrsg. v. Dieter R. Bauer, Klaus Herbers u. Nikolas Jaspert, 31–54, Campus Historische Studien 29. Frankfurt am M., 2001.

France, John, *Victory in the East: A Military History of the First Crusade.* Cambridge 1994.

Hay, David, “Gender Bias and Religious Intolerance in Accounts of the “Massacres” of the First Crusade.” In *Tolerance and Intolerance: Social Conflict in the Age of the Crusades*, hrsg. v. Michael Gervers u. James M. Powell, 3–10, Medieval Studies. Syracuse, N.Y. 2001.

Jaspert, Nikolas, *Die Kreuzzüge*, 5. Aufl. Darmstadt 2010.

Kedar, Benjamin Z., “The Jerusalem Massacre of July 1099 in the Western Historiography of the Crusades.” In *Crusades* 3, hrsg. v. Benjamin Z. Kedar u. Jonathan Riley-Smith, 15–75. London 2004.

Maalouf, Amin, *Der Heilige Krieg der Barbaren: Die Kreuzzüge aus der Sicht der Araber*, 2. Aufl. München 2003. Maier, Christoph T., „Konflikt und Kommunikation: Neues zum Kreuzzugsaufruf Urbans II." In *Jerusalem im Hoch- und Spätmittelalter: Konflikte und Konfliktbewältigung – Vorstellungen und Vergegenwärtigungen*, hrsg. v. Dieter R. Bauer, Klaus Herbers u. Nikolas Jaspert, 13–30, Campus Historische Studien 29. Frankfurt am M., 2001.

Möhring, Hannes, „Wilhelm v. Tyrus" In *Lexikon des Mittelalters*, IX. Sp. 191–192. Stuttgart 1998.

Riley-Smith, Jonathan, „Der Aufruf von Clermont und seine Folgen." In *Die Kreuzzüge: Kein Krieg ist heilig*, hrsg. v. Hans-Jürgen Kotzur u. Brigitte Klein. Mainz 2004.

Roscher, Helmut, *Papst Innocenz III. und die Kreuzzüge*. Forschungen zur Kirchen- und Dogmengeschichte 21. Göttingen 1969.

Schmitt, Rüdiger, *Der „Heilige Krieg" im Pentateuch und im deuteronomistischen Geschichtswerk: Studien zur Forschungs-, Rezeptions- und Religionsgeschichte von Krieg und Bann im Alten Testament*. AOAT 381. Münster 2011.

Schwarzmaier, Hansmartin, „Bernhard von Clairvaux am Oberrhein: Begegnungen und Zeugnisse aus den Jahren 1146/47." *Zeitschrift für die Geschichte des Oberrheins* 147 (1999): 61–78.

Schwinges, Rainer C., *Kreuzzugsideologie und Toleranz: Studien zu Wilhelm von Tyrus*. Monographien zur Geschichte des Mittelalters 15. Stuttgart 1977.

Schwinges, Rainer C., "William of Tyre, the Muslim Enemy, and the Problem of Tolerance." In *Tolerance and Intolerance: Social Conflict in the Age of the Crusades*, hrsg. v. Michael Gervers u. James M. Powell, 124–132, Medieval Studies. Syracuse, N. Y. 2001.

Tibi, Bassam, *Kreuzzug und Djihad: Der Islam und die christliche Welt*, 2. Aufl. München 2001.

Waas, Adolf, *Geschichte der Kreuzzüge*. I. Freiburg 1956.

Zenger, Erich, *Ein Gott der Rache? Feindpsalmen verstehen*, 2. Aufl. Biblische Bücher 1. Freiburg i. Br. u. a. 1998.

Klaus Müller

Plastizität des Gottdenkens

Über den Stachel der Geschichtlichkeit im Vernunft-Glaube-Verhältnis

Abstract: Tradition is a key concept in Catholic theology. At first glance, this concept insinuates a sort of continuity. In reality, tradition is a chain of discontinuities from the beginning of Christian history, including the so-called hellenisation of Christian thinking; the rediscovery of the whole work of Aristotle in the Middle Ages; the challenge of modern philosophy from Kant to Fichte, Hölderlin, Hegel and Schelling; and the Second Vatican Council. Systematic tradition and historicity are products of self-consciousness and subjectivity. The analysis of the latter exposes the structures of the philosophical concepts involved.

Wer davon ausginge, dass christliche Theologie primär vom Überzeitlichen und Ewigen handle, muss sich rasch eines anderen belehren lassen: Ein temporaler Grundzug und durch ihn das Bewusstsein von Geschichtlichkeit und Innovativität gehörten bereits zum Kernbestand frühchristlichen Selbstverständnisses: Im Raum des „neuen Bundes“ lebt der „neue Mensch“, der unterwegs ist zum „neuen Jerusalem“. „Odos kaine“ (Neuer Weg) ist laut Hebr 10,20 eine der Selbstbezeichnungen der frühen Gemeinde gewesen. Betont wurde und wird bis heute aber, dass es sich dabei immer um Neuheit in Kontinuität mit dem Alten, mit der Tradition handelt. Das tun schon die neutestamentlichen Texte, die sich legitimatorisch auf die Überlieferungen des christlich sogenannten Alten Testaments beziehen; daher das so häufige „gemäß der Schrift“ im Neuen Testament. Die Kontinuität mit dem Ursprung und die Treue zu ihm gehören nachfolgend in kirchenamtlichen Verlautbarungen, etwa Konzilsentscheidungen, genauso zum argumentativen Standardrepertoire wie in den theologischen Paradigmen aller Epochen. Keines empfiehlt sich dadurch, mit dem Ursprung und der Tradition gebrochen zu haben. Alles, was als neu begegnet, wird vielmehr als vergessenes oder verdrängtes Implikat des Alten bzw. als dessen weitere kreative Entfaltung dargestellt. Das freilich ist die offizielle Lesart, sozusagen das Window Dressing für die Welt-Pressekonferenz. Denn de facto schließt der geschichtliche Gang des Christentums wenigstens vier Innovationen ein, mit denen Sprünge von Diskontinuität einhergehen und die entsprechend von kirchlich-theologischen Krisen begleitet waren bzw. sind. Ich sage „sind“ deshalb, weil die beiden letzten Innovationsschübe noch gar nicht abgeschlossen sind.

1 Vier Schübe von innovatorischer Diskontinuität

Folgende Innovationen habe ich dabei im Auge, und alle vier sind prägnante Konstellationen im Verhältnis von Vernunft und Glaube:

Erster Schub: Der Überschritt des jungen Christentums aus dem jüdischen Kontext in die griechische Ökumene. Um es im gebotenen Telegrammstil zu beschreiben: Das Christentum beginnt als innerjüdische Reformbewegung. Jesus hat weder eine Kirche gegründet noch ein kirchliches Amt gestiftet, auch kein ‚Neues Volk Gottes' gesammelt. Sein Anliegen war eine Neusammlung des Gottesvolkes – symbolisch ablesbar am Zwölferkreis der Apostel – und aus deren Scheitern, innerhalb dessen seinem Tod wohl schon von ihm selbst eine besondere Bedeutung zugeschrieben wird, gehen in schmerzlichen Ablösungsprozessen judenchristliche Gemeinden hervor. Und von diesen aus wiederum kommt es – unter erneuten, teils harten Konflikten, die ihre Spuren bis in die neutestamentlichen Schriften ziehen – zur Ausdehnung der Jesusverkündigung an die Heiden. Dabei spielt der Apostel Paulus die entscheidende Vorreiterrolle. Sprachlich-kulturell ist das zwar durch das schon längst bestehende hellenistische Diaspora-Judentum vorbereitet, aber die völlig unjüdische Missionspredigt an die Heiden, der durchaus in den Evangelien überlieferte Jesus-Worte entgegenstehen, ist etwas völlig Neues. Im Gefolge der damit einsetzenden rasanten Ausdehnung des Christentums kommt es gegen die ursprünglich charismatisch und ausgesprochen machtkritisch geprägten Gemeinden relativ bald und ab etwa 150 n. Chr. definitiv zur Ausbildung hierarchischer Strukturen inklusive kultisch-sacerdotaler Interpretation. Beides kann nicht auf das Neue Testament zurückgeführt werden, ist aber wohl als unvermeidliche Gestalt der nötig gewordenen Veralltäglichung des Charismas und der Glut des Anfangs zu begreifen. Umrisse alternativer Konzepte, die sich gleichwohl im Neuen Testament, namentlich im Kontext von Matthäus und Paulus finden, stiften permanent zu kritischer ‚relecture' dieses innovatorischen Bruches an. Die gleichzeitig einsetzende christliche Lehrentwicklung aus dem Geist des hellenistischen Denkens und mit dem Instrumentar der griechischen Philosophie hebt das Problem von Kontinutität und Innovation auf die Ebene der Selbstreflexivität: Gegen die berühmten Thesen Adolf von Harnacks um die vorletzte Jahrhundertwende[1] wird man heute aus guten Gründen sagen können, dass es sich bei der sogenannten „Hellenisierung des Christentums" um ein echtes Ausbalancieren zwischen Altem und Neuem handelt: Zu oft haben die frühen Theologen griechische Denkformen mit dem Instrumentar griechischer Philosophie zu Gunsten biblischer Motive aufgesprengt,

1 Vgl. Harnack, *Das Wesen*, 161–239.

als dass man diesem kulturellen Übersetzungsprozess einfach einen Verrat am Ursprung nachsagen könnte.[2]

Zweiter Schub: Der christliche Aristotelismus. Hatte unser erstes Innovationsproblem soeben mit dem Verhältnis des Christentums zum Judentum zu tun, so das zweite, um das es nun gehen soll, mit einem Verhältnis zum Islam: Nach Jahrhunderten der Vergessenheit war im 12. Jahrhundert auf dem Umweg über Bagdad, Nordafrika, Cordoba und Neapel auch im Westen wieder der vollständige Aristoteles bekannt geworden.[3] Tradiert und kommentiert von jüdischen und vor allem arabischen Philosophen waren die Theologen an den Hochschulen in Bologna, Paris, Oxford usw. auf einmal mit einer vollständigen, von der Bibel unabhängigen Philosophie einschließlich einer philosophischen Theologie konfrontiert. Der Dominikaner Albertus Magnus und sein Schüler Thomas von Aquin stellen sich exemplarisch dieser Herausforderung. Sollte christliche Theologie den durch Aristoteles nunmehr markierten wissenschaftstheoretischen Standards genügen, musste sie sich auf einen argumentativen Stil einlassen, der sich markant von dem bisher Üblichen, im monastischen Kontext gepflegten Symboldenken aus den Ressourcen der biblischen Bilderwelt unterschied. Die Schärfe, mit der etwa Thomas' Freund und Kollege Bonaventura aus dem Franziskanerorden in den 60er Jahren des 13. Jahrhunderts gegen die Philosophie wetterte und lehramtliche Eingriffe des Bischofs von Paris 1277 verraten, wie prinzipiell damit das Verhältnis von Vernunft und Glaube thematisiert war.[4] Nach anfänglichem, gegenteiligem Anschein ist jedoch schon gegen Ende des Jahrhunderts subtile Rationalität zum Standard des reflexiven Umgangs mit der christlichen Offenbarung geworden. Man kann das durchaus ‚christlichen Arabismus' nennen.[5] Die christliche Theologie verdankt ihm Kathedralen des Gottdenkens, die Philosophie, etwa in der Logik oder der Sprachphilosophie, Durchbrüche auf Niveaus, die auf anderem Wege wohl nicht erreicht worden wären. Die ursprünglich als „gefährliche Neuerer" Gescholtenen wie der Aquinate werden in verblüffend kurzer Zeit zu den normativen Leitfiguren einer *fides quaerens intellectum*.

Dritter Schub: Die philosophische Moderne und ihre theologischen Konsequenzen. Der flächendeckende Zusammenbruch der christlichen Tradition in Folge der Religionskriege als der ungewollten Konsequenz der Reformation führt einerseits zu Versuchen einer Erneuerung der Metaphysik (etwa Descartes, Leibniz, Spinoza), andererseits in die Bewegung der Aufklärung – beides kann,

---

2 Vgl. dazu die klassischen Detailuntersuchungen von Grillmeier, Jesus, 1989–1991.

3 Vgl. Borgolte, *Christen*, 517–584.

4 Vgl. Müller, „Wissen und Glauben", 153–178.

5 Vgl. dazu besonders Flasch, *Meister Eckhart*.

muss aber nicht ineinander greifen. Das Ungenügen an dieser doppelzügigen Reaktion treibt in der – symbolisch markierten – kurzen Epoche von 1781 (Tod Lessings und dem Erscheinen von Kants *Kritik der reinen Vernunft*) und 1831/32 (Tod Hegels und Goethes) eine philosophisch-theologische Diskurssituation hervor, wie sie in Dichte und Niveau einzig der attischen Klassik vergleichbar ist. In diesem Debattenfeld kommt es zu fundamentalen Neubestimmungen theologischer Grundbegriffe wie ‚Gott', ‚Religion', ‚Offenbarung' *durch* die Neufassung philosophischer Grundbegriffe wie ‚Vernunft', ‚Wahrheit', ‚Moral' etc. und umgekehrt. So wird Offenbarung jetzt nicht mehr als Instruktion von oben und außen, sondern als Selbstmitteilung des Absoluten in der Geschichte gefasst. Die dabei geschehende Imprägnierung philosophischer Gedanken mit christlichen Motiven führt im Gegenzug zur Krise und Kritik klassisch tradierter Theologoumena, wie etwa des personalen Gottesbildes der Theismen. Die dabei aufbrechenden Debatten – oft mit dem Stichwort Pantheismus verbunden – sind bis heute nicht abgeschlossen, die ganz frühen theologischen Rezeptionen der modernen Philosophie nur unzureichend erforscht, die Potentiale einer in diesem Sinn modernen Theologie, die wohl die Gestalt einer ‚docta ignorantia' im Medium des Subjektdenkens haben würde, nicht einmal im Ansatz erschlossen. Die katholische Seite hat anfänglichen Verständigungsprojekten ab Mitte des 19. Jahrhunderts das Großprogramm der Neuscholastik entgegengestellt, im protestantischen Bereich wurden etwas zeitversetzt die entsprechenden Bemühungen der sogenannten ‚Liberalen Theologie' mit ihrer Aufnahme moderner philosophischer Motive durch die Dialektische Theologie und ihrem strikten Prius des Offenbarungswortes Gottes konterkariert. Nach dem Ende der Neuscholastik Mitte des 20. Jahrhunderts hat die katholische Theologie die abgerissenen Fäden zur philosophischen Moderne kaum mehr aufgenommen – allerdings wird um dieses Projekt unter den Titeln „Transzendentale Theologie" oder „Letztbegründung" seit etlichen Jahren erneut Streit geführt. Insofern ist der Prozess des dritten Schubes nicht abgeschlossen. Dass es zu keiner Wiederaufnahme der theologischen Moderne-Rezeption kam, hat unmittelbar mit dem zu tun, was noch als

Vierter Schub zu thematisieren ist: Symbolisch kann für ihn das *II. Vatikanische Konzil* (1962–1965) stehen. Mit diesem Konzil beginnt sich die katholische Kirche als polyzentrische Weltkirche zu begreifen und zu beschreiben. Die Anerkennung der Religionsfreiheit (*Dignitatis humanae*) ist der zugespitzteste Ausdruck des Willens der Kirche, sich unter Einschluss von Selbstkritik in ein angemessenes Verhältnis zur modernen Welt zu setzen. Explizite Auseinandersetzungen mit dem Denken der Moderne erfolgen kaum – daher kommt es, wie vorhin bereits bemerkt, auch nach dem Konzil zu keiner ausdrücklichen Moderne-Rezeption. Gleichwohl hat sich gerade an den philosophischen Implikationen der Pastoralkonstitution *Gaudium et spes* am nachhaltigsten der Disput um das

Vaticanum II entzündet: Den einen geht die Neubestimmung des Verhältnisses zwischen Kirche und Welt längst nicht weit genug, den anderen gilt dieser Konzilstext als Chiffre einer gefährlichen Annäherung, wenn nicht Anbiederung an die Moderne, die die Ambivalenz von deren Vernunftbegriff, wiederum symbolisch gesprochen: die *Dialektik der Aufklärung* nicht zureichend wahrgenommen habe (das war auch früh bereits die Meinung des damaligen Regensburger Theologen und nachmaligen Münchener Kardinal Joseph Ratzinger; Johannes-Paul II. hat übrigens in seinem letzten Lebensjahr eine ganz gegenläufige, den Konzilstext die dunklen Seiten der modernen Vernunft betonend sehende Lektüre von *Gaudium et spes* zu Protokoll gegeben).[6] Der Streit um die richtige Hermeneutik hat gut 40 Jahre nach Ende des Konzils in jüngster Zeit drastisch zugenommen. Dahinter steht schlicht und einfach die Frage, wie viel Neues eine Offenbarungsreligion verträgt und wie sie mit der Entdeckung ihrer eigenen Geschichtlichkeit umgeht. Will man darauf eine zufriedenstellende Antwort finden, so muss man, scheint mir, bei dem ersten der beiden noch nicht abgeschlossenen Innovationsschüben ansetzen, also bei der Herausforderung der Theologie durch die philosophische Moderne, weil in deren Zusammenhang auch der Begriff der Geschichtlichkeit als solcher zuallererst hervorgetrieben wird – und zwar aus dem Zentrum der philosophischen Modernität selbst, also aus dem Komplex der Subjektivität als der Selbstdeutung bewussten Lebens. Muss von daher aber Vernunft selbst als eine geschichtliche begriffen werden, rückt natürlich auch das Verhältnis von Vernunft und Glaube in einen geänderten Verstehenshorizont. Davon gleich mehr.

2 Subjektivität und Geschichtlichkeit

In den teils stürmischen Auseinandersetzungen um Subjektivität und Selbstbewusstsein, die seit Kant geführt werden, ist mehr und mehr klar geworden, dass sich das Problem der wissenden Selbstbeziehung einerseits nicht auflösen lässt (weder naturalistisch noch informationstheoretisch noch kommunikationslogisch), dass es aber anscheinend ebenso wenig einer vollständigen und befriedigenden Aufklärung zugeführt werden kann.[7] Zu dem Wenigen, was sich dem Phänomen an gesicherter Einsicht abringen lässt, gehört, dass mit dem Wissen um sich selbst schon seit der Stoa der Gedanke der Selbsterhaltung verbunden ist

6 Vgl. Müller, „Vergessene Dialektik", 103–112 [in polnischer Sprache 113–122].

7 Vgl. Müller, „... was überhaupt", 149–165. Zuletzt auch Henrich, „Die Philosophie in der Sprache", 7–19.

und dieser Zusammenhang im Kontext der modernen Zentralstellung der Subjektivität allererst in voller Schärfe hervortritt.[8] Man kann diesen theoriegeschichtlichen Befund mit Dieter Henrich auf den Nenner bringen:

> Selbstbewußtsein kommt überhaupt nur in einem Kontext zustande, der sich aus seiner Macht und Aktivität gar nicht verstehen läßt. Und es kommt in ihm so zustande, daß es von dieser Dependenz ursprünglich weiß. Deshalb hat es sich aus der Notwendigkeit zur Selbsterhaltung zu verstehen.[9]

Seine Schärfe gewinnt dieses Problem dadurch, dass diese Entzogenheit eines Verfügens über das eigene Auftreten und Bleiben in keiner Weise das unhintergehbare Wissen des Subjekts um sich und sein Wirklichsein dementiert, und damit die Aufgabe stellt, die diese Autonomie mit der Notwendigkeit der Selbsterhaltung zusammenzudenken.

Im Lichtkegel dieses Zusammenhangs gewinnen auch jene beiden Äußerungsweisen modernen Selbstverständnisses einen verblüffend prosaischen Sinn, die gerade aus dem Blickwinkel vormoderner Weltdeutung, aber etwa auch von Heidegger und Levinas als die Symptome einer ans Maßlose rührenden Selbst-Apotheose des Subjekts interpretiert werden: a) seine praktische Dynamik und b), dass es sich geschichtlich, also in möglicher Distanz zu Vorgegebenem begreift.

Zu a) Das Fortschrittsdenken der modernen Welt, wie es sich paradigmatisch in den Programmen der Forschung, noch mehr im Erfolg(szwang) der Technik und am meisten in den Anforderungen der Wirtschaft äußert, entspringt keineswegs einer Präpotenz, also einer überbordenden Selbstgewissheit des aktiven Subjekts, sondern im Gegenteil der Ungewissheit in Beziehung auf seine eigene Daseinsgarantie. Gerade weil es sich seiner aus eigener Kraft nicht gewiss sein kann, darf es in Funktion seiner Selbsterhaltung nichts unerprobt lassen, was sich überhaupt an Möglichkeiten bietet, sich seines Bestandes zu vergewissern.[10] Dieser fundamentalen Ungesichertheit – und nicht arroganter Selbstgewissheit – entstammt der Hang zu einer potentiell auch rücksichtslos werden könnenden Selbstdurchsetzung.[11] Nichts hemmt den solchermaßen motivierten Progress, in eine Angst des seiner selbst unversicherten Subjekts um sich selbst umzuschlagen und dabei autodestruktiv dessen eigenes Fortbestehen zu gefährden,

---

8 Vgl. Müller, „Selbsterhaltung“, 80–89.

9 Henrich, „Die Grundstruktur“, 113.

10 Vgl. Theunissen, *Selbstverwirklichung*, 5–10.

11 Vgl. Henrich. „Die Grundstruktur“, 115–116 und Pröpper, *Erlösungsglaube*, 103–110.

wie es mittlerweile zur alltäglichen Erfahrung menschlichen Daseins zu gehören scheint.[12]

Zu b) Damit das selbstbewusste Subjekt sich auf solche Erkundungsgänge zur Selbsterhaltung begibt, muss zu seinem Bewusstsein gehören, selbst nicht mehr in das Ganze einer ihm einsichtigen Ordnung integriert zu sein, wie es etwa in der christlichen Tradition der Gedanke der Schöpfung symbolisiert. Erst unter Voraussetzung eines solchen Zerfalls und der damit entstehenden Distanz zu seiner Welt eröffnet sich die Möglichkeit und Notwendigkeit, dass Bewusstsein sich selbst ergreift und Selbstbewusstsein zum Prinzip seiner Verständigung über sich und die Welt aufrückt: Jetzt kann und muss vom Selbst her eine Lebenswelt entworfen werden. Weil solch ausdrückliches Ergreifen seiner selbst für das Bewusstsein nur im Gegenüber zu den Bindungen geschehen kann, die es oder anderes Bewusstsein um seines Bestandes willen identifikatorisch mit anderen Wirklichkeiten eingegangen war, stellt sich die Erfahrung ein, dass solche Stabilität gewährenden Ganzheiten – also Welten – wechseln können. Was als Welt vom Standpunkt einer eigenen in Geltung befindlichen Weltbindung aus als fremd und unzugänglich erscheinen mag, entpuppt sich von der Warte eines als Prinzip fungierenden Selbstseins nur noch als anderes und kann als solches auch als mögliche eigene Vergangenheit begriffen werden. So wird die Erfahrung von Geschichte aus dem Vollzug des um Selbsterhaltung bemühten Selbstbewusstseins freigesetzt. Sich selbst als geschichtlich erfasst das selbstbewusste Subjekt allerdings erst dadurch, dass es das Bewusstsein von sich und den Vollzug seiner Selbsterhaltung weder als identisch noch als einander äußerlich begreift, sondern in die Einheit eines Prozesses zusammendenkt, dem es als Prinzip untersteht, der aber seinerseits als Abfolge möglicher Welten nicht mehr gegenständlich (also qua Weltordnung) erfasst werden kann.[13] Die sich wandelnden und einander folgenden Welten des Subjekts qua Vollzugskontexte seiner Selbsterhaltung werden so hinsichtlich ihrer Sequenz und ihres Relevantwerdens aus einer Sinnstiftung herkünftig gedacht, die ihrerseits nicht noch einmal ein Identifikationsobjekt selbsterhaltender Akte sein kann (das wäre Regression zurück hinter die Prinzipialität des Selbstseins). Diese Geschichtlichkeit der wissenden Selbstbeziehung bildet auch den Kern jener „[...] Geschichte der reinen Vernunft“[14], die Kant auf einer der letzten Seiten der *Kritik der reinen Vernunft* als Aufgabe benennt, die künftiger Erfüllung harre. Richard Schaeffler hat sich mit dieser Aufgabe mehrfach und ausführlich befasst und einen methodischen Leit-

12 Vgl. Henrich, „Die Grundstruktur“, 115.
13 Vgl. Henrich, „Selbsterhaltung“, 309–311.
14 Kant, „Kritik“, 550.

faden für ihre Einlösung benannt: die Kantische Gegenstandskonstitution müsse verschränkt werden mit einer Hegelschen Subjektkonstitution, in der erfahrene Inhalte die Formen der Erfahrung verwandeln – aber so, dass das Subjekt diesen Verwandlungsprozess nicht nochmals in seiner Regie habe (wie bei Hegel) und eine Art Selbstgespräch führe, sondern sich – streng Kantisch – wegen der Endlichkeit der Vernunft dem Unverfüglichen ausgesetzt begreife und, gleichsam auf dieses hinhörend, in einen Dialog mit dem Anspruch des Wirklichen eintrete.[15]

Aus Gründen der bereits vorgenommenen Herleitung der Geschichtlichkeit aus der wissenden Selbstbeziehung folgt, dass Geschichte in diesem transzendentalen Sinn die Konnotation des Unverfüglichen an sich zieht und damit selbst zu einem Theologoumenon avanciert: Gott und Geschichte gleiten in gewissem Sinn ineinander. Genau das meint Henrich in den Schlussbemerkungen seines Essays *Selbsterhaltung und Geschichtlichkeit*, wenn er darauf aufmerksam macht, dass die neuzeitliche Erfahrung von Geschichte hinsichtlich der Selbsterfahrung des Subjekts als seinerseits geschichtlichen einen Gottesbegriff adaptiere, wie ihn Spinoza, Fichte und Hegel in Gebrauch genommen hätten – einen Gottesbegriff also, der sich unabhängig halte von Schöpfung und in polemischer Opposition stehe zu Erlösungsgedanken, vielmehr im Rahmen theoretischer Fassungen der für das Subjekt unabdingbaren Selbsterhaltung als (in sich unbegreiflicher) interner Grund von deren Dynamik zu veranschlagen bleibe.[16]

Systematisch gewendet heißt das: Geschichtlichkeit und die Frage nach einem gründenden Grund von Subjektivität, die sich ja in jener Unverfüglichkeit seiner selbst meldet, treten simultan hervor. Gerade wegen der Geschichtlichkeit aber ist nicht mehr einfach ein Rekurs auf die herkömmliche Beantwortung der Frage nach dem Grund, also ein Verweis auf einen Schöpfer- und Erlösergott möglich – diesen Weg verschließt die Logik der gegen alle Fremderhaltung immunen Selbsterhaltung als Quellgrund der Geschichtlichkeit. Genau diese Grunderfahrung ist heute mittlerweile bis auf die Alltagsebene durchgesickert: „Wenn ich in Afrika geboren wäre, könnte ich genauso gut Muslim sein oder in China Buddhist", bekommen etwa Religionslehrer zu hören. Das hat zur Folge, dass sich die Bestimmungsform des Verhältnisses von Vernunft und Gottesgedanke eben wegen der unhintergehbaren Geschichtlichkeit der wissenden Selbstbeziehung grundlegend verändert. Dieter Henrich hat sich diesbezüglich lange Jahrzehnte so karg geäußert wie einst Kant über Selbstbewusstsein. Im Gang der letzten Jahre allerdings hat er vor allem im Anschluss an die Philosophie Hölder-

15 Vgl. zuletzt Schaeffler, *Philosophische Einübung*, 76–212. Dort finden sich auch Hinweise auf vertiefende Arbeiten Schaefflers.

16 Vgl. Henrich, „Selbsterhaltung", 312–313.

lins eine „Lehre vom Grund“ entfaltet, die mir eine hoch brisante Herausforderung der christlichen Theologie zu sein scheint, weil sie gerade den Stachel der Geschichtlichkeit bis in die Mitte des Verhältnisses von Vernunft und Glaube oder genauer: von Vernunft und Gottesgedanke treibt.

3 Vom Subjektgedanken an die Grenzen des Wissens gehen

Den Einsatzpunkt für die folgende Überlegung bildet wiederum die wissende Selbstbeziehung des selbstbewussten Subjekts. Jeder Versuch seiner Herleitung aus oder Rückführung auf anderes endet nachweislich zirkulär oder in einem infiniten Regress.[17] Wo das trotzdem versucht und der Gedanke unhintergehbarer Subjektivität als „monologisch“[18] desavouiert wird, bleibt unbedacht, dass sich das Subjekt notwendig in präreflexiver Vertrautheit unhintergehbar in dieser Selbstbeziehung findet, diesem Wissen um sich als sich, zu dem unabtrennbar auch ein cartesianisches Moment von Wirklichkeitsgewissheit in Bezug auf sich selbst gehört. Zugleich aber gewahrt sich dieses selbstbewusste Subjekt doppelt von sich weg verwiesen: zum einen auf eine Welt, der es sich zugehörig und in die es sich sozusagen einschreiben muss als eines von deren unabsehbar vielen Momenten oder Entitäten. Und zum anderen erfährt es sich dadurch, dass es sich weder selbst ins Dasein gebracht hat, noch in diesem von selbst einfach fortbesteht, auf einen es freisetzenden und tragenden Grund verwiesen. Dieser Grund ist dem Subjekt insofern radikal entzogen, als es mit Gewissheit sagen kann, dass es sich bei diesem Grund weder um eine gegenstandsförmige Instanz handeln kann, sofern das Subjekt dann hinter das es selbst Grundlegende zurückgreifen könnte, noch um eine Instanz der gleichen Art wie das selbstbewusste Subjekt, weil sich sonst dessen Ausgangsfrage nach dem eigenen, unverfüglichen Herkommen nur iteriert stellen würde. Klar ist insofern aber auch, dass es sich bei so etwas im buchstäblichen Sinn Unbe-Ding-tem, ja „Unbedingbarem“ (um mit Schelling zu sprechen[19]), weil frei von aller Dinglichkeit zu denkendem Grund, nicht um einen Grund jenseits des zu Begründenden, sondern um ein Nicht-Objektives, also seinerseits dem Subjekt Zugehöriges, d. h. einen „Grund im Bewusstsein“[20] handeln muss und der darum auch

17 Vgl. Müller, *Wenn ich ‚ich‘ sage*, Kap. 5.1.3.1 und Henrich, „Mensch als Subjekt“, 27–50.
18 Knapp, *Verantwortetes Christsein*, 205.
19 Vgl. Schelling, „Vom Ich als Prinzip“, 164.
20 Henrich, *Der Grund.*

> [...] das, was Bewusstheit ausmacht, allererst und jederzeit ermöglicht, weshalb er in jedem Vollzug von Bewusstheit als operativ vorausgesetzt werden muß.[21]

In unmittelbarem Zusammenhang damit macht Henrich noch auf ein weiteres Moment aufmerksam, das die Ausfaltung des in Frage stehenden Gedankens vom Grund in einem einzigen weiteren Schritt sogleich an die Schwelle einer theologischen Anschlussreflexion führen wird. Die eben zitierte Passage geht folgendermaßen weiter:

> Aus diesem Verhältnis ergibt sich schließlich die Schwierigkeit, wie es zu verstehen ist, dass ein Grund dahin wirkt, dass wir doch aus uns selbst heraus tätig sind, und die Aufgabe, das Bewusstsein unserer Abhängigkeit mit dem Bewusstsein unserer Selbsttätigkeit in einem stabilen Gesamtbewusstsein miteinander zusammenzuführen.[22]

Anders gewendet: Wie können unhintergehbarer Selbstand und Unverfüglichkeit des Aufkommens von Bewusstsein vermittelt werden? Anhalt für eine Beantwortung dieser Frage findet Henrich bei Hölderlin, mit Blick auf den er zu „[...] eine[r] minimale[n], aber bedeutsame[n] Charakterisierung des Grundes als solchem“[23] vorstößt. Henrich wörtlich:

> „Es lässt sich nicht denken, dass in ihm [sc. dem Grund; K. M.] Verhältnisse von der Art herrschen, wie sie für unser Selbstbewusstsein charakteristisch sind. Dann würde sich nämlich nicht nur zwingend eine unabschließbare Sequenz weiterer Grundvoraussetzungen ergeben. Es würde vielmehr gar nicht verständlich sein, wie aus einer Situation, die ebenso wie die unsrige durch die der Einheit selbst noch innewohnende Trennung [sc. von Selbstand und Abhängigkeit; K. M.] definiert ist, eben diese Einheit und Einheitsweise hervorgehen könnte, um deren Verstehbarkeit willen ihr der Grund vorausgesetzt worden ist. So müssen wir also diesem Grund sowohl eine von solcher Trennung unberührte Geschlossenheit wie eine Kapazität zum Übergang aus dieser Geschlossenheit zu einer Einheit zusprechen, die ihrerseits Trennung in der Einheit aufweist.[24]

Hölderlin spricht, wenn er diesen Grund jenseits aller Trennung denkt, von „Seyn“, die Potenz zu ursprünglicher Teilung (Hölderlins „Urtheil“) eignet ihm, sofern er als für die Trennung im Selbstbewusstsein aufkommender Grund gedacht wird. Und jetzt der bereits avisierte Schritt an die theologische Schwelle:

---

21 Henrich, „Mit der Philosophie“, 96.
22 Henrich, „Mit der Philosophie“, 96.
23 Henrich, „Hölderlin“, 305.
24 Henrich, „Hölderlin“, 305.

> Wenn Trennungslosigkeit aber Sein schlechthin definieren sollte, dann ließe sich wohl diesem Grund auch das Prädikat der Unendlichkeit beilegen, das seit langem das nur als Singular zu denkende Absolute hat auszeichnen sollen.[25]

Daraus aber folgt, dass wir kraft unserer wissentlichen Selbstbeziehung und aus ihr auf das Unendliche als den uns freisetzenden Grund verwiesen sind und darauf, dass Selbstbewusstsein seine charakteristische Verfassung eben von diesem Grund her gewinnt. Und in Hölderlins Rede von der „Urtheilung" sieht Henrich zumindest angedeutet, dass das Sein jenes Unendlichen im Gang dieses Begründens ins Endliche, Begründete, also ins Bewusstsein eingeht und darum im Gegenzug diesem alle für es konstitutiven Momente „[...] unter einem Index von Unbedingtheit erscheinen können, der sich von der Unendlichkeit des Ursprungs herleitet."[26]

Ich breche an dieser Stelle mein Maßnehmen an Henrichs durch Hölderlin angeleiteter verheutigter idealistischen Denkform ab. Henrich selbst faltet sie im Weiteren in eine bewegende, beinahe existenzphilosophisch zu nennende Anthropologie aus, die, markiert durch Termini wie „Geschenk oder Gnade"[27], „Erinnerung und Dankbarkeit"[28], poetologisch unterfangen an ebenjenen Raum des Theologischen rührt, den ich nachfolgend im unmittelbaren Ausgang vom vorausgehend entwickelten Gedanken betreten möchte.

4 Nagelprobe: Das ‚und' zwischen Gott und Welt denken

Sehr direkt scheint mir auf der Hand zu liegen, dass über diesen subjekttheoretischen Angang eine ausgesprochen lösungsträchtige, weil klassische Aporien entwirrende Form von Gottdenken inklusive der Einlösung seiner *ontological commitments* gewinnbar ist. In der Instanz ihres eigenen Wirklichkeitsbewusstseins muss sich selbstbewusste Subjektivität den notwendigen Gedanken des sie tragenden Grundes als von Wirklichkeit gedeckten voraussetzen. Und sie muss das so tun, dass ihr dieser wirkliche Grund als Grund *in ihr selbst* epistemisch zugänglich wird, wenngleich ontologisch gesehen dieses In-Sein gar kein anderes als ein In-Sein des Endlichen im Unendlichen sein kann. Das ist im Übrigen ein Gedanke, den strukturell auch Thomas von Aquin schon kennt, wenn er in der *Summa theologiae* schreibt,

---

25 Henrich, „Hölderlin", 305.
26 Henrich, „Hölderlin", 306.
27 Henrich, „Hölderlin", 308.
28 Henrich, „Hölderlin", 321.

> [...] quod, licet corporalia dicantur esse in aliquo sicut in continente, tamen spiritualia continent ea in quibus sunt, sicut anima continet corpus. Unde et Deus est in rebus sicut continens res. Tamen per quandam similitudinem corporalium, dicuntur omnia esse in Deo, inquantum continentur ab ipso.[29]

Während Thomas freilich dieses In-Sein der Dinge als „per quandam similitudinem corporalium", also als eine aus dem Sinnlichen geschöpfte Metapher[30] qualifiziert, bahnt sich im Horizont der subjektphilosophischen Denkform in ihm der Überstieg in eine idealistisch untrennbar epistemisch *und* ontologisch neue Dimension an. Die beschriebene enge Verschränkung von Gründendem und Begründetem führt aus sich zu einem im strengen Sinn spekulativen Begriff von Selbstbewusstsein als einem „Sich im Anderen seiner selbst als sich selbst wissen."[31] Eben dieser Begriff aber kann nur auf dem Boden des Gedankens der All-Einheit ausgebildet werden. Henrich selbst geht auf diesen Gedanken aus ganz verschiedenen Richtungen zu: Einmal begegnet er bereits als eine der beiden elementaren Selbstdeutungen von Selbstbewusstsein angesichts seiner spannungsgeladenen Doppelerfahrung von unhintergehbarer Zentralität einerseits und Verwiesenheit auf eine Welt als eines ihrer vielen Momente. Andererseits vermag der Gedanke der All-Einheit die irreduzible Dualität zwischen den Einzeldingen der Welt und der Ordnung, in der sie begegnen, zu übergreifen. Und das wiederum entspricht der Weise, wie das sich selbst unverfügliche Subjekt sich mit seinem es ermöglichenden Grund zusammendenkt. Jedes Mal geht es darum, „die Form dieser Welt und [...] die Grunddifferenz, die sie impliziert"[32] zu übergreifen. Ich nehme den Gedanken nachfolgend nur von der letztgenannten dritten Auftrittsweise her in Anspruch.

Der Gehalt des Gedankens der All-Einheit an sich ist uralt und bestimmt meines Erachtens alle Religionen zutiefst – das rührt daher, dass er, wie erwähnt, eine der elementaren Weisen der Selbstdeutung von Subjektivität repräsentiert. All-Einheit durchwaltet nicht nur die fernöstlichen Religionen, wo sie unmittelbar manifest wird, sondern genauso – wenn auch meist subkutan – die Monotheismen, allen voran das Christentum, wie es mir scheint. Sein monistischer Tiefenstrom seit Anbeginn bis in Gegenwartstheologien hinein ist weitreichend verdeckt oder vergessen, bisweilen auch (mit dem Totschläger „Pantheismusverdacht") bestritten.[33] Gleichwohl können elementare Züge des Christlichen,

---

29 Thomas von Aquin, *Summa theologiae* I q8 a1 ad2.

30 Vgl. Gregersen, „Three Varieties", 23–24.

31 Vgl. Henrich, „Selbstbewußtsein", 175.

32 Henrich, „Mit der Philosophie", 101.

33 Vgl. dazu die einschlägigen Beiträge in Müller, *Dogma* und Müller, *Streit*.

seiner Theologie und Spiritualität ohne ihn nicht einmal im Ansatz begriffen werden (aber das ist ein eigenes Thema). Hier geht es mir darum, hervorzuheben, dass der Idealismus von Wesen monistisch strukturiert, also eine Form von All-Einheitsdenken ist, eine Form jedoch, die gerade nicht alles Bestimmte, Differenzierte verschwinden lässt, wie Kritiker gern behaupten. Im Gegenteil: „Es ist ein Verdienst erst der klassischen deutschen Philosophie, diesen Gedanken so weit entwickelt zu haben, dass er mit der Wirklichkeit der Einzelnen vereinbar wird."[34]

Leitend ist dabei die Intention, Differenz und Beziehung nicht als ein Letztes in Geltung zu setzen, weil beides logisch (!) nur auf der Folie einer Einheitsintuition überhaupt in seiner begrifflichen Struktur und Leistung fassbar wird, dabei aber schon kraft des ‚All-' in der All-Einheit eben Vieles eingeschlossen zu denken und in seiner Vielheit nicht auszulöschen (sonst bräuchte man gar nicht von ‚All-' zu reden!). Und wenn so das Viele von Wesen simultan mit dem auftritt, was über alle Differenzen hinaus greift als All-Eines, aus dem die Vielheit des Einzelnen überhaupt erst hervorgeht, ist dieses All-Eine in jedem Moment des Auftretens der Einzelnen der Vielheit in diesen gegenwärtig und verleiht ihnen zugleich in ihrer Einzelheit eine Bedeutung, „die auf nichts anderes relativ ist."[35] Kommen entschiedene Denker einer fundamentalisierten Differenz zu einer solchen Nobilitierung des Einzelnen? Mir will scheinen: Nein! Auch dem schärfsten Argument dieser Alternative kann die idealistische All-Einheit standhalten – dem Schwert der Theodizee:

> Auch die Hinfälligkeit des Einzelnen und sein Gang in ein Ende, das ihm für definitiv gilt, werden vom Gedanken der All-Einheit nicht aufgehoben. Selbst das Leid und die Angst in diesem Vergehen werden von ihm nicht abgestoßen, sondern umgriffen. Denn dass das Einzelne seinen Ort im All-Einen hat, bedeutet nicht das Dementi, sondern die definitive Bestätigung seiner Endlichkeit, die wiederum sein Vergehen und somit alles einschließt, was das Endliche in seinem Vergehen befällt. Insofern bleibt dieser Erfahrungsart immer etwas gemeinsam mit dem Bewusstsein vom Ausstand der Bergung des bewussten Lebens – wenn denn solche Bergung nur das sein könnte, was in den Religionen Erlösung und Beseligung heißt.[36]

Wer im christlich-theologischen Raum nach affirmativen Korrespondenzen dieses philosophischen Gedankens suchte, könnte etwa beim Cusaner, bei Teresa de Jesus, Vladimir Solov'ëv, Karl Rahner, Alfred Delp und Jochen Klepper fündig werden, um nur einige zu nennen.[37]

---

34 Henrich, „Mit der Philosophie", 101.
35 Henrich, „Mit der Philosophie", 103.
36 Henrich, „Mit der Philosophie", 104.
37 Zu den Belegen vgl. Müller, *Streit*.

Wenn ich nun abschließend versuche, den vorgestellten Ansatz von Gottdenken und seine idealistische Kontur inhaltlich in ein Programm zu übersetzen, so scheint sich mir folgende Agenda nahe zu legen: Wird der Vernunftbegriff so in Anspruch genommen wie vorgeschlagen, dann steht der schultheologische Monotheismus zur Disposition, weil er keine hinreichende Antwort auf das Verhältnis von Absolutem und Endlichem gewährt, sondern im theologischen Krisenprodukt des Schöpfungsgedankens[38] seine Verlegenheit verbirgt. Nicht von ungefähr hat Fichte ausgerechnet in der predigtnahen *Anweisung zum seligen Leben* den Schöpfungsgedanken als den „absoluten Grundirrthum aller falschen Metaphysik und Religionslehre“[39] gebrandmarkt, „denn eine Schöpfung läßt sich gar nicht ordentlich denken – das was man wirklich denken heißt – und es hat noch nie irgend ein Mensch sie also gedacht“[40], weshalb auch der Johannesprolog den Anfang der Genesis durch den Logosgedanken korrigiere:

> [...] im direkten Widerspruche, und anhebend mit demselben Worte, und statt des zweiten, falschen, an derselben Stelle das Rechte setzend, um den Widerspruch herauszuheben, – nein, sagt Johannes: im Anfange [...] d. h. ursprünglich und vor aller Zeit, schuf Gott nicht, und es bedurfte keiner Schöpfung, – sondern es – War schon; es war das Wort – und durch dieses erst sind alle Dinge gemacht.[41]

Systematisch gesagt: Ohne Idealismus gibt es nolens volens keine dichte Logos-Rede, und wenn man sich auf diese einlässt, bedarf der Schöpfungsgedanke der kritischen Revision.

Wer das ablehnt, hat eine Alternative. Sie hieße: Der traditionelle Monotheismus ist konsistent – aber dann verstehen wir ihn nicht und zündeln damit gut kierkegaard'sch-protestantisch und zugleich postmodern mit einem arationalen Überhang in der Religion.[42] Im Hintergrund dieser zugegeben auf den ersten Blick sperrigen These steht die aus dem enzyklopädischen, geschichtlichen (!) Durchgang durch die denkerische Architektonik der Hochreligionen gewonnene Überzeugung Eric Voegelins,

> dass [...] eine Metaphysik, welche das Transzendenzsystem der Welt als den immanenten Prozeß einer göttlichen Substanz interpretiert, die einzig sinnvolle systematische Philosophie ist, weil in ihr zumindest der Versuch gemacht wird, die bewusstseinstranszendente

38 Zu diesem Charakter des biblischen Schöpfungsgedankens vgl. Sloterdijk und Jüngel, „Disput“, 28.

39 Fichte, „Anweisung“, 117–118.

40 Fichte, „Anweisung“, 118.

41 Fichte, „Anweisung“, 118.

42 Vgl. Hoff, „Gewalt“, 1.

> Weltordnung in einer ‚verstehbaren' Sprache zu interpretieren, während jede ontologisch anders fundierte Metaphysik zur Unmöglichkeit, die Transzendenz immanent zu verstehen, noch den Widersinn hinzufügt, sie in ‚unverständlicher', d. h. nicht an der einzig ‚von innen' zugänglichen Erfahrung des Bewußtseinsprozesses orientierter Sprache zu interpretieren. [43]

Voegelin hat, wie mir scheint, genau den Punkt getroffen. Die daraus resultierende systematisch-theologische Wahrnehmung der Aufgabe, Monotheismus und All-Einheit zusammenzuhalten, wäre gerade der christlich-katholischen Denkform auf den Leib geschrieben, wenn sie in ausreichendem Maß den philosophischen Verpflichtungen nachzukommen bereit ist, die mit einem solchen Unternehmen verbunden sind. Solche Theologie stellte sich der spätestens nach Spinoza, Kant und der idealistischen Zusammenführung beider Denkperspektiven[44] nicht mehr hintergehbaren Herausforderung, Gott so zu denken, dass er „zugleich persönlich und alles ist"[45], um eine Formel Peter Strassers aufzugreifen, die wie von Schelling aufgenommen klingt: Gott ist „das Einzelwesen, das alles ist[46], heißt es an einer Stelle der *Philosophie der Offenbarung*. Die Einlösung der mit diesem Begriff gestellten Aufgabe ist Schelling auch in dem über Jahrzehnte sich erstreckenden *Weltalter*-Projekt nicht gelungen, den Nachfolgenden – gerade den Ambitioniertesten, die sich unter dem Titel des „Spekulativen Theismus" dem gemeinsamen Anliegen verbanden – auch nicht. Hermann Lotze erblickte den Grund dieser Abbrüche darin, dass in diesen Projekten das „System der Freiheit [...] offner in einen Dualismus übergegangen [ist] als es die Anhänger desselben zugestehen."[47]

Auch die Rosmini-Gioberti-Debatte gehört in diesen Zusammenhang, desgleichen der sogenannte ‚Great War' zwischen dem jungen C. S. Lewis und seinem Freund Owen Barfield.[48] Und zeitgleich hat der deutsche Dichter Alfred Döblin mit dem Problem gerungen.[49] Sie alle waren Querdenker und Grenzgänger und sind darum meist aus ideenpolitischen Gründen philosophisch und theologisch ins Abseits gedrängt worden. Das Projekt selbst hat, wenn ich recht sehe, heute unter dem Vorzeichen eines bereits im Gang befindlichen „Panentheistic Turn"[50] neue Aussichten. Dieser Turn ist im Wesentlichen von prozessphilosophischen

---

43 Voegelin, *Anamnesis*, 50–51 und Henrich, *Between Kant*, 73–81.
44 [45] Vgl. Henrich, *Between Kant*, 73–81.
45 Strasser, *Der Gott*, 191 und auch das Motiv bei Henrich, „Eine philosophische Begründung", 19.
46 Schelling, *Philosophie*, 174.
47 Lotze, *Metaphysik*, 322.
48 Vgl. Adey, *C. S. Lewis's* und auch Feinendegen, *Denk-Weg*.
49 Vgl. Müller, *Selbstbeziehung*, 235.
50 Brierley, "Naming", 1–15.

Motiven getragen. Eine Metaphysik und Theologie, die die Herausforderung durch das alle moderne Naturwissenschaft leitende Paradigma der Evolution ernstnehmen, können diese Motive nicht ignorieren. Umgekehrt scheint mir ihre Verknüpfung mit der idealistischen Denkform ausgesprochen geeignet, den vorausgehend skizzierten Gottesgedanken auch trinitätstheologisch und christologisch fortzuschreiben. Das aber würde diese zentralen Themenfelder von selbst anschlussfähig machen für die dringlich anstehenden religionstheologischen Diskurse. Wenn je etwas, dann sind sie *dies* – Naturwissenschaft und Religionen – *die* gegenwärtigen Herausforderung im Koordinatenkreuz von Vernunft und Glaube. Und welche Theologie wäre dafür besser aufgestellt als eine, die sich der Form nach streng an den Logos bindet, von dem sie zugleich glaubt, dass sie sich seinem freigebigen, geschichtlichen Wirklichsein verdankt.

Literaturverzeichnis

Adey, Lionel, *C. S. Lewis's ‚Great War' with Owen Barfield*, 2. Aufl., English Literary Studies 14. Victoria 2000.

Borgolte, Michael, *Christen, Juden, Muselmanen*: *Die Erben der Antike und der Aufstieg des Abendlandes 300 bis 1400 n. Chr.*, Siedler Geschichte Europas II. München 2006.

Brierley, Michael W., "Naming a Quiet Revolution: The Panentheistic Turn in Modern Theology." In *In Whom We Live and Move and Have Our Being: Panentheistic Reflections on God's Presence in a Scientific World*, hrsg. v. Philip Clayton u. Arthur R. Peacocke, 1–15. Grand Rapids, Mich. u. a. 2004.

Feinendegen, Norbert, *Denk-Weg zu Christus*: *C. S. Lewis als kritischer Denker der Moderne*, Ratio fidei 37. Regensburg 2008.

Fichte, Johann Gottlieb, „Die Anweisung zum seligen Leben, oder auch die Religionslehre." In *Zur Religionsphilosophie*, hrsg. v. Johann Gottlieb Fichte u. Immanuel Hermann von Fichte, 397–574, Fichtes Werke 5. Berlin 1971.

Flasch, Kurt, *Meister Eckhart*: *Die Geburt der ‚Deutschen Mystik' aus dem Geist der arabischen Philosophie*, 2. Aufl. München 2008.

Gregersen, Niels H., "Three Varieties of Panentheism." In *In Whom We Live and Move and Have Our Being: Panentheistic Reflections on God's Presence in a Scientific World*, hrsg. v. Philip Clayton u. Arthur R. Peacocke, 19–35. Grand Rapids, Mich. u. a. 2004.

Grillmeier, Alois, *Von der apostolischen Zeit bis zum Konzil von Chalcedon (451)*, 3., verb. u. erg. Aufl. Jesus der Christus im Glauben der Kirche I. Freiburg u. a. 1990.

Grillmeier, Alois, *Das Konzil von Chalcedon (451). Rezeption und Widerspruch (451–518)*, 2. Aufl. Jesus der Christus im Glauben der Kirche II,1. Freiburg u. a. 1991.

Grillmeier, Alois, *Die Kirche von Konstantinopel im 6. Jahrhundert*, Jesus der Christus im Glauben der Kirche II,2. Freiburg u. a. 1989.

Grillmeier, Alois, *Die Kirche von Alexandrien mit Nubien und Äthiopien nach 451*. Jesus der Christus im Glauben der Kirche, II,4. Freiburg u. a. 1990.

Harnack, Adolf von, *Das Wesen des Christentums*, hrsg. u. komm. v. Trutz Rendtorff, Neuedition d. Druckaufl. v. 1929. Gütersloh 1999.

Henrich, Dieter, „Selbstbewußtsein und spekulatives Denken." In *Flucht-linien: Philosophische Essays*, hrsg. v. Dieter Henrich, 125–181. Frankfurt am M. 1982.

Henrich, Dieter, *Der Grund im Bewußtsein: Untersuchungen zu Hölderlins Denken (1794 – 1795)*. Stuttgart 1992.

Henrich, Dieter, „Die Grundstruktur der modernen Philosophie: Mit einer Nachschrift: Über Selbstbewußtsein und Selbsterhaltung." In *Subjektivität und Selbsterhaltung: Beiträge zur Diagnose der Moderne*, hrsg. v. Hans Ebeling. Neuausg., 97–143, STW 1211. Frankfurt am M. 1996.

Henrich, Dieter, „Selbsterhaltung und Geschichtlichkeit." In *Subjektivität und Selbsterhaltung: Beiträge zur Diagnose der Moderne*, hrsg. v. Hans Ebeling. Neuausg., 303–313, STW 1211. Frankfurt am M. 1996.

Henrich, Dieter, „Eine philosophische Begründung für die Rede von Gott in der Moderne: Sechzehn Thesen." In *Die Gottrede von Juden und Christen unter den Herausforderungen der säkularen Welt: Symposion des Gesprächskreises ‚Juden und Christen' beim Zentralkomitee der Deutschen Katholiken am 22./23. November 1995 in der Katholischen Akademie Berlin*, hrsg. v. Dieter Henrich u. a., 10–20, Religion – Geschichte – Gesellschaft 8. Münster 1997.

Henrich, Dieter, *Between Kant and Hegel: Lectures on German Idealism*, hrsg. v. David S. Pacini. Cambridge, Mass. u. a. 2003.

Henrich, Dieter, „Mensch als Subjekt in den Weisen seines Mitseins." In *Einsamkeit – Kommunikation – Öffentlichkeit: Internationaler Karl-Jaspers-Kongress Basel, 16.–18. Oktober 2002*, hrsg. v. Anton Hügli u. a., 27–50. Basel 2004.

Henrich, Dieter, „Hölderlins Philosophische Grundlehre, in der Begründung, in der Forschung, im Gedicht." In *Anatomie der Subjektivität: Bewusstsein, Selbstbewusstsein und Selbstgefühl*, hrsg. v. Thomas Grundmann, 300–324, STW 1735. Frankfurt am M. 2005.

Henrich, Dieter, „Mit der Philosophie auf dem Weg." In *Die Philosophie im Prozeß der Kultur*, hrsg. v. Dieter Henrich, 72–106, Suhrkamp-Taschenbuch Wissenschaft 1812. Frankfurt am M. 2006.

Henrich, Dieter, „Die Philosophie in der Sprache." *Information Philosophie* 35,3 (2007): 7–19.

Hoff, Johannes, „Gewalt oder Metaphysik: Die Provokation aus Rom." Ein Essay, In *Die Zeit-Online*. 21. 09. 2006. 1–6. [letzter Zugriff: 12. Januar 2011].

Kant, Immanuel, „Kritik der reinen Vernunft", In *Kant's gesammelte Schriften*, hrsg. v. der Königlich Preußischen Akademie der Wissenschaften III, Berlin 1911.

Knapp, Markus, *Verantwortetes Christsein heute: Theologie zwischen Metaphysik und Postmoderne*. Freiburg u. a. 2006.

Lotze, Hermann, *Metaphysik*. Leipzig 1871.

Müller, Klaus, *Wenn ich ‚ich' sage: Studien zur fundamentaltheologischen Relevanz selbstbewußter Subjektivität*. Regensburger Studien zur Theologie 46. Frankfurt a. Main u. a. 1994.

Müller, Klaus, „Wissen und Glauben: Christlicher Aristotelismus im Mittelalter." In *Klassische Fragen der Philosophiegeschichte: I. Antike bis Renaissance*, hrsg. v. Franz Gniffke u. a., 153–178, Münsteraner Einführungen Philosophie 1. Münster 2002.

Müller, Klaus, „...was überhaupt wirklich und was ein erstes Wirkliches ist: Mit Dieter Henrich unterwegs zu letzten Gedanken." In *Auf Erkundung: Theologische Lesereisen durch fremde Bücherwelten*, hrsg. v. Gregor M. Hoff., 149–165. Mainz 2005.

Müller, Klaus, *Dogma und Denkform: Strittiges in der Grundlegung von Offenbarungsbegriff und Gottesgedanke*. Ratio fidei 25. Regensburg 2005.

Müller, Klaus, „Vergessene Dialektik der Aufklärung? Gaudium et spes, die Moderne und ein Stück Wirkungsgeschichte." In *Kirche in der Welt: 40 Jahre „Gaudium et Spes"*, hrsg. v. Jürgen Werbick u. a., 103–112, Colloquia theologica 6. Oppeln 2005.
Müller, Klaus, *Streit um Gott*: *Politik, Poetik und Philosophie im Ringen um das wahre Gottesbild*. Regensburg 2006.
Müller, Klaus, „Selbsterhaltung: Ein stoisches Korrektiv spätmoderner Kritik am modernen Subjektgedanken." *Philotheos: International Journal for Philosophy and Theology* 7 (2007): 80–89.
Müller, Klaus, *Selbstbeziehung und Gottesfrage*. Glauben, Fragen, Denken III. Münster 2010.
Pröpper, Thomas, *Erlösungsglaube und Freiheitsgeschichte*: *Eine Skizze zur Soteriologie*, 2., erw. Aufl. München 1991.
Schaeffler, Richard, *Philosophische Einübung in die Theologie: Erster Band: Zur Methode und zur theologischen Erkenntnislehre*. Scientia & Religio I,1. Freiburg u. a. 2004.
Schelling, Friedrich W., *Philosophie der Offenbarung* I,8, Darmstadt, 1974.
Schelling, Friedrich W., „Vom Ich als Prinzip der Philosophie oder über das Unbedingte im menschlichen Wissen." In Schelling, Friedrich W., *Historisch-kritische Ausgabe* 1,2, hrsg. v. Hans M. Baumgartner, 67–115, Stuttgart 1980.
Sloterdijk, Peter und Eberhad Jüngel, „Disput über die Schöpfung." In *Verein Ausstellungshaus für christliche Kunst: Jahrbuch 2001*. Regensburg 2001.
Strasser, Peter, *Der Gott aller Menschen*: *Eine philosophische Grenzüberschreitung*. Bibliothek der Unruhe und des Bewahrens 1. Graz 2002.
Theunissen, Michael, *Selbstverwirklichung und Allgemeinheit*: *Zur Kritik des gegenwärtigen Bewußtseins*. Berlin u. a. 1982.
Thomas von Aquin, *Über sittliches Handeln*: *Summa theologiae I – II q. 18 – 21 ; lateinisch/ deutsch*, hrsg. v. Rolf Schönberger u. Robert Spaemann. Universal-Bibliothek 18162. Stuttgart, 2008.
Voegelin, Eric, *Anamnesis*: *Zur Theorie der Geschichte und Politik*. München 1966.

Jürgen Werbick

Heilige Schrift und kirchliche Tradition – Identifikationsorte christlichen Glaubens

Abstract: This contribution examines the hermeneutical question of how to identify what is genuinely Christian in Holy Scripture and church tradition. Whereas Catholic theology usually resorts to scripture and tradition as sources of authoritative faith and teaching, an attempt is made here to develop an understanding of scripture and tradition as a dynamic witness discourse, enabling the witnessing community to be assured of the faith-making meaning of God's normative revelation. The Christian canon not only ties the witnesses of the Old and the New Testaments together but also commits the churches to define what is decisively and properly Christian through a responsible participation in a reinterpretation process of these normative witnesses.

1 Identifikationsorte des Christlichen?

Der Titel des Beitrags trifft eine grundlegende hermeneutische Entscheidung, welche – so die These, die es zu entfalten gilt – das Christliche selbst wesentlich ausmacht. Mit dieser hermeneutischen Entscheidung verbindet sich eine für das Christliche vielleicht spezifische Fragestellung oder eine signifikante Verschiebung in einer an sich selbstverständlichen Fragestellung. Die entscheidende Frage im Blick auf das, was das Christliche ausmacht, lautet nicht: Was ist das Christliche eigentlich? sondern: Wo und wie lässt es sich identifizieren? Das mit dieser zweiten Frage Erfragte versteht sich ganz und gar nicht von selbst. Der Hinweis auf die Heiligen Schriften des Alten und des Neuen Testaments beantwortet die Frage bei weitem nicht präzis genug, weil es alles andere als selbstverständlich ist, wie die Heiligen Schriften zu lesen wären, damit sie Auskunft geben könnten über das *entscheidend* Christliche. Das aber scheint christlich die eigentliche und vielleicht nie definitiv zu beantwortende Frage zu sein: Wie sind die Heiligen Schriften zu lesen? Als Informationen, als normative Vorgaben für moralische und kultische ‚Richtigkeit', als Markierungen für die rechtgläubige *Fides quae*, als Zusammenstellung exemplarischer Glaubens-‚Existenzen'? Die theologisch ‚richtige' Antwort wäre zweifellos: als Zeugnisse. Aber als Zeugnisse wovon? Was sind Zeugnisse überhaupt? Und eng mit dieser Frage verbunden: Warum diese verwirrende Vielfalt von Zeugnissen, die sich bestimmt nicht auf einen Lehrbegriff bringen lassen, weil sie gar nicht auf einer gemeinsamen Ebene verstanden und nebeneinander gestellt werden können?

Nur eins scheint klar: Der Raum kirchlicher Traditionen spannt sich auf und wird hermeneutisch so enorm wichtig, weil sich die Frage nicht von selbst versteht und beantwortet, wie die Heiligen Schriften als *Zeugnisse* zu verstehen sind und was sie in ihrer bis zur Widersprüchlichkeit reichenden Vielstimmigkeit als Gottes Wort bezeugen. Kirchliche Tradition ist der Raum, der von den unterschiedlichen Antworten auf diese Frage abgesteckt, wenn man so will aufgespannt wird, in dem es spannend und spannungsreich zugeht – bis an die Grenze zur eisenhaltigen Auseinandersetzung und leider auch darüber hinaus, weil sich auch und gerade an den Identifikationsorten des Christlichen nicht von selbst versteht und umstritten ist, was das Christliche ‚eigentlich' ausmacht.

Identifikationsorte des Christlichen sind die als christliche ‚Referenzgrößen' anerkannten Urzeugnisse und die kirchlich-normativen Auslegungen, die sie gefunden haben: die Bezeugungen, die es kirchlich zum Status einer normativen Auslegung der Urzeugnisse gebracht haben. Aber was sagen die Urzeugnisse zum ‚eigentlich Christlichen'? Wie bezeugen sie das den Glauben begründende und für sich einfordernde Wort Gottes? Sie sagen etwas, sie sagen das Entscheidende, über die Gottesbeziehung der Christen in der höchst spannungsvollen Glaubensgemeinschaft mit den Juden, an deren Heiliger Schrift die Christen teilhaben dürfen, die sich selbst in ihrem Glauben freilich nicht von der Heiligen Schrift des ‚Neuen' Testaments normieren lassen wollen. Das Neue Testament aber sagt Entscheidendes über die Gottesbeziehung der Christen, weil es das Entscheidende über die Gottesbeziehung Jesu, des Christus, sagt. Seine Gottesbeziehung gilt christlich als das Zugänglichwerden einer Gottesbeziehung, in der Gott so verstanden werden kann, wie er verstanden werden will. Jesus Christus hat Gott gültig *exegesiert* (*εξηγήσατο*), so hermeneutisch grundlegend im Prolog des Johannesevangeliums (1,18). Er hat Gott ausgelegt, da er ihn und seinen guten Willen, die Menschen in seiner Herrschaft zu vollenden, gültig bezeugte und lebte.

Jesu Lebens- und Wortzeugnis wird indes nur zugänglich in den Zeugnissen, die dieses Urzeugnis bezeugen, welches sich ja seinerseits – als Gotteszeugnis eines Juden – in den Zeugnis-Kosmos Israels einfügte. Es wird nur zugänglich im Zusammenhang mit dem Zeugnis Israels und durch die vielfältigen Zeugnisse, die im Modus des Bezeugens auf Jesu Zeugnis ‚reagieren'. Es wird nur zugänglich in einem Zeugnisdiskurs, in welchem man von Anfang an gar nicht umhin kam, nach einer Verständigung über das von Jesus, dem Christus, Bezeugte, über den Sinn seiner Gottesexegese, zu kommen und so zu ermitteln, was es hieß, seinen Weg zu gehen, ‚Christ' zu sein. Damit ist der hermeneutische Sinn des christlich grundlegenden Inkarnationsdogmas angesprochen: Gottes Wort teilt sich im Menschenwort mit: Im menschlichen Zeugnis des ‚Menschensohnes', in menschlichen Kommunikationsprozessen und durch sie vermittelt sich Gottes Wesens-Wort. Das Inkarnationsdenken ‚funktioniert' hermeneutisch als die Anweisung, menschliche Diskurse in ihrer Dynamik und inhaltlichen Ausrichtung als Austausch von Erfahrungen, in den aufeinander bezogenen, aufeinander Bezug nehmenden wie auch einander relativierenden Positionierungen nachzuvollziehen. Gerade *in* diesem Nachvollziehen – nicht etwa darüber und davon unabhängig – ist das Sich-Verstehbarmachen des Logos in den Menschenzeugnissen zu vernehmen. Hierin ist das Wort wahrzunehmen, das nicht folgenlos bleiben, sondern in die Nachfolge, zum Zeugnis, rufen und so neues Leben schaffen will.

2 Zeugnisse und ihre Überlieferung

Wir haben das Wort nur in den Antworten, die es bezeugen. Wo und wie wird das Wort in diesen Antworten hörbar und identifizierbar, das eine Gotteswort in den vielen von ihm hervorgerufenen, vielleicht auch nur sich auf es berufenden Antworten und Ansprüchen? Die christlichen Kirchen haben sich der Aufgabe der Vergewisserung des Gottesworts in den menschlichen Zeugnissen und damit auch der Identifizierung des Christlichen auf unterschiedliche Weise gestellt. Das wird an den unterschiedlichen Traditionsverständnissen ablesbar.

Schrift und Tradition sind, gemeinchristlich, ‚Wort-Gottes-Wirklichkeiten', Offenbarungswirklichkeiten. Aber wie wird Offenbarung in ihnen wirklich? Wie geschieht sie in den menschlichen, manchmal allzu menschlichen ‚Diskursen', in denen Situationsdefinitionen ausgehandelt und immer wieder auch gegeneinander ins Spiel gebracht werden und denen man jedenfalls ‚von außen' kaum ansieht, dass es hier um Gottes die Identität des Christlichen normierendes Wort geht? Das ist die hermeneutische Herausforderung von Anfang an. Das herkömmliche katholische Schrift- und Offenbarungsverständnis kennt vor allem diese eine Antwort: Die in Bibel und Tradition niedergelegten Zeugnis-Diskurse sind ‚im Kern' Lehr-Diskurse, welche die Menschen über den ihnen von Gott mitgeteilten ‚richtigen' Weg zum Heil belehren und schließlich unter der Aufsicht des kirchlichen Lehramts dazu führen, dass diese Lehre den Menschen unverfälscht und vollständig zuteil wird, so dass sie diese *glauben* können. Diese Sicht der Dinge hat sich lange gehalten und blieb vielleicht bis in die kirchliche Gegenwart hinein untergründig bestimmend. Max Seckler hat sie als „instruktionstheoretisch"[1] qualifiziert. In Schrift und Tradition geht es danach um Übermittlung und Sicherung des um der ewigen Seligkeit willen auf Gottes und der Kirche Autorität

---

1 Vgl. Seckler, „Offenbarung", 41–61, hierzu 45–47.

hin bereitwillig und vollständig zu Glaubenden. Noch die Erklärung der Kongregation für die Glaubenslehre *Dominus Iesus* aus dem Jahre 2000 begründete die Prärogative der römisch-katholischen Kirche bekanntlich damit, dass diese den „endgültige[n] und vollständige[n] Charakter der Offenbarung Jesu Christi" (vgl. Ziffern 4–5) in der Vollständigkeit ihrer Lehre (etwa zur Eucharistie) und ihrer amtlichen Struktur zur Geltung bringe.[2] Verweist die Kategorie der ‚Vollständigkeit' nicht deutlich auf ein additiv-lehrhaftes Offenbarungs- und Traditionsverständnis und die Vorstellung einer sukzessiven Übermittlung von heilsnotwendigen Wahrheiten, deren Vollständigkeit heilsrelevant ist und deshalb von einer diese Vollständigkeit lehrenden und überliefernden Kirche geschützt werden muss? Die These, die ich hier vorzustellen und zu begründen versuche, lautet: Die Vorstellung einer additiven Übermittlung und Sicherstellung oder gar Ergänzung eines Ensembles heilsnotwendiger Wahrheiten ist weder für das Schriftverständnis noch für das Verständnis kirchlicher Tradition hermeneutisch hilfreich. Es bedarf nach dem oben Ausgeführten einer Reformulierung des Schrift- wie des Traditionsverständnisses im Sinne eines kommunikativen Überlieferungsprozesses, in dem sich die Gemeinschaft der Zeugen der Glauben stiftenden Bedeutung der von ihr als normativ festgehaltenen Gottesoffenbarung je neu vergewissert.

Das Vollständigkeits-Paradigma ist zunächst und vor allem im Blick auf die Bibel hoch problematisch. Ginge es gesamtbiblisch um die sukzessive Vervollständigung heilsnotwendiger Wahrheiten zu einer „organischen Ganzheit"[3] des Glaubens, die dann – in der ‚Endstufe' gewissermaßen – vollständig und umfassend vorläge, so wäre vom Endgültigen und Vollständigen – vom organisch Geordneten – her das noch Unvollständige als überholte Vorstufe mehr oder

2 Vgl. Werbick, „Anspruch", 134–143.

3 Vgl. von Ratzinger etwa: „Glaubensvermittlung", 16. Kardinal Ratzinger greift hier auf ein Bild für den Glauben und dann auch die Theologie zurück, das in der Väterzeit gegen die Häresien stark gemacht wurde, die – so die Unterstellung – Einzelwahrheiten aus dem organischen Zusammenhang reißen. Es geht – nach Irenäus von Lyon – im Kampf gegen die Häretiker darum, jedes Wort an seinen richtigen Platz zu stellen und es so „in den Leib der Wahrheit" harmonisch einzuordnen (Irenäus, *Adversus Haereses* I,9,4). Origenes verlangt von der theologischen Lehre, „ein organisches Ganzes aus all dem [aus den philosophischen Thesen und Verkündigungsinhalten] her[zu]stellen" und so „mit klaren und zwingenden Begründungen in den einzelnen Punkten die Wahrheit [zu] erforschen" (De principiis, I Praefatio 10). In den Diskursen der modernen Wissenschaftstheorie wird eher das Kriterium der Systematizität geltend gemacht (vgl. Werbick, *Einführung*, 22). Dieses Kriterium kann theologisch ernst genommen, aber wohl nur mehr oder weniger erfüllt werden: etwa durch das Nachzeichnen und Begreifen der unauflösbaren Spannungen, die – wie zu zeigen wäre – nicht aufgelöst, sondern nur austariert werden können. So wäre es auch für das Verhältnis von systematischer Theologie und biblischer Exegese vielleicht eher maßgebend und angemessen als das zur Harmonisierung drängende Organismusideal.

weniger irrelevant oder eben nur im Blick auf das, was entscheidend dazukommen musste, von einer relativen Bedeutung. Speziell zur *Bibel Israels*: Das Evangelium von Jesus, dem Christus, vervollständigte in diesem instruktionstheoretischen Konzept die Gottesoffenbarung an Israel in dem Sinne, dass die *Membra disiecta* der Teilwahrheiten und Verweise im Alten Testament erst vom Evangelium her als Verweise und als ‚Teilwahrheiten' lesbar und verstehbar werden. Die alles entscheidende ‚Vervollständigung' der Heilswahrheiten durch das Evangelium von Jesus, dem Christus, würde dann den Sinn des ‚zuvor' unvollständig und vorläufig Offenbarten ausmachen. Man wird sagen müssen, dass dies durchaus lange die normalchristliche Auffassung des Verhältnisses beider Testamente war und vielleicht noch ist, das gemeinchristliche Verständnis von der Einheit der Bibel, das in der christologischen Lektüre des Alten wie des Neuen Testaments gegeben ist: Jesus Christus ist die Erfüllung des Verheißenen, von ihm her erschließt sich der Sinn der Verheißungen.

Aber ‚gehört' die Heilige Schrift dann nicht eigentlich nur den Christen, die sie – als ganze und in allen ihren Teilen – von Jesus Christus her lesen, da sie ja nur von ihm her als Einheit gelesen und verstanden werden könne? Der *Barnabasbrief* hat diesen Anspruch zum ersten Mal ausdrücklich und hermeneutisch folgenreich formuliert: Die Schrift (des Alten Testaments) bleibe in vielem widersprüchlich, dunkel und unverständlich, wenn man sie nicht als Christus-Prophetie verstehe, die sich in Jesus von Nazaret erfülle. Also ‚gehöre' sie *nur* denen, die sie so lesen und so erst wirklich verstehen.

Die exegetischen Wissenschaften haben diese christologische Totalaneignung hermeneutisch definitiv unmöglich gemacht, indem sie nachzeichnen, was die einzelnen Schriften je für sich und im Zusammenhang der Hebräischen Bibel auf ganz unterschiedliche Weise zu verstehen geben und dies zunächst unabhängig von ihrer christologischen Inanspruchnahme. Aber was bedeutet es dann noch, dass sie auch für die Christen *Heilige Schrift* sind? Etwa nur dies, dass sie diese Texte brauchen, um Jesus, den Juden, zu verstehen? Oder werden diese Schriften unter den Händen der Exegeten schließlich zu einer religionsgeschichtlich mehr oder weniger interessanten Bibliothek, so dass man sie als *Heilige Schrift* eben doch nur systematisch-theologisch – im Glaubenszusammenhang, und das hieße für Christen: streng und ausschließlich christologisch – zu lesen hätte?

Die Christen sollten bei den Rabbinen in die Schule gehen, bei ihrem Verständnis von Überlieferung und Schrift. Dabei könnten sie lernen: die Überlieferung, die dann zu den Schriften der Gottesoffenbarung wird, ist das spannungsreiche Geschehen, in dem von JHWH – seiner Ruach – Ergriffene darum ringen, authentisch und für hier und jetzt zu bezeugen, was ihnen von JHWH her widerfahren ist, was sie gesehen haben und deshalb sagen müssen. Nicht um das sukzessive Aneinanderfügen von ‚Wahrheiten' ging es dabei vorrangig, nicht um bloße Aktualisierung, sondern um Anknüpfen an Gesagtes, um Widerspruch gegen Verkürzungen, die man zu sehen meinte, um neue Erfahrungen mit Jahwe, die bezeugt werden ‚mussten', auch um ein ‚Um-Lernen', zu dem geschichtliche Widerfahrnisse zwangen. Zeugen-Kommunikation bedeutet Weiter-Schreiben, Überschreiben, Ineinander-Schreiben, es neu und anders zu sagen, weil man es jetzt nicht mehr *so* sagen kann. In all dem ist die Zuversicht, dass diese Vielstimmigkeit Ihn bezeugt, dass die vielen Stimmen auch da gehört und bewahrt bleiben müssen, wo einzelne von ihnen vielleicht jetzt nicht mehr gut verstanden werden können, wo man ihnen widersprechen möchte. Sie alle zusammen, die dann den Kanon ausmachen, sind zusammenzuhalten – im Zusammenhang wie in mancher Dissonanz; die vielen Stimmen, die nicht nur eine sukzessiv sich entfaltende Botschaft ‚abliefern', sondern den Raum offen halten, in dem Er immer wieder neu widerfährt und bezeugt werden will.

In diesem Raum der Zeugnisse verkündigte Jesus von Nazaret die Botschaft von der nahegekommenen Gottesherrschaft, verkünden die Autoren des Neuen Testaments ihr Christus- und Gottes-Kerygma. Aber es ist nicht so, dass sich im Christus-Kerygma alles konzentrieren und von hier aus alles erschließen müsste. Für die Christen sind diese Stimmen die ‚entscheidenden'. Worüber entscheidend? Über die Identität des Christlichen, gewiss. Aber die Stimmen des Alten Testaments haben auch christlich bleibend ihr eigenes Gewicht; für die Juden sowieso. Sie sprechen für sich, für die Gottes-Widerfahrnisse, die sie bezeugen. Sie sprechen von dem Gott Jesu Christi: spannungsreich, auf Grund von Erfahrungen, die nicht die unseren sein mögen, aber nicht verschwiegen werden dürfen; die uns herausfordern, mitunter nicht einmal ‚rechtgläubig' scheinen, aber auch dann in all ihrer Diskordanz *dazugehören*. Der christliche Kanon bindet eine Kommunikationsgemeinschaft von Zeugen zusammen, weil die Zeugen selbst aufeinander hörten, weil sie zusammengehören und jeder seine Stimme haben soll. Die Kanonentscheidung war eine Entscheidung für ein Zusammengehören, das nicht durch eine lehrhafte Normierung und Identifizierung des darin bezeugten Gottesworts kontrolliert oder gar hervorgebracht wurde, sondern als Kommunikationszusammenhang geschützt werden sollte, weil sich in diesem spannungsreichen Kommunikationszusammenhang und nur in ihm der Gottesgeist mitteilt, der zum Zeugnis inspiriert und die Zeugnisse als solche erschließt.

3 Tradition als Kommunikation

Kanon und Kanon-Bewusstsein: Man kennt die ‚Orte', an denen authentisches Zeugnis zu finden ist; man kennt die Stimmen, die es artikulieren, die Referenzgrößen, an denen das Christliche sich zu finden und zu identifizieren hat. Und man ist genötigt, keinen dieser Orte und keine dieser Stimmen zu ignorieren, da sie im Miteinander und auch in der Spannung zueinander gewürdigt werden wollen. Aber man kann nicht positiv und definitiv und abgesehen davon, *wie* sie es sagen, feststellen, *was* sie sagen – was an ihnen zu finden ist, zu denken, zu hoffen und zu glauben gibt. Ihr Zusammengehören ist nicht aus einem Lehrbegriff ableitbar. Lehre kann nur immer wieder neu zu ermessen und zu vergewissern versuchen, warum sie – ‚trotz allem' – zusammengehören; und sie muss es vielleicht.

Ist diese Grundintuition einer normativen Zeugnisgemeinschaft auch für das Verständnis des kirchlichen Traditionsprozesses hilfreich? Kirchliche Überlieferung ist – in actu – das In-Erinnerung-Bringen und Vergewissern dessen, was im normativ-gründenden Zeugnisdiskurs der Heiligen Schrift ursprünglich als Gottes befreiend-verheißungsvolles Wort bezeugt wurde.

Dieses In-Erinnerung-Bringen wird vom Heiligen Geist hervorgerufen; es geschieht in einer zum Zeugnis hier und jetzt gerufenen und inspirierten kirchlichen Gemeinschaft mit unterschiedlichen Dialogrollen und Berufungen. In katholischer Überlieferung kommt dem hierarchischen Lehramt die spezifische Aufgabe zu, diesen Prozess des In-Erinnerung-Bringens gegen offenkundige Verfälschungen des ursprünglich Bezeugten zu schützen. Das ihm dafür zugesprochene „Charisma veritatis"[4] macht es nicht zur Herrin des Traditionsprozesses, sondern zur Dienerin der Kommunikations- und Zeugnisgemeinschaft Kirche, die sich dem Wort Gottes hörbereit öffnet[5] und Sorge trägt, dass nicht überhört oder ‚exkommuniziert' wird, was bzw. wer in die Kommunikationsgemeinschaft der Zeugen hinzugehört und angehört werden muss. Dass dieses „Charisma veritatis" ursprünglich, bei Irenäus von Lyon, auch den Presbytern zugebilligt wurde[6], ist mehr als eine historische Reminiszenz. Es verweist vielmehr darauf, dass es ursprünglich zur Verkündigung verliehen ist, die das authentische Zeugnis der Heiligen Schriften so in Erinnerung bringen will, dass es hier und jetzt das Zeugnis des Wortes und der Tat herausfordert. Dass es später mehr oder weniger ausschließlich auf die Befähigung zur untrüglichen Entscheidung in Streitfragen der Lehre bezogen wird, mag als Verkürzung oder Einengung erscheinen, hängt aber damit zusammen, dass katholischerseits auf und nach dem Konzil von Trient kirchliche Traditionen vor allem im Blickwinkel zuverlässiger, gülti-

4 Vgl. die Offenbarungskonstitution des Zweiten Vatikanischen Konzils „Dei verbum", Ziffer 8.

5 Vgl. „Dei verbum", Ziffer 10: „Das Lehramt ist nicht über dem Wort Gottes, sondern dient ihm, indem es nichts lehrt, als was überliefert ist, weil es das Wort Gottes aus göttlichem Auftrag und mit dem Beistand des Heiligen Geistes voll Ehrfurcht hört, heilig bewahrt und treu auslegt [...]".

6 Irenäus, *Adversus Haereses* IV,26,2.

ger und heilsnotwendiger Lehrentscheidungen thematisch wurden. Es ging nun vorrangig um die Verteidigung der lehramtlichen Autorität und Kompetenz, vernachlässigte oder verfälschte Aspekte des *Depositum fidei* einzuschärfen und klärend – mit Anspruch auf den Gehorsam der Gläubigen – vorzulegen (proponere). Die Summe solcher Entscheidungen bildete nun das ‚Rückgrat' der Tradition; niedergelegt in Kompendien (etwa dem *Denzinger*), in denen Tradition zur Sammlung von Lehrformeln gerinnt.

Dieses Traditionsverständnis entwickelt sich in Konkurrenz zum Schriftprinzip Luthers, seiner Überzeugung von der sich selbst auslegenden Schrift und der ihr eigenen Klarheit im Blick auf die ‚Sache der Schrift'. Die Entscheidungskompetenz des Lehramts erweist sich, so das Trienter Konzil, als unabdingbar wegen der Unklarheiten und Zweideutigkeiten der Schrift, die sich nur mit seiner Autorität klar und eindeutig beurteilen ließen. Es ist Sache der Kirche und ihres Lehramtes, „iudicare de vero sensu et interpretatione sacrarum scripturarum" (DH 1507). Ähnlich dem *Barnabasbrief*, der das Hinzutreten des Evangeliums zu den Heiligen Schriften des Alten Testaments für erforderlich hielt, damit diese recht verstanden werden können, wird hier das Hinzutreten lehramtlicher Entscheidungen für erforderlich gehalten, damit die ganze Bibel mit all ihren offenen Interpretationsfragen recht ausgelegt und nicht zum Anlass von Irrtümern werde. Das Lehramt profilierte sich zum „iudex controversiarum" (Bellarmin), jener Kontroversen, die aufgrund der „obscuritas Scripturae" notwendig auftreten und erkennbar gültig – von einer sichtbaren, sicher identifizierbaren Instanz – entschieden werden müssten:

> Scriptura non sufficit; iudex controversiarum est pontifex cum concilio sacerdotum. Ecclesia inquantum est iudex controversiarum, est semper visibilis et manifesta.[7]

Dieses hermeneutisch hochproblematische Konzept stand – Ironie der Problemgeschichte – in der frühen Neuzeit (bei Richard Simon[8]) Pate für die ersten Versuche einer historisch-kritischen Bibelauslegung. Erkenntnisinteresse war der Nachweis der Fremdheit und Dunkelheit, ja der Widersprüchlichkeit des richtig erarbeiteten Literalsinnes – und die Überzeugung, dass die Bibel eben nur in einer vom Lehramt angeleiteten kirchlichen Lektüre ihren wahren und klaren Sinn entfalten kann.

---

7 Robert Bellarmin, *Commentarii in Summa theologica* II/II q.1 a.10. Vgl. Rahner, *Creatura*, 204–225 bzw. Diez, *Ecclesia*.

8 Vgl. Simon, *Critique*, Paris 1678.

Das neuzeitliche Ideal einer Gewissheit schaffenden ‚claritas' profilierte nun die unverzichtbare Aufgabe des hierarchischen Lehramts. Klarheit und Gewissheit können, so argumentierte man, nicht durch Rekurs auf die Bibel selbst erreicht werden, sondern nur durch die den Sinn der Bibel vergewissernde, *klar-stellende* Entscheidung einer Instanz, die in ihrer Entscheidungsbefugnis eindeutig identifizierbar ist und zu ihren Entscheidungen durch den Beistand des Heiligen Geistes befähigt wird. Klarheit ist folgerichtig gegeben in der konsequenten Organisation einer Lehre, deren Axiomatik lehramtlich vor Irrtum geschützt und so vergewissert wird. Wenn es aber das „Charisma veritatis" des hierarchischen Lehramts ausmacht, Gewissheit durch Entscheidung herzustellen, so kommt es ihm auch zu, Unklarheiten aufzuspüren und ‚Klärungsbedarfe' souverän selbst zu identifizieren: mit der Souveränität der Wahrheit selbst, die ja – nach Spinozas Epoche machender Aufklärungs-Definition – „norma sui et falsi est"[9] und so Klarheit schafft.

Das Klarheits- und Eindeutigkeitsideal des Wissens, das hier auch für das übernatürliche Wissen, die *Sacra doctrina*, in Anspruch genommen wird, steht in Spannung zum Beziehungsreichtum der um Zentralmetaphern sich ausbildenden biblischen Bekenntnissprache; in Spannung deshalb auch zu den vielfältigen kommunikativen Anknüpfungen, Relectures, Fortbildungen, Neubesetzungen und Aktualisierungen, die den Grundvorgang und die spannungsreiche Dynamik von Tradition ausmachen. Tradition wäre katholisch – um der Katholizität der Gemeinschaft im Zeugnis willen – neu zu entdecken und zu würdigen in ihrer Vielstimmigkeit, die gerade den Beziehungs- und Lebensreichtum des Evangeliums bezeugt. Dieser Reichtum ist größer als die Fähigkeit eines hierarchischen Lehramts, die vielfältigen Zeugnisse an klaren und Eindeutigkeit schaffenden Definitionen zu messen. Das kommunikative ‚Zusammenhalten' und Füreinander-fruchtbar-Machen ist im ekklesialen Alltag meist wichtiger als die Bewertung der unterschiedlichen Glaubens- und Zeugnisartikulationen mit theologischen Zensuren. Vielleicht ist es ja immer wieder so, dass eine „propositio piarum aurium offensiva" vor allem solche Ohren verletzt, die immer die gleichen Worte hören wollen.[10] Wenn sich das Lehramt im ‚Alltagsbetrieb' eher als Moderator eines spannungsreichen und vielstimmigen Traditionsprozesses und nicht ohne weiteres als dessen ekklesiales Subjekt verstehen wollte, würde man ihm vielleicht auch leichter die Autorität zuerkennen, Zensuren auszusprechen, wo sich Zeugnis- und Lehrgestalten offenkundig oder wahrscheinlich außerhalb der

9 Vgl. Spinoza, "Pars secunda: Propositio XLIII, Scholium", 230.
10 Zu den theologischen Qualifikationen und Zensuren vgl. Scheffczyk, „Qualifikationen", 755–757.

Zeugnisgemeinschaft stellen, die von Gottes Geist initiiert und getragen wird und in der Schrift ihr Kriterium hat. Wer dem kirchlichen Zeugnisdiskurs konkret – und nicht nur dem Anspruch nach – dient, indem er die verschiedenen Zeugnisse und Zeugnisrollen miteinander ins Gespräch bringt und dabei geduldig die unterschiedlichen *Loci theologici* – höchst unterschiedliche Identifikationsorte des authentisch Christlichen – würdigt[11], dem darf auch das Charisma zugesprochen werden, Ungewohntes, aber *christlich* Herausforderndes von Verfälschungen des Evangeliums zu unterscheiden und mit diesem Urteil den offenen Raum einer legitimen Zeugnis- und Lehrvielfalt zu schützen.

4 Vergewisserung durch Abgrenzung?

Vergewisserung des Gottesworts im Überlieferungsprozess der Kirche braucht klare Kriterien und eindeutige Entscheidungen bzw. eine eindeutig identifizierbare, zu solchen Entscheidungen bevollmächtigte Instanz. Das ist die antireformatorisch-katholische ‚Lösung', das Konzept der als Kirche „visualisierten Wahrheit".[12] Statt der Autorität der in der Schrift aufscheinenden, geistlich wahrnehmbaren Evidenz dessen, „was Christum treibet" (Martin Luther), die Evidenz der sicher in ihrer Legitimität identifizierbaren und entscheidungsbefugten Autorität.[13] Damit wird eine Vergewisserungsdynamik entbunden, in der Gewissheit vor allem durch den zuverlässigen Ausschluss des Falschen erreichbar scheint. Je präziser und umfassender er gelingt, desto größer die Sicherheit, auf dem richtigen Weg zu sein. Je weit greifender sich diese Dynamik durchsetzt, desto deutlicher zeichnet sich aber die Gefahr ab, zwar genau zu wissen, *wogegen* man ist, aber kaum noch sagen zu können *wofür* – womit der Glaube sich identifiziert, außer mit der Instanz, die definiert, wogegen man zu sein hat, und mit den Formeln, die festlegen, was man nicht glauben darf.

Dass Gottes Zusage- und Verheißungswort vor allem durch Abgrenzungen und Ablehnungen vergewissert wird, ist alles andere als plausibel. Als Verheißungs-

---

11 Vgl. hier die Arbeiten Max Secklers zu Melchior Canos Lehre von den Loci theologici (vor allem: „loci theologici", 37–65). Seckler erachtet es als „Geschenk strukturaler Weisheit", dass nach diesem Konzept „die Glaubenserkenntnis und das Glaubenszeugnis eben nicht nur ihre personellen, sondern auch ihre institutionellen Subjekte und Instanzen hat, mit ihren spezifischen und perspektivischen Ganzheiten, dass aber das Ganze der veritas catholica als veritas catholica sich erst im Zusammenspiel dieser Ganzheiten realisiert" („loci theologici", 63).

12 Vgl. Diez, *Ecclesia*, 346.

13 Vgl. *Louis-Gabriel-Ambrois de Bonalds* Formulierung: "A l'autorité de l'evidence, il faut substituer l'évidence de l'autorité"; zitiert bei Yves Congar, *L'ecclésiologie*, 81.

wort will es doch in die Zukunft hineinrufen, die es selbst eröffnet, will es den Sinn dieser Zukunft genannt *Gottesherrschaft* vergewissern und zu ihr ermutigen. So ist das Gotteswort als solches verstanden, insoweit es diese Gottes-Zukunft erschließt, insoweit es gelingt, Gottes jetzt beginnende Herrschaft beziehungsreich mit der Suche und der Sehnsucht der Menschen zu verknüpfen. Verknüpfung, nicht Abgrenzung – oder erst sekundär Abgrenzung – vergewissert den Sinn der Gotteszusage, für welche die Metapher Gottesherrschaft steht. Abgrenzungen werden nötig, um der Verwechslung der Gottesherrschaft mit anderen Herrschaften zu wehren und die Berufung der Menschen in die Gottesherrschaft gegen Verlockungen zu schützen, die von Gottes Herrschaft weg-verführen. Aber gerade deshalb sind die Bezüge ja so viel wichtiger: Das authentisch Christliche kann nur identifiziert werden, wenn in ihm und durch es die Berufung der Menschen zur Fülle des Lebens entdeckt und identifiziert werden kann. Die Heiligen Schriften sind nur authentisch verstanden, wenn sie so auf das Heil der Menschen bezogen werden und *so* auch das Ihre zur Identität des Christlichen sagen können.

Wenn Vergewisserung primär über Verknüpfungen geht, weil durch sie vorstellbar und fühlbar wird, wozu Gottes Zusage beruft, so kommen auch andere religiöse Traditionen in den Blick. Diese kommen nicht nur oder vor allem als Überzeugungen, gegen die man sich abzugrenzen hat, sondern als Anfrage an die christlichen Überlieferungen, wie weit man sich mit ihnen auf der Suche nach dem Menschenwürdigen und Menschengerechten verbunden wissen kann, in den Blick. Umgekehrt fungieren sie als Adressaten der christlichen Anfrage, inwieweit sie etwas zur genaueren Bestimmung einer menschlichen, vermenschlichenden Gotteszukunft beitragen können. Es ist eben nicht von vornherein auszuschließen, dass Gottes Zusagewort auch in anderen religiösen Kontexten gehört wird und Antworten hervorruft, die authentisch davon zeugen, was diese Zusage bedeutet und wozu sie die Menschen beruft.

Christen sind gehalten, die Beziehbarkeit solcher Antworten auf das Zusagewort zu achten, das in Jesus Christus ‚Fleisch geworden' – geschichtlich-konkret wahrnehmbar geworden – ist. Aber sie werden diese Beziehbarkeit nicht in Abrede stellen und auch nicht immer sofort urgieren müssen, solange nicht davon auszugehen ist, dass die dort versuchten Antworten auf das jeweils gehörte Wort in eine ganz andere Zukunft weisen als die biblisch als Gottesherrschaft identifizierte.

Gottes wirkendes Wort ‚haben' wir in den Antworten, die es erwirkt und hervorruft; Gottes Zusage ‚haben' wir im Glauben der Menschen, die sich auf diese Zusage hin in ihr Leben und eine Zukunft hineinwagen, die sie nicht selbst verbürgen können und der sie gerade deshalb die Vollendung ihres Lebens zutrauen. Gottes Wort wird vernehmbar im Menschenzeugnis, dem es sich gibt, in dem das Wort beherzigt wird, das Gott als *sein* Wort gibt. Wenn aber Gott sein Wort gibt, so bleibt er darin souverän, *wem* er es gibt. Die christlichen Kirchen dürfen sich seines Wortes erfreuen; im Zeugnisdiskurs, der ihre Überlieferungsgemeinschaft trägt, wird es nicht verstummen. Dass es auch außerhalb der Kirchen vernommen wird und Antworten hervorruft, das macht das Wunder dieses Wortes aus: seine wahrmachende, vergewissernde Kraft, von der man gar nicht groß genug denken und sprechen kann.

Literaturverzeichnis

Bellarmin, Robert, *Commentarii in Summam S. Thomae*, 4tomi, Lovanii 1570–1576. [Handschrift des Generalats der Gesellschaft Jesu]

Congar, Yves, *L'Ecclésiologie au XIXe. siècle*, Paris 1960.

Diez, Karlheinz, *„Ecclesia – non est civitas Platonica": Antworten katholischer Kontroverstheologen des 16. Jahrhunderts auf Martin Luthers Anfrage an die „Sichtbarkeit" der Kirche*. Fuldaer Studien 8. Frankfurt am M. 1997.

Lyon, Irenäus von, *Adversus Haereses – Gegen die Häresien*, hrsg. v. Norbert Brox. Fontes Christiani 8, 1–5. Freiburg u. a. 1993–2000.

Origenes, *De principiis libri IV – Vier Bücher von den Prinzipien*, hrsg. v. Herwig Görgemanns u. Heinrich Karpp. 3. Aufl. Darmstadt 1992.

Rahner, Johanna, *Creatura evangelii*: *Zum Verhältnis von Rechtfertigung und Kirche*. Freiburg im Br. 2005.

Ratzinger, Josef, „Glaubensvermittlung und Glaubensquellen." In Die Krise der Katechese und ihre Überwindung: Rede in Frankreich, hrsg. v. Benedictus u. Dermot Ryan, u. a., 13–39, Kriterien 64. Einsiedeln 1983.

Scheffczyk, Leo, „Qualifikationen." In *Lexikon für Theologie und Kirche*, VIII, 755–757. Freiburg im Br. 1998.

Seckler, Max, „Die ekklesiologische Bedeutung des Systems der ‚loci theologici'." In *Weisheit Gottes – Weisheit der Welt: Festschrift für Joseph Kardinal Ratzinger zum 60. Geburtstag*, hrsg. v. Walter Baier u. Stephan O. Horn, u. a., 37–65. Sankt Ottilien 1987.

Seckler, Max, „Der Begriff der Offenbarung." In *Handbuch Fundamentaltheologie: Traktat Offenbarung*, hrsg. v. Walter Kern, Hermann J. Pottmeyer u. Max Seckler. 2. Aufl., 41–61, UTB für Wissenschaft Große Reihe Theologie 8171. Tübingen 2000.

Spinoza, Benedictus de, „Pars secunda: Propositio XLIII, Scholium." In *De Intellectus Emendatione – Ethica: Abhandlung über die Berichtigung des Verstandes – Ethik*, hrsg. v. Konrad Blumenstock, 228–232, Opera – Werke lateinisch und Deutsch. Darmstadt 1967.

Simon, Richard, *Histoire critique du Vieux Testament*. Paris 1678.

Werbick, Jürgen, „Der Anspruch auf „Vollständigkeit" als anti-relativistische Abwehrstrategie." In *„Dominus Iesus": Anstößige Wahrheit oder anstößige Kirche? Dokumente, Hintergründe, Standpunkte und Folgerungen*, hrsg. v. Michael J. Rainer. 2. Aufl., 134–143, Wissenschaftliche Paperbacks Theologie 9. Münster 2001.

Werbick, Jürgen, *Einführung in die theologische Wissenschaftslehre*. Freiburg im Br. u. a. 2010.

Assaad Elias Kattan

Heilige Tradition?

Tradition und Traditionskritik in der christlichen Orthodoxie am Beispiel der Frage nach dem Frauenamt

Abstract: This contribution offers a critical assessment of how Orthodox theology, during and after the consultation of Rhodos in 1989, has related to the question of women's ordination. After an analysis of the different positions from the perspective of faithfulness to or criticism of tradition, the author comes to the following conclusion: Whereas Orthodox theologians obviously diverge as to whether or not women's ordination could be accepted from a traditional perspective, they all converge on how necessary it is to account for the reasons why tradition is receptive or dismissive of this ordination. Thus a blind faithfulness to tradition is fully rejected.

1 Die Konsultation von Rhodos zur Frauenrolle

> Wir sind hier in einem historischen Moment für unsere Kirchen versammelt, um uns auf eine äußerst wichtige Aufgabe einzulassen, nämlich nicht die Tradition und die Praxis unserer Kirchen nachzuprüfen (review), sondern sorgfältig die Unmöglichkeit der Frauenordination aus der Perspektive der kirchlichen Lehre erneut darzustellen (restate) und Möglichkeiten für die Neubewertung des Platzes der Frauen und die Bereicherung ihrer Rolle im inneren Leben unserer Kirchen wieder zu untersuchen (reexamine)[1].

Mit diesen Worten beschrieb Metropolit Chrysostomos Konstantinidis von Myra, Vertreter des ökumenischen Patriarchats, die Aufgabe der orthodoxen Konsultation, die vom 30. Oktober bis zum 7. November 1988 in Rhodos stattfand und sich über die Frage nach der Frauenrolle und dem Frauenamt in der orthodoxen Kirche beriet. Konfrontiert mit der Frage nach dem Frauenamt wurden die Orthodoxen zum ersten Mal in den 60er Jahren des 20. Jahrhunderts im Rahmen des Ökumenischen Rates der Kirchen (ÖRK) infolge der sich verstärkenden feministischen Bewegung.[2] Die Frauenfrage kann demnach als ein Musterbeispiel dafür dienen,

1 Limouris, *Place*, 11 (Übersetzung A. E. K.).

2 Die ersten orthodoxen Reaktionen auf die Frage nach der Frauenordination waren verständlicherweise ablehnend; vgl. Chitescu, „Problem"; Khodre, „Ordination"; ferner dazu Behr-Sigel, "The Ordination", 12–16.

wie die orthodoxe Kirche, in der die Tradition einen hohen Stellenwert genießt, mit einer *modernen* Herausforderung fertig – oder nicht fertig – wird und wie die Orthodoxen mit dem Traditionsbegriff auf unterschiedliche Weise umgehen. Eine wichtige Station auf dem Weg der Reflexion über die Rolle der Frauen in der orthodoxen Kirche war eine internationale Konsultation orthodoxer Frauen, die auf Initiative des ÖRKs vom 11. bis zum 17. September 1976 im rumänischen Agapia-Kloster stattfand.[3] Zwölf Jahre später folgte auf Einladung des ökumenischen Patriarchen Demetrios I (1914–1991) die Konsultation von Rhodos, an der alle orthodoxen autokephalen Kirchen bis auf das Patriarchat von Jerusalem teilnahmen. Zudem wurden Beraterinnen und Berater auf persönlichem Wege eingeladen. Die Zahl der anwesenden Frauen betrug achtzehn, ca. ein Drittel aller Teilnehmenden.

Die oben zitierten Worte des Metropoliten Chrysostomos spiegeln offenbar wider, was Elisabeth Behr-Sigel, eine der eminentesten orthodoxen Theologinnen des 20. Jahrhunderts, zwei Jahre nach der Konsultation von Rhodos schrieb, nämlich dass dort eine Verwerfung der Frauenordination vorprogrammiert gewesen sei.[4] Behr-Sigel, die selbst bei dieser Konsultation – jedoch nicht als Referentin – anwesend war, betrachtet sie als Ende und Anfang zugleich: Rhodos bilde das Ende einer Ära, in der die orthodoxe Kirche die Frage nach der Frauenordination als einen Fremdkörper empfand, als eine Problematik also, die ihr von außen auferlegt wurde. Rhodos sei aber keineswegs das letzte Wort darüber, was die Orthodoxen zur Frauenfrage sagen können, sondern der Anfang einer vertieften Reflexion. Trotz der Verwerfung der Frauenordination, die in Rhodos allzu schnell arrangiert wurde, wertet Behr-Sigel die Tatsache, dass in Rhodos zum ersten Mal in der Geschichte der orthodoxen Kirche Frauen in hoher Zahl an einer kirchlichen Versammlung solchen Ranges teilnehmen und gleichberechtigt diskutieren und abstimmen konnten, als äußerst positiv. In Rhodos, so Behr-Sigel, sei die Stimme einer Frau so viel wert gewesen, wie die Stimme eines Bischofs.[5] Hinzu kommt, dass das offizielle gemeinsame Dokument, das in

3 Vgl. dazu Behr-Sigel, “The Ordination”, 32–33; ferner zur Gesamtproblematik Behr-Sigel, *Le ministère*, vor allem 7–31; Behr-Sigel, “L’ordination des femmes. Un problème”; Behr-Sigel, “L’ordination des femmes. Une question”; Zizioulas, “L’ordination”; Schmenann, “Concerning”, Ware, “Man, Woman and the Priesthood” (1978); Karidoyanes-FitzGerald, “The Ministry”; Hopko, *Women*; Topping, *Holy Mothers*; Harrison, “Male and Female”; Manolache, “Orthodoxy”; Karras, *Onthology*.

4 Vgl. Behr-Sigel, “L’ordination des femmes. Un problème”, 116, wo die Autorin von einer “recherche laborieuse d’arguments destinés à justifier une réponse negative posée d’avance en axiome” spricht.

5 Vgl. Behr-Sigel, “L’ordination des femmes. Un problème”, 113; ferner das Urteil von Koukoura,

Rhodos verabschiedet wurde, die sogenannten *Schlussfolgerungen*, zugibt, dass im Laufe der Geschichte die menschliche Sündhaftigkeit zu frauendiskriminierenden Praktiken geführt habe, die der wahren Natur der Kirche Jesu Christi nicht entsprächen.[6] Dieses Dokument setzt sich außerdem für eine Wiederbelebung des mittlerweile in der orthodoxen Kirche so gut wie in Vergessenheit geratenen Frauendiakonats ein und plädiert für seine Adaptation an die Bedürfnisse unserer modernen Zeit.[7] Im Rahmen der Betonung, dass immer mehr Frauen sich in Diakonie und Seelsorge einbringen, Theologie studieren und zur Erneuerung des Gemeindelebens beitragen, fordern die *Schlussfolgerungen* von Rhodos die Segnung von theologischen und charismatischen Aktivitäten von Frauen durch einen spezifischen kirchlichen Akt.[8]

Dennoch wurde die Frauenordination in Rhodos im Namen der Tradition abgelehnt. In seinem Vorwort als Herausgeber der Acta der Rhodos-Konsultation – und abgesehen von den obigen Worten des Metropoliten Chrysostomos, die auch in diesem Vorwort zitiert werden – greift Gennadios Limouris innerhalb von gut sieben Seiten auf das Argument der Tradition dreimal zurück. Gegen Ende schreibt er in einem kategorischen Stil: „Durch diesen Band wird zweifelsfrei gezeigt, dass die orthodoxe Tradition für die Ordination von Frauen zum Priesteramt keinen Raum lässt“[9]. Eines der Ziele der Konsultation zu Rhodos sieht Limouris darin, die theologische Basis dieser Tradition zu klären.[10] Die Zirkularität, in der die Konsultation gefangen blieb und auf die Elisabeth Behr-Sigel aufmerksam machte, liegt auf der Hand. Denn in Rhodos ging es nicht darum, eine Facette der Tradition, nämlich die Beschränkung des Priesteramts auf Männer, kritisch zu durchleuchten und demzufolge zu schauen, ob sie überhaupt eine theologische Grundlage besitzt. Hier wird die Existenz dieser theologischen Grundlage von vornherein vorausgesetzt. Die theologische Arbeit begnügt sich demzufolge damit, sie zu suchen, zu explizieren und festzuhalten, um dadurch der Ansicht entgegenzutreten, die Zurückweisung der Frauenordination in der Orthodoxie beruhe auf einem impliziten Glauben an die Unterlegenheit der Frau gegenüber dem Mann. So schreibt Limouris im Blick auf die Gespräche in Rhodos:

„Frauenemanzipation“, 264.

6 Vgl. Behr-Sigel, “L’ordination des femmes. Un problème”, 113; Limouris, *Place*, 29.

7 Vgl. Behr-Sigel, “L’ordination des femmes. Un problème”, 114; Limouris, *Place*, 31–32.

8 Vgl. Behr-Sigel, “L’ordination des femmes. Un problème”, 114; Limouris, *Place*, 30.

9 Limouris, *Place*, 15 (Übersetzung A. E. K.).

10 Vgl. Limouris, *Place*, 14.

> Verworfen von Anfang an als Ursache für die ununterbrochene Existenz des exklusiv männlichen sakramentalen Priestertums in der orthodoxen Kirche wurde die Vorstellung, dass die Frauen den Männern in irgendeiner Weise unterlegen sind.[11]

Die theologische Beweisführung gegen die Frauenordination, die durch die *Schlussfolgerungen* von Rhodos zur Geltung gebracht wird, ist verschachtelt[12] und vermittelt den Eindruck eines unsicheren Versuchs, Argumente von da und dort zu sammeln und ohne jegliche Kohärenz ineinander zu verweben. In dieser Hinsicht scheinen drei Hauptgedanken den Ausschlag zu geben. Erstens: Die Typologie ‚Eva – Maria', die in einem Komplementaritätsverhältnis zur paulinischen Typologie ‚Adam – Christus' stehen und daher auch die spezifische Rolle der Frauen definieren soll. Zweitens: Die besondere Affinität zwischen dem Heiligen Geist und den Frauen im Heilsplan Gottes, die durch das, was an Maria geschah, zum Ausdruck kommt und bewirkt, dass die Frauen vom sakramentalen Priesteramt, das eng mit Christus verbunden ist, ausgeschlossen werden müssen. Drittens: die ikonische Funktion des Priesters, der vor allem in der Liturgie Christus repräsentiert und deshalb auch ein Mann sein muss, während die Kirche, die aus Männern und Frauen besteht, typologisch und ikonisch durch Maria dargestellt wird.[13] Während die Typologie ‚Eva – Maria' auf Irenäus von Lyon (gest. ca. 200) zurückgeht, kann das Argument, der Heilige Geist unterhalte in seinem Wirken ein besonderes Verhältnis zu dem Weiblichen, über den amerikanischen Dogmatiker Thomas Hopko (geb. 1939)[14] bis zum russisch-französischen Theologen Paul Evdokimov (1902–1970)[15] zurückverfolgt werden.[16] Das ikonische Argument erinnert stark an die römisch-katholische Erklärung *Inter Insigniores*, die am 15. Oktober 1976 durch die Kongregation für die Glaubenslehre verabschiedet wurde und in der die Möglichkeit eines sakramentalen Priesteramts für Frauen ausgeschlossen wird. Mit einer nebulösen Logik schließt das Rhodos-Dokument aus der Aneinanderreihung dieser drei Argumente, dass die Vermischung der Rollen von Mann und Frau in Hinblick auf das Priesteramt eine Schwächung des trinitarischen Gleichgewichts zwischen Sohn und Heiligem Geist, also zwischen Christologie und Pneumatologie, hervorruft, und schreibt den Kirchen, die die

---

11 Limouris, *Place*, 12 (Übersetzung A. E.K).

12 Vgl. Behr-Sigel, "L'ordination des femmes. Un problème", 114: "… des raisonnements aussi subtils que laborieux"; ferner Behr-Sigel, "The Ordination", 27–31.

13 Vgl. Limouris, *Place*, 23–27.

14 Vgl. Hopko, "Male Character", 147–173.

15 Vgl. Evdokimov, *La femme*; ferner dazu Behr-Sigel, "The Ordination", 16–19.

16 So Behr-Sigel, "L'ordination des femmes. Un problème", 114.

Frauenordination eingeführt haben, Probleme dieser Art zu.[17] Näheres zur Natur bzw. den Erscheinungsweisen dieser Probleme sucht man vergeblich.

Abgesehen vom Mangel an wissenschaftlicher Stringenz, den die Methodik der *Schlussfolgerungen* von Rhodos aufweist, bedienen sich die oben erwähnten Argumente einer Reihe von fraglichen Verfahrensweisen: Dazu zählen beispielsweise die Entkontextualisierung und Verabsolutierung einer altkirchlichen Typologie, die unkritische Projizierung des Geschlechterunterschieds auf die Trinitätslehre[18] und die Tendenz – wie im Falle mancher orthodoxer Apologetik in Bezug auf das Filioque[19] –, von der orthodoxen Tradition differierende Entwicklungen in anderen Kirchen rein theologisch zu deuten und dadurch ihre kulturelle und soziologische Komponente zu ignorieren. Auch hinsichtlich des Traditionsbegriffs als solchen vermittelt das Dokument von Rhodos den Eindruck eines undifferenzierten Umgangs. Gerne sprechen die *Schlussfolgerungen* beispielsweise von der „ununterbrochenen Tradition der Kirche"[20], vom „Bewusstsein der Kirche"[21], ohne darüber Rechenschaft abzulegen, was damit gemeint ist, und von der „typologischen und ikonischen Erfahrung des Gottesdienstes"[22]. Jedes Spannungsverhältnis innerhalb des Corpus der Tradition wird implizit ausgeschlossen. Demgemäß werden die vom Dokument zugegebenen frauendiskriminierenden kirchlichen Praktiken und das nahezu volle Verschwinden des Frauendiakonats nie als „Tradition" bezeichnet, nicht einmal als Tradition mit einem kleinen ‚T'. Fragt man, nach welchen Kriterien das männliche sakramentale Priesteramt als Teil der Tradition und Ausdruck des ‚Bewusstseins' der Kirche aufgefasst wird, während die Frauendiskriminierung als bloße falsche Praxis innerhalb der Kirche gilt, gibt das Dokument von Rhodos keine Antwort. Was hier aber vor allem auffällt, ist die formale Art und Weise, wie die theologische Adäquatheit der Einschränkung des Priesteramts auf die Männer verteidigt wird. Denn, um die Ausschließlichkeit des männlichen Priesteramts zu untermauern, wird auf Argumente rekurriert, die nicht ohne Weiteres aus der Tradition entnommen werden können. Dies gilt z. B. für die behauptete besondere Affinität zwischen dem Heiligen Geist und der Frau, die, wie anziehungskräftig auch immer dieser Gedanke sein mag, jeglichen ernsthaften biblischen und patristischen Fundaments entbehrt.[23] Auch die Interpretation des liturgischen Aktes als

17 Vgl. Limouris, *Place*, 25.
18 So Behr-Sigel, "L'ordination des femmes. Un problème", 115.
19 Vgl. z. B. Lossky, *A l'image*.
20 Limouris, *Place*, 26: "the unbroken Tradition of the Church".
21 Limouris, *Place*, 23 u. 25: "the consciousness of the Church".
22 Limouris, *Place*, 26: "the typological and iconic experience of worship".
23 Zwei Stellen, die erste in der syrischen Didaskalia, die zweite in den apostolischen Konsti-

eine Typologie, die unbedingt männlich sein muss, steht im krassen Gegensatz zum patristischen Grundgedanken, das Heilsgeschehen beruhe darauf, dass der göttliche Logos und Sohn Gottes Mensch (ἄνθρωπος), und nicht Mann (ἀνήρ), wurde. Hier geschieht also die Konsolidierung eines Aspekts der Tradition unter Rekurs auf theologische Elemente, die sich aus der Tradition im Sinne des biblischen und patristischen Befunds nicht ableiten lassen. Darin besteht möglicherweise die größte Aporie, die das Dokument von Rhodos aufweist.

2 Die Debatte über die Frauenordination nach Rhodos

Doch wie Behr-Sigel geltend machte, war die Konsultation von Rhodos ein Anfang und kein Ende. In den 90er Jahren des 20. Jahrhunderts reagierten vor allem orthodoxe Frauen auf die *Schlussfolgerungen* von Rhodos und versuchten, mal bejahend, mal ablehnend, die Debatte weiterzuführen.[24] Eine von ihnen, Verna Harrison, eine orthodoxe Patristikerin aus den USA, weist die Projektion des geschlechtlichen Unterschieds zwischen Mann und Frau auf die Dreieinigkeit zurück, macht aber auf die große liturgische Sensibilität innerhalb der orthodoxen Kirche aufmerksam und lässt sich auf eine tiefgehende Analyse der verschiedenen Aspekte der Typologie ein, ohne ein Urteil über die Schlüssigkeit des typologischen Arguments gegen die Frauenordination zu fällen.[25] Vor allem eine orthodox-altkatholische Konsultation zur Stellung der Frau in der Kirche und zur Frauenordination als ökumenischem Problem – man beachte die programmatische Ähnlichkeit in der Beschreibungsweise zwischen dieser Konsultation und Rhodos –, die 1996 in Levadia (Griechenland) und Konstancin (Polen) stattfand, ermöglichte es orthodoxen Forscherinnen und Forschern, sich kritisch mit der Konsultation von Rhodos auseinanderzusetzen. Während z. B. Ioannis Petrou, ein Religionssoziologe aus Thessaloniki, auf den Einfluss der spätantiken gesellschaftlichen Patriarchalstrukturen auf die Art und Weise hinweist, wie das Frauenamt in der Kirche praktiziert wurde,[26] bringt die Athener Juristin Kalliopi A. Bourdara in die Debatte ein, dass das Ausbleiben der Frauenordination in der Alten Kirche damit zusammengehangen haben könne, dass zwischen dem 2. und

---

tutionen, weisen in die Richtung eines besonderen Verhältnisses des Diakons zu Christus, der Diakonisse zum Heiligen Geist. Dabei handelt es sich aber um eine äußerst magere patristische Basis; vgl. Achelis, *Die ältesten Quellen*, § 2,26; Ware, "Man, Woman and the Priesthood" (2000), 60–61.

24 Vgl. z. B. Lossky, "Le ministère".

25 Vgl. Harrison, "Le problème"; vgl. ferner Harrison, "Orthodox Arguments".

26 Vgl. Petrou, „Die Frauenfrage".

4. Jahrhundert „gnostische Häresien auf allen Stufen das Priesteramt der Frau einführten"[27]. Aus theologischer Perspektive werden die Hauptargumente der *Schlussfolgerungen* von Rhodos einer fundierten Kritik unterzogen. So warnt die griechisch-amerikanische Theologin Kyriaki Karidoyanes FitzGerald vor der Eva-Maria-Typologie, wenn sie definierend statt beschreibend verwendet wird. Solch eine Verwendung könne, so FitzGerald, dazu führen, das Personsein der Frau einzuschränken und sie zu einem Objekt zu machen, was in einem krassen Spannungsverhältnis zum orthodoxen Verständnis der Dreieinigkeit als freier Gemeinschaft göttlicher Personen stünde, die einander in Liebe durchdringen würde.[28] Darüber hinaus bekräftigt der Münsteraner Theologe Anastasios Kallis, dass im Denken der Kirchenväter dem Geschlecht Christi keine soteriologische Bedeutung beigemessen würde. Verhielte es sich nicht so, würde das auf Gregor von Nazianz (um 329–390) zurückgehende soteriologische Prinzip „was nicht angenommen worden ist, bleibt ungeheilt" [29] zunichte gemacht. Im Sinne der symbolisch orientierten byzantinischen Bildertheologie repräsentiert für Kallis der Vorsteher der eucharistischen Gemeinschaft weder die Männlichkeit Christi noch seine menschliche Natur, sondern den menschgewordenen Logos, der die ganze menschliche Natur in ihrer „Gezweitheit" angenommen hat.[30] Daraus schließt er: „Daher kann auch der priesterliche Dienst in der Kirche nicht die Aufgabe von Männern allein sein, sondern grundsätzlich von allen Menschen, die als konkrete Personen Frauen und Männer sind".[31] Die obigen Ausführungen zeigen, dass die innerorthodoxe Debatte über das Frauenamt nach Rhodos in der Lage war, die Zirkularität des Traditionsarguments zu überwinden und es sozusagen umzukehren. Denn die *Schlussfolgerungen* von Rhodos, die darum bemüht waren, einen Aspekt der Tradition, nämlich den exklusiven Charakter des männlichen sakramentalen Priestertums, um jeden Preis zu verteidigen, werden nun im Namen eines impliziten Traditionsbegriffs kritisiert, der Trinitätslehre, Christologie in ihrem Verhältnis zur Soteriologie und Bildertheologie umfasst. Dass diese drei Elemente die Hauptkomponenten der Lehre der sieben altkirchlichen Konzilien – Nizäa I (325) und II (787), Konstantinopel I (381), II (523) und III (680/681), Ephesus (431) und Chalzedon (451) – bilden, die von der orthodoxen Kirche als ökumenisch anerkannt werden, ist sicherlich kein Zufall.

---

27 Bourdara, „Die Ordination der Frau", 280; ferner dazu Ware, "Man, Woman and the Priesthood" (2000), 70–72.

28 Vgl. Karidoyanes-FitzGerald, „Die Eva-Maria-Typologie", 229–232.

29 Kallis, „Der Vorsitz", 323.

30 Vgl. Kallis, „Der Vorsitz", 326–27.

31 Kallis, „Der Vorsitz", 323.

Die Ergebnisse der orthodox-altkatholischen Konsultation zur Stellung der Frau in der Kirche scheinen keine besonders breite Rezeption erfahren zu haben. Doch im Jahre 2000 veröffentlichte der ÖRK ein kleines Buch zur Frauenordination in der orthodoxen Kirche, das aus einem kurzen und zwei längeren Aufsätzen besteht.[32] Der erste, längere Aufsatz ist die englische Übersetzung eines französischen Textes, den Elisabeth Behr-Sigel 1995 schrieb.[33] Nach einer Zusammenfassung der Debatte über die Frauenordination in der orthodoxen Kirche seit Anfang der 60er Jahre greift Behr-Sigel auf die Forschungen von Verna Harrison zurück, um geltend zu machen, dass eine Verabsolutierung des geschlechtlichen Unterschieds zwischen Mann und Frau der altkirchlichen Theologie der kappadozischen Kirchenväter (4. Jahrhundert) widerspricht. Jegliche Projektion dieses Unterschieds auf die Trinität bzw. jegliche Überbetonung der Männlichkeit Christi stehe im Gegensatz zur Trinitäts- und Erlösungslehre der Väter sowie zur apophatischen Note ihrer Theologie.[34] In einem zweiten Stadium beteuert Behr-Sigel, das ikonische Argument, der Priester sei Bild Christi und müsse deshalb ein Mann sein, werde dadurch entkräftet, dass der Priester nach orthodoxem Verständnis auch Sprachrohr der eucharistischen Versammlung ist, die aus Männern und Frauen besteht.[35] Hinzu kommt, dass das ikonische bzw. typologische Verhältnis des Menschen, der die Eucharistie zelebriert, zu Christus keineswegs naturalistisch bzw. naturhaft geartet ist, sondern einen charismatischen Charakter hat. Denn es wird von demselben Heiligen Geist verwirklicht, der, indem er auf Gläubige und Gaben herabgerufen wird, die eucharistische Versammlung in eine Kirche verwandelt. Daraus schließt Behr-Sigel, dass die priesterliche Funktion auch von einer Frau, die durch ihre Taufe sowieso zur Trägerin Christi wurde, erfüllt werden kann.[36] Deshalb tritt sie als orthodoxe Theologin auf, die der Überzeugung ist, es gäbe in der orthodoxen Theologie kein stichhaltiges Argument gegen die priesterliche Frauenordination.[37]

Der zweite, längere Text der ÖRK-Publikation wurde von Kallistos Ware, einem renommierten orthodoxen Bischof und Theologen aus England, verfasst. In einer früheren Version dieses Aufsatzes aus dem Jahr 1978 hatte sich Ware gegen die Frauenordination ausgesprochen. Zusätzlich zu dem Argument aus der

32 Behr-Sigel u. Ware, *The Ordination of Women.*

33 Vgl. Behr-Sigel, "L'ordination des femmes. Une question"; Behr-Sigel, "The Ordination".

34 Vgl. Behr-Sigel, "The Ordination", 38–40.

35 Vgl. dazu auch Ware, "Man, Woman and the Priesthood" (2000), 78–90. Hier zeigt Ware, dass im Unterschied zum klassischen römisch-katholischen Verständnis der orthodoxe Priester beim eucharistischen Hochgebet nicht *in persona Christi*, sondern *in persona ecclesiae* handelt.

36 Vgl. Behr-Sigel, "The Ordination", 40–42.

37 Vgl. Behr-Sigel, "The Ordination", 36.

Tradition war sein Hauptargument wiederum die auf Christus bezogene Bildhaftigkeit des Priesters, die bewirkt, dass der Letztere ein Mann sein müsse.[38] Was Bischof Ware zwanzig Jahre nach der ersten Version seines Aufsatzes bieten möchte, ist eine Revidierung seiner Position und eine umfassende Überarbeitung seines Textes. Ware gibt zu, dass er inzwischen sehr zögert, die Möglichkeit der Frauenordination auszuschließen, wie er es vor zwanzig Jahren getan hat. Viele der Argumente gegen die Frauenordination – aber auch viele der Argumente dafür – scheinen ihm mittlerweile nicht mehr schlüssig zu sein.[39] In der jüngeren Fassung seines Aufsatzes vermittelt Ware zwar den Eindruck, mit dem Traditionsargument immer noch zu sympathisieren. Er gesteht aber, dass die Hinfälligkeit dieses Arguments darin besteht, das Ausbleiben der Frauenordination nicht *erklären* zu können.[40] In seinen Ausführungen zur ikonischen Typologie zeigt er die Gefahren eines physischen bzw. naturalistischen Verständnisses dieser Typologie und betont, dass die Männlichkeit Jesu, obwohl sie vorausgesetzt wird, im Glaubensbekenntnis, in der patristischen Soteriologie und in den liturgischen Texten kaum eine Rolle spielt. Ohne die Frauenordination zu befürworten, plädiert Ware zum Schluss dafür, die Frage als offen anzusehen und fordert die Orthodoxen dazu auf, sie als eine Frage des zeitgenössischen Westens zu verinnerlichen und das Gespräch über sie in voller Aufgeschlossenheit gegenüber dem inspirierenden Heiligen Geist zu vertiefen.[41]

3 Fazit

Die orthodoxe Debatte in der zweiten Hälfte des 20. Jahrhunderts über die Frauenrolle und Frauenordination zeigt, dass die orthodoxe Theologie keineswegs mit einem immer klaren und kohärenten Traditionsbegriff operiert. Obwohl das Ausbleiben der priesterlichen und bischöflichen Frauenordination als eine gesicherte Gegebenheit der Tradition gilt, weist die orthodoxe Theologie eine breite Palette von Möglichkeiten und Mechanismen auf, mit dieser Tatsache umzugehen. In dieser Hinsicht fällt auf, dass die *Schlussfolgerungen* der Konsultation von Rhodos keine sinnvollen Differenzierungen in den Traditionsbegriff einführen, sondern die Legitimität des Traditionsarguments einfach voraussetzen. Trotzdem versuchen sie, dieses Argument theologisch zu konsolidieren, indem sie vor allem

38 Siehe Ware, “Man, Woman and the Priesthood” (1978).
39 Siehe Ware, “Man, Woman and the Priesthood” (2000).
40 Vgl. Ware, “Man, Woman and the Priesthood” (2000), 64–73.
41 Vgl. Ware, “Man, Woman and the Priesthood” (2000), 78–90.

nicht traditionelle Argumente ins Spiel setzen. Bildet diese Vorgehensweise eine Aporie der Rhodosschen *Schlussfolgerungen*, spricht die Tatsache, dass in Rhodos das Argument aus der Tradition trotz seiner Legitimität als unzureichend empfunden wird, für eine gewisse Durchlässigkeit der dort vertretenen Theologie gegenüber einer Herangehensweise, die sich mit Vorgegebenem nicht zufriedengibt und Überliefertes zu erklären versucht, auch wenn das methodisch zirkulär und unüberzeugend geschieht. Auf Seite der Kritikerinnen und Kritiker von Rhodos lässt sich demgegenüber die Herauskristallisierung eines Traditionsbegriffs beobachten, der sich auf die Trinitätslehre, die Christologie, die mit ihr verbundene Anthropologie und Soteriologie und die Bildertheologie der ökumenischen Konzilien der Alten Kirche zurückbesinnt. Hier manifestiert sich der Versuch, innerhalb des Traditionsbegriffs eine Differenzierung vorzunehmen. Denn das Dogma der alten Kirche wird nun zum wesentlichen und authentischen Teil der Tradition erklärt, zum Kern eines Traditionsbegriffs, mit Hilfe dessen die Verwerfung der Frauenordination im Namen der Tradition demontiert wird. Während das Dokument von Rhodos also auf ‚Nicht-Tradition' zurückgreift, um Tradition zu untermauern und zu erklären, erweist sich bei der Kritik an Rhodos eine Differenzierung innerhalb der Tradition als notwendig, um Tradition im Namen von Tradition zu kritisieren, oder besser gesagt, um eine Randerscheinung der Tradition im Namen des Wesentlichen in der Tradition in Frage zu stellen. Die hermeneutische und methodische Diskrepanz zwischen beiden Herangehensweisen ist in der Tat gewaltig und kann nicht heruntergespielt werden. Doch gibt es jenseits dieser Diskrepanz einen Ort, wo sich Verfechter und Kritiker von Rhodos begegnen? Mir scheint, dass diese Frage mit einem ‚Ja' beantwortet werden kann. Denn beide Parteien sind an einer *Klärung* der Frage nach dem Frauenamt interessiert und können sich offenkundig nicht damit begnügen, die Tradition allein deshalb zu akzeptieren, weil sie Tradition ist. Mit den Worten von Elisabeth Behr-Sigel ausgedrückt: „Wir können uns nicht damit begnügen, denen, die uns um das Brot des Verstehens bitten, lediglich in der Verneinung hart gewordene Steine der Gewissheit zu bieten"[42]. Die immer noch unabgeschlossene Debatte über das Frauenamt, die in Rhodos zu einem ihrer Höhepunkte kam, kann infolgedessen der orthodoxen Kirche nur zugutekommen. Denn nach Rhodos hat man den Eindruck, eine heilige Tradition gibt es nur dann, wenn sie erklärt werden kann.

42 Behr-Sigel, *Le ministère*, 147 (Übersetzung A. E. K.).

Literaturverzeichnis

Achelis, Hans, *Die ältesten Quellen des orientalischen Kirchenrechtes*. TU 2. Leipzig 1891–1904.

Behr-Sigel, Elisabeth, *Le ministère de la femme dans l'église*. Théologies. Paris 1987.

Behr-Sigel, Elisabeth, "L'ordination des femmes. Un problème oecuménique: Développements récents dans la sphère de l'église orthodoxe." In *Contacts* 150 (1990): 101–127.

Behr-Sigel, Elisabeth, "L'ordination des femmes. Une question posée aussi aux églises orthodoxes." In *Communion et réunion: Mélanges Jean-Marie Roger Tillard*, hrsg. v. Gillian R. Evans, 363–387, BETL 121. Leuven 1995.

Behr-Sigel, Elisabeth, "The Ordination of Women. Also a Question for the Orthodox Churches." In *The Ordination of Women in the Orthodox Church*, hrsg. v. Elisabeth Behr-Sigel u. Kallistos Ware, 11–48, RiBS 92. Genf 2000.

Bourdara, Kalliopi A., „Die Ordination der Frau gesehen mit den Augen einer orthodoxen Frau." In *Bild Christi und Geschlecht. „Gemeinsame Überlegungen" und Referate der Orthodox-Altkatholischen Konsultation zur Stellung der Frau in der Kirche und zur Frauenordination als Ökumenischem Problem*, hrsg. v. Urs von Arx, 279–285, IKZ. Bern 1998.

Chitescu, Nicolae, „Das Problem der Ordination der Frau." In *Zur Frage der Ordination der Frau*, hrsg. v. Ökumenischen Rat der Kirchen, 67–71. Genf 1964.

Evdokimov, Paul, *La femme et le salut du monde. Etude d'anthropologie chrétienne sur les charismes de la femme*. Tournai 1958.

Harrison, Verna E. F., "Male and Female in Cappadocian Theology." In *JThS* 41 (1990): 441–471.

Harrison, Verna E. F., "Orthodox Arguments Against the Ordination of Women to the Priesthood." In *Sobornost* 14 (1992): 6–23.

Harrison, Verna E. F., "Le problème du sacerdoce d'ordre et l'ordination des femmes." In *Contacts* 179 (1997): 232–259.

Hopko, Thomas, "On the Male Character of Christian Priesthood." In *SVTQ* 19 (1975): 147–173.

Hopko, Thomas, Hrsg., *Women and the Priesthood*. Crestwood 1999.

Kallis, Anastasios, „Der Vorsitz bei der Eucharistie im Kontext der Bildtheologie: Fragen zur ekklesialen Christusrepräsentation durch das Priestertum." In *Bild Christi und Geschlecht: „Gemeinsame Überlegungen" und Referate der Orthodox-Altkatholischen Konsultation zur Stellung der Frau in der Kirche und zur Frauenordination als Ökumenischem Problem*, hrsg. v. Urs von Arx, 312–328, IKZ. Bern 1998.

Karidoyanes-FitzGerald, Kyriaki, "The Ministry of Women in the Orthodox Church. Some Theological Presuppositions." In *JES* 20 (1983): 558–575.

Karidoyanes-FitzGerald, Kyriaki, „Die Eva-Maria-Typologie und die Frauen in der orthodoxen Kirche. Erwägungen zu Rhodos." In *Bild Christi und Geschlecht: „Gemeinsame Überlegungen" und Referate der Orthodox-Altkatholischen Konsultation zur Stellung der Frau in der Kirche und zur Frauenordination als Ökumenischem Problem*, hrsg. v. Urs von Arx, 225–243, IKZ. Bern 1998.

Karras, Valerie A., *The Ontology of Woman According to Greek Patristic Tradition*. Thessaloniki, 1991. [Unveröff. Diss.]

Khodre, Georges, „Die Ordination der Frau." In *Zur Frage der Ordination der Frau*, hrsg. v. Ökumenischen Rat der Kirchen, 72–75. Genf 1964.

Koukoura, Dimitra, „Die Frauenemanzipation als Herausforderung an die Kirche." In *Bild Christi und Geschlecht: „Gemeinsame Überlegungen" und Referate der Orthodox-Altkatholischen Konsultation zur Stellung der Frau in der Kirche und zur Frauenordination als Ökumenischem Problem*, hrsg. v. Urs von Arx, 260–266, IKZ. Bern 1998.

Limouris, Gennadios, Hrsg, *The Place of the Woman in the Orthodox Church and the Question of the Ordination of the Women. Interorthodox Symposium, Rhodos, Greece, 30 October – 7 November 1988*. Katerini 1992.
Lossky, Véronique, "Le ministère des femmes d'un point de vue orthodoxe. Une relecture." In *Contacts* 174 (1996): 101–118.
Lossky, Vladimir: *A l'image et à la ressemblance de Dieu*. Paris 1967.
Manolache, Anca-Lucia, "Orthodoxy and Women. A Romanian Perspective." In *Women, Religion and Sexuality*, hrsg. v. Jeanne Becher, 172–183, Genf 1991.
Petrou, Ioannis, „Die Frauenfrage und die kirchliche Tradition." In *Bild Christi und Geschlecht: „Gemeinsame Überlegungen" und Referate der Orthodox-Altkatholischen Konsultation zur Stellung der Frau in der Kirche und zur Frauenordination als Ökumenischem Problem*, hrsg. v. Urs von Arx, 244–59, IKZ. Bern 1998.
Schmemann, Alexander, "Concerning the Ordination of Women. A Letter to an Episcopal Friend." In *SVTQ* 17 (1973): 239–243.
Topping, Eva C., *Holy Mothers of Orthodoxy. Women and the Church*. Minneapolis Minn. 1987.
Ware, Kallistos, "Man, Woman and the Priesthood of Christ." In *Man, Woman, Priesthood*, hrsg. v. Peter Moore, 68–90. London 1978.
Ware, Kallistos, "Man, Woman and the Priesthood of Christ." In *The Ordination of Women in the Orthodox Church*, hrsg. v. Elisabeth Behr-Sigel u. Kallistos Ware, 49–96, RiBS 92. Genf 2000.
Zizioulas, John, "L'ordination est-elle un sacrement?" In *Concilium* 74 (1972): 41–47.

Angelika Neuwirth

Koranforschung – eine ‚politische Philologie'?

Überlegungen zum Koran im spätantiken Horizont*

Abstract: We are accustomed to understanding the Qur'an as the 'Islamic text' *par excellence*. Historically speaking, however, this is not at all evident. Before rising to the rank of the founding document of Islam, the Qur'an was an oral communication for more than 20 years. This study looks at the Qur'an as a communication process instead of a literary *fait accompli* and analyzes it with the tools of literary rather than historical studies. Regarding the Qur'an as a 'message' targeting not-yet Muslim listeners, one must contextualize it within pre-Islamic, late antique traditions, i.e., with ancient Arabic poetry on the one hand and Jewish and Christian exegetical texts on the other. Viewed as the genuine document of a late antique communication process, not only as an appropriation but also as a negotiation of earlier traditions, the Qur'an reveals itself as a theological-political event of paramount importance. In contrast to other scriptures, the Qur'anic event effected a double achievement: both a scriptural canon *and* a community. By developing ever more sophisticated cultic rituals, by debating a vast range of theological discourses and reaching a consensus on exegetical positions, the Qur'an's listeners gradually assumed the role of passive co-authors of the text.

Das Thema klingt provokativ: Kann Philologie überhaupt politisch sein? Ist sie nicht vielmehr eine zeitentbundene Praxis, eine Arbeit, die ihren Gegenstand ‚aseptisch', gewissermaßen im Sauerstoffzelt einer reinen ‚Textwelt', fern jeder politischen Auseinandersetzung, bearbeitet? Es mag überraschen, dass unser Problem bereits vor 130 Jahren einmal Thema eines Streits zwischen zwei der bedeutendsten Philologen ihrer Zeit war, der bis heute seine Relevanz bewahrt zu haben scheint. Im Jahr 1872 veröffentlichte einer der Begründer der Klassischen Philologie, Ulrich von Wilamowitz-Moellendorff, eine Schrift mit dem Titel *Zukunftsphilologie*[1], de facto eine Polemik gegen das von Friedrich Nietzsche

* Die hier vorgetragenen Argumente sind inzwischen von der Verfasserin in zwei Monographien weiter ausgearbeitet worden: *Koranforschung – eine politische Philologie?*, Berlin 2014 und *Scripture, Poetry, and the Making of a Community*, Oxford 2014.

1 Wilamowitz-Moellendorff, „Zukunftsphilologie".

soeben publizierte Werk *Die Geburt der Tragödie aus dem Geist der Musik*[2]. Wilamowitz insistierte auf einer ‚reinen Philologie als Wissenschaft jenseits der realen Zeit'. Nietzsche erwiderte mit dem Verdikt, die von Wilamowitz geforderte rigoros historische Forschung, hermetisch abgeschottet von der lebendigen Gegenwart des Forschers, sei verhängnisvoll, von geradezu letaler Wirkung, eine Methode, die klassische griechische Kultur ‚abzutöten'.

Der amerikanische Indologe Sheldon Pollock, dem wir die neugeweckte Erinnerung an diese Kontroverse verdanken[3], sieht in ihr mehr als eine wissenschaftsgeschichtliche Episode. Der Streit der beiden großen Gelehrten um die ‚Zukunftsphilologie'– als absolut textreferentiell, isoliert von den Fragen der Zeit betrieben, oder als offene, mit der intellektuellen Realität des Forschers verschränkte politische Philologie, sei vielmehr ein Streit zwischen Wissenschaft und Bildung, in Pollocks Worten „a struggle between historicists and humanists [...] scholarship and life"[4], und damit ein Muster, das sich immer wieder aktualisiere. In der Tat hat Nietzsches Verdikt bald ein Echo gefunden – in dem ein halbes Jahrhundert später von Gershom Scholem gegen die Gelehrten der Wissenschaft des Judentums geschleuderten Vorwurf, ‚Totengräber des Judentums' zu sein.[5] Dieses harsche Urteil wiederum tangiert die Genealogie unserer eigenen Disziplin, der Orientwissenschaft, denn einer der frühesten Philologen der Wissenschaft des Judentums, Abraham Geiger, war zugleich der Begründer der kritischen Koranforschung[6]. Geiger, dessen Werk hier eine kurze Würdigung verdient, war nicht nur der erste, der mit seinem bahnbrechenden Werk *Was hat Mohammed aus dem Judenthume aufgenommen?*[7] (1833) die historisch-kritische Methode aus der Bibelwissenschaft auf den Koran übertrug, er war es auch, der den – bis dahin unerforschten – Raum zwischen Bibel und koranischer Bibelrezeption durch Eintragung jüdischer Traditionen erstmals zu kartographieren versuchte. Sein Zugang, in den folgenden Jahrzehnten durch Sprachwissenschaftler

---

2 Nietzsche, „Geburt der Tragödie"; vgl. dazu: Porter, *Nietzsche*.

3 Vgl. Pollock, "Future Philology". Inzwischen konnte an der Friedrich-Schlegel-Schule für Vergleichende Literaturwissenschaft an der Freien Universität Berlin ein Forschungsprojekt *Zukunftsphilologie*, geleitet von Islam Dayeh, etabliert werden, das sich verschiedensten Philologietraditionen komparativ nähert.

4 Vgl. Pollock, "Future Philology" , 932.

5 Vgl. Scholem, „Überlegungen". Der Begriff „Totengräber des Judentums", der sich hier vornehmlich auf Zunz und Steinschneider bezieht, wird auch von Peter Schäfer aufgegriffen, siehe sein Nachwort zu *Judaica VI*, 96.

6 Siehe dazu Hartwig, „Wissenschaft des Judentums und die Anfänge" sowie „Wissenschaft des Judentums als Gründerdisziplin". Siehe auch Hartwig u. a., *Im vollen Licht*.

7 Geiger, *Mohammed*.

und Historiker weiter entwickelt, sollte für etwa 100 Jahre, bis zur gewaltsamen Beendigung dieser Forschungsrichtung durch die Nationalsozialisten, maßgeblich bleiben. Das hier verfolgte Prinzip der historischen Koranlektüre unter intertextueller Berücksichtigung älterer Traditionen der spätantiken Welt liegt noch dem Projekt *Corpus Coranicum* zugrunde, das seit 2007 an der Berlin-Brandenburgischen Akademie der Wissenschaften seine Arbeit verfolgt.

Und doch ist der Vorwurf der ‚Abtötung des Textes' mit den chirurgischen Methoden einer ‚Textarchäologie' nicht wirklich gegenstandslos. Gerade die Disziplin, in der dieser Zugang entwickelt wurde, die Bibelwissenschaft, macht gegenwärtig eine Revision durch. Jüdische und christliche Bibelwissenschaftler wie James Kugel[8] und Robert John Wilken[9] plädieren für die notwendige ‚Wiederbelebung' einer ‚leblos' gewordenen Bibellektüre. Sie versuchen, jenen Evolutionssprung kritisch neu zu überdenken, der im 18. und 19. Jahrhundert mit dem Eintritt der historisch-kritischen Philologie zu einem Bruch in den theologischen Studien geführt hatte.

Bleiben wir bei diesem Bruch, mit dem das bis dahin noch weitgehend vorherrschende Bewusstsein von der Heiligen Schrift als einer metahistorischen Grundurkunde der Wahrheit ins Wanken geriet, kurz stehen. Diese Wende, so einschneidend sie war, kam nicht ganz unvorbereitet, sondern war letztlich konsequente Folge einer langen hermeneutischen Entwicklung: Gelehrte Beschäftigung mit der Bibel im Westen hatte sich längst zu einer diskursiv ausdifferenzierten Theologie und Anthropologie herauskristallisiert, die durch die Kritik, die sie in Reformation und Aufklärung erfuhr, zunehmend an theoretischer Schärfe gewonnen hatte. Die Bibel selbst war nach der Einführung des Buchdrucks längst ein allgemein zugänglicher Text und den Gebildeten in relevanten theologischen Deutungen vertraut, als Ende des 18., Anfang des 19. Jahrhunderts mit der Einführung des historisch-kritischen Ansatzes jene epistemische Wende einsetzte, mit der „biblische Studien ein Eigenleben als historische Studien zu führen begannen, unabhängig von Kirche und Synagoge".[10]

1 Der Koran in der westlichen Wahrnehmung

Dieser revolutionäre Moment in der Biblistik sollte auch für die westliche Koranforschung schicksalhaft werden, denn er war es, der erstmalig den Anstoß zu

8 Kugel, *Bible*, 17.
9 Wilken, "In Defense".
10 Wilken, "In Defense", 198. (Übersetzung A. N.).

wissenschaftlichen Koranstudien gab. Was aber in der westlichen Biblistik als eine kritische Wende und eine Erneuerung gelten kann, war in der westlichen Koranforschung weder eine Wende noch eine Erneuerung, sondern ein gänzlich unvorbereiteter Anfang. Als der Koran zum Gegenstand der Forschung mit den neuen historisch-kritischen Methoden gemacht wurde, war er in der westlichen Wahrnehmung kein vertrauter, durch theologische Fragen bereits erschlossener, sondern ein gänzlich unbekannter Text. Da die historisch-kritische Methode jede Form von allegorischer oder typologischer Deutung bekämpfte, wurde der Koran von Anfang an theologisch verkürzt wahrgenommen, nämlich auf seinen Literalsinn, seine vermeintlich ausschließliche Realitätsreferenz – die Situation des Propheten in Mekka und Medina – begrenzt, ohne dass nach eventuell darüber hinausgehenden Bedeutungsdimensionen gefragt wurde. Nicht der Text als hermeneutisch kodierte Gesamtaussage, sondern einzelne, oft isolierte Aussagen wurden auf ihre Geschichte hin geprüft. Der Koran stand in der westlichen Forschung da wie ein erratischer Block, ein Text, herausgelöst aus seiner theologischen Verkettung mit den Vorgängerreligionen und unerkennbar in seiner eigenen religiösen Bedeutung.

Unleugbar verdient – unter dem Aspekt der innereuropäischen Kulturkritik betrachtet – der Anfang der kritischen Koranforschung als bedeutende Leistung Anerkennung, bedenkt man, dass bis ins 19. Jahrhundert hinein der Koran trotz der Empathie einzelner Aufklärer und Romantiker als Schrift eines ‚falschen Propheten' betrachtet worden war. Erst Abraham Geiger stellte den Koran zumindest formal-methodisch, indem er die neuesten Ansätze der Bibelwissenschaft auf den Text anwandte, auf gleiches Niveau mit den Schriften des Christentums und des Judentums.[11]

Und doch konnte das Resultat nur ambivalent ausfallen. Historisch-kritische Forschung ist nicht zuletzt eine Suche nach dem Urtext – eine Suche, die im Falle der Bibel zur Entdeckung zahlreicher, dem biblischen Text unterliegender, altorientalischer Traditionen geführt hatte. Diese Texte waren geeignet, Licht auf die historische Einbettung der biblischen Bücher zu werfen, sie konnten aber kaum je ernsthaft mit den viel raffinierteren, weil fiktional ausgestalteten Entsprechungen aus der Feder der biblischen Autoren konkurrieren.[12] Im Fall des Koran lagen die Dinge umgekehrt: Was man auf der Suche nach ‚Urtexten' vorfand, waren nicht diskursive Vorstufen, sondern der prestigereichste Text, der überhaupt denkbar war, die Hebräische Bibel selbst. Was sich Forschern wie Geiger mit dem Koran darbot, war bestenfalls eine Art Blütenlese, ein Florilegium von biblischen

11 Siehe dazu Sinai, "Orientalism".
12 Siehe dazu Alter, *Biblical Narrative*.

und rabbinischen Traditionen, die der ‚Autor des Koran' aus dem Judentum aufgenommen hatte, um eine Schrift zur Rechtleitung seiner Gemeinde zu kompilieren. Und da Abweichungen von einem so autoritativen Text nur als Verzerrung gelten konnten, stellte sich der Koran als eine gescheiterte Nachahmung der Bibel dar. Von diesem Stigma der Epigonalität hat sich der Koran in der westlichen Forschung bis auf den heutigen Tag nicht freimachen können. Er wird immer noch nicht auf Augenhöhe mit den beiden anderen Schriften wahrgenommen. Ohne Beachtung für seine theologische Verflechtung mit den biblischen und nachbiblischen Traditionen gilt er immer noch als ein exotischer Text, als Symbol einer ‚ganz anderen Kultur'.

Ein weiterer Geburtsfehler der westlichen Koranforschung ist ihre Ungleichzeitigkeit mit der innerislamischen Koranforschung. Gewiss ist schwer zu leugnen, dass ein mit der historisch-kritischen Wende vergleichbarer Bruch in der innerislamischen Koranwissenschaft bisher nicht eingetreten ist. Und doch waren schon im 19., vor allem aber im frühen 20. Jahrhundert, zunächst in Indien und später in Ägypten, neue Ansätze entwickelt worden, um den Koran – unabhängig von der bis dahin als exegetische Basis dienenden traditionellen Kommentarliteratur – modernen, extra-textuellen Fragen zu öffnen.[13] Es ist bemerkenswert, dass die westlichen Koranforscher im 19. Jahrhundert keinerlei Kenntnis von den mit ihnen zeitgenössischen muslimischen Reformaktivitäten nahmen, obwohl einzelne herausragende Forscher wie Alois Sprenger[14], später Ignaz Goldziher[15] und Josef Horovitz[16], zeitweise eng mit muslimischen Gelehrten zusammenarbeiteten. Diese innerislamische Arbeit am Koran blieb nicht nur aus den Anfängen der westlichen Koranforschung ausgeblendet, sie wurde auch in der Folgezeit – wenn man von Gotthelf Bergsträssers Kooperationen mit arabischen Gelehrten absieht[17] – zu keinem Zeitpunkt in den westlichen Forschungshorizont eingeholt, sondern allenfalls im Nachhinein ‚objektiv', als eigener Forschungsgegenstand begriffen. Gegenwärtig ist die hermeneutische Kluft zwischen traditionell-islamischer und historisch-orientierter westlicher Koranlektüre erst noch zu überbrücken. Eine Voraussetzung dafür ist die selbstkritische Einsicht in die doppelte Ungleichzeitigkeit der westlichen Koranforschung gegenüber der Bibelwissenschaft, der sie sich letztlich nur oberflächlich anschließt, sowie gegenüber der

13 Siehe dazu Wielandt, "Exegesis".

14 Seine Werke *Das Leben und die Lehre des Mohammad* und *Mohammad und der Koran* verdanken sich seinem Austausch mit indischen Muslimen.

15 Vgl. *Patai*, Ignaz *Goldziher.*

16 Vgl. Jäger, „Josef Horovitz".

17 Siehe dazu Marx, „Koran".

muslimischen Forschung, die sie von Anfang an aus ihrem Blickfeld ausschloss und die sie auch weiterhin allenfalls als ‚Forschungsgegenstand' ernst nimmt.

2 Koranforschung heute

Ich möchte im Folgenden einen Schritt nach vorn vorstellen, der die von Nietzsche erhobene Forderung nach der Einbettung der Philologie in die ‚Bildung', d. h. ihre notwendige Verschränkung mit intellektuellen, politischen Debatten der Gegenwart beim Wort nimmt, zugleich aber an der immer noch nicht erfüllten Aufgabe der historisch-kritischen Erschließung des Koran festhält.

Wir sind gewohnt, den Koran als den ‚islamischen Text par excellence' zu verstehen. Historisch betrachtet ist das aber keineswegs selbstverständlich. Denn bevor der Koran zur ‚Grundurkunde des Islam' wurde, war er über zwanzig Jahre hindurch mündliche Verkündigung. Diese koranische Verkündigung wandte sich noch nicht an Muslime – die ja erst durch ihre Belehrung zu solchen wurden – sondern an vor-islamische Hörer, die wir am ehesten als ‚spätantik gebildet' beschreiben können. Will man den Koran aus dieser Entstehungssituation, als Mitteilung an noch nicht islamische Hörer verstehen, kann man ihn nicht, wie es größtenteils bis jetzt geschieht, durch spätere islamische Kommentare erklären, sondern muss ihn in den Rahmen vorislamischer, spätantiker Traditionen stellen. Die folgenden Ausführungen wollen zum einen in diese Arbeit am Koran einführen, die seit einigen Jahren Gegenstand des *Corpus Coranicum*-Projekts ist. Diese Drehung der Perspektive um 180 Grad vom islamischen zum spätantiken Koran hat aber, wie ich zum anderen zeigen möchte, eine für die heutige Zeit auch politisch hochrelevante Implikation, denn sie macht den Koran – zugespitzt ausgedrückt – als europäisches Vermächtnis erkennbar, als eine Stimme in dem Konzert von Traditionen in einer Zeit, die wir gewohnt sind, als formative Epoche für das spätere Europa zu reklamieren. Der Koran wird so zu einem für Europäer signifikanten Text, einem Text, der nicht-muslimische Europäer und Muslime verbindet.[18]

Die neue Forschungsperspektive erfordert zunächst einmal, dass wir den Koran nicht wie üblich als ein von einem Autor vorbedachtes Buch betrachten, eine Vorstellung, die die genuine Verkündigungssituation ignoriert, sondern ihn als Kommunikation, und damit als Interaktion zwischen dem Propheten und seinen Hörern wahrnehmen. Dazu können wir nicht einfach die überlieferte Text-

18 Diese Argumentation ist inzwischen in einer Monographie weiter entfaltet worden: Neuwirth, *Der Koran* (2011). Sie liegt auch dem Handkommentar der Verfasserin zum Koran zugrunde, der 2011 erschienen ist: Neuwirth, *Koran I*.

form zugrunde legen, in der 114 sehr verschieden strukturierte Suren ihrer Länge nach angeordnet aufeinander folgen, sondern müssen die Einzeltexte chronologisch in die Ordnung ihrer sukzessiven Verkündigung zurückversetzen. Denn es ist nicht die anthologisch überlieferte Textform, die die Geburt einer neuen Religion spiegelt, sondern die Vorform dieses Textes: die seiner Kodifizierung vorausgehende mündliche Verkündigung.

Die Unterscheidung zwischen diesen beiden Manifestationen des Koran ist keine textgeschichtliche Bagatelle, vielmehr impliziert die Fokussierung der Verkündigung eine hermeneutisch folgenreiche Revision, die den Koran nicht nur als das Resultat eines Verkündigungsprozesses, sondern auch als eine Art Mitschrift dieses Prozesses in den Blick nimmt. Im Koran selbst bildet sich die sukzessive ‚Verhandlung', die Aneignung, aber auch Modifizierung und sogar Ablehnung von biblischen und nachbiblischen Traditionen ab. Dieser Prozess involviert neben dem Verkünder auch Hörer von offenbar verschiedener religiöser Ausrichtung, aus deren Mitte sukzessiv die Gemeinde hervorgeht. So betrachtet wird der Koran aus einer Anthologie von Texten verschiedener Gattungen, oder – im islamischem Verständnis – aus einem göttlichen Monolog zu einem Drama, das komplizierte theologische Diskussionen erkennen lässt

3 Der Koran als Verkündigung

Dieser Blick auf den Koran als einen noch im Entstehen befindlichen Text ist natürlich keine Neuentdeckung. Der Universalgelehrte Abu ʿAmr al-Ǧāḥiẓ aus Basra hat bereits im 9. Jahrhundert auf die enge Verbindung zwischen Korantext und Adressaten der Verkündigung insistiert. Auf diesen Gelehrten können wir uns für unseren Ansatz berufen, denn er sieht in der besonderen Entstehungssituation des Koran aus einer Interaktion des Verkünders mit Hörern einer bestimmten Bildung und Erwartungshaltung die eigentliche Auszeichnung des Koran vor den anderen Heiligen Schriften. Er stellt folgenden Vergleich zwischen den monotheistischen Schriften an:

> Jedem Propheten wurde ein Zeichen gegeben, das die Wahrheit seiner Botschaft beweist: Gott sandte Mose zu einer Zeit, in welcher der Pharao an die Allmacht der Zauberei glaubte, sein Zeichen war daher ein magisches: die Verwandlung des Stabes in eine Schlange; er sandte Jesus in einer Epoche, in der die Heilkunst in hohem Ansehen stand, Jesus musste daher ein wissenschaftliches Wunder wirken: die Auferweckung von Toten. Zu Muhammads Zeit konnte man mit solchen materiellen Wundern nicht mehr beeindrucken, er trat vor

> eine Hörerschaft, bei denen Redekunst den höchsten Rang behauptete, sein Zeichen war deshalb ein sprachliches: das rhetorische Wunder des Koran.[19]

Diese Klassifikation der Propheten ist zwar nichts Revolutionäres, sie lässt sich leicht als eine islamische Fortschreibung der christlich-theologischen Vorstellung von den sukzessiven Gottesbünden – mit Noah, Abraham und Mose – erkennen, die im Auftreten Jesu ihre Vollendung erreichen. Doch manifestiert sich bei Al-Ǧāḥiẓ eine bemerkenswerte ‚Säkularisierung' des Prophetenbegriffs. Denn es ist nicht eine Steigerung der Gottesnähe, die die einen Propheten vor den anderen auszeichnet, sondern das zunehmende epistemische Raffinement, die zunehmende ‚Wissenschaftlichkeit' ihres Wunderwirkens, das sich an den immer sublimer werdenden Erwartungen ihrer Adressaten ausrichtet.

Für die frühislamische Gesellschaft bildet Muhammad den Höhepunkt, aber nicht weil seine Botschaft die früheren übertrifft, sondern insofern sein Wunderzeichen nicht physischer, sondern geistiger Natur ist und somit den höchsten Grad an Sublimität aufweist, in Übereinstimmung mit der nun beanspruchten geistigen Überlegenheit seiner Gemeinde, die sich gegenüber den früheren gerade erst als siegreich erwiesen hatte. Denn man versteht die rasche Verbreitung der arabischen Herrschaft nicht nur als einen Sieg über die etablierten politischen Mächte der Umwelt, die Sassaniden und Byzantiner, sondern gleichzeitig als einen Sieg über die theologischen Positionen der älteren Religionstraditionen. Und indem man diesen Erfolg als das notwendige Resultat der prophetischen Verkündigung Muhammads deutet, sieht man sich berechtigt, den Koran ‚teleologisch' auf diesen Sieg hin zu lesen. Die Empfänger der Botschaft sind daher Al-Ǧāḥiẓ' Vision zufolge nicht, wie es für die historischen Adressaten des Verkünders zutrifft, eine ethnisch gemischte, plurikulturelle spätantike Hörergemeinde, sondern bereits diejenigen, die ein Jahrhundert später der entstehenden neuen Reichskultur politisch vorstehen und dieser ihren Stempel aufdrücken sollten: die Araber selbst. Sie, deren poetisches Erbe, das umfangreiche Corpus der altarabischen Dichtung, in der Zeit Al-Ǧāḥiẓ' gerade als das Rückgrat der neuen kulturellen Identität konstruiert wird, werden durch die sprachlich sublimste göttliche Botschaft noch zusätzlich geadelt.

So wenig Empathie dieser Text auch für die prophetischen Botschaften vor Muhammad aufzubringen scheint, die für die Beglaubigung ihrer transzendenten Dimension auf zusätzliche Mirakel angewiesen sind – so treffend bringt er

19 Diese Aussage fasst eine längere Darlegung bei Al-Ǧāḥiẓ, „Ḥuǧaǧ al-nubuwwa", bes. 278–280. zusammen. Eine paraphrasierende Übersetzung liefert auch Pellat, *Arabische Geisteswelt*, 80.

doch einen zentralen Wesenszug des Koran selbst auf den Punkt: nämlich den gleichzeitigen Anspruch auf theologisch-semantische und ästhetisch-hermeneutische Innovation. Mit dem Argument der besonderen sprachlichen Sensibilität seiner Zeit begründet Al-Ǧāḥiẓ diesen Anspruch historisch,– ein Urteil, das moderne Literatur-Forscher bestätigen würden. Indem sich nämlich der Koran der hoch rhetorischen Sprache der etwa ein Jahrhundert vorher einsetzenden arabischen Dichtungstradition bedient, diese sogar vielfach innovativ übertrifft, verfügt er in der Tat über ein hermeneutisches Potential, das gegenüber einer arabischen Hörerschaft effektiver als irgendein sichtbares Wunder die Evidenz der übernatürlichen Herkunft seiner Botschaft manifestieren konnte. Der Koran ist ein dezidiert arabischer Text, das soll bei all unserer Betonung seiner universal-spätantiken Herkunft nicht unterschlagen werden.

Die Erhebung der Sprachform zum Authentizitätsbeweis der Botschaft ist aber auch aus einem anderen Grund nicht abwegig: der Koran ist – anders als die hebräische Bibel und die Evangelien – nicht Erzählung von Heilsgeschichte, sondern von Anfang bis Ende direkte Rede Gottes an eine zweite Person, den Verkünder, oft genug sogar Referat einer Wechselrede zwischen dem Verkünder und seinen Hörern. Dabei bewegt sich diese Rede nicht nur in der gelebten Wirklichkeit, d. h. sie bildet nicht primär die Verhältnisse der Verkündigungssituation ab, sondern ist in mindestens gleichem Maße in der biblischen Textwelt verankert, indem sie biblische und nachbiblische Traditionen diskutiert. Diese Textreferentialität des Koran ist bei einer spätantiken Schrift nicht verwunderlich: In der biblischen Tradition selbst hatten bereits einige Jahrhunderte früher Schrift-Gelehrte, *khahamim*, die Rolle der alten Propheten teilweise übernommen. Denn, um den Biblisten James Kugel zu zitieren:

> Wenn das Wort Gottes (zu einer bestimmten Zeit) nicht mehr verlässlich von erwählten, von Gott an Israel gesandten prophetischen Boten verkündigt werden konnte, dann deswegen, weil dieses Wort bereits in Schrift festgehalten war, niedergelegt in jener Bibliothek göttlicher Weisheit, die sich in der Schrift manifestierte.[20]

Ähnlich wie die für die späten biblischen Bücher verantwortlichen Schriftgelehrten beruft sich auch der ‚Sprecher' des Koran ständig auf die früheren Schriften und passt sie den Wissenshorizonten seiner Hörer an. Zugleich wahrt die koranische Rede die Form der spontanen prophetischen Mitteilung in direkter Rede. Muhammad lässt sich deswegen nicht angemessen bloß als Prophet bezeichnen, er ist vielmehr beides, sowohl ein neu auftretender Prophet als auch ein Schriftausleger nach dem Modell der biblischen Schriftgelehrten.

---

20 Kugel, *Bible*, 17. (Übersetzung A. N.).

Man könnte noch weiter gehen: mit leichter Übertreibung könnte man den Koran auch als einen exegetischen Text bezeichnen, denn er ist in der Sache Auslegung und Neuformulierung bereits bekannter biblischer und nachbiblischer Traditionen und in der Form auf weite Strecken – rhetorisch durchgeformte – apologetisch-polemische Debatte. Mit diesem Anspruch auf Affinität zur Rhetorik trägt sich der Koran selbst in jene Geschichtsepoche ein, die wir gewohnt sind, als Teil der europäischen Geschichte zu verbuchen: die Spätantike. Der Koran entsteht etwa zeitgleich mit so prononciert rhetorisch geprägten Werken wie dem Talmud und wichtigen patristischen Schriften. Zusammen mit den, gemeinhin als europäisches Erbe reklamierten Schriften der spätantiken Rhetoren, Kirchenväter und Rabbinen gelesen, ist er eigentlich ein uns vertrauter Text, oder er wäre es, trennten ihn nicht mentale Grenzziehungen von unserer unvoreingenommenen Wahrnehmung.

4 Warum historische Koranforschung?

Al-Ǧāḥiẓ hat aber noch einen weiteren wichtigen Punkt vorzutragen: Aus seiner Perspektive ist koranische Rhetorik eine linguistische Praxis, die Hörer involviert, mit deren Überzeugung der Wundercharakter der Rede steht und fällt. Das Bewusstsein für diesen dramatischen Charakter der ersten Koranverkündigung ist allerdings in der westlichen Forschung heute fast völlig erloschen, so dass die literarische Gattung des Koran oft verkannt wird. Für die Mehrheit der heutigen westlichen Forscher ist der Koran nicht die Niederschrift eines – mündlich aufgeführten, ergebnisoffenen – Dramas, sondern ein schriftliches, vorkonzipiertes Corpus prophetischer Aussprüche. Und auch in der islamischen Tradition ist trotz Al-Ǧāḥiẓ' Einsicht die Vorstellung von einem in sich geschlossenen Buch vorherrschend. Diese Wahrnehmung präjudiziert den, während der Verkündigung ja noch gar nicht erkennbaren, Ausgang der Mission des Propheten, sie minimiert vor allem die Bedeutung der verschiedenen Akteure, die neben ihm in die Gemeindebildung involviert waren. Diese teleologische, das Ende vorausnehmende Sicht auf den Koran ist aus historischer Perspektive eine folgenschwere Vorentscheidung.

Aus dieser teleologischen Perspektive werden auch ‚vor Ort' schwerwiegende Schlüsse gezogen. Der dominierenden islamischen Sicht zufolge, so beklagt der libanesische Historiker Samir Kassir, beginnt relevante arabische Geschichte erst mit der koranischen Offenbarung: „von den vorhergehenden Zeiten bleibt nur ein chaotisches Bild zurück, das sich in dem Begriff *ǧāhiliyya*, verstanden als ‚Zeit der Unwissenheit‘, verdichtet“[21]. Dieser alles auf die Rolle des Propheten Muhammad zurückführende Ursprungsmythos reduziert die Vorgeschichte auf eine fast ausschließlich von nomadischer Lebensform geprägte Epoche. Dieser Ursprungsmythos des Islam ist jedoch teuer erkauft: mit der Marginalisierung der konkurrierenden Traditionen, später sogar der Verunklärung und Verschüttung dieser Traditionen. Die als vorislamische ‚Barbarei‘ und ‚Unwissenheit‘ konstruierte *ǧāhiliyya* kann so als dunkle Kontrastfolie für die vom Islam gebrachte neue Zivilisation dienen. Die komplexe plurikulturelle Vorgeschichte wieder auszugraben, erscheint modernen Intellektuellen substantiell wichtig. Samir Kassir spricht von einer kopernikanischen Wende im arabischen Denken, die eintreten würde, „wenn einmal das Goldene Zeitalter entdeckt würde, das dem bisher gefeierten Goldenen Zeitalter voraus ging“[22] Er plädiert für die Rückkoppelung der arabisch-islamischen Geschichte an die jüdisch-christliche, synkretistische und pagane Kultur, d. h. für eine Öffnung der Islamgeschichte in die vorislamische plurikulturelle Spätantike.

Die in der islamischen Diskussion gegenwärtig so virulente Frage nach der Bewertung der *ǧāhiliyya* hat ihre Entsprechung in den Debatten um die westliche Konstruktion der Spätantike. *ǧāhiliyya* und Spätantike sind zwei Seiten derselben Medaille. Sie sind jedoch schwer zusammenzuführen. Denn die islamische *ǧāhiliyya*-Konstruktion tabuisiert zwar vor allem pagane Lebensart, wertet damit aber zugleich eine ganze Epoche inklusive die uns interessierenden Begegnungen zwischen paganen, christlichen und jüdischen Traditionsträgern als obsolet gewordene ‚Vorzeit‘ ab. Damit wird das spätantike Arabien – wie James Montgomery es auf den Punkt gebracht hat – zu einer leeren Kategorie, zu einem „Empty Hijaz“[23], einer ihrer kulturellen Besetzung entleerten Region.

Die westliche ‚Spätantike-Konstruktion‘ wiederum schloss lange Zeit den Islam aus, der geradezu als ein Faktor des kulturellen Bruchs und als verantwortlich für den ‚Niedergang‘ der pluralen in der Spätantike noch fortlebenden älteren Kulturen des Nahen Ostens galt – eine Konstruktion, die erst in neuerer Zeit durch eine inklusivere Sicht abgelöst zu werden beginnt. Es ist gegenwärtig einzig der Koran selbst, der immer noch nicht in der Spätantike verortet werden konnte.

21 Kassir, *Unglück*, 38–39.

22 Kassir, *Unglück*, 39.

23 Montgomery, “Empty Hijaz”.

5 Die Entwicklung der Gemeinde und des Kanons entlang einer Diskursfolge

Als Dokument eines Kommunikationsprozesses zwischen dem Propheten und seinen Hörern gesehen hat der Koran zwei große Errungenschaften eingeleitet: Er brachte einen Schriftkanon und eine Gemeinde hervor. Der Koran trug nicht nur dazu bei, eine Gemeinde zu bilden, sondern dokumentiert diese Gemeindebildung auch selbst. Die Hörerschaft, so wie sie sich im Koran spiegelt, gelangt schrittweise zu einer eigenen gemeindlichen Identität, ein Prozess, der sich unseres Erachtens im Groben rekonstruieren lässt. Korangenese und Gemeindeentwicklung vollziehen sich synergetisch, so dass eine Textbetrachtung unabhängig von der Gemeindebildung methodisch fragwürdig ist, von ihren impliziten religionspolemischen Dimensionen ganz abgesehen. Nur die Synergie beider kann den uns überlieferten Text erklären. Es lässt sich unserer Hypothese nach eine Folge von Themenkreisen oder Diskursen – theologischen, ethischen und liturgischen – ermitteln, die die Gemeinde während der Wirkungszeit des Propheten beschäftigt haben sollten und an denen entlang sich die Textentwicklung verfolgen lässt. Es ist eine Folge von Diskursen, die sich aus einander entwickeln, deren Sequenz aber nicht reversibel ist.

6 Diskurs: Gotteslob und Providenzerinnerung

Nennen wir den ersten Themenkreis den liturgischen Diskurs. Die ersten koranischen Verkündigungen lassen sich als ein Gespräch mit den Psalmen beschreiben. Nicht nur in ihrer poetischen Form und Metaphorik, ihrem zentralen Interesse an Gotteslob und Providenzerinnerung, sondern auch in der Haltung ihres Sprechers als eines Dialogpartners Gottes reflektieren sie die Sprache der Psalmen, wie sie aus der jüdischen und christlichen Liturgie geläufig war[24]. Dennoch sind die frühen koranischen Verkündigungen keine Psalm-Paraphrasen, vielmehr sind sie von einem neuen Gedanken durchdrungen: dem von Gott gestifteten Wissen. Betrachten wir den Anfang einer der ältesten Suren.

Iqra' bi-smi rabbika l-laḏī ḫalaq	Rezitiere im Namen deines Herrn, der erschuf
Ḫalaqa l-insāna min ʿalaq	Erschuf den Menschen ausgeronnenem Blut
Iqra' wa-rabbuka l-akram	Rezitiere, denn dein Herr ist der Edelmütige,
Allaḏī ʿallama bi-l-qalam	der gelehrt hat mit dem Schreibrohr,
ʿallama l-insāna mā lam yaʿlam	gelehrt den Menschen was er nicht wusste.

24 Siehe dazu die ausführliche Diskussion: Neuwirth, „Die Psalmen".

Diese Verse sind hymnisch, ganz im psalmistischen Sinne, denn Schöpfung ist auch in den Psalmen der bedeutendste Akt Gottes. Was aber im Koran Gottes Großmut ausmacht, ist nicht primär seine Erhaltung der Schöpfung, sondern seine Ausstattung der Geschöpfe mit der Fähigkeit des Verstehens. Göttliches Wissen, vermittelt durch den transzendenten Akt des Schreibens, ist es, das Gott großzügig (*akram)* mit seinen Geschöpfen teilt. Die Verleihung von Schriftwissen ist nicht Teil des psalmistischen Inventars göttlicher Güte, sie passt eher in das Gottesbild, das in den syrischen Traktaten Ephrems von Nisibis aus dem 4. Jahrhundert gezeichnet wird[25]. Jüdisch-christliche Formen von liturgischer Sprache erhalten im Koran eine zusätzliche – argumentative – Funktion. Das göttlich vermittelte Wissen ist nicht nur Gegenstand des Preises, es bildet die Grundlage, die Prämisse für eine Schlussfolgerung: die Behauptung von der göttlichen Einforderung der Rechenschaft von den Menschen am Jüngsten Tag, die nur aufgrund vorausgehender göttlicher Belehrung ihr Leben verantwortlich gestalten können. Der Hinweis auf das Wissen steht also im Dienst der Überzeugung der Hörer von einer neuen koranischen Lehre.

7 Diskurs: Jüngstes Gericht und Jenseitsglaube

Die endzeitliche Rechenschaft, und im weiteren Sinne die Eschatologie, ist der zweite koranische Diskurs, der in zahlreichen frühen Suren verhandelt wird. Die Einführung des Gerichtsgedankens in eine Gesellschaft, die diesseitig ausgerichtet an tribalen Werten orientiert ist, muss erhebliche Irritation auslösen. Nicht nur setzt sie der altarabischen *carpe-diem*-Mentalität die Forderung nach Askese entgegen, sie wirkt sich vor allem für den sozialen Bereich geradezu subversiv aus. Indem sie dem einzelnen zumutet, am Jüngsten Tag von seinem Clan isoliert für sich selbst und nur für sich selbst Rechenschaft abzulegen, erschüttert sie das Vertrauen in die bestehenden tribalen und ideologischen Strukturen. Diese neue Lehre dürfte es gewesen sein, die die Gemeinschaft der paganen Mekkaner und der Anhänger Muhammads spaltete und jene Gegner auf den Plan rief, die bereits im frühen Mekka in einem Konfliktverhältnis zur werdenden Gemeinde stehen. Diese Gemeinde nimmt nun neue – wie Uri Rubin[26] gezeigt hat – an jüdisch-christlichen Modellen orientierte Gebetszeiten an und formiert sich so separat als eine eigene Interessengruppe.

---

25 Siehe dazu Becker, *Fear of God*.
26 Vgl. Rubin, "Morning".

8 Diskurs: Anschluss an die jüdisch-christliche Heilsgeschichte

Danach ist es nur folgerichtig, dass die Gemeinde – einmal kultisch unabhängig geworden und nun den christlichen bzw. jüdischen Gebetszeiten folgend – sich auch an den Strukturen dieser monotheistischen Gebetsgottesdienste orientierte. Und damit kommen wir zum dritten Diskurs, dem Anschluss an jüdisch-christliche Heilsgeschichte. In mittelmekkanischer Zeit nehmen die – vorher kurzen – Suren deutlich erkennbar die Form eines monotheistischen Gottesdienstes an. Das heißt, um eine im Zentrum stehende biblische Erzählung, die Lesung, herum gruppieren sich nicht-narrative Textteile, Gebete, Gotteslob, Polemiken. Ein Wortgottesdienst ähnlich dem christlich-jüdischen hat sich offenbar herausgebildet, der mit dem Surenvortrag inszeniert wird. Biblische Erinnerung wird nun zu einem Gegengewicht zu den vorher dominierenden altarabischen Riten. Zu selben Zeit wird auch die erste Sure, die *Fātiḥa*, eingeführt, die mit ihrer litaneihaften Anrufung Gottes offenbar als Gemeindegebet gedacht ist, und mit der nun der Gemeinde selbst eine Stimme im Gottesdienst verliehen wird. Die *Fātiḥa,* wird als ein bereits in Gebrauch befindliches Gebet in einem mittelmekkanischen Text vorausgesetzt: Sure 15.

Diese Sure bezeugt aber noch eine weitere wichtige Errungenschaft: das neue Bewusstsein der Gemeinde um ihre primordiale Erwählung als neues Gottesvolk. Diese Auszeichnung ist in eine Erzählung (Q 15:26–43) gekleidet, die, kurz resümiert, das folgende besagt: Nach der Erschaffung der Welt sollen sich die Engel vor dem neu erschaffenen Adam niederwerfen. Einer von ihnen, Iblis, eine dem Satan aus dem Hiob-Buch verwandte Figur, weigert sich jedoch, indem er sich auf seinen Status als aus Feuer geschaffener Geist beruft, der dem aus Lehm geformten Menschen überlegen ist. Er zieht damit den Fluch Gottes auf sich. Bevor er aber der Strafe anheimfällt, übernimmt er die Aufgabe, alle Menschen durch Verführung auf die Probe zu stellen. Nur auf eine Gruppe hat er keinen Zugriff: auf die reinen Diener Gottes, die noch im selben Text mit den historischen Hörern des Koran identifiziert werden. Die koranische Gemeinde ist in der Präexistenz von Gott erwählt, und damit den Israeliten ebenbürtig, deren Führer, Mose, ein typologischer Vorgänger Muhammads ist. Es ist bei dieser Privilegierung wenig verwunderlich, dass die Gemeinde ihre neue Zugehörigkeit zur biblischen Tradition durch die Annahme der Gebetsrichtung der älteren Religionen, die Verneigung nach Jerusalem, auch äußerlich kenntlich macht, um ihre Präferenz der biblischen Tradition gegenüber der lokalen mekkanischen zum Ausdruck zu bringen.

9 Diskurs: Verhandlung und ‚Korrektur' älterer Traditionen

Um zu einer Schriftgemeinde zu werden, bedurfte es für die Hörer des Koran jedoch noch mehr als göttlicher Erwählung. Zentrale Texte der älteren Tradition mussten neu gelesen und dem neu entstehenden Weltbild wie auch den Standards der arabischen Sprache angepasst werden – ein vierter koranischer Diskurs. Die Neulektüre von Ps 136 in *Sūrat ar-Raḥmān* reflektiert dieses ehrgeizige Projekt in besonders deutlicher Form. Eine Anzahl gemeinsamer Züge, darunter das einzigartige Phänomen des Refraingebrauchs, legen nahe, dass *Sūrat ar-Raḥmān* nicht einfach ein Echo von Ps 136 ist, sondern ein als solcher beabsichtigter Gegentext Bei diesem Text wollen wir etwas stehenbleiben, da er bereits die in mittelmekkanischer Zeit erreichte diskursive Rezeption älterer Traditionen und damit die Eigengesetzlichkeit der koranischen Verkündigung reflektiert.

Sure 55: Der Barmherzige (سورة الرحمن)[27]

I *Hymnus ohne explizite Anrede an Adressaten:*

1	Der Barmherzige	الرَّحْمَنُ
2	Er lehrte den Koran,	عَلَّمَ الْقُرْآنَ
3	Er erschuf den Menschen,	خَلَقَ الْإِنسَانَ
4	Er lehrte ihn die klare Sprache.	عَلَّمَهُ الْبَيَانَ
5	Sonne und Mond folgen einer Berechnung,	الشَّمْسُ وَالْقَمَرُ بِحُسْبَانٍ
6	Stern und Baum fallen (vor ihm) nieder.	وَالنَّجْمُ وَالشَّجَرُ يَسْجُدَانِ
7	Den Himmel hat er erhoben und die Waage angebracht,	وَالسَّمَاء رَفَعَهَا وَوَضَعَ الْمِيزَانَ
8	Dass ihr euch nicht auflehnt gegen die Waage,	أَلَّا تَطْغَوْا فِي الْمِيزَانِ
9	Sondern Gewicht nach Maß gebt und die Waage nicht schmälert.	وَأَقِيمُوا الْوَزْنَ بِالْقِسْطِ وَلَا تُخْسِرُوا الْمِيزَانَ
10	Die Erde hat er ausgebreitet für die Menschen,	وَالْأَرْضَ وَضَعَهَا لِلْأَنَامِ
11	Darauf Fruchtbäume und Palmen mit Fruchthülsen	فِيهَا فَاكِهَةٌ وَالنَّخْلُ ذَاتُ الْأَكْمَامِ
12	Und Korn in Ähren und duftende Kräuter.	وَالْحَبُّ ذُو الْعَصْفِ وَالرَّيْحَانُ
13	Welche Zeichen eures Herrn wollt ihr also leugnen?	فَبِأَيِّ آلَاء رَبِّكُمَا تُكَذِّبَانِ

II *Hymnus mit Anrede an Adressaten:*

27 Die Übersetzung bleibt so nahe am Original wie möglich. Nur in einigen Fällen wurden Interpretamente eingefügt, sie sind durch Klammern gekennzeichnet. Die Hauptteilüberschriften verweisen auf die koranischen Textsorten, die in Neuwirth, *Studien* erarbeitet worden sind.

14	Er schuf den Menschen aus feuchter Erde wie Töpferware	خَلَقَ الْإِنسَانَ مِن صَلْصَالٍ كَالْفَخَّارِ
15	Und schuf die Djinnen aus einem Gemisch von Feuer.	وَخَلَقَ الْجَانَ مِن مارِجٍ مِن نارٍ
16	Welche Zeichen eures Herrn wollt ihr also leugnen?	فَبِأَيِّ آلَاء رَبِّكُمَا تُكَذِّبَانِ
17	Der Herr der beiden Aufgänge und der beiden Untergänge.	رَبُّ الْمَشْرِقَيْنِ وَرَبُّ الْمَغْرِبَيْنِ
18	Welche Zeichen eures Herrn wollt ihr also leugnen?	فَبِأَيِّ آلَاء رَبِّكُمَا تُكَذِّبَانِ
19	Er trennte die beiden Meere, wo sie zusammenfließen,	مَرَجَ الْبَحْرَيْنِ يَلْتَقِيَانِ
20	setzte zwischen sie eine Schranke, die sie nicht überschreiten.	بَيْنَهُمَا بَرْزَخٌ لَا يَبْغِيَانِ
21	Welche Zeichen eures Herrn wollt ihr also leugnen?	فَبِأَيِّ آلَاء رَبِّكُمَا تُكَذِّبَانِ
22	Aus ihnen hervor kommen Perlen und Korallen.	يَخْرُجُ مِنْهُمَا اللُّؤْلُؤُ وَالْمَرْجَانُ
23	Welche Zeichen eures Herrn wollt ihr also leugnen?	فَبِأَيِّ آلَاء رَبِّكُمَا تُكَذِّبَانِ
24	Sein sind die Schiffe, die über das Meer ziehen, sichtbar wie Wegzeichen.	وَلَهُ الْجَوَارِ الْمُنشَآتُ فِي الْبَحْرِ كَالْأَعْلَامِ
25	Welche Zeichen eures Herrn wollt ihr also leugnen?	فَبِأَيِّ آلَاء رَبِّكُمَا تُكَذِّبَانِ
26	Alles auf der Welt ist vergänglich,	كُلُّ مَنْ عَلَيْهَا فَانٍ
27	Doch bleibt das Antlitz Deines Herrn voll Majestät und Würde	وَيَبْقَى وَجْهُ رَبِّكَ ذُو الْجَلَالِ وَالْإِكْرَامِ
28	Welche Zeichen eures Herrn wollt ihr also leugnen?	فَبِأَيِّ آلَاء رَبِّكُمَا تُكَذِّبَانِ
	Polemik:	
29	Es fragt nach ihm, wer in den Himmeln und auf Erden ist, jeden Tag hat er sein Werk zu tun.	يَسْأَلُهُ مَن فِي السَّمَاوَاتِ وَالْأَرْضِ كُلَّ يَوْمٍ هُوَ فِي شَأْنٍ
30	Welche Zeichen eures Herrn wollt ihr also leugnen?	فَبِأَيِّ آلَاء رَبِّكُمَا تُكَذِّبَانِ
31	Wir werden uns noch mit euch befassen, ihr Leichten und ihr Schweren!	سَنَفْرُغُ لَكُمْ أَيُّهَا الثَّقَلَانِ
32	Welche Zeichen eures Herrn wollt ihr also leugnen?	فَبِأَيِّ آلَاء رَبِّكُمَا تُكَذِّبَانِ
33	Oh Volk der Djinnen und Menschen, könnt ihr, so springt heraus aus den Grenzen von Himmel und Erde, Ihr werdet nicht herausspringen ohne Vollmacht!	يَا مَعْشَرَ الْجِنِّ وَالْإِنسِ إِنِ اسْتَطَعْتُمْ أَن تَنفُذُوا مِنْ أَقْطَارِ السَّمَاوَاتِ وَالْأَرْضِ فَانفُذُوا لَا تَنفُذُونَ إِلَّا بِسُلْطَانٍ
34	Welche Zeichen eures Herrn wollt ihr also leugnen?	فَبِأَيِّ آلَاء رَبِّكُمَا تُكَذِّبَانِ
35	Es werden über euch Feuerzungen geschickt und heißes Erz, so dass ihr euch nicht retten könnt.	يُرْسَلُ عَلَيْكُمَا شُوَاظٌ مِن نارٍ وَنُحَاسٌ فَلَا تَنتَصِرَانِ
36	Welche Zeichen eures Herrn wollt ihr also leugnen?	فَبِأَيِّ آلَاء رَبِّكُمَا تُكَذِّبَانِ
	III *Eschatologische Szenerie:*	
37	Wenn einst der Himmel sich spaltet und rot erglüht wie Öl,	فَإِذَا انشَقَّتِ السَّمَاء فَكَانَتْ وَرْدَةً كَالدِّهَانِ
38	Welche Zeichen eures Herrn wollt ihr also leugnen?	فَبِأَيِّ آلَاء رَبِّكُمَا تُكَذِّبَانِ

	Eschatologischer Vorgang: die Verdammten:	
39	Jenen Tages wird nach seiner Schuld befragt weder Mensch noch Djinn.	فَيَوْمَئِذٍ لَا يُسْأَلُ عَن ذَنبِهِ إِنسٌ وَلَا جَانٌّ
40	Welche Zeichen eures Herrn wollt ihr also leugnen?	فَبِأَيِّ آلَاءِ رَبِّكُمَا تُكَذِّبَانِ
41	Die Frevler werden an ihrem Zeichen erkannt und ergriffen bei Stirnlocken und Füßen.	يُعْرَفُ الْمُجْرِمُونَ بِسِيمَاهُمْ فَيُؤْخَذُ بِالنَّوَاصِي وَالْأَقْدَامِ
42	Welche Zeichen eures Herrn wollt ihr also leugnen?	فَبِأَيِّ آلَاءِ رَبِّكُمَا تُكَذِّبَانِ
	Eschatologisches Doppelbild: Die Verdammten:	
43	Dies ist Gehenna, die die Frevler stets geleugnet haben	هَٰذِهِ جَهَنَّمُ الَّتِي يُكَذِّبُ بِهَا الْمُجْرِمُونَ
44	Sie kreisen zwischen ihr und einer heißen Quelle.	يَطُوفُونَ بَيْنَهَا وَبَيْنَ حَمِيمٍ آنٍ
45	Welche Zeichen eures Herrn wollt ihr also leugnen?	فَبِأَيِّ آلَاءِ رَبِّكُمَا تُكَذِّبَانِ
	die Seligen – erstes Garten-Ensemble:	
46	Für die, die den Rang ihres Herrn fürchten, sind zwei Gärten.	وَلِمَنْ خَافَ مَقَامَ رَبِّهِ جَنَّتَانِ
47	Welche Zeichen eures Herrn wollt ihr also leugnen?	فَبِأَيِّ آلَاءِ رَبِّكُمَا تُكَذِّبَانِ
48	Mit vielen Fruchtarten,	ذَوَاتَا أَفْنَانٍ
49	Welche Zeichen eures Herrn wollt ihr also leugnen?	فَبِأَيِّ آلَاءِ رَبِّكُمَا تُكَذِّبَانِ
50	Darin sind zwei Quellen, fließende,	فِيهِمَا عَيْنَانِ تَجْرِيَانِ
51	Welche Zeichen eures Herrn wollt ihr also leugnen?	فَبِأَيِّ آلَاءِ رَبِّكُمَا تُكَذِّبَانِ
52	Darin ist von allen Fruchtbäumen ein Paar.	فِيهِمَا مِن كُلِّ فَاكِهَةٍ زَوْجَانِ
53	Welche Zeichen eures Herrn wollt ihr also leugnen?	فَبِأَيِّ آلَاءِ رَبِّكُمَا تُكَذِّبَانِ
54	Darin liegen sie angelehnt an Kissen mit Futter aus Brokat, während die Früchte des Gartens auf sie herabhängen.	مُتَّكِئِينَ عَلَىٰ فُرُشٍ بَطَائِنُهَا مِنْ إِسْتَبْرَقٍ وَجَنَى الْجَنَّتَيْنِ دَانٍ
55	Welche Zeichen eures Herrn wollt ihr also leugnen?	فَبِأَيِّ آلَاءِ رَبِّكُمَا تُكَذِّبَانِ
56	Darin sind (Mädchen,) züchtig blickende, die weder Mensch noch Djinn berührt hat,	فِيهِنَّ قَاصِرَاتُ الطَّرْفِ لَمْ يَطْمِثْهُنَّ إِنسٌ قَبْلَهُمْ وَلَا جَانٌّ
57	Welche Zeichen eures Herrn wollt ihr also leugnen?	فَبِأَيِّ آلَاءِ رَبِّكُمَا تُكَذِّبَانِ
58	Als wären sie Rubine und Korallen.	كَأَنَّهُنَّ الْيَاقُوتُ وَالْمَرْجَانُ
59	Welche Zeichen eures Herrn wollt ihr also leugnen?	فَبِأَيِّ آلَاءِ رَبِّكُمَا تُكَذِّبَانِ
60	Ist der Lohn für Wohltat anderes als Wohltat?	هَلْ جَزَاءُ الْإِحْسَانِ إِلَّا الْإِحْسَانُ
61	Welche Zeichen eures Herrn wollt ihr also leugnen?	فَبِأَيِّ آلَاءِ رَبِّكُمَا تُكَذِّبَانِ
	Die Seligen – zweites Garten-Ensemble :	
62	Und außer ihnen sind zwei weitere Gärten,	وَمِن دُونِهِمَا جَنَّتَانِ
63	Welche Zeichen eures Herrn wollt ihr also leugnen?	فَبِأَيِّ آلَاءِ رَبِّكُمَا تُكَذِّبَانِ
64	Von dichtem Grün,	مُدْهَامَّتَانِ
65	Welche Zeichen eures Herrn wollt ihr also leugnen?	فَبِأَيِّ آلَاءِ رَبِّكُمَا تُكَذِّبَانِ

66	Darin sind zwei Quellen, die heftig sprudelnd fließen.	فِيهِمَا عَيْنَانِ نَضَّاخَتَانِ
67	Welche Zeichen eures Herrn wollt ihr also leugnen?	فَبِأَيِّ آلَاءِ رَبِّكُمَا تُكَذِّبَانِ
68	Darin sind Fruchtbäume, Palmen und Granatbäume.	فِيهِمَا فَاكِهَةٌ وَنَخْلٌ وَرُمَّانٌ
69	Welche Zeichen eures Herrn wollt ihr also leugnen?	فَبِأَيِّ آلَاءِ رَبِّكُمَا تُكَذِّبَانِ
70	Darin sind (Mädchen,) gute, schöne,	فِيهِنَّ خَيْرَاتٌ حِسَانٌ
71	Welche Zeichen eures Herrn wollt ihr also leugnen?	فَبِأَيِّ آلَاءِ رَبِّكُمَا تُكَذِّبَانِ
72	Schwarzäugige, in Zelten abgeschirmt,	حُورٌ مَقْصُورَاتٌ فِي الْخِيَامِ
73	Welche Zeichen eures Herrn wollt ihr also leugnen?	فَبِأَيِّ آلَاءِ رَبِّكُمَا تُكَذِّبَانِ
74	Die weder Mensch noch Djinn berührt hat.	لَمْ يَطْمِثْهُنَّ إِنسٌ قَبْلَهُمْ وَلَا جَانٌّ
75	Welche Zeichen eures Herrn wollt ihr also leugnen?	فَبِأَيِّ آلَاءِ رَبِّكُمَا تُكَذِّبَانِ
76	Darin liegen sie angelehnt an grüne Kissen auf erlesenen Teppichen.	مُتَّكِئِينَ عَلَى رَفْرَفٍ خُضْرٍ وَعَبْقَرِيٍّ حِسَانٍ
77	Welche Zeichen eures Herrn wollt ihr also leugnen?	فَبِأَيِّ آلَاءِ رَبِّكُمَا تُكَذِّبَانِ
78	Gepriesen sei der Name deines Herrn, voller Majestät und Großmut!	تَبَارَكَ اسْمُ رَبِّكَ ذِي الْجَلَالِ وَالْإِكْرَامِ

Psalm 136

1	Danket dem HERRN; denn er ist freundlich, denn seine Güte währet ewiglich.	הוֹדוּ לַיהוָה כִּי-טוֹב: כִּי לְעוֹלָם חַסְדּוֹ.
2	Danket dem Gott aller Götter, denn seine Güte währet ewiglich.	הוֹדוּ לֵאלֹהֵי הָאֱלֹהִים: כִּי לְעוֹלָם חַסְדּוֹ.
3	Danket dem Herrn aller Herren, denn seine Güte währet ewiglich.	הוֹדוּ לַאֲדֹנֵי הָאֲדֹנִים: כִּי לְעוֹלָם חַסְדּוֹ.
4	Der allein große Wunder tut, denn seine Güte währet ewiglich.	לְעֹשֵׂה נִפְלָאוֹת גְּדֹלוֹת לְבַדּוֹ: כִּי לְעוֹלָם חַסְדּוֹ.
5	Der die Himmel mit Weisheit gemacht hat, denn seine Güte währet ewiglich.	לְעֹשֵׂה הַשָּׁמַיִם, בִּתְבוּנָה: כִּי לְעוֹלָם חַסְדּוֹ.
6	Der die Erde über den Wassern ausgebreitet hat, denn seine Güte währet ewiglich.	לְרֹקַע הָאָרֶץ עַל-הַמָּיִם: כִּי לְעוֹלָם חַסְדּוֹ.
7	Der große Lichter gemacht hat, denn seine Güte währet ewiglich:	לְעֹשֵׂה אוֹרִים גְּדֹלִים: כִּי לְעוֹלָם חַסְדּוֹ.
8	Die Sonne, den Tag zu regieren, denn seine Güte währet ewiglich;	אֶת-הַשֶּׁמֶשׁ לְמֶמְשֶׁלֶת בַּיּוֹם: כִּי לְעוֹלָם חַסְדּוֹ.
9	Den Mond und die Sterne, die Nacht zu regieren, denn seine Güte währet ewiglich.	אֶת-הַיָּרֵחַ וְכוֹכָבִים לְמֶמְשְׁלוֹת בַּלָּיְלָה: כִּי לְעוֹלָם חַסְדּוֹ.
10	Der die Erstgeborenen schlug in Ägypten, denn seine Güte währet ewiglich;	לְמַכֵּה מִצְרַיִם בִּבְכוֹרֵיהֶם: כִּי לְעוֹלָם חַסְדּוֹ.
11	und führte Israel von dort heraus, denn seine Güte währet ewiglich;	וַיּוֹצֵא יִשְׂרָאֵל מִתּוֹכָם: כִּי לְעוֹלָם חַסְדּוֹ.
12	mit starker Hand und ausgerecktem Arm, denn seine Güte währet ewiglich.	בְּיָד חֲזָקָה וּבִזְרוֹעַ נְטוּיָה: כִּי לְעוֹלָם חַסְדּוֹ.

13	Der das Schilfmeer teilte in zwei Teile, denn seine Güte währet ewiglich;	לְגֹזֵר יַם-סוּף לִגְזָרִים: כִּי לְעוֹלָם חַסְדּוֹ.
14	Und ließ Israel mitten hindurchgehen, denn seine Güte währet ewiglich;	וְהֶעֱבִיר יִשְׂרָאֵל בְּתוֹכוֹ: כִּי לְעוֹלָם חַסְדּוֹ.
15	der den Pharao und sein Heer ins Schilfmeer stieß, denn seine Güte währet ewiglich.	וְנִעֵר פַּרְעֹה וְחֵילוֹ בְיַם-סוּף: כִּי לְעוֹלָם חַסְדּוֹ.
16	Der sein Volk führte durch die Wüste, denn seine Güte währet ewiglich.	לְמוֹלִיךְ עַמּוֹ בַּמִּדְבָּר: כִּי לְעוֹלָם חַסְדּוֹ.
17	Der große Könige schlug, denn seine Güte währet ewiglich;	לְמַכֵּה מְלָכִים גְּדֹלִים: כִּי לְעוֹלָם חַסְדּוֹ.
18	und brachte mächtige Könige um, denn seine Güte währet ewiglich;	וַיַּהֲרֹג מְלָכִים אַדִּירִים: כִּי לְעוֹלָם חַסְדּוֹ.
19	Sihon, den König der Amoriter, denn seine Güte währet ewiglich;	לְסִיחוֹן מֶלֶךְ הָאֱמֹרִי: כִּי לְעוֹלָם חַסְדּוֹ.
20	und Og, den König von Baschan, denn seine Güte währet ewiglich;	וּלְעוֹג מֶלֶךְ הַבָּשָׁן: כִּי לְעוֹלָם חַסְדּוֹ.
21	und gab ihr Land zum Erbe, denn seine Güte währet ewiglich;	וְנָתַן אַרְצָם לְנַחֲלָה: כִּי לְעוֹלָם חַסְדּוֹ.
22	Zum Erbe seinem Knecht Israel, denn seine Güte währet ewiglich.	נַחֲלָה לְיִשְׂרָאֵל עַבְדּוֹ: כִּי לְעוֹלָם חַסְדּוֹ.
23	Der an uns dachte, als wir unterdrückt waren, denn seine Güte währet ewiglich;	שֶׁבְּשִׁפְלֵנוּ זָכַר לָנוּ: כִּי לְעוֹלָם חַסְדּוֹ.
24	Und uns erlöste von unsern Feinden, denn seine Güte währet ewiglich.	וַיִּפְרְקֵנוּ מִצָּרֵינוּ: כִּי לְעוֹלָם חַסְדּוֹ.
25	Der Speise gibt allem Fleisch, denn seine Güte währet ewiglich.	נֹתֵן לֶחֶם לְכָל-בָּשָׂר: כִּי לְעוֹלָם חַסְדּוֹ.
26	Danket dem Gott des Himmels, denn seine Güte währet ewiglich.	הוֹדוּ לְאֵל הַשָּׁמָיִם: כִּי לְעוֹלָם חַסְדּוֹ.

Wir können in diesem engen Rahmen nur die erste von mehreren sich in der Sure dokumentierenden Errungenschaften diskutieren: die Umdeutung eines vorgefundenen Geschichtsverständnisses. Denn anders als im Psalm, der das Vertrauen in die Sorgewaltung Gottes aus den göttlichen Heilstaten in der Geschichte ableitet, geht es im Koran um Gottes Präsenz in Gegenwart und Zukunft.

Bereits die beiden Refrains der Sure und des Psalms dokumentieren einen essentiellen Unterschied zwischen den beiden Texten: der Psalm wiederholt die hymnische Formel *ki le-ʿolam ḥasdo*, „denn seine Güte währet ewiglich“, die sich auf die göttliche Sorge um das erwählte Volk in der Geschichte beruft, während der koranische Refrain „welche Zeichen eures Herrn wollt ihr beide – Geister und Menschen – leugnen?“, *fa-bi-ayyi alāʾi rabbikumā tukaḏḏibān*, eine provokant formulierte Anrede an Menschen und Geister insgesamt ist, ein Aufruf an die gesamte Schöpfung, die göttliche Selbstbezeugung in Gestalt seiner ‚Zeichen‘ zu erkennen. Die Erinnerung an historische Erfahrung, die in der jüdischen Tradition zentral ist und sich besonders im Ps 136 äußert, hat einer Erinnerung an die ‚epistemische Kodierung', an die Durchdringung der Schöpfung mit geradezu sprachlicher Verständlichkeit Platz gemacht. Die Sure begann (V. 1–4) mit einer Erinnerung an die Gabe des Verstehens.

Integraler Teil der Schöpfung ist also von Anbeginn die göttliche Botschaft und die Klarheit der menschlichen Sprache bzw. ihre Verständnisfähigkeit (*bayān*). Gott hat die Welt als Manifestation seiner Präsenz geschaffen, als einen Paralleltext zu seiner verbalen Offenbarung, und er hat den Menschen die Fähigkeit zum Verstehen beider geschenkt. Zwei im Schöpfungswerk selbst angelegte Ideen durchziehen die Sure: die sinnlich erkennbare Ordnung und die hermeneutische Verständlichkeit.

Gerade weil sich beide Texte, die eingangs das Schöpfungswerk preisen, zunächst semantisch sehr nahe stehen, fällt ihre ganz verschiedene Stoßrichtung auf. Der Gedankenverlauf der Sure biegt in dem Moment von dem des Psalms ab, wo dieser sich ausführlich mit Geschichte befasst. Der jüdischen Akzentsetzung auf die Geschichtserinnerung als Garant einer göttlichen Verheißung setzt der Koran sein diametrales Gegenteil, eine eschatologische Zukunftsprojektion, entgegen. Die Teilhabe an der eschatologischen Ewigkeit wiederum ist durch die Einlösung des Wissenspfandes gewährleistet, das dem Menschen mit der erkennbaren, als Zeichensystem lesbaren, Schöpfungsstruktur und der sprachlich verständlichen Verkündigung gegeben wurde. Eschatologische Zukunft hat den Platz von historischer Vergangenheit eingenommen.

5 Diskurs: Der Antritt des jüdisch-christlichen Erbes

Während in Mekka biblische Traditionen Teil des allgemein zugänglichen Wissens gewesen sein dürften, treten in Medina die legitimen Erben – Juden und Christen – selbst auf die Bühne, um ihr Monopol auf die Exegese der biblischen Tradition einzuklagen. Debatten zwischen ihnen haben ihre Spuren im Koran hinterlassen. Ein kurzes und besonders prägnantes Beispiel ist *Surat al-iḫlāṣ* (112), „Der reine Glaube":

Qul huwa llāhu aḥad
Allāhu ṣ-ṣamad
lam yalid wa-lam yūlad
wa-lam yakun lahu kufuwan aḥad,

„Sprich: Er, Gott, ist Einer/einzig,
Gott, der Absolute,
er zeugte nicht und wurde nicht gezeugt.
Und keiner ist ihm gleich".

Es ist schwer zu überhören, dass der Anfangsvers „Sprich: Er, Gott ist Einer, *qul huwa llāhu aḥad*, eine Übersetzung des jüdischen Glaubensbekenntnisses ist, „Höre Israel: Gott, unser Herr ist Einer", *shemaʿ yisraʾel, adonay elohenu adonay eḥad* (Dtn 6, 4), dessen Schlüsselwort „Einer", *eḥad*, in arabischer Lautung *aḥad*, im Korantext noch durchklingt. Diese Mehrstimmigkeit zweier Texte in einem ist erkauft durch eine ‚Ungrammatikalität', einen Verstoß gegen die arabische Grammatik, die hier statt des im Reim stehenden Nomens *aḥad* das Adjektiv *wāḥid* erfordern würde. Ungrammatikalität bezeichnet in der Theorie des Poetikers Michael Riffaterre[28] ein sprachliches Phänomen, das durch seine Auffälligkeit im eigenen Text auf einen anderen Text verweist, in dem es ‚normal' ist. Was zunächst als Regelwidrigkeit erscheint, erweist sich – nach Erkennen des ‚anderen Textes' – als Brücke zwischen zwei einander erhellenden Texten: dieser andere Text ist in unserem Fall das jüdische Credo[29].

Der jüdische Text blieb also auch in seiner koranischen Version hörbar. Warum? Dieses noch hörbare Sprachen-übergreifende Zitat ist Teil einer Verhandlungsstrategie: Die koranische Wiedergabe wird verändert, um aus einem Text, der sich speziell an das jüdische Volk – durch die Anrede „Höre Israel" richtet– einen von *allen* Menschen nachzusprechenden, universalen Text zu formen. Dennoch bleibt der koranischen Version – durch die klangliche Präsenz des jüdischen Credo – die von dem älteren Text behauptete Autorität erhalten.

Die kurze Sure nimmt in Vers 3 auf noch ein weiteres Credo Bezug. „Er zeugt nicht, noch ist er gezeugt", klingt wie ein Echo des nizänischen Glaubensbekenntnisses: „Gezeugt – nicht geschaffen". Der Vers weist allerdings die Aussage des Nizänums *gennēthenta – ou poiēthenta*, „gezeugt – nicht geschaffen", unmissverständlich zurück. Er setzt dazu einen gegenüber dem Original kaum weniger emphatischen Doppelausdruck ein: „Er zeugte nicht und wurde nicht gezeugt", *lam yalid wa-lam yūlad*, bleibt also in seiner rhetorisch markanten Form dem älteren Text nahe. Eine negative Theologie wird hier ausgedrückt – durch eine eindeutig als solche erkennbare Inversion eines lokal geläufigen Schlüsseltextes – nun aber nicht der Juden, sondern der Christen. Diese negative Theologie wird in Vers 4 zusammengefasst:"Und keiner ist ihm gleich" – *wa-lam yakun lahu kufuwan aḥad*. Dieser Vers invertiert nicht nur die nizänische Formel der Wesenseinheit des Sohnes mit dem Vater, *homoousios tō patri*, sondern schließt

28 Vgl. Riffaterre, *Semiotics of Poetry*, 92.

29 Unsere Deutung ist eng verwandt mit der von Mehmet Paçacı, geht aber insofern über sie hinaus, als sich Paçacı auf die biblischen Referenzen für die Sure beschränkt, ohne ihre koranische Umdeutung – in unseren Augen ein Reflex des gemeindlichen Konsenses – in den Blick zu nehmen, siehe Paçacı, „Gott".

den Gedanken an irgendein Wesen aus, das mit Gott ebenbürtig sein könnte, von einem Sohn ganz zu schweigen. Auch diese Verse zielen auf ein Übertreffen des Grundtextes. Theologie wird verändert – Rhetorik bleibt erhalten.

Nicäno-Konstantinopolitanum (Glaubensbekenntnis)		**Deuteronomium 6,4**		**Qur'an, Sure 112 (al-Iḫlāṣ)**	
übersetzt	griechisch	übersetzt	hebräisch	übersetzt	arabisch
Wir glauben an einen Gott	Πιστεύομεν εἰς ἕνα Θεὸν	Höre, Israel! Der Herr unser Gott ist einzig.	שְׁמַע יִשְׂרָאֵל: יְהוָה אֱלֹהֵינוּ יְהוָה אֶחָד	(1) Sprich: Er ist Gott, einzig!	قُلْ هُوَ اللَّهُ أَحَدٌ
den Vater, **den Allmächtigen**, der alles geschaffen hat, Himmel und Erde, den Schöpfer alles Sichtbaren und Unsichtbaren.	Πατέρα **παντοκράτορα,** ποιητὴν οὐρανοῦ καὶ γῆς, ὁρατῶν τε πάντων καὶ ἀοράτων.			(2) Gott der Absolute,	اللَّهُ الصَّمَدُ
und an den einen Herrn Jesus Christus, **den Sohn Gottes, der als Einziggeborener aus dem Vater gezeugt ist** vor aller Zeit, Licht aus Licht, wahrer Gott vom wahren Gott, **gezeugt, nicht geschaffen**	Καὶ εἰς ἕνα κύριον Ἰησοῦν Χριστόν, **τὸν υἱὸν τοῦ θεοῦ τὸν μονογενῆ, τὸν ἐκ τοῦ πατρὸς γεννηθέντα** πρὸ πάντων τῶν αἰώνων, φῶς ἐκ φωτός, θεὸν ἀληθινὸν ἐκ θεοῦ ἀληθινοῦ, **γεννηθέντα οὐ ποιηθέντα,**			(3) Er zeugt nicht und wurde nicht gezeugt,	لَمْ يَلِدْ وَلَمْ يُولَدْ
eines Wesens mit dem Vater;	**ὁμοούσιον τῷ πατρί**			(4) Und keiner ist ihm gleich	وَلَمْ يَكُن لَّهُ كُفُوًا أَحَدٌ

Was hier vorgestellt wurde, die koranischen Verhandlungen älterer Texte, ist in der islamischen Tradition nicht überliefert, noch wird es in der westlichen Auslegung des Koran ernsthaft berücksichtigt. Obwohl die Ähnlichkeit zwischen *Sūrat al-Iḫlāṣ* und dem jüdischen Credo von westlichen wie auch von muslimischen Exegeten wie etwa Mehmet Paçacı zugestanden wird, würde niemand *Sūrat al-Iḫlāṣ* als Zeugnis einer Verhandlung, als eine Art Superkommentar zu den beiden älteren Credos lesen. Im Islam ist es der post-kanonische Blick, der die koranisch bezeugten interreligiösen Debatten der ältesten Gemeinde aus dem kollektiven Bewusstsein getilgt hat. Ein solcher Blick lässt die ‚Vorgeschichte' dessen, was sich als das letztgültige Modell durchgesetzt hat, als obsolete Vergangenheit erscheinen, die einstigen Diskussionspartner als besiegte und damit widerlegte Gegner. Auch die Forschungsergebnisse moderner muslimischer Wissenschaftler, die Spuren älterer Traditionen im Koran zugestehen, haben kein ernsthaftes Umdenken ausgelöst. Die älteren Traditionen werden nicht als Katalysatoren, als dynamische Auslöser eines neuen Denkens in der frühesten Gemeinde, anerkannt, sondern allenfalls als Bestätigung koranischer Wahrheiten. Entsprechend wird die intellektuelle Errungenschaft der Neuformung dieser Traditionen im Koran – im Islam – mit Stillschweigen übergangen, der Koran bleibt reduziert auf seine transzendente Dimension als göttliche Offenbarung.

Gegen diese Negierung von historischen Entwicklungen wendete sich Samir Kassirs Aufruf, das kulturelle Milieu des Koran in der Spätantike, die gemeinhin der europäischen Geschichte zugeschlagen wird, als integralen Teil auch der arabischen Geschichte zu betrachten. Er ist jedoch nur die eine Hälfte der erforderlichen Revision. Denn der nahöstlichen Selbstexklusion entspricht eine ähnlich entschiedene westliche Exklusion des Koran aus derselben Geschichte, überdeutlich in der Tendenz, den Koran als einen gegenüber der europäischen Kultur grundlegend fremden Text zu betrachten, während andere Schriften aus derselben geographischen Landschaft und in derselben Tradition stehend – insbesondere biblische und postbiblische Literatur – als Basistexte europäischer Identität assimiliert werden. Koranforscher stehen also vor der überfälligen Aufgabe, eine ‚Zukunftsphilologie' zu entwickeln, sich der kulturkritischen und damit politischen Dimension ihrer Arbeit bewusst zu werden. Sie sind – ob sie wollen oder nicht – inzwischen zu Gesprächspartnern in der politischen Debatte um die Grenzen Europas geworden, die westliche *und* nahöstliche Intellektuelle einbezieht. Leben wir wirklich in einem exklusiv jüdisch-christlichen Europa? Oder nicht eher in einem – von seiner Geschichte und seiner Gegenwartsrealität her – jüdisch-christlich-islamischen Europa? Für den Koranforscher ist die Antwort eindeutig: Der Koran, das Herzstück des Islam, mag das exklusive Erbe der Muslime sein, historisch gesehen ist er gleichzeitig aber auch ein theologisch bedeutendes Vermächtnis der Geschichte Europas.

Literaturverzeichnis

Al-Ǧāḥiẓ, „Ḥuǧaǧ al-nubuwwa." In *Rasāʾil al-Ǧāḥiẓ III*, hrsg. v. Abdassalam Muhammad Harun, 221–284, III. Kairo 1979.

Alter, Robert, *The Art of Biblical Narrative*. New York 1981.

Becker, Adam H., *Fear of God and the Beginning of Wisdom. The School of Nisibis and Christian Scholastic Culture in Late Antique Mesopotamia*. Phiadelphia 2006.

Geiger, Abraham, *Was hat Mohammed aus dem Judenthume aufgenommen?* Jüdische Geistesgeschichte V. Berlin 2005.
Hartwig, Dirk, „Die Wissenschaft des Judentums und die Anfänge der kritischen Koranforschung: Perspektiven einer modernen Koranhermeneutik." *ZRGG* 61,3 (2009): 234–256.
Hartwig, Dirk, „Die ‚Wissenschaft des Judentums' als Gründerdisziplin der kritischen Koranforschung: Abraham Geiger und die erste Generation jüdischer Koranforscher." In *Jüdische Existenz in der Moderne: Abraham Geiger und die Wissenschaft des Judentums*, hrsg. v. Christian Wiese, Walter Homolka u. a., 297–320, SJ 56/57. Berlin 2012.
Hartwig, Dirk, und Walter Homolka, Hrsg., *Im vollen Licht der Geschichte: Die Wissenschaft des Judentums und die Anfänge der kritischen Koranforschung*. Ex oriente lux 8. Würzburg 2008.
Jäger, Gudrun, „Josef Horovitz - Ein jüdischer Islamwissenschaftler an der Universität Frankfurt und der Hebrew University of Jerusalem." In *Im vollen Licht der Geschichte: Die Wissenschaft des Judentums und die Anfänge der kritischen Koranforschung*, hrsg. v. Dirk Hartwig u. Walter Homolka, 117–130, Ex oriente lux 8. Würzburg 2008.
Kassir, Samir, *Das arabische Unglück*. Berlin 2006.
Kugel, James, *The Bible as it Was*. Cambridge, Mass. 1998.
Marx, Michael, „‚The Koran According to Agfa': Gotthelf Bergsträßers Archiv der Koranhandschriften." *Trajekte Berlin* 19 (2009): 25–29.
Montgomery, James E.: "The Empty Hijaz." In *Arabic Theology, Arabic Philosophy: From the Many to the One; Essays in Celebration of Richard M. Frank*, hrsg. v. James E. Montgomery, 37–97, OLA 152. Leuven 2006.
Neuwirth, Angelika, *Studien zur Komposition der mekkanischen Suren*. SSGIO 10. Berlin 1981.
Neuwirth, Angelika, „Die Psalmen – im Koran neu gelesen (Ps 104 und 136)." In *Im vollen Licht der Geschichte: Die Wissenschaft des Judentums und die Anfänge der kritischen Koranforschung*, hrsg. v. Dirk Hartwig u. Walter Homolka, 157–190, Ex oriente lux 8. Würzburg 2008.
Neuwirth, Angelika, *Der Koran als Text in der Spätantike: Ein europäischer Zugang*. Berlin 2010.
Neuwirth, Angelika, *Der Koran: I: Frühmekkanische Suren* 1. Berlin 2011.
Nietzsche, Friedrich, „Die Geburt der Tragödie.", In: *Sämtliche Werke. Kritische Studienausgabe* I, hrsg. v. Giorgio Colli u. Mazzino Montinari, 9–156, München u. a. 1988.
Paçacı, Mehmet, „Sag: Gott ist ein einziger – ahad/æhâd: Ein exegetischer Versuch zu Sure 112 in der Perspektive der semitischen Religionstradition." In *Alter Text - Neuer Kontext: Koranhermeneutik in der Türkei heute*, hrsg. v. Felix Körner, 166–203, Buchreihe der Georges-Anawati-Stiftung Religion und Gesellschaft 1. Freiburg im Br. 2006.
Patai, Raphael, *Ignaz Goldziher and his Oriental Diary: A Translation and Psychological Portrait*. Detroit 1987.
Pellat, Charles, *Arabische Geisteswelt: Ausgewählte und übersetzte Texte von Al-Gahiz (777–869)*. Zürich 1967.
Pollock, Sheldom, "Future Philology: The Fate of a Soft Science in a Hard World." *CrI* 4 (2009): 931–961.
Porter, James I., *Nietzsche and the Philology of the Future*. Stanford, C. 2000.
Riffaterre, Michael, *Semiotics of Poetry*. Bloomington 1978.
Rubin, Uri, "Morning and Evening Prayers in Early Islam." *JSAI* 10 (1987): 40–67.

Scholem, Gershom, „Überlegungen zur Wissenschaft vom Judentum (Vorwort für eine Jubiläumsrede, die nicht gehalten wird)'" In: *Judaica VI: Die Wissenschaft vom Judentum*, hrsg. u. übers. v. Peter Schäfer, Frankfurt am M. 1997, S. 9–52.
Scholem, Gershom und Peter Schäfer, *Die Wissenschaft vom Judentum*, BS 1269. Frankfurt a. M. 2003.
Sinai, Nicolai, "Orientalism, Authorship, and the Onset of Revelation: Abraham Geiger and Theodor Nöldeke on Muhammad and the Qur'an." In *Im vollen Licht der Geschichte: Die Wissenschaft des Judentums und die Anfänge der kritischen Koranforschung*, hrsg. v. Dirk Hartwig u. Walter Homolka, 145–154, Ex oriente lux 8. Würzburg 2008.
Sprenger, Aloys, *Das Leben und die Lehre des Mohammad. Nach bisher grösstentheils unbenutzten Quellen bearbeitet*, 4 Bde., Berlin 1861–69.
Sprenger, Aloys, Mohammad und der Koran. Eine psychologische Studie, Hamburg 1889.
Wielandt, Rotraud, "Exegesis of the Qur'an: Early Modern and Contemporary." In *Encyclopaedia of the Qur'an*, II, 124–142. Leiden u. a. 2002.
Wilamowitz-Moellendorff, Ulrich von, „Zukunftsphilologie! Eine Erwiderung auf Friedrich Nietzsches ‚Geburt der Tragödie' (1872)." In *Der Streit um Nietzsches ‚Geburt der Tragödie'*, hrsg. v. Karlfried Gründer, 27–55. Hildesheim 1969.
Wilken, Robert J., "In Defense of Allegory." *Modern Theology* 14 (1998): 197–212.

Ursula Günther

Die Bedeutung von Tradition für den Zugang muslimischer Jugendlicher zum Islam

Abstract: This chapter outlines selected findings – established from interviews with Muslim adolescents and experts – with regard to Muslim adolescents' manifold approaches to tradition. In this respect, one might observe a broad spectrum of positions, ranging from accepting and endorsing religious normativity and theological prescriptions without calling anything into question (*taqlīd*) to critically questioning any form of religious authority. In several cases, a rediscovery of the cultural heritage of Islam (*turāṯ*) or processes of re-appropriation of the Qur'an and the concepts of Islam beyond the dogmatic enclosure of orthodoxy can be registered. While referring to tradition, the adolescents' location with regard to 'believing and belonging' provides insights into religious change that challenge intransigent perceptions of Muslims and the notion of tradition in Islam.

1 Einleitung

Muslimische Jugendliche und ihre Auseinandersetzung mit Tradition stehen im Zentrum der folgenden Ausführungen, die aus dem Material einer auf Interviews basierenden empirischen Studie schöpfen.[1] Zunächst einmal gilt es, das Bedeutungsfeld Tradition zu skizzieren, das sich aufgrund der Aussagen der Jugendlichen ergibt. Auch wenn in den Interviews nicht dezidiert nach dem Verständnis von Tradition oder gar nach Traditionskritik gefragt wurde, lassen sich dennoch zahlreiche Elemente identifizieren, die Auskunft darüber geben, was junge Muslime[2] im spezifischen Kontext der Studie, nämlich der Bedeutung von Religion und religiöser Bildung, unter Tradition verstehen und welche Formen der Auseinandersetzung mit derselben sich für sie daraus ergeben. Die Annäherung an den Begriff Tradition auf der Grundlage der Interviews gibt dem kontextuel-

1 Der Abschnitt 2. „Skizze der qualitativen Studie" beschäftigt sich mit weiteren Details dieser von mir durchgeführten qualitativen empirischen Studie mit dem Arbeitstitel *Die Bedeutung von Religion bei muslimischen Jugendlichen im Spannungsfeld Schule und Moschee*. Die Monographie dazu befindet sich in der Phase der Fertigstellung.

2 Wenn ich im Folgenden den Plural Muslime verwende, verstehe ich darunter sowohl Muslime als auch Musliminnen.

len Element, das aus dem Material selbst entwickelt werden kann, angemessen Raum.[3] Wie sich im Folgenden zeigen wird, spielt Kontext in mehrfacher Hinsicht eine entscheidende Rolle für die Interpretation der Befunde. Wird er als notwendiger Bestandteil in die Analyse integriert, vermag dies im Sinne eines Korrektivs die Gefahr der Essentialisierung oder vorschneller Übernahmen normativer Vorstellungen als implizit universalistisch zu bannen.

Grundsätzlich geht aus den Aussagen der Jugendlichen hervor, dass sich unterschiedliche Zugänge zum Islam mit entsprechenden Lesarten auffächern lassen, die in engem Zusammenhang mit ihrer jeweiligen Positionierung zur Thematik Tradition stehen.

Da die Jugendlichen – und die Mehrheit der Expertinnen und Experten – alles andere als Religionsgelehrte sind, leuchtet ein, dass sie ihre Positionen nicht in einer Terminologie formulieren, die im Kontext des Bedeutungsfeldes von Tradition oder gar Traditionskritik zu verankern wäre. Genauso wenig finden sich entsprechende Verweise auf einschlägige Denker oder Kritiker. Dennoch eignet sich genau diese Terminologie, um das für die Interviewten relevante Bedeutungsspektrum von Tradition, das unter anderem mit ganz speziellen Formen von Traditionskritik und Neuaneignungen einhergeht, die allerdings nicht zwingend mit Traditionskritik gleichzusetzen sind, auf einer analytischen Metaebene darzulegen. Gleichzeitig lassen sich Dimensionen oder Elemente aufspüren, die als Möglichkeit einer kontextbedingten Erweiterung oder Modifikation des Begriffs Tradition verstanden werden können, und die Kontinuitäten und Diskontinuitäten sowie mögliche Dialektiken aufgreifen. Selbstverständlich erheben die hier vorgestellten Befunde keinerlei Anspruch auf Repräsentativität, dennoch lassen sich – vorsichtig formuliert – Tendenzen herausfiltern, denen durchaus eine impulsgebende Funktion zukommen könnte.

Damit der Vielfalt des Bedeutungsspektrums von Tradition seitens muslimischer Jugendlicher angemessen Rechnung getragen werden und sich dies in den Interpretationen widerspiegeln kann, ist ein weit gefasstes Verständnis von Muslim bzw. muslimisch erforderlich. Da die Bezeichnung Muslim an sich noch keine Auskunft über Religiosität oder gar deren Grad gibt, geschweige denn über Formen religiöser Praxis oder die Zugehörigkeit zu einem bestimmten Dogma, werden in Anlehnung an Mohammed Arkoun die Begriffe so verwendet, dass sie sowohl praktizierende und nicht praktizierende Gläubige als auch zahlreiche Individuen bezeichnen, die sich „einer Kultur, Spiritualität bzw. einem islami-

3 Da aus dem Material eindeutig hervorgeht, dass begriffsgeschichtliche Aspekte praktisch keine Rolle spielen, wird auf einen Exkurs in die Begriffsgeschichte von Tradition weitgehend verzichtet.

schen Ethos verbunden fühlen, ohne dass ihr Denken sich innerhalb der dogmatischen Geschlossenheit einer bestimmten Orthodoxie bewegen muss."[4]

Der Skizze der den folgenden Ausführungen zu Grunde liegenden empirischen Studie folgt eine Annäherung an das Bedeutungsfeld Tradition in Form von Beobachtungen, die sich aus den Aussagen der Jugendlichen ergeben. Diese werden mit der dem Kontext Tradition entsprechenden Terminologie korreliert. Die unterschiedlichen Zugänge zum Islam bzw. die Selbstverortungen der Jugendlichen lassen sich einerseits mit „Oszillieren zwischen *Belonging* und *Believing*" und andererseits mit „zweifelfreier Raum Religion" umschreiben und werden mit Auszügen aus den Interviews illustriert. Ersteres bezieht sich auf Jugendliche, die sich jenseits orthodoxen Grenzziehungen verorten und letzteres auf Jugendliche, die sich eher normativ-orthodoxer Lesarten verpflichtet fühlen. Die Einbettung in den gesamtgesellschaftlichen bzw. gesellschaftspolitischen Kontext erlaubt vorsichtige Schlussfolgerungen im Hinblick auf die Selbst- und Fremdwahrnehmung von Islam bzw. Muslimen. Werden darüber hinaus die grundsätzlichen Herausforderungen der reflexiven Moderne oder – um Habermas' Formulierung aufzugreifen – der postsäkularen Ära[5] berücksichtigt, lassen sich Impulse identifizieren, die alle gesellschaftlichen Kräfte in gleichem Maße angehen.

2 Skizze der qualitativen Studie

Die hier vorgestellten Ergebnisse wurden im Kontext eines interdisziplinär angelegten empirischen Forschungsprojekts mit dem Arbeitstitel *Die Bedeutung von Religion bei muslimischen Jugendlichen im Spannungsfeld Schule und Moschee* gewonnen. Neben Zugängen zu Religion liegt ein weiterer Schwerpunkt der Studie auf religiöser Bildung und transformatorischen Bildungsprozessen. Die Analyse des Verhältnisses von Zugängen zu Religion zu religiöser Bildung und Bildungsprozessen gibt Auskunft über Formen und Ursachen religiösen Wandels. Darüber hinaus birgt sie Impulse für noch zu entwickelnde Konzepte, und zwar sowohl auf pädagogischer als auch auf gesellschaftspolitischer Ebene, was sich u. a. auf Ansätze zu Dialog auswirken kann. Die empirischen Befunde werden mit klassischen islamischen pädagogischen Konzepten, aktuellen Debatten um Bildungskonzepte in der reflexiven Moderne, Diskurs- und Lehrmaterialanalyse

---

4 Arkoun, "Contemporary Critical Practices", 419, meine Übersetzung. Die Befunde der Studie bestätigen diese weite Auffassung des Begriffs.

5 Vgl. hierzu seine Rede anlässlich der Verleihung des Friedenspreises des deutschen Buchhandels 2001 in Habermas, „Glauben und Wissen", 249–262.

sowie mit teilnehmender Beobachtung, sowohl an schulischem Religionsunterricht als auch an islamischer Unterweisung in der Moschee trianguliert. Daher ist die Studie sowohl in einem islamwissenschaftlichen als auch in einem pädagogischen Kontext zu verorten.

Das Sample deckt ein breites Spektrum an Herkunftskulturen ab, um zumindest ansatzweise die Vielfalt an kulturellen Referenzsystemen von in Deutschland lebenden Muslimen abzubilden: Es wurden albanische, afghanische, algerische, bosnische, iranische, kurdische, libanesische, syrische, tunesische und türkische Jugendliche befragt, darunter fünf aus bi-kulturellen Elternhäusern. Insgesamt liegen 57 qualitative leitfadengestützte Interviews vor, davon 38 mit Jugendlichen zwischen 17 und 24 Jahren sowie 19 mit muslimischen und nicht-muslimischen Experten und Expertinnen aus dem Bildungsbereich, inklusive dem der religiösen Bildung. 13 der Jugendlichen verfügen über eine eigene Erfahrung von Migration bzw. Flucht. Diese erinnern allerdings lediglich sechs von ihnen, die anderen waren Babies oder Kleinkinder, als ihre Eltern – in erster Linie aus politischen Gründen – ihr Herkunftsland verlassen mussten. Die restlichen 26 besitzen einen so genannten familiären Migrationshintergrund.[6] Diese Unterscheidung, die v. a. unterschiedliche Erfahrungen aufgrund veränderter Lebenskontexte impliziert, ist bedeutsam, wie sich im Folgenden zeigen wird.[7]

Die Studie zur Bedeutung von Religion bzw. des Islam für muslimische Jugendliche in der Metropole Hamburg unter den Bedingungen der reflexiven Moderne in pluriformen Gesellschaften erlaubt mehrperspektivische Einblicke in die Lebenswirklichkeiten der befragten Jugendlichen.[8] Sie ist als ein empirisch

---

6 Für eine Auseinandersetzung mit der Bezeichnung Migrationshintergrund und der Entwicklung diskursiver Praktiken seit Beginn der Anwerbung von Gastarbeitern Mitte der 1950er bis heute verweise ich auf meine Ausführungen in Günther, „Reflexionen“.

7 Nach Abschluss des empirischen Teils in Hamburg und ersten Auswertungen der Interviews – in erster Linie angeregt durch die Befunde der Jugendlichen mit realer Migrationsgeschichte – erschien es im Hinblick auf den Forschungsprozess folgerichtig, ein vergleichendes Element in die Studie einzubinden. Ich beschloss, zusätzliche Interviews mit Jugendlichen aus den Metropolen Algier und Damaskus zu führen. Erste Vorgespräche mit algerischen Jugendlichen erwiesen sich insofern als aufschlussreich, als sie meine Hypothese stützten, dass Phänomene religiösen Wandels, die dem vielerorts beschworenen „europäischen Islam“ zugeschrieben werden, durchaus eine internationale bzw. transnationale Dimension besitzen. Da die zweite Erhebungsphase während der Abfassung dieses Beitrags noch nicht völlig abgeschlossen war, kommen hier nur in Deutschland lebende Jugendliche zu Wort.

8 Zu dem aus dem niederländischen Sprachgebrauch übernommenen Begriff *pluriform* vgl. Nusser, *Kebab und Folklore*, 9, Anm. 1. Im Unterschied zu dem weitaus gängigeren, aber weniger differenzierten Begriff *pluralistisch* unterstreicht *pluriform*, dass jedwede Vielfalt sich nicht nur in der gleichzeitigen Existenz unterschiedlicher Systeme, wie z. B. Religionsgemeinschaften

und theoretisch begründeter Beitrag sowohl zum Religiösen als auch zu religiösem Wandel im Zusammenhang mit transformatorischen Bildungsprozessen zu verstehen. Darüber hinaus ergänzt sie bereits existierende Studien, die sich häufig auf die zahlenmäßig größte Gruppe von Muslimen in Deutschland, nämlich die türkischer Herkunftskultur, beschränken oder lediglich junge Männer bzw. junge Frauen in den Blick nehmen.[9] Die Auseinandersetzung mit klassischen pädagogischen Traditionen im Spiegel der aus den Interviews gewonnenen Ergebnisse dürfte Hinweise liefern, welche Formen ein Brückenschlag annehmen kann, der zwischen bildungstheoretischen Konzeptionen klassischer Traditionen und der reflexiven Moderne anzusiedeln ist.

3 Beobachtungen zum Bedeutungsfeld ‚Tradition'

Der Versuch, die Aussagen sämtlicher befragter Jugendlicher in die folgenden Überlegungen einzubinden, ist kein einfaches Unterfangen, zumal sie – gewissermaßen als muslimischer Mikrokosmos – eine enorme Bandbreite an Zugängen zu Religion und Religiosität und damit auch an Lesarten des Islam abdecken.

Das Spektrum lässt sich zwischen zwei Polen auffächern: einerseits der fraglosen Akzeptanz und Verfechtung normativer Vorschriften, theologischer Inhalte und Aprioris, die in der Regel mit der Akzeptanz der Vorgaben religiöser Autoritäten einhergeht. Dieser Pol könnte mit dem Bedeutungsfeld von *taqlīd* (wörtl. Nachahmung, Autoritätsglaube), einem in der Regel negativ konnotierten Begriff, beschrieben werden, auch wenn dies in gewisser Weise einem hermeneutischen Kunstgriff gleichkommt, denn bei keinem der interviewten Jugendlichen existiert ein Bewusstsein von *taqlīd*.[10] Interessant ist, dass das Konzept *taqlīd* durch einige Orientalisten des 19. Jahrhunderts sowie modernistische Muslime fast schon eine traurige diskursive Berühmtheit erlangte, weil es von beiden Seiten zur Beschreibung der frühen islamischen Tradition herangezogen wurde. Das wertete die damaligen Reformbestrebungen von muslimischer Seite auf und

manifestiert, sondern auch ein Charakteristikum der jeweiligen Systeme selbst ist. Dies gilt z. B. für säkular orientierte und schrifttreue Angehöriger ein und derselben Religion. Damit verweist *pluriform* auf den verbreiteten Irrtum, kulturelle, soziale oder religiöse Systeme seien in sich homogen.

9 Ein Überblick über nach dem 11. September 2001 in Deutschland publizierten Studien findet sich u. a. bei Brettfeld u. Wetzels, *Muslime in Deutschland*, 12–50.

10 Für die Transliteration der arabischen Termini Technici gelten die Regeln der Deutschen Morgenländischen Gesellschaft. Im Deutschen gängige Begriffe, wie z. B. Hadith werden in der entsprechend eingedeutschten Schreibweise belassen.

rückte auch die kritisch-rationale Tradition des Abendlandes in ein positives Licht.[11] Dieser begriffsgeschichtliche Aspekt ist für unseren Kontext insofern erwähnenswert, als er den impliziten Hinweis birgt, nicht vorschnell wertende Konnotationen zu übernehmen bzw. der Wertung mehr Gewicht zu geben als der zunächst einmal wertneutralen Beschreibung eines Phänomens.

Am anderen Ende des Spektrums befindet sich der Pol der äußerst kritischen Auseinandersetzung mit der so genannten Orthodoxie, die implizit mit einer Kritik an *taqlīd* einhergeht und zu sehr eigenwilligen und individuellen Neuaneignungen koranischer Inhalte, religiöser Vorschriften und im weitesten Sinne auch der Tradition führt.[12] Da jedoch von Jugendlichen die Rede ist und nicht von Religionsgelehrten mit einem gewissen Autoritätsanspruch, entfällt der Vorwurf von *bidʿa*, unerlaubter Neuerung.

Sunna, das vorbildliche Leben des Propheten Mohammeds, als richtungweisendes Element für Muslime, unter anderem über die Prophetentradition in Form der Hadith-Sammlungen zugänglich, in denen seine Aussagen niedergelegt sind, ist ein weiterer Aspekt islamischer Tradition, der für viele Jugendliche relevant ist.[13] Die meisten sind sich der Bedeutung von *sunna* im Allgemeinen bewusst, viele von ihnen nehmen Bezug darauf und stützen so ihre Argumentation im Hinblick auf den Umgang mit Tradition. Interessanterweise steht dieser Referenzrahmen nicht in unmittelbarem Zusammenhang mit der jeweiligen Selbstverortung der befragten Jugendlichen. Er spielt nahezu für jede Lesart des Islam eine Rolle, auch wenn sein argumentatives Potenzial unterschiedlich eingesetzt wird.

Ein weiterer Aspekt, der besonders bei den Jugendlichen auffällt, die sich jenseits orthodoxer Grenzziehungen verorten, ist der Zugriff auf Tradition im Sinne von *turāṯ*, d. h. dem kulturellem Erbe, das – egal wie es um Glauben, religiöse Praxis oder individuelle Religiosität bestellt ist – als ein wesentlicher Referenzrahmen fungiert.

---

11 Eine intensivere Auseinandersetzung mit den entsprechenden Diskursen und ihren Auswirkungen auf den Umgang mit Tradition, sowohl unter Orientalisten als auch muslimischen Reformern, würde zwar eine interessante historische Perspektive eröffnen, da sich aber keinerlei Verbindungen zu den interviewten Jugendlichen und Experten herstellen lassen und damit auch kein Mehrwert für die weitere Argumentation entsteht, verzichte ich auf einen solchen Exkurs.

12 Ohne Ergebnisse vorwegnehmen zu wollen, sei an dieser Stelle darauf hingewiesen, dass nicht jede Neuaneignung auch zwingend mit Traditionskritik verbunden ist.

13 Da der Nuancenreichtum dieses Begriffes für die folgenden Ausführungen keine Rolle spielt, verzichte ich auf eine detaillierte Darstellung aller Aspekte und beschränke mich auf die, die aus dem Interviewmaterial hervorgehen. Ich verweise auf den Eintrag „sunna" in der *Encyclopaedia of Islam* sowie auf die dort angeführten Literaturhinweise.

Angesichts des breiten Spektrums an Zugängen der Jugendlichen zu Tradition, bietet sich ein dynamisches, kontextbezogenes Traditionsverständnis an, das sich durch Prozesshaftigkeit und weniger durch normative Elemente auszeichnet. Dies wird bei Verfechtern einer normativ-dogmatischen Lesart von Tradition vermutlich nicht unbedingt Beifall finden, weil gerade diese Lesart im Zuge der bei vielen Jugendlichen zu beobachtenden Aushandlungsprozesse auf ihre Tragfähigkeit überprüft und ggf. modifiziert oder gar verworfen wird.

4.1 Zur Selbstverortung muslimischer Jugendlicher: Oszillieren zwischen *Belonging* und *Believing*

Die Art, wie sich die sich jenseits orthodoxer Grenzziehungen bewegenden Jugendlichen als Muslime selbst verorten, lässt sich mit *Oszillieren zwischen Belonging und Believing* umschreiben. Oszillieren deutet bereits an, dass im Kontext der Selbstverortung nicht (mehr) von festen Kategorien und eindeutigen Einordnungen ausgegangen werden kann. Im Gegenteil, Gewissheiten müssen in vielen Fällen durch frei wählbare Möglichkeiten ersetzt werden. Was das Bild *Oszillieren zwischen Belonging und Believing* zu fassen versucht, erscheint bedeutsam für einen meines Erachtens erforderlichen Perspektivwechsel im Hinblick auf Tradition. Denn es gilt, muslimische Jugendliche in ihrer mehr oder weniger religiösen Lebenswirklichkeit wahrzunehmen, sonst besteht die Gefahr, dass wertvolles kritisches Potenzial für ein kontextuelles und der reflexiven Moderne verpflichtetes Verständnis von Tradition in der Verborgenheit verharrt. Auf dieses Potenzial konzentrieren sich die folgenden Ausführungen. Deshalb wird den Jugendlichen, die sich jenseits orthodoxer Grenzziehungen bewegen und die keine institutionelle Zugehörigkeit formulieren, mehr Raum zugestanden als denjenigen, die sich eher den normativ-orthodoxen Lesarten des Islam verpflichtet fühlen.

Diese Schwerpunktsetzung lässt sich damit rechtfertigen, dass diese Jugendlichen insofern besondere Aufmerksamkeit verdienen, als sie in den dominanten Diskursen bestenfalls eine marginale Rolle spielen, weil in der Regel formale und normative Kriterien herangezogen werden, um Muslime als solche zu identifizieren. So wird der Diskurs der Orthodoxie reproduziert und ihr Anspruch, Muslime generell zu repräsentieren, unhinterfragt übernommen. Auch in Forschungszusammenhängen, die sich mit der Religiosität von Muslimen beschäftigen, stehen nach wie vor normative und auf Formales ausgerichtete Dimensionen von Religiosität im Zentrum.[14] Die von Charles Glock in den 1960er Jahren mit einem dezi-

14 Ein Beispiel ist der von der Bertelsmann Stiftung herausgegebene international vergleichen-

dierten Bezug zum christlichen Kontext entwickelten Dimensionen von Religiosität stehen hierfür Pate.[15] Auch die der Religionssoziologie entlehnten Termini *Believing* und *Belonging* bewegen sich ursprünglich im Kontext von institutionalisierter und, bzw. oder organisierter Religion und sind ebenfalls in einem christlichen Kontext zu verorten. Interessanterweise lassen sich auch im ersten Jahrzehnt des 21. Jahrhunderts keine nennenswerten Modifikationen der Konzepte und Ansätze beobachten. Verlässt die Forschung nun aber genau diesen Rahmen institutionalisierter oder organisierter Religion, muss sie sich der Herausforderung stellen, ein weiteres, dynamisches Verständnis von Religion und Religiosität zu entwickeln, das zwei wesentliche Prinzipien von *Belonging* einbezieht: erstens die Zugehörigkeit zu einer konkreten Religion, religiösen Institution und Gemeinschaft. Diese liefert unter anderem fixierte Glaubensinhalte und formalisierte Verhaltensmuster. Die zweite Form der Zugehörigkeit wird in der Forschung zu religiösen Phänomenen eher vernachlässigt, sie besteht in einer Zugehörigkeit ohne festgeschriebene Paradigmen und ohne die Unterstützung einer religiösen Institution oder Gemeinschaft. Sie schöpft aus der Zugehörigkeit zu einer bestimmten Kultur, Spiritualität oder einem Ethos – möglicherweise auch zu einer lediglich in der Vorstellung existierenden Gemeinschaft, im Sinne einer *imagined community*.[16] Diese Form der Zugehörigkeit verweist auf individuelle Annäherungen, Formen und Gestaltungsmöglichkeiten von Religiosität, was wiederum an das von Arkoun formulierte und bewusst offen gehaltene Verständnis von Muslim anknüpft. Wird dieser bislang vernachlässigte oder marginalisierte Aspekt von Zugehörigkeit zu Islam als ein Element muslimischer Lebenswirklichkeit wahrgenommen, ist dies mit Herausforderungen verbunden, die sowohl das Definitionsmonopol der so genannten Hüter der Tradition und Orthodoxie in Frage stellen als auch das allzu feste Bild von Muslimen in Deutschland ins Wanken bringen.

---

de Religionsmonitor und die im Anschluss daran durchgeführte repräsentative Befragung in Deutschland lebender Muslime, mit der der Bedeutung des Islam gesondert Rechnung getragen werden sollte. Vgl. Bertelsmann Stiftung, *Muslimische Religiosität* sowie Bertelsmann Stiftung, *Religionsmonitor* 2008.

15 Siehe Glock, "Study of Religious Commitment" und Glock u. Stark, *Religion and society*.

16 Der von Benedict Anderson 1983 im Kontext von Nationalismus geprägte Begriff kann m. E. auch auf Formen religiöser Zugehörigkeit übertragen werden. Verbindet man dieses Konzept mit John Cumpstys Verständnis von *Belonging*, das zunächst einmal offen lässt, ob Zugänge zu Religion innerhalb oder außerhalb religiöser Institutionen verortet werden müssen, gewinnt *Belonging* eine neue Dimension. Diese konzeptuelle Erweiterung wird durch die Befunde meiner Studie empirisch bestätigt und erweist sich insofern als relevant, als sie dazu beträgt, religiöse Verortungen oder Zugehörigkeiten jenseits dogmatischer Grenzziehungen als ernst zu nehmende Phänomene von Zugängen zu Religion wahr zu nehmen und zu beschreiben. Siehe auch Anderson, *Imagined Communities*, sowie Cumpsty, *Religion as Belonging*.

Denn eine angemessene Würdigung des vermeintlich Marginalen trägt zu einer umfassenderen, differenzierteren Annäherung an Islam – nicht nur in Deutschland – bei.

Die Eröffnungsfrage in den Interviews lautete: „Was bedeutet es für Dich heute, Muslim zu sein?" Die Antworten liefern Einsichten in die Realität der Jugendlichen und können einen Beitrag zu einem erweiterten und damit veränderten Verständnis gegenwärtiger Dynamiken im Zusammenhang mit religiösem Wandel leisten, besonders im Hinblick auf *Believing* und *Belonging,* die als zwei der wichtigsten Indikatoren für Religiosität gelten.

Interessanterweise finden sich unter den Jugendlichen jenseits orthodoxer Grenzziehungen viele Jugendliche mit einer realen Migrationserfahrung und damit auch mit der Erfahrung von islamischer ‚Normalität' im gesamtgesellschaftlichen Alltag. Dieser Hinweis ist insofern bedeutsam, als die Befunde auf Veränderungen im Verhältnis von *Believing* und *Belonging* hindeuten. Denn Jugendliche mit realer Migrationserfahrung verfügen sowohl über ein z. T. radikal verändertes Umfeld als auch über Erfahrungswerte, die sie mit in Deutschland geborenen Muslimen so nicht teilen. Migration ist nicht nur mit einem neuen sozialen Kontext verbunden, sondern wirkt sich auch auf *Belonging* aus. Zugehörigkeit basiert häufig nicht mehr nur auf gesellschaftlichen Erwägungen und dem Ausloten von Vor- und Nachteilen, z. B. im Hinblick auf die Wirkmacht sozialer Kontrolle und entsprechende Konsequenzen für Abweichler. Sie ist vielmehr Ausdruck individueller Aneignung von Glaubenselementen einer konkreten Gemeinschaft, die aufgrund einer persönlichen Wahl angesteuert wird. Für diese Art von Entwicklung steht der 21-jährige Faiz[17], der, als er im Alter von 15 Jahren von Afghanistan nach Deutschland kam, streng sämtliche religiöse Pflichten erfüllte und sich in Hinblick auf seine ersten beiden Jahren in Deutschland als sehr religiös beschreibt, weil er die normativen Vorschriften befolgte:

> Meine Eltern haben mich nicht gezwungen, sondern die Umgebung hat mich gezwungen. Wenn ich nicht in der Moschee war, hat mich nicht mein Vater gefragt, sondern der Nachbar und der Lehrer ... Und das sind Sachen, die mir nicht gefallen, jetzt.
>
> Jetzt ist das für mich ganz anders, ich bin in einer offenen Gesellschaft, da kann mich keiner zwingen, etwas zu machen, was ich nicht will [...] Seit ich in Deutschland bin, war ich in den ersten zwei Jahren religiös, d. h. bin regelmäßig in die Moschee gegangen, hab mitgebetet, hab gefastet, an allen Veranstaltungen teilgenommen, irgendwann kam die Zeit, dass ich mein zweites Buch gelesen hab, neben dem Koran. D. h. da wurde ich ein

17 Sämtliche Namen der zu Wort kommenden Jugendlichen sind von ihnen selbst gewählte, um ihre Anonymität zu wahren. Zur Verwendung der Sonderzeichen: ... markieren längere Sprechpausen, [...] kennzeichnen meine Kürzungen des Textes.

> bisschen kritischer. Es fand ein Kampf in mir statt, und zwar was ist eigentlich Glaube? Warum gibt's Religion? Wozu ist die Religion? Warum sollen wir religiös sein? Warum bete ich? Für wen? Wieso soll ich um fünf Uhr aufstehen und beten? Wenn man Muslim ist und die Religion ernst nimmt, dann steht man auf. Ich bin auch zwei Jahre aufgestanden und dann hab ich aufgehört, ich hab den Sinn nicht gesehen und hab gesagt: Du bleibst Muslim, aber du bleibst kritisch. Muslim kannst du bleiben, aber kritisch bleiben, d.h. du kannst dich mit Islam oder überhaupt mit der Religion kritisch auseinandersetzen, du musst nicht einen einzigen Weg, der von Mohammed oder einem anderen Propheten vorgeschrieben ist, einschlagen, d.h. du musst selber für dich einen Glauben finden, für den du stehst, der soll dich erfüllen. Du musst nicht nachmachen. Mein Vater hat mir das erlaubt, so zu denken, wie ich denken möchte. Ich bin ein freier Mensch zu überlegen, diese Religion hat diese Vorteile und diese. Ich entscheide mich für die dritte, das ist meine Sache. Ich kann nicht sagen, ob ich religiös bin, ich kann nicht sagen, ob ich Religion hab, ich kann auch nicht sagen, ob ich Atheist bin.

Faiz verfügt über die Erfahrung von islamischer ‚Normalität' bzw. der gesellschaftlichen Präsenz des Islam in einem Land, in dem jeder qua Geburt Muslim ist, weil der Vater Muslim ist. Mit dem veränderten sozialen Kontext, u.a. durch den Wegfall der dörflichen sozialen Kontrolle, ergeben sich neue Möglichkeiten, die zur Wahl stehen und aushandelbar sind. Das gilt auch für die mentale oder intellektuelle Ebene, wo eine Bewusstseinsbildung stattfindet, in deren Rahmen sich neue Räume eröffnen und die Vorstellung, Religion, Tradition, Glaube und Habitus müssten identisch sein, nicht mehr unhinterfragt übernommen werden muss. *Believing* und *Belonging* bleiben von diesem Prozess nicht unberührt. Auch sie machen eine Veränderung durch, weil Faiz in seinem weiteren Umfeld sich die Freiheit nehmen kann, die Grenzen seines Selbst- und Weltverhältnisses durch kritische Auseinandersetzung zu erweitern oder zu verändern, ohne Sanktionen befürchten zu müssen. Diese neu gewonnene Freiheit verortet er unter anderem auch im Bildungssystem, das – ihm zufolge – den pädagogischen Auftrag, kritische Geister zu erziehen, sehr ernst nimmt. Faiz' Aussagen machen die Aushandlungsprozesse im Hinblick auf eine Neuverortung deutlich, die zum Zeitpunkt des Interviews bei ihm noch nicht abgeschlossen ist. Seine Neuverortung kann auch im Hinblick auf das kritische Hinterfragen überlieferter Formen des Glaubens und der Glaubenspraxis interpretiert werden, initiiert durch einen veränderten Kontext. Obwohl Faiz in seinem familiären Umfeld – auch in Afghanistan – keinen Druck im Hinblick Religion und religiöse Praxis erfahren hat, erfolgte sein Zugang zu Religion und religiöser Praxis im Sinn von *taqlīd*. Für ihn als männliches Mitglied der Dorfgemeinschaft bzw. einer Moscheegemeinde war zunächst kein anderer Zugang zu Religion möglich, weil dies mit sozialen Sanktionen verbunden gewesen wäre. Da sein deutsches großstädtisches Umfeld sich aber nicht auf eine Moscheegemeinde beschränkte, sondern vielfältige Möglichkeiten bot, begann Faiz, sich kritisch mit dem bislang Selbstverständlichen auseinander zu setzen.

Kali, eine 18jährige Tunesierin, die mit 16 Jahren nach Deutschland kam, ist ein Beispiel für *Belonging* im Hinblick auf *turāṯ*, das kulturelle Erbe des Islam, das für sie nicht an konkrete Glaubenselemente geknüpft ist:

> Eigentlich weiß ich gar nicht, ob ich Muslimin bin, aber ich bin – wie mein Vater sagt – Kulturmuslimin, ich praktiziere überhaupt nicht, aber ich mache Ramadan, aber das ist mehr Gewohnheit, Tradition als etwas anderes. Ich weiß nicht, ob das viel bedeutet, ich weiß, ich würde nie konvertieren. Es ist die Religion, die ich bekommen habe. Trotz allem, was in letzter Zeit passiert, auch wenn ich nicht praktizierend bin, ist es doch meine Religion.

Kali formuliert mit dem Fasten im Ramadan, obwohl dieses nicht auf Glaubensüberzeugungen basiert, eine bestimmte Art von *Belonging*. Diese Zugehörigkeit funktioniert ohne eine Verbindung zur religiösen Praxis, wenngleich sie in eine gesellschaftliche Praxis eingebettet ist, die für viele Beteiligte als religiös wahrgenommen wird. Kali beschreibt diese zwar mit dem Begriff Tradition, ohne es jedoch religiös zu konnotieren. Die mögliche Ambivalenz, die ihr von Außen häufig als Zuschreibung begegnet, löst sie auf durch ein klares Gefühl der Zugehörigkeit zur kulturellen Gemeinschaft der Muslime. Damit verbunden ist ein eindeutiges Bekenntnis zum kulturellen Erbe des Islam, das darin gipfelt, dass eine Konversion für sie indiskutabel ist.

Eine weitere Form der Zugehörigkeit drückt sich in einer bei vielen der Jugendlichen wiederkehrenden Formulierung aus, mit der sie ihr muslimisch-Sein beschreiben: „wenn man mit dem Herzen glaubt" oder „wenn Dein Herz rein ist". Sie distanzieren sich von Orthodoxie und Orthopraxie und stehen Moscheevereinen äußerst kritisch gegenüber. Diese Art von Gemeinschaft und von *Belonging* scheint für ihren Glauben oder ihre Erfahrung von islamischer ‚Normalität' keine Rolle zu spielen.

> Und wenn ich ein Gläubiger bin, da weiß ich doch, dass Gott das auch sieht, dann muss ich das nicht jedem anderen beweisen. So seh ich das. Ja, und ich sag mal, Moslem sein heißt einfach nur, wenn man von Herzen an Allah glaubt.

Diese Position des 19jährigen in Hamburg geborenen Tyson ist durchaus exemplarisch zu verstehen. Es ist eine Position, die er als Ressource wertet, eine Position, die es ihm erlaubt, sich die Freiheit zu nehmen, auf die eigene Urteilskraft zu vertrauen und seinen persönlichen Weg im Vertrauen auf Gottes Präsenz zu gehen. Nicht nur Tyson eignet sich den Koran und die Tradition neu an und wählt Interpretationen, die seinem Kontext angepasst sind. Dies kann unterschiedliche Formen annehmen, in der Regel beziehen Jugendliche wie er sich nicht auf religiöse Autoritäten aus den Moscheegemeinden, sondern nutzen moderne Kommunikationsmittel, um Informationen zu erhalten, betreiben eigene Literaturstudien und suchen den Austausch mit Gleichgesinnten, z. B. treffen sie sich im privaten Studierzirkeln. Viele von ihnen, besonders junge Frauen, praktizieren moderne Formen von *iǧtihād* (wörtl. eigene Urteilsbildung, selbstständige Interpretation der Quellen). Diese Form der autoritätsunabhängigen Interpretation impliziert allerdings nicht notwendigerweise Traditionskritik.[18]

Auch für den Terminus *iǧtihād* gilt, was bereits im Kontext von *taqlīd* betont wurde: Es handelt sich um einen hermeneutischen Kunstgriff, die Praxis der Jugendlichen, sich allein bzw. in selbst organisierten Gruppen den Koran zu erschließen und Interpretationen zu entwickeln, die sich auf die eigene Lebenswelt beziehen, mit dem Begriff *iǧtihād* zu beschreiben, weil ein Bewusstsein von *iǧtihād* bei den Jugendlichen in der Regel nicht existiert, auch wenn sie genau diesen praktizieren. Ein solcher Kunstgriff lässt sich insofern rechtfertigen, als mit *iǧtihād* das Gegenteil von *taqlīd* beschrieben wird, wenn es um den Umgang mit Tradition bzw. heiligen Texten geht.[19] Gleichzeitig verweist *iǧtihād* auf eine Tradition, die ca. im 9. Jahrhundert unserer Zeitrechnung, was dem 3. Jahrhundert islamischer Zeitrechnung entspricht, allmählich von *taqlīd* verdrängt wurde.[20] Zahlreiche muslimische Denker und Reformer des ausgehenden 19. und des 20. Jahrhunderts wie z. B. Muhammad 'Abduh[21] verweisen auf die Tradition des *iǧtihād*, die es wieder zu beleben gilt, unter anderem deshalb, weil mit einer islamisch verankerten intellektuellen Praxis bzw. Tradition Reformansätze eine höhere Glaubwürdigkeit erhalten.

Die Aussage der 22jährigen Leyla soll die Ausführungen im Hinblick auf Jugendliche jenseits dogmatischer Grenzziehungen abrunden. Leyla stammt aus einem gemischten deutsch-türkischen Elternhaus und wurde in beiden Kulturen und Religionen sozialisiert. Sie steht auch für eine spezifische Form hybrider Identitäten, die zu einer ganz eigenen Aneignung von *Believing* und *Belonging* führt und die mit Sicherheit kein Einzelfall ist. Sie beschreibt sich als religiöse

---

18 Dies betrifft nicht nur die *iǧtihād*-Praxis der Jugendlichen, sondern gilt grundsätzlich für *iǧtihād*.

19 Eine Auseinadersetzung mit dem Gegensatzpaar *taqlīd* und *iǧtihād* würde im Hinblick auf die Jugendlichen und ihre Positionierung zu Tradition zu weit führen, zumal die Interviews keinerlei Hinweise dafür liefern, dass die damit verbundenen Debatten unter Rechts- und Religionsgelehrten für die jeweilige Positionierung eine Rolle spielen, weil sie den Jugendlichen vermutlich nicht bekannt sind. Ganz davon abgesehen, dass ein solcher Exkurs einer intensiven historisch-philologischen Analyse bedürfte, die den Rahmen dieses Beitrags sprengen würde.

20 Hierzu gibt es durchaus kontroverse Einschätzungen. Ali-Karamali und Dunne "Ijtihad Controversy" zeichnet dies detailliert nach.

21 Exemplarisch sei auf ʿAbduh, *Theology of Unity*, sowie auf Hourani, *Arabic Thought* verwiesen.

junge Frau, die in der Freiheit erzogen wurde, ihren Glauben und ihre Spiritualität sowohl innerhalb eines christlichen als auch eines muslimischen Referenzrahmens zu entfalten, ohne dabei Wertungen oder Hierarchisierungen vornehmen zu müssen.

> Also ein Teil meiner Identität ist vielleicht der Punkt, dass ich das so gleichwertig betrachte, weil ich fühl mich irgendwie, also ich fühl mich einfach schon immer irgendwie bi-kulturell, bi-lingual. Also immer alles hat zwei Seiten, das ist vielleicht ein Teil meiner Identität. Vielleicht das ist auch der Grund, warum ich das immer so zusammen füge, irgendwie, mir gibt das einfach so ein bisschen Freiheit vielleicht, dass ich einfach sage, ich kann das so glauben [...] ja das ist so 'n bisschen meine Freiheit. [...] Aber das ist immer schon so gewesen, das ist mir gar nicht immer so bewusst, aber es gibt einem einfach ein gutes Gefühl, dass man irgendwie so selber mit sich im Reinen ist.

4.2 Zur Selbstverortung muslimischer Jugendlicher: Zweifelsfreier Raum Religion

Für die Jugendlichen, die sich eher einer normativ-orthodoxen Lesart des Islam verpflichtet fühlen und auch eine institutionelle Zugehörigkeit formulieren, greift die Beschreibung Oszillieren zwischen *Believing* und *Belonging* überhaupt nicht. Diese beiden Aspekte von Religiosität bzw. Zugängen zu Religion werden als untrennbare Einheit begriffen, ein Spannungsverhältnis wäre ein Widerspruch. Bei ihnen überwiegt die Vorstellung, Religion, Tradition, Glaube und Habitus müssten identisch sein. Mit der von vielen formulierten institutionellen Zugehörigkeit verbinden sie in der Regel tiefere Einblicke in religiöse Bildung und Glaubenspraxis. Diese können als fixierte bzw. tradierte Glaubensinhalte und formalisierte Verhaltensmuster beschrieben werden. Für die jungen Muslime ist damit auch ein Raum verbunden, in dem Religion als frei von Zweifeln erlebbar ist. Hier wird islamische ‚Normalität' erfahrbar. Angesichts der allgegenwärtigen Verunsicherung und Orientierungslosigkeit dürfte ihm gleichzeitig stabilisierende Funktion zukommen.[22]

Der 19jährige in Hamburg geborene Mohammed ist ein Ḥāfiẓ, d. h. er hat als Kind den Koran auswendig gelernt und ist auch in der Kunst der Rezitation geübt. Deswegen wird ihm von seiner Moscheegemeinde, für die er sich in vielfacher Hinsicht stark engagiert, „hoher Respekt" entgegen gebracht. Er unterrichtet

22 Diese Einschätzung trifft vermutlich nicht nur auf die Lebensphase der Adoleszenz und des jungen Erwachsenenalters zu.

dort islamische Unterweisung für Kinder und Jugendliche und spricht regelmäßig das eine Freitagsgebet im Monat, das auf Deutsch gehalten wird, weil ihm zufolge nicht alle Imame türkischer Herkunft in dieser Moscheegemeinde dazu in der Lage seien.[23] Außerdem nimmt er an Korankursen in Form von Wochenendfortbildungen teil und „qualifiziert sich" damit fortlaufend. Das Preisgeld für den ersten Platz in einem internationalen Ḥāfiẓ-Wettbewerb ermöglichte es ihm, die Pilgerfahrt nach Mekka zu unternehmen und sogar noch seine Hochzeit zu finanzieren.[24]

> Religiös heißt zum Beispiel den Vorschriften Gottes nachzufolgen, also das tun, was Gott dem Menschen befiehlt. Zum Beispiel fünf mal am Tag beten, und Fasten im Monat Ramadan, Almosen geben, die Pilgerfahrt machen nach Mekka und halt, was der Prophet zu uns sagt, was er von uns will, was er für Befehle uns gibt. Zum Beispiel: Er sagt, schneidet euren Schnurrbart und lasst euren Bart wachsen. Das ist für mich religiös sein.

Für Mohammeds Zugang zum Islam spielt die *sunna* des Propheten Mohammed eine entscheidende Rolle. Sein Glaube ist nachhaltig von ihr geprägt. Es ist kein Zufall, dass er diesen Namen gewählt hat, denn er verehrt den Propheten Mohammed in hohem Maß und betrachtet ihn als einzig mögliches Vorbild. Dies ist u. a. auf seine breiten Kenntnisse der Aussprüche des Propheten zurückzuführen. Am liebsten wäre er ständig in Saudi-Arabien, weil er sich ihm dort besonders verbunden fühlt. Dies und die Erfahrung der Pilgerfahrt sowie der *'umra*, der kleinen Pilgerfahrt, die in jedem Monat durchgeführt werden kann und die er bereits dreimal vollzogen hat, erweitern sein Gefühl von *Belonging*. Nicht nur die eigene Moscheegemeinde ist entscheidend für sein religiöses Zugehörigkeitsgefühl, sondern auch die internationale Gemeinschaft aller Muslime, die *umma*, die für ihn auf den Pilgerfahrten Gestalt angenommen hat. Gleichzeitig betont er immer wieder, wie wichtig es ist, sämtliche religiösen Vorschriften zu befolgen

23 Dass er von der DİTİB, der Türkisch-Islamischen Union der Anstalt für Religion, die dem staatlichen Präsidium für religiöse Angelegenheiten untersteht, ein „Diplom" erhalten hat, das ihm bescheinigt „dass er den Koran auswendig kann", weist ihn in der Moscheegemeinde als jemanden aus, „der schon Grundwissen hat". Dies wiederum erleichtert es ihm, als Lehrer islamischer Unterweisung tätig zu sein und das Freitagsgebet zu sprechen.

24 Im Leistungskurs Religion, der sich mit der Ausnahme von zwei christlichen Schüler aus muslimischen Schülern zusammensetzte und den ich im Rahmen meines Forschungsprojektes über ein halbes Jahr begleitet habe, war Mohammed der einzige, der geheiratet hatte, als er volljährig war, was entsprechende Diskussionen innerhalb des Kurses entfacht hatte – zum Teil während meiner Anwesenheit. Er erklärte seinen Mitschülern diese frühe Heirat damit, dass er lediglich die religiösen Vorschriften befolge, weil Sexualität nur im Rahmen einer Ehe als erlaubt gelte, alles andere sei Sünde.

und wie schön er dies empfindet, weil „nur der Glaube stärkt". Sein Zugang zur Religion lässt sich durchaus mit *taqlīd* beschreiben und wird getragen von einer tief empfundenen Zugehörigkeit, die ihm das Gefühl eines Mikrokosmos' islamischer ‚Normalität' im mehrheitlich nicht-muslimischen deutschen Makrokosmos vermittelt.

Auch für die 18jährige in Deutschland geborene Cana bedeutet die Einhaltung der normativen Vorgaben des Islam einen zentralen Aspekt ihres Selbstverständnisses als Muslimin.

> Meine Religion ist mir sehr wichtig, und deswegen ist es mir schon etwas Besonderes, also dass ich jetzt Muslimin bin. Und es beeinflusst finde ich, die ganze/also Lebensweise von 'nem Menschen, also wenn man sich an die Regeln des Islam hält. [...]
>
> Ja, also es ist ja, hier, finde ich persönlich, ist es schwieriger, seine Religion auszuüben. Wenn ich jetzt in der Türkei gelebt hätte, wäre es wahrscheinlich anders. Und deswegen finde ich hier, dass man hier auch nicht die ganzen Besonderheiten und Schönheiten der Religion so richtig ausleben kann. Und vielleicht deswegen würde ich sagen, dass ich nicht richtig beantworten kann, was das Besondere ist, weil ich es hier nicht gut genug ausleben kann. [...] Also es liegt auf keinen Fall, dass das hier verboten wird, sondern auch die ganze Atmosphäre. Also in der Türkei, ich bin ja in den Sommerferien dort, ist es anders, z. B. also wenn wir besondere Tage haben, also z. B. Bayram.[25] Dann ist das hier ganz anders, also hier kriege ich das gar nicht mit, dass Bayram herrscht, also das kenn ich auch von den Erzählungen meiner Eltern.

Cana verfügt nicht über die Erfahrung islamischer ‚Normalität' im gesellschaftlichen Alltag, auch nicht im Mikrokosmos Moscheegemeinde, weil sie – anders als Mohammed – weder regelmäßig eine Moschee besucht noch eine Zugehörigkeit zu einer solchen formuliert.[26] Ihr Zugang zum Islam gründet sich in erster Linie auf *Believing* und die damit verbundene Praxis. Ihr Gefühl von *Belonging* bleibt eher vage, die Sommerferien in der Türkei sind kein adäquater Ersatz für das Vakuum im deutschen Umfeld, auch wenn sie als Eintauchen in islamische ‚Normalität' betrachtet werden können. Aufgrund der zeitlichen Begrenztheit stellt sich ein Soziales-Eingebettet-Sein nicht in dem Maße ein, wie es für ein permanent anwesendes Mitglied der entsprechenden Gesellschaft der Fall ist. Dass

---

25 Bayram ist die türkische Bezeichnung für Feiertag (arab. ʿīd) und wird mit den entsprechenden Zusätzen auch für die beiden zentralen Feste im Islam verwendet, d. h. das Fest des Fastenbrechen am Ende des Monats Ramadan (ramazan bayramı, arab. ʿīd al-fiṭr) und das Opferfest am Ende des Pilgermonats (kurban bayramı, arab. ʿīd al-aḍḥā).

26 Dies hat auch geschlechtsspezifische Gründe. Unter anderen suchen junge Frauen und weibliche Jugendliche erheblich seltener Moscheen auf, es sei denn, sie engagieren sich ähnlich wie Mohammed im Hinblick auf die Erweiterung der eigenen religiösen Bildung, um irgendwann selbst Unterricht in islamischer Unterweisung zu erteilen.

Cana den Zugang zur Religion über die normativen Vorgaben findet, vermittelt ihr das Gefühl von Sicherheit und Orientierung. Ihr Umgang mit Tradition im Sinn von *taqlīd* – und das verbindet sie mit Mohammed – schafft einen Raum, der frei von Zweifel und Ambivalenzen ist. Angesichts der für die Postmoderne charakteristischen radikalen Pluralisierung auf allen Ebenen und der damit verbundenen Bedeutungsvielfalt, die das Individuum regelmäßig mit der Qual der Wahl konfrontieren, dürfte dies schon wie eine Oase anmuten.

4.3 Reflexionen zum gesellschaftlichen Kontext

Angesichts der wirkmächtigen medialen[27] und gesellschaftlichen Diskurse im Hinblick auf ‚den' Islam sehen sich viele Muslime in postmodernen pluriformen Gesellschaften häufig Erwartungen ausgesetzt, die in der impliziten Forderung nach einer eindeutigen Positionierung gipfelt. Zahlreiche meiner Gesprächspartner brachten immer wieder großes Unbehagen zum Ausdruck, das sie mit dem vermehrten Rechtfertigungsdruck im Hinblick auf ihr muslimisches Selbstverständnis beschlich:

> Nach dem 11. September ist dieses Muslim-Sein in den Vordergrund getreten. Wenn ich jetzt etwas sage, auf einer Konferenz einen Vortrag halte als Expertin des Max-Planck-Instituts, wurde ich früher nie wahrgenommen als: „Sie sagt das, weil sie Muslim ist" oder es wurde mir nie eine Frage gestellt: „Sie als Muslima, wie beurteilen Sie dies?" Und ich mag diese Fragen insofern nicht, weil ich mir denke, welcher Teil meiner Rede hat Dich darauf gebracht, mich nach meiner Religion zu fragen? Also, ich rede über irgendein juristisches Thema und die Frage kommt: ‚Sie als Muslima, wie empfinden Sie das?' Als würde man als Muslima besonders empfinden müssen.[28]

Auch die interviewten Jugendlichen sehen sich vor zahlreiche Herausforderungen gestellt, die in unmittelbarem Zusammenhang mit dem wesentlichen Charakteristikum der Postmoderne steht: der grundsätzlichen Verunsicherung durch eine radikale Pluralisierung auf allen Ebenen, die auch eine Bedeutungsvielfalt impliziert und mit dem Ende von Sicherheit vermittelnden Gewissheiten verbunden ist. Einheit stiftende Elemente oder gar einheitliche Weltdeutungsmuster erweisen sich auf dem Markt der bisweilen schwer überschaubaren Möglichkeiten als nicht unbedingt für jeden Kontext geeignet.

---

27 Für eine intensive Auseinandersetzung mit den Mediendarstellungen des Islam und deren Auswirkungen auf Selbst- und verweise ich auf Hafez und Richter, „Das Islambild", Halm, *Zur Wahrnehmung des Islams*, sowie Schiffer, *Die Darstellung des Islams* und *Projektionsfläche Islam*.
28 Interview mit Dr. Nadjma Yasseri am 16. 4. 2007 in Hamburg.

5 Ausblick

> How can one be a Muslim today? There is no simple answer. On the one hand, Islam seems to be a compendium of beliefs unchanged over the centuries, on the other, modern life offers us a collection of more up-to-date concepts, more in conformity with contemporary scientific theories and ideas developed by modern man which are in general more satisfying from an intellectual point of view. There is often no compatibility between the two aspects; not just with Islam as a faith but also with Islam as a form of which it is lived in the consciences of millions. Most Muslims live an ambiguous life in which they maintain an attachment to the Muslim community without adhering totally to all the beliefs which flow from it. Therefore, everyday life and belief can be in a sharp opposition.[29]

Filali-Ansaris Einschätzung weist darauf hin, dass sich viele muslimische Zeitgenossen in ambivalenten Gefilden bewegen, womit sie vermutlich nicht allein sind, weil die Thematik von *Believing* und *Belonging*, damit verbundene Ambivalenzen und sich herauskristallisierende Formen religiösen Wandels bzw. veränderter Zugänge zu Religion ein grundsätzliches Phänomen der Postmoderne und alles andere als islamspezifisch sind.[30] Die angedeuteten Gegensätze oder vermeintlichen Widersprüche werfen zahlreiche Fragen auf, die auch die von mir interviewten Jugendlichen betreffen: Sind diese Ambivalenzen eher individueller und damit intrapersoneller Art? Werden sie von der jeweiligen Person auch als solche erlebt oder sind sie vielmehr in den Kontext einer auf einer Mischung aus Zuschreibungen und aktiven sowie reaktiven Selbstbezeichnungen basierenden diskursiven Praxis einzuordnen, die in das Konstrukt Muslim mündet? Sind sie möglicherweise sogar als eine Kombination aus beidem zu interpretieren? Dies gilt auch für die Frage, wie und ob die als ambivalent wahrgenommene intellektuelle Tradition eine Brücke zur intellektuellen Moderne schlagen kann. Eine erschöpfende Antwort auf diese Fragen liefern die Befunde der Studie nicht, dazu erweisen sich die einzelnen Faktoren und ihre Verflechtungen als zu komplex, ganz zu schweigen vom individuellen Kontext, den es zu berücksichtigen gilt. Dennoch lassen sich anhand der Aussagen der Jugendlichen Tendenzen aufzeigen, die Auskunft über das Spektrum an Zugängen zu Islam im Spiegel des

---

29 Abdou Filali-Ansari, zit. nach Cooper, Nettler u. Mahmoud, *Islam and Modernity*, 4.

30 Als Beispiel sei die mit großem Presseecho verbundene Entscheidung des Bundesverwaltungsgerichts (Az.: BVerwG 6 C 7.12) vom 26. 9. 2012 angeführt, die sich auf den Fall des emeritierten Freiburger Kircherechtlers Zapp bezieht. Sie besagt, wer aus der katholischen Kirche aus Gründen der Steuerersparnis austrete, könne nicht gleichzeitig weiter Mitglied der Glaubensgemeinschaft sein. Hierzu vgl. exemplarisch den Artikel „Wer Katholik sein will, muss Kirchensteuer zahlen." in der Online-Ausgabe der Süddeutschen Zeitung.

Umgangs mit Tradition geben können, ohne dass damit ein Anspruch auf Repräsentativität erhoben würde.

Die ausgewählten Beispiele der Jugendlichen jenseits orthodoxer Grenzziehungen zeigen einen Umgang mit Tradition, der durchaus als Emanzipation von religiösen Autoritäten und deren normativem Verständnis, was Religion und Religiosität zu sein hat, interpretiert werden kann.[31] Es ist auffällig, dass diese Befreiung von orthodoxen Grenzziehungen durch die Distanzierung von allem, was mit *taqlīd* verbunden ist, nicht in eine anarchische Beliebigkeit verfällt, denn diese Jugendlichen empfinden und formulieren eine Zugehörigkeit, die sich mit dem *turāṯ* inhärenten Referenzsystem umschreiben lässt und gleichzeitig religiöse bzw. spirituelle Komponenten besitzt. Auch wenn dies in den meisten Fällen nicht das einzige Referenzsystem ist, prägt es nach wie vor das Selbst- und Weltverhältnis der Jugendlichen, die hier zu Wort gekommen sind. Gleichzeitig entstehen in vielen Fällen neue Formen des Zugangs und Umgangs mit Islam und der eigenen Religiosität.

Interessant ist, dass die Neuaneignungen in der Regel mit der Verweigerung einhergehen, sich vereinnahmen zu lassen, wenn es um Zuschreibungen und Festlegungen geht, was muslimisch sein bedeutet, und zwar in doppelter Hinsicht: sowohl seitens der Mehrheitsgesellschaft als auch der Orthodoxie. Dies ist durchaus als Aushandlungsprozesse zu interpretieren, weil die Neuaneignungen alles andere als gleichbedeutend mit einem Wechsel ins andere Lager sind, sondern die Folge einer intensiven Auseinandersetzung mit dem Kontext in seiner ganzen Komplexität.

Und schließlich lässt sich für diese Jugendlichen festhalten, dass sie ihre Hybridität, die sich unter anderem im Oszillieren zwischen *Believing* und *Belonging* ausdrückt, nicht als problematisch sondern im Gegenteil als *normal* erleben. Gleichzeitig gelingt vielen von ihnen eine kreative Synthese von zwei gleichzeitig wirksamen Referenzsystemen, was unter anderem auf ihre Verankerung in der intellektuellen Moderne zurück zu führen ist.

Die ausgewählten Beispiele der Jugendlichen mit eher normativ-orthodoxen Lesarten des Islam verweisen auf einen Umgang mit Tradition, der sich – und dies absolut folgerichtig – innerhalb des normativ-orthodoxen Rahmens bewegt. Entscheidend für sie ist *taqlīd*, sowohl im Hinblick auf Interpretationen von Glaubensinhalten als auch auf die Glaubenspraxis, weil beides fast schon als Einheit wahrgenommen wird. Diese Einheit wirkt auch einheitlichkeits- und Einheit stiftend und schafft damit einen Sicherheit und Stabilität vermittelnden Raum,

31 Die Interviews bergen zahlreiche Hinweise, dass diese Emanzipation oder Entthronung von Autoritäten sowohl auf der intellektuellen aus auch auf der emotionalen Ebene stattfindet.

in dem Religion nicht – wie schon so viele andere Bereiche des Lebens – mit Zweifeln oder gar kritischen Fragen belastet ist. Gleichzeitig spielt die *sunna* des Propheten für viele der Jugendlichen eine bedeutende Rolle. Die Person bzw. der vorbildliche Lebenswandel Mohammeds ergänzt die durch religiöse Autoritäten abgesicherte Tradition durch Beispiele und liefert eine wichtige Identifikationsfigur.

Die jungen Menschen, die ich in den Interviews erlebt habe, sind meines Erachtens ein bedauerlicherweise zu selten wahrgenommenes Beispiel für religiösen Wandel bei Muslimen, der nicht notwendigerweise zu Identitätsproblemen führt, sondern – ganz im Sinne der reflexiven Moderne – in den meisten Fällen mit der Ausbalancierung, Koordinierung und Integration von widerstreitenden Interessen, Loyalitäten, Norm- und Wertsystemen und Bedeutungsgebung einhergeht.

Es besteht kein Zweifel darüber, dass in der Akzeptanz der Gleichzeitigkeit von an sich widersprüchlichen Bedeutungen eine Herausforderung für die Selbst- und Fremdwahrnehmung von Islam liegt.

> Die Paradoxie gehört sonderbarerweise zum höchsten geistigen Gut; die Eindeutigkeit aber ist ein Zeichen der Schwäche. Darum verarmt eine Religion innerlich, wenn sie ihre Paradoxien verliert oder vermindert; deren Vermehrung aber bereichert, denn nur das Paradoxe vermag die Fülle des Lebens annähernd zu fassen, die Eindeutigkeit und das Widerspruchslose aber sind einseitig und darum ungeeignet, das Unerfaßliche auszudrücken.[32]

Nur im Paradox lässt sich die Fülle muslimischer Lebenswirklichkeit andeuten. Die Interviews mit den Hamburger Jugendlichen zeigen, dass das Spektrum der Dynamik, die im Zusammenhang mit Islam in der pluriformen Gesellschaft Deutschlands entsteht, eine Bandbreite ausmacht, deren Implikationen gegenwärtig noch nicht abzuschätzen sind.

Literaturverzeichnis

‘Abduh, Muhammad, *The Theology of Unity*. London 1966.

Ali-Karamali, Shaista P. u. Fiona Dunne, “The Ijtihad Controversy.” In *Arab Law Quarterly*, 9,3 (1994): 238–257.

Anderson, Benedict. *Imagined Communities: Reflections on the Origin and Spread of Nationalism*. London 1991.

Arkoun, Mohammed, “Contemporary Critical Practices and the Qur’an.” In *Encyclopaedia of the Qur’an*, I, 412–431. Leiden u. a. 2002.

32 Jung, *Psychologie*, 30.

Bertelsmann Stiftung, Hrsg., *Religionsmonitor 2008*. Gütersloh 2007.
Bertelsmann Stiftung, Hrsg., *Religionsmonitor 2008: Muslimische Religiosität in Deutschland. Überblick zu religiösen Einstellungen und Praktiken*. Gütersloh 2008.
Brettfeld, Katrin u. Wetzels, Peter, *Muslime in Deutschland – Integration, Integrationsbarrieren, Religion sowie Einstellungen zu Demokratie, Rechtsstaat und politisch religiös motivierter Gewalt – Ergebnisse von Befragungen im Rahmen einer multizentrischen Studie in städtischen Lebensräumen*. Hamburg 2007.
Cooper, John, Ronald L. Nettler und Mohamed Mahmoud, Hrsg., *Islam and Modernity: Muslim Intellectuals Respond*. London 1998.
Cumpsty, John S., *Religion as Belonging: A General Theory of Religion*. Lanham, Md. 1991.
Glock, Charles Y., "On the Study of Religious Commitment." In *Religious Education* (Research Supplement) 42 (1962): 98–110.
Glock, Charles Y. und Rodney Stark, *Religion and Society in Tension*. Rand McNally Sociology Series. Chicago 1965.
Günther, Ursula, „Reflexionen zu Lebenswirklichkeiten „muslimischer" Jugendlicher oder „Muslimin" bin ich erst seit dem 11. September"." In *Dialogischer Religionsunterricht in Hamburg: Positionen, Analysen und Perspektiven im Kontext Europas*, hrsg. v. Wolfram Weiße, 99–109, Religionen im Dialog 2. Münster 2008.
Habermas, Jürgen, „Glauben und Wissen: Friedenspreisrede 2001". In *Zeitdiagnosen: Zwölf Essays 1980 – 2001*, hrsg. v. Jürgen Habermas, 249–262, Edition Suhrkamp 2439. Frankfurt am M. 2003.
Hafez, Kai und Carola Richter, „Das Islambild von ARD und ZDF." *APUZ*, 26–27: 40–46.
Halm, Dirk, *Zur Wahrnehmung des Islams und zur sozio-kulturellen Teilhabe der Muslime in Deutschland*. Essen 2006.
Hourani, Albert, *Arabic Thought in the Liberal Age: 1798–1939*. Cambridge 1983.
Jung, Carl Gustav, *Psychologie und Alchemie*. Gesammelte Werke 12. Olten 1972.
Juynboll, Gautier H. A. und Daniel W. Brown: "Sunna." In: *Encyclopaedia of Islam*, IX, 878–881. Leiden 1997.
Knapp, Markus, „Glaube und Wissen bei Jürgen Habermas: Religion in einer postsäkularen Gesellschaft." In *Stimmen der Zeit*, 4 (2008): 270–280.
Nusser, Barbara, *Kebab und Folklore reichen nicht: Interkulturelle Pädagogik und interreligiöse Ansätze der Theologie und Religionspädagogik im Umgang mit den Herausforderungen der pluriformen Einwanderungsgesellschaft*. Schriftenreihe des IBKM an der Carl von Ossietzky Universität Oldenburg 14. Oldenburg 2005.
Schiffer, Sabine, *Die Darstellung des Islams in der Presse: Sprache, Bilder, Suggestionen ; eine Auswahl von Techniken und Beispielen*. Bibliotheca Academica, Reihe Orientalistik, 10. Würzburg 2005.
Schiffer, Sabine, *Projektionsfläche Islam: Über politische Beschäftigungstherapie und Ablenkungsmanöver*. Kassel 2006.

Interviews

Expertinneninterview mit Dr. Nadjma Yasseri am 16. 4. 2007 in Hamburg
Interview mit Alena am 30. 11. 2006 in Hamburg
Interview mit Cana am 22. 11. 2006 in Hamburg

Interview mit Eylül am 29. 11. 2006 in Hamburg
Interview mit Faiz am 8. 12. 2006 in Hamburg
Interview mit Kali am 6. 1. 2007 in Hamburg
Interview mit Leyla am 11. 12. 2007 in Hamburg
Interview mit Mohammed am 23. 1. 2007 in Hamburg
Interview mit Tyson am 20. 6. 2008 in Hamburg

Perry Schmidt-Leukel

Traditionen überschreiten durch interreligiösen Dialog

Anmerkungen zum buddhistisch-islamischen Dialog aus christlicher Sicht

Abstract: Although Islam and Buddhism began meeting as early as the seventh/eighth centuries CE, Muslim-Buddhist dialogue seems to be a fairly recent phenomenon. Given that much of this dialogue is currently focussed on practical and ethical issues, this chapter asks under which premises it may proceed to a more theological level, allowing both traditions to recognise each other as genuinely but differently related to the same ultimate reality and thus opening up the possibility of mutual learning and transformation. To some extent, this process has already started in the work of the so-called *Traditional School* and recently found a startling expression in the 2010 document *Common Ground between Islam and Buddhism*.

Wenn in Deutschland vom ‚interreligiösen Dialog' die Rede ist, so ist dabei zumeist an jene Dialoge gedacht, die Christen mit Angehörigen anderer Religionen führen, wie etwa den jüdisch-christlichen, christlich-muslimischen, christlich-buddhistischen Dialog usw. Es gibt jedoch auch eine ganze Reihe von Dialogen unter und zwischen den Religionen, an denen Christen nicht – oder zumindest nicht zentral – beteiligt sind. Einen dieser Dialoge möchte ich im Folgenden etwas näher vorstellen.

1 Von der Begegnung zum Dialog

Aufgrund der rasanten Ausbreitung des frühen Islam in Richtung Asien sind sich Islam und Buddhismus schon im 7./8. Jh. begegnet.[1] Es gibt durchaus Anzeichen dafür, dass dabei einzelne Muslime, insbesondere Sufis, vom Buddhismus

1 Vgl. die Übersichten in Berzin, "Buddhist View"; Berzin, "Buddhist-Muslim"; Gimaret, "Bouddha"; Elverskog, *Buddhism and Islam*; Scott, "Buddhism" und Smith "Early Muslim Accounts". Ausgewählte Texte zum islamisch-buddhistischen Verhältnis aus primär islamischer Sicht finden sich in Ridgeon, *Islam and Religious Diversity* und aus buddhistischer Sicht in Schmidt-Leukel, *Buddhism and Religious Diversity*.

beeinflusst wurden. Doch war das Interesse der Sufis am Buddhimus insgesamt scheinbar weniger stark als ihr deutlich ausgeprägteres Interesse am indischen Yoga. Vor allem gibt es, soweit mir bekannt, keine Nachrichten über einen frühen islamisch-buddhistischen Dialog.[2]

Eine Reihe mittelalterlicher muslimischer Autoren wie, unter anderen, al-Kermāni (8. Jh.)[3], ibn Khalid (8. Jh.)[4], al-Nadīm (10. Jh.), al-Istakhrī (10. Jh.) und am bekanntesten al-Bīrūnī (10./11. Jh.) erwähnen den Buddhismus in ihren Schriften, doch sind ihre Informationen häufig alles andere als akkurat. Dies ist etwas anders bei al-Shahrastānī (ca. 1076–1153), der vergleichsweise detailliert über buddhistische Lehren schreibt und eine gewisse Nähe zum Sufismus andeutet. Im Wesentlichen bleibt seine Darstellung jedoch kritisch: Da der Buddhismus keinen theistischen Gott kenne, leide er am Zwillingsübel von Idolatrie und Atheismus.[5] Dieser Vorwurf wiegt schwer, denn gegen beides richtet sich die Botschaft des Propheten. Rashīd al-Dīn, der im 13. Jh. seine Darstellung des Buddhismus mit Hilfe eines buddhistischen Mönchs verfasste, vertritt sogar, dass die Götzendiener in Mekka Buddhisten gewesen seien.[6] Selbst das Wort ‚Buddha' wurde in Form des persischen „but" zum Äquivalent für „Idol".[7] Nach Jacques Waardenburg illustrieren solche Zuschreibungen einen in der frühen islamischen Theologie verbreiteten Mechanismus: Eine theologisch konstruierte und als solche kritisierte Position wird einer konkreten Gruppe zugeschrieben, über deren eigentlichen Glauben man kaum oder keine Kenntnis besitzt.[8]

Auch auf buddhistischer Seite waren die Kenntnisse und das Verständnis des Islam nicht wesentlich besser, obwohl man mehrere Jahrhunderte quasi Seite an Seite lebte. Nach Alexander Berzin „gab es so gut wie kein buddhistisches Interesse daran, etwas über die Lehren des Islam zu lernen."[9] Die einzige Ausnahme bilden einige Ausführungen im Kālacakra-Tantra und der darauf bezogenen Lite-

---

2 Vgl. jedoch den Bericht über angebliche islamisch-buddhistische Kontroversen in Bagdad und Indien (Sind) im späten 8. Jh. Allerdings stammt dieser Bericht aus einer muslimischen Darstellung des 15. Jh. und somit ist es schwer, die historische Glaubwürdigkeit einzuschätzen. Vgl. Elverskog, *Buddhism and Islam*, 56–58.

3 Aufgehoben im *Kitāb al-Buldān* des Ibn al-Faqih al-Hamadhāni (10 Jh.).

4 Aufgehoben im *Kitāb al-Fihrist* des Ibn al-Nadīm (10. Jh.).

5 Vgl. Scott, "Buddhism", 143.

6 Vgl. Berzin, "Buddhist-Muslim", 218. Vgl. die Abbildung einer persischen Darstellung aus dem späten 16. Jh. In Elverskog, *Buddhism and Islam*, 65. Sie zeigt die Zerstörung der Idole der Ka'aba durch Muḥammad und Ali, wobei die dargestellten Idole indische Figuren in Lotus-Position, also vmtl. meditierende Buddhas zeigen.

7 Vgl. Melikian-Chirvani, "L'évocation".

8 Vgl. Waardenburg, *Muslims*, 172.

9 Berzin, "Buddhist View", 229. Die Übersetzung aller Zitate aus dem Englischen ist von mir.

ratur.[10] Auch hier werden jedoch unpassende Kategorien auf den religiös anderen angewendet, etwa wenn Muhammad nach dem Muster eines hinduistischen *avatāra* gedeutet und das islamische Heilsziel im Sinne einer himmlischen, aber eben saṃsārischen Wiedergeburt verstanden wird.[11] Die Interaktion zwischen beiden Religionen, so Berzin, „gründete auf einer äußerst geringen Kenntnis der wechselseitigen Glaubenslehren."[12] Dies hinderte beide Seiten jedoch nicht daran, negative Kategorien aufeinander anzuwenden, sondern beförderte dies eher. Blickt man allerdings auf die hinduistisch-buddhistischen Kontroversen im Indien des ersten und frühen zweiten Jahrtausends, so ist zwar die wechselseitige Kenntnis deutlich besser, nicht aber notwendigerweise auch das wechselseitige Verständnis. Der religiös andere wird nicht studiert, um seinen Standpunkt besser zu verstehen und die mögliche Wahrheit darin zu erkennen, sondern um seine echten oder vermeintlichen Schwächen zu identifizieren und dementsprechend die Überlegenheit der eigenen Position zu behaupten.[13]

Diese Haltung ist typisch für die klassischen religiösen Kontroversen. Interreligiöser Dialog bildet hierzu das genaue Gegenteil: Beim Dialog geht es darum, vom religiös anderen über den religiös anderen zu lernen und ihn nach Möglichkeit so zu verstehen, wie er bzw. sie sich selbst versteht. Erst an das Verständnis der Autointerpretation des anderen kann sich die religiöse Heterointerpretation anschließen.[14] Letztere wird sich dafür offen halten, die eigene religiöse Sichtweise von der des anderen betreffen und – wenn möglich – erweitern bzw. verändern zu lassen. In der Gegenwart hat der Prozess eines so verstandenen Dialogs zwischen Muslimen und Buddhisten durchaus begonnen. Dies bedeutet jedoch nicht, dass die alte Praxis undialogischer Kontroversen und Verzeichnungen des anderen oder auch nur die Anwendung apriorisch konstruierter Kategorien auf den anderen eine Sache der Vergangenheit ist. Ein besonders deutliches Beispiel dafür sind etwa die Ausführungen von Gustav Mensching, der die wechselseitigen Einschätzungen von Islam und Buddhismus ausschließlich aprioristisch konstruiert.[15]

---

10 Zu den Einzelheiten siehe Berzin, "Buddhist View", 230–245, und Newman, "Islam".

11 Vgl. Berzin, "Buddhist-Muslim", 215.

12 Berzin, "Buddhist View", 227.

13 Vgl. hierzu auch Schmidt-Leukel, "Buddhist-Hindu".

14 Diese Terminologie wurde 1974 von Piet Schoonenberg (vgl. Schoonenberg, „Versuch") eingeführt.

15 Vgl. Mensching, *Tempel*. Dieses dem interreligiösen Dialog gewidmete Buch enthält bereits Kapitel über „Buddhismus und Islam" und „Die Kritik des Islam an Buddhismus und Hinduismus". Doch alles, was er hier schreibt, ist ohne konkreten Bezug auf tatsächliche Aussagen von Buddhisten zum Islam oder von Muslimen zum Buddhismus. Vielmehr ist es gänzlich von dem

Im Rahmen des zeitgenössischen muslimisch-buddhistischen Dialogs sind es vor allem vier unterschiedliche Linien, auf die ich im Folgenden näher eingehe:

Als *erstes* ist eine Serie internationaler Dialoge zu nennen, die 2002 von dem taiwanesischen buddhistischen Meister Hsin Tao als Reaktion auf die Anschläge des 11. Septembers und die Zerstörung der Buddhastatuen von Bamiyan durch die Taliban (2001) initiiert wurde.[16]

Zweitens beziehe ich mich auf die intensiven Gespräche zwischen Ikeda Daisaku, dem Leiter der buddhistischen Soka Gakkai, und dem iranisch-muslimischen Politologen Majid Tehranian, die in dem gemeinsamen Band *Global Civilization* aus dem Jahre 2003 dokumentiert sind.[17]

Drittens gibt es verschiedene Dialog-Bemühungen zwischen Buddhisten und Muslimen im Süden Thailands, wo seit mehreren Jahren ein blutiger Konflikt zwischen Mitgliedern beider Religionen tobt.[18]

Viertens ist schließlich der anhaltende, aber häufig unbemerkte dialogische Austausch innerhalb oder im Umfeld der sogenannten *Traditionalen Schule* zu erwähnen.[19]

Die Liste der Dialoge ist damit keineswegs erschöpft. Es gibt noch eine Anzahl weiterer dialogischer oder vor-dialogischer Begegnungen und konstruktiver Beziehungen. Doch sind diese weniger gut in der Literatur belegt.[20] Einen hilfreichen Über- und Einblick in den islamisch-buddhistischen Dialog vermittelt das hierzu erschienene Themenheft der Zeitschrift *The Muslim World*.[21]

Schließlich wäre noch jener Dialog zu nennen, den Raimundo Panikkar einst als „intra-religiösen Dialog“[22] bezeichnet hat. Damit ist jener Dialog gemeint, den Muslime oder Buddhisten, die sich der spirituellen Kraft der jeweils anderen Religion bewusst werden, in sich selbst, in ihrem eigenen Herzen und Verstand, führen. Dies mag vielleicht sogar der interessanteste Dialog sein, doch lässt sich darüber derzeit noch kaum etwas sagen.

---

abgeleitet, was nach Auffassung Menschings beide vermutlich übereinander zu sagen hätten.

16 Vgl. Liao Yi und Reis Habito, *Listening*, 122. Zu den weiteren Dialogen im Rahmen dieser Initiative siehe: http://www.gflp.org/Buddhist-Muslim.html

17 Vgl. Ikeda und Tehranian, *Global Civilization*.

18 Vgl. hierzu die verschiedenen Beiträge in *Seeds of Peace*, sowie Jerryson, "Militarizing".

19 Mehrere islamische Gelehrte sind von dieser Schule, insbesondere von den Ideen Frithjof Schuons, beeinflusst, wie beispielsweise Seyyed Hossein Nasr oder William Chittick. Ein bekannter buddhistischer Autor, der zu dieser Schule gehört, ist Marco Pallis.

20 Vgl. die Übersichten in Berzin, "Buddhist View", 245–251, und Berzin, "Buddhist-Muslim", 222–227.

21 Yusuf, *Muslim World*.

22 Panikkar, *Intrareligious Dialogue*.

2 Vom Dialog zum Lernen

Betrachten wir zunächst die drei zuerst genannten Dialoge: die von Hsin Tao initiierte internationale Dialog-Serie, den Dialog zwischen Ikeda und Tehranian und die Dialoge in Thailand. Dabei fällt ein deutliches Ungleichgewicht auf: Viel Aufmerksamkeit wird der Frage nach gemeinsamen ethischen Grundlagen und einer gemeinsamen Vision hinsichtlich moralischer Herausforderungen gewidmet, wie z. B. der ökologischen Krise, der Globalisierung, sozialer und ökonomischer Ungerechtigkeit oder religiöser Konflikte. Es geschieht hingegen kaum etwas, um mögliche Gemeinsamkeiten bzw. Verhältnisbestimmungen im doktrinären bzw. theologischen Bereich zu erörtern.

Bei den internationalen Dialogen gab es zwar immer wieder Momente, in denen die Frage nach theologischen Gemeinsamkeiten aufkeimte, doch wurde sie bisher nicht wirklich weiter verfolgt. Bereits beim ersten Dialog in dieser Serie, der 2002 an der Columbia University stattfand, unternahm Imam Feisal A. Rauf mehrere vergebliche Versuche, das Verhältnis von islamischem und buddhistischem Verständnis der letzten bzw. transzendenten Wirklichkeit auf die Agenda zu setzen.[23] Zwar verwies der Buddhist David W. Chappell (1940–2004) in seiner Reaktion kurz auf mögliche Parallelen zwischen Gott und Dharmakāya,[24] äußerte jedoch bei dem folgenden Dialog in Paris 2003 sein Unbehagen über solche Vergleiche und gab zu, dass er eigentlich versucht habe, diese abzuwehren.[25] Ikeda und Tehranian beklagen in ihrem Dialog zwar wiederholt das Verblassen eines „religiösen Geistes“[26] in der Gegenwart und sprechen von den „Heilmitteln“[27], die Islam und Buddhismus hierfür bereithalten. Doch gelingt es ihnen weder zu konkretisieren, wie denn „religiöser Geist“ (religious spirit) aus buddhistischer und islamischer Sicht zu charakterisieren sei, noch, worin sie die entsprechenden Heilmittel für sein Verblassen erblicken. Auch hier bleibt es vor allem bei der Formulierung gemeinsamer ethischer Werte und der Betonung, man brauche einen Geist wechselseitiger dialogischer Offenheit. Dass sich die Dialoge in Thailand angesichts der gewaltsamen, blutigen Auseinandersetzungen zwischen Buddhisten und Muslimen vor allem auf konkrete, friedensförderliche Maßnahmen konzentrieren, ist nachvollziehbar und angemessen. Sehr deutlich betont jedoch die gemeinsam verabschiedete *Dusit Declaration* von Bangkok 2006, es

---

23 Vgl. Liao Yi und Reis Habito, *Listening*, 28–61.
24 Vgl. Liao Yi und Reis Habito, *Listening*, 45.
25 Vgl. Liao Yi und Reis Habito, *Listening*, 185.
26 Ikeda und Tehranian, *Global Civilization*, 51.
27 Ikeda und Tehranian, *Global Civilization*, 53.

sei wichtig, wechselseitig besseres Wissen und Verstehen zu fördern, um Missverständnisse und Verzeichnungen zu überwinden.[28] Dies dürfte allerdings bei Aussparung zentraler theologischer Themen kaum möglich sein. Es lohnt sich daher zu fragen, warum muslimisch-buddhistische Dialoge in dieser Hinsicht bislang eher zurückhaltend waren. Ich möchte hierzu drei mögliche Antworten vorschlagen.

Erstens besteht möglicherweise die Furcht, dass ein stärker theologisch ausgerichteter Dialog zu leicht in die traditionellen Muster der Kontroverse oder der Zuschreibung unpassender Kategorien auf den religiös anderen führen könnte, selbst wenn letztere vielleicht eher gut gemeint sind. Bei einem Dialog in Thailand an der buddhistischen Mahidol University im Jahre 2005 führte beispielsweise der offensichtlich freundlich gemeinte Versuch von islamischer Seite, den Buddha als einen Propheten bzw. Gesandten zu beschreiben, zu heftigen Abwehrreaktionen unter den Buddhisten. Ein buddhistischer Teilnehmer warnte gar davor, dass solche Ideen, sollten sie außerhalb des Konferenzraums geäußert werden, zu gravierenden Konsequenzen führen könnten. Der Moderator beendete daraufhin unverzüglich die Diskussion.[29]

Eine zweite, damit zusammenhängende Erklärung, könnte sein, dass beide Seiten ihre lehrmäßigen Differenzen als unvereinbar betrachten und deshalb keinen Sinn darin sehen, diese zum Gegenstand des Dialogs zu machen. Oder schlimmer noch, sie könnten befürchten, dass dies eventuell kontraproduktive, nämlich entzweiende Folgen hätte. Angesichts des erstaunlichen Desinteresses klassischer buddhistischer Autoren an islamischen Lehren einerseits, und der ebenfalls traditionellen buddhistischen Betonung einer Übereinstimmung beider Seiten hinsichtlich der unverzichtbaren Bedeutung moralischen Lebens andererseits, optiert zum Beispiel Alexander Berzin sehr klar dafür, einen ethischen Konsens als das primäre Ziel des zeitgenössischen Dialogs zwischen Christen und Buddhisten zu betrachten.[30] Dies ist meines Erachtens eine wertvolle und völlig legitime Einstellung. Andererseits erscheint es mir jedoch als zweifelhaft, ob es auf Dauer wirklich möglich ist, die religiöse Frage nach der Wahrheit zugunsten eines ethischen Konsenses auszublenden. Die ungelöste Wahrheitsfrage könnte dann allzu leicht wie ein Damoklesschwert über jeder möglichen Übereinkunft in ethischen Dingen schweben.

Die dritte Erklärung mag in einer Unterschätzung der Möglichkeiten des Dialogs selbst liegen. Auch dies lässt sich an einem Beispiel illustrieren. Während

28 Visalo, "On the Path", 23.
29 Vgl. Prasetyo, "Thailand", 57.
30 Vgl. Berzin, "Buddhist View", 245, und Berzin, "Buddhist-Muslim", 233.

des Dialogs in Paris 2003 betonte der tibetische Buddhist Ven. Dagpo Rimpoche, dass der Gegensatz zwischen jenen, die wie die Muslime an einen Schöpfergott glauben, und jenen, die diesen – wie die Buddhisten – leugnen, unbestreitbar sei. Dennoch könnten Buddhisten den Glauben an einen göttlichen Schöpfer als „sehr wertvoll“[31] betrachten, da dieser Glaube nützlich sei, Menschen zu einem moralischen Leben anzuspornen. Eine solche Position, auch wenn sie vor dem buddhistischen Hintergrund durchaus verständlich ist, birgt aus meiner Perspektive folgende Probleme: Erstens setzt sie voraus, dass der Glaube des anderen in zentraler Hinsicht falsch ist. Wenn aber die Suche nach Wahrheit als essentieller Bestandteil des religiösen Weges betrachtet wird, dann kann eine solche paternalistische Haltung, die dem anderen seinen falschen Glauben zugesteht, solange sich dieser als nützlich erweist, kaum befriedigen – schon gar nicht den entsprechenden Dialogpartner. Zweitens werden keineswegs alle Buddhisten der Auffassung zustimmen, ein theistischer Glaube sei moralisch nützlich. Ganz im Gegenteil ist es vielmehr ein Standardmotiv vergangener und zeitgenössischer buddhistischer Theismuskritik, dass der Gehorsam gegenüber einem Schöpfergott höchst fragwürdig sei, gerade weil dieser zur Rechtfertigung moralisch falschen Verhaltens führen könne.[32] Drittens – und damit komme ich zu meinem zentralen Punkt – rechnet die hier demonstrierte Haltung nicht mit der Möglichkeit, dass der interreligiöse Dialog selbst neues Licht auf jene klassischen Differenzen werfen könnte, die traditionell für unüberbrückbar gehalten werden. Der Dialog bietet, wie Alon Goschen-Gottstein (als jüdischer Beobachter) es bei dieser Gelegenheit treffend ausdrückte, die Chance, zu lernen, dass die andere religiöse Tradition „viel reicher ist, weitaus größere Ressourcen besitzt und wesentlich interessanter ist als unsere stereotypen Bilder“[33] von ihr.

Somit geht es also beim Dialog nicht allein um den Austausch religiöser Glaubensvorstellungen, sondern um die Möglichkeit, gerade hinsichtlich des Glaubens Lernprozesse, Vertiefungen und letztlich Veränderungen zu durchlaufen. Wird dem Dialog diese Möglichkeit nicht zuerkannt, dann reduziert man ihn auf ein Instrument diplomatischen Krisenmanagements. Dies zeigt sich besonders deutlich in einem Statement, das der Buddhist Ven. Vijaya Samaravickrama während des Dialogs in Kuala Lumpur im Jahr 2002 machte. In Bezug auf die Situation in Malaysia vertrat er die Ansicht, dass das Verhältnis von Buddhismus und Hinduismus zum Islam so unproblematisch („comfortable“) gewesen sei, dass „es nie die Notwendigkeit zu einem formellen Dialog gab. Es ist ein trauriges

31 Liao Yi und Reis Habito, *Listening*, 312–313.
32 Vgl. Schmidt-Leukel, "Unbridgeable", 140–141.
33 Liao Yi und Habito, *Listening*, 204.

Urteil über unsere Zeit, dass wir jetzt hier sitzen, einen Dialog führen und uns fragen, wie wir heute zusammenleben können."[34] Offensichtlich konnte er im interreligiösen Dialog keinen anderen Sinn erblicken als ein solches Krisenmanagement. Ganz auf dieser Linie bemerkte er denn auch, dass „gewisse Dinge auf der spirituellen und lehrmäßigen Ebene, wie etwa der Glaube an Gott, der Glaube an eine Seele und der Glaube an ein Leben nach dem Tod [...] nicht zur Diskussion stehen"[35], sondern eine „Privatangelegenheit" bleiben müssen.

In ihrer wichtigen Studie zu den Voraussetzungen eines fruchtbaren interreligiösen Dialogs betont Catherine Cornille den Charakter des Dialogs als einer Quelle theologischen Lernens. Doch stellt sie zugleich fest:

> Obwohl die Offenheit für die Möglichkeit, Wahrheit in jenen Lehren und Praktiken zu entdecken, die sich von denen der eigenen Tradition unterscheiden, eine wesentliche Voraussetzung für einen konstruktiven Dialog darstellt, sind Religionen insgesamt einer solchen Art von ‚Gastfreundschaft' nicht besonders zugeneigt. Meist gründet religiöser Glaube in der Überzeugung, dass die eigenen religiösen Lehren und Praktiken vollständig und ausreichend sind. Allein der Gedanke, dass andere Religionen eine Wahrheit beherbergen könnten, die von der eigenen Tradition nicht erfasst wurde, kann so bereits als eine Bedrohung der eigenen epistemischen und religiösen Zuversicht erlebt werden.[36]

Es ist diese Art von religiöser Selbstzufriedenheit, die Menschen davon abhält, den Dialog als eine Möglichkeit zu begreifen, nicht nur etwas über den anderen, sondern auch in religiös relevanter Weise *vom* anderen zu lernen. Cornilles ernüchternde Feststellung wirft die Frage auf, ob es in Islam und Buddhismus Ressourcen gibt, die jener Selbstzufriedenheit entgegenwirken. An dieser Stelle wird nun der vierte eingangs genannte Strang zeitgenössischen buddhistisch-islamischen Dialogs relevant, der Dialog innerhalb der *Traditionalen Schule*. In seinem kleinen, aber bemerkenswerten Buch *Treasures of Buddhism* formuliert Frithjof Schuon (1907–1998) hierfür eine Art hermeneutische Grundregel:

> Die erste Frage, die es hinsichtlich einer jeden Lehre oder Tradition zu stellen gilt, ist die nach ihrer inneren Orthodoxie; das heißt, man muss fragen, ob diese Tradition in Übereinstimmung ist – nicht zwangsläufig mit einem anderen orthodoxen Standpunkt, sondern einfach mit der Wahrheit. Was den Buddhismus betrifft, so werden wir daher nicht etwa fragen, ob sein „Nicht-Theismus" – bemerke: nicht „Atheismus"! – in seiner Ausdrucksform vereinbar ist mit einem semitischen oder anderen Theismus, sondern allein ob der Buddhismus in sich selbst wahr ist. Wenn die Antwort darauf positiv ist, dann bedeutet dies, [...] dass sein Nicht-Theismus eine Warheit zum Ausdruck bringt – oder einen hinreichen-

34 Liao Yi und Habito, *Listening*, 78.
35 Liao Yi und Habito, *Listening*, 78.
36 Cornille, *Im-Possibility*, 178.

den und wirksamen Aspekt der Wahrheit –, von der der Theismus einen anders gearteten Ausdruck darstellt, der jener Welt, in der er vorherrscht, angemessen ist.[37]

Nach Schuon gilt es also zunächst, eine andere Religion in ihren eigenen Begriffen und Kategorien zu verstehen und offen nach der darin möglicherweise enthaltenen Wahrheit zu fragen, oder, wie es Wilfred Cantwell Smith ausgedrückt hat: Es geht darum, die Welt – so weit wie möglich – durch die Augen des anderen zu sehen, damit auch wir jene Wahrheit im Universum erblicken können, die der andere durch die Linse seiner eigenen religiösen Tradition erkannt hat.[38] Erst im Anschluss an diesen Schritt – und es mag sehr wohl sein, dass man im Verlauf des Dialogs immer wieder zu diesem Schritt zurückkehren muss – kann jene theologische Arbeit beginnen, die danach fragt, wie sich die Wahrheit des anderen zur Wahrheit der eigenen Tradition verhält. Dabei wird es sich dann freilich um eine kreative und innovative Form von Theologie handeln, mit der man die Grenzen der Tradition überschreitet und unerforschtes Gebiet betritt.

Doch was, wenn die entsprechenden religiösen Traditionen sagen, in anderen Religionen lasse sich keine Wahrheit finden? Dann vermag der Dialog eventuell zu belegen, dass die Traditionen in diesem Punkt irren. Insofern es um Islam und Buddhismus geht, so finden sich in ihnen jedoch einige Lehren, die in der Tat die Möglichkeit ausdrücken, dass es jenseits der Mauern des eigenen Hauses durchaus Wahrheit, ja bis zu einem gewissen Grad auch neue, bislang unerkannte Wahrheit gibt.

Was den Islam betrifft, so wird immer wieder mit Recht darauf hingewiesen, dass nach dem Koran Gott seine Boten zu jedem Volk gesandt hat (Sure 10:47; 16:36; 35:24), so dass göttliche Offenbarung immer schon über die ganze Welt hinaus verbreitet ist. Die entscheidende Frage lautet jedoch, ob von jener in der Welt verbreiteten Offenbarung neue Einsichten gewonnen werden können. Eine positive Antwort wird durch den Gedanken nahegelegt, dass die Gesandten in einer Weise als Mittler göttlicher Offenbarung dienen, die dem entsprechenden Volk jeweils angepasst ist. Denn dies beinhaltet, dass die Formen und Wege der Offenbarung so vielfältig sind wie die Menschheit: „Jede Botschaft ist einzigartig“, argumentiert der der *Traditionalen Schule* nahestehende Islam-Wissenschaftler William Chittick, „da sie jedem Propheten immer, in der Sprache seines Volkes‘ gegeben ist.“[39] Zudem gilt, dass jede dieser Botschaften in ihrer besonderen Gestalt notwendig begrenzt ist und keine dieser Gestalten jemals in der Lage

37 Schuon, *Treasures*, 18.
38 Vgl. Smith, *Faith*, 137.
39 Chittick, "Sufi", 52.

sein wird, die göttliche Unbegrenztheit zu erschöpfen: „Und wenn alle Bäume der Erde Schreibrohre wären und der Ozean Tinte mit noch weiteren sieben Ozeanen dazu, so könnten damit doch die Worte Allahs nicht ausgeschöpft werden" heißt es im Koran (Sure 31:27; cf. 18:109).

Die Verbindung von Vielfalt und Begrenztheit der Offenbarung angesichts der Einheit und Unbegrenztheit ihrer transzendenten Quelle ermöglicht Komplementarität, wechselseitige Bereicherung und gegenseitige Befruchtung. Der bekannte Hadīth „Sucht Weisheit bis nach China"[40] würde keinen Sinn ergeben, wollte man annehmen, dass der Koran bereits alles Wissenswerte enthält. Nach dem muslimischen Theologen Mahmut Aydin kann und sollte ein Muslim zwar vertreten, dass die Offenbarung im Koran, als eines jener begrenzten Offenbarungsmedien zwar durchaus „universal, entscheidend und unverzichtbar", aber nicht „vollständig, definitiv und unüberbietbar" ist:

> Erstens, Muslime können nicht beanspruchen, dass sie im Koran die Fülle der göttlichen Offenbarung besitzen, als ob dieser alle Wahrheit erschöpfte, die Gott zu offenbaren hat; denn, theologisch gesprochen, kann kein geschaffenes Medium die Fülle des Unbegrenzten ausschöpfen. Zweitens, Muslime können den Koran nicht als das definitive Wort Gottes betrachten, als ob es außerhalb des Korans keine anderen Normen für göttliche Wahrheit geben könne. Dies bedeutet, dass der Koran durchaus das Wort Gottes ist, aber nicht in dem Sinn, dass es nicht noch andere Worte Gottes gebe. Drittens, Muslime können Gottes Offenbarung im Koran nicht in einem solchen Sinn als unüberbietbar betrachten, der ausschlösse, dass Gott sich auch jenseits des Korans zu anderen Zeiten und auf andere Arten offenbaren könnte.[41]

Als Folge dieser Position betrachtet Aydin den interreligiösen Dialog als eine genuine Quelle von Theologie, das heißt „interreligiöse Begegnung bedeutet, dass die Gestalt islamischer Theologie durch den Dialog mit anderen Religionen geprägt werden wird."[42]

Auf buddhistischer Seite ist es vergleichsweise schwieriger, Lehrbestände auszumachen, die der religiösen Selbstzufriedenheit entgegenwirken und einen Raum für interreligiöses Lernen eröffnen. Besonders innerhalb des Theravāda-Buddhismus besteht ein hauptsächliches Hindernis in den beiden Vorstellungen, dass es jeweils nur einen Buddha pro Weltsystem geben kann und dass die Lehren aller Buddhas immer gleich seien, dass es also inhaltlich gesehen nur eine Lehre gibt, die den Weg zum Heil weist. Im Mahāyāna-Buddhismus verhält

---

40 Zitiert bei al-Ġazālī, *Ihyā' 'ulūm ad-dīn*, 15.

41 Aydin, "Religious", 349; siehe auch Aydin "Islam", 49–53.

42 Aydin, "Religious", 352.

es sich damit etwas anders. Hier setzen zumindest einige Schulen die Möglichkeit voraus, dass innerhalb einer Welt mehrere Buddhas gleichzeitig existieren. Auch wird stärker als im Theravāda eine legitime Vielfalt von Lehren anerkannt. Letzteres ist zum Beispiel in der bekannten mahāyānistischen Redeweise ausgedrückt, es gebe 84.000 unterschiedliche Pforten des Dharmas, die der Vielfalt und Verschiedenheit der Menschen und den entsprechend vielfältigen Formen der Verblendung entsprechen.

Der Theravāda könnte die ‚ein Buddha pro Welt'-Lehre eventuell jedoch als einen mythologischen Ausdruck der Verehrung für den historischen Buddha reinterpretieren. In der Tat hat es zeitgenössische theravāda-buddhistische Denker gegeben, die, wie beispielsweise Bhikkhu Buddhadāsa (1906–1993), auf der Ebene der Lehre Möglichkeiten einer positiven Würdigung religiöser Vielfalt erschlossen haben. Bei Buddhadāsa bestand die Grundlage hierfür in seiner Wahrnehmung einer starken Nähe zwischen *dhamma* und Gott. So konnte er als Buddhist explizit der koranischen Aussage zustimmen, dass es für jedes Volk einen Gesandten gebe. Buddhadāsa wandte dies nicht nur auf die Lehre Buddhas an[43], sondern entwickelte im Anschluss daran auch seine Ansicht, die Unterschiede zwischen den Religionen ließen sich auf unterschiedliche soziokulturelle Verhältnisse zurückführen.[44] Er betrachtete den Buddhismus als eine Religion, die vor allem die „Weisheit" betont, während im Christentum „Glaube bzw. Vertrauen" dominiert und im Islam die „Willenskraft" (als ein Äquivalent zur buddhistischen *viriya*). Jeder dieser drei Aspekte ist aus buddhistischer Sicht wichtig und jede der drei Religionen, so Buddhadāsa, schließt jeweils auch die beiden anderen Aspekte mit ein, so dass keine von ihnen ernsthaft defizitär ist.[45]

Im Mahāyāna haben zeitgenössische Denker wie Lama John Makransky die Bedeutung der Avataṃsaka-Philosophie für die Entwicklung eines buddhistischen Verständnisses anderer Religionen hervorgehoben.[46] Die in diesem System grundlegende Vorstellung von der wechselseitigen Interdependenz und Interpenetranz der Ganzheit des Seins und eines jeden einzelnen Aspekts – verbunden mit dem Gedanken, gerade darin bestehe die Wirklichkeit der Buddha-Natur – schafft der Vorstellung Raum, dass diese Buddha-Natur in einer großen

43 Vgl. Buddhadāsa Indapañño, *Christianity*, 8.

44 Vgl. Buddhadāsa Indapañño, *Christianity*, 13.

45 Vgl. Buddhadāsa Indapañño, *Christianity*, 12–13. In diesem Zusammenhang ist es erwähnenswert, dass Buddhadāsa eine enge spirituelle Freundschaft mit dem Muslim Haji Prayoon Vadanyakul verband, vgl. www.buddhistchannel.tv/index.php?id=52,3087,0,0,1,0. Ich danke Frau Leyla Jagiella für diesen Hinweis.

46 Vgl. Makransky, "Buddha", 55–66.

Vielfalt von Formen zugänglich und manifest ist. Dementsprechend heißt es im Avataṃsaka Sutra:

> So wie das Wasser des Ozeans unterhalb der Kontinente und Inseln hindurchfließt, so dass alle, die danach bohren, es auch finden können [...] in der gleichen Weise fließt das Wasser von Buddhas Ozean der Erkenntnis im Geist der bewussten Wesen, so dass, wenn sie die Dinge untersuchen und Wege des Eintritts in die Wahrheit praktizieren, sie auch das reine und klare Erkennen mit leuchtendem Verstehen finden können.[47]

Angesichts solcher Ideen mag es denn auch nicht länger überraschen, dass Dharma Master Hsin Tao, der Initiator der internationalen islamisch-buddhistischen Dialoge, selbst zutiefst von der Avataṃsaka-Philosophie beeinflusst ist.

3 Vom Lernen zur Teilhabe

Dies bringt mich nun zurück zu der Frage, wie sich Buddhismus und Islam theologisch aufeinander beziehen können. Gibt es für Muslime gute Gründe anzunehmen, dass Buddhisten in Verbindung mit derselben Wirklichkeit stehen, die der Islam ‚Allah' nennt? Und gibt es für Buddhisten gute Gründe anzunehmen, dass Muslime in Verbindung mit jener Wirklichkeit stehen, die im Buddhismus ‚nirvāṇa', ‚dharmakāya' oder ‚dharmadhātu' genannt wird? Wiederum ist hier Schuons Bemerkung wichtig, dass der Buddhismus zwar nicht-theistisch, aber nicht atheistisch sei. Das heißt, der Buddhismus leugnet nicht die Existenz einer transzendenten, unbedingten Wirklichkeit. Im Gegenteil, dies entspricht vielmehr exakt der Art und Weise, wie das *nirvāṇa* traditionell definiert wurde: Es wurde als *lokuttara* (welt-jenseitig, also ‚transzendent') und als *asaṃskṛta* (nicht-bedingt bzw. un-bedingt) bezeichnet und bildet die Grundlage für die Möglichkeit der Erlösung.

Doch dies allein sagt uns noch nichts darüber, wie sich Allah und *nirvāṇa* oder *dharmakāya* positiv zueinander verhalten. Lassen sie sich einfach miteinander identifizieren, wie es scheinbar eine Zeit lang in China geschah, als chinesische Muslime das Wort ‚Buddha' (vermutlich in seinem *dharmakāya*-Aspekt) als ein Äquivalent für ‚Allah' gebrauchten?[48] Ich meine, dass in dieser zentralen Frage der buddhistisch-islamische Dialog von jener theologischen Arbeit profitieren könnte, die im Rahmen des christlich-buddhistischen Dialogs geleistet

---

47 Cleary, *Flower*, 999.
48 Vgl. Murata, *Chinese*, 18.

wurde.[49] Meines Erachtens hat sich in diesem Kontext die folgende Sicht als die überzeugendste erwiesen: Die christlichen und buddhistischen Konzepte, mittels derer in beiden Traditionen auf Transzendenz verwiesen wird, lassen sich weder miteinander identifizieren, denn das würde die spezifischen und unterschiedlichen Bedeutungen ignorieren, die diese Konzepte in ihrem eigenen Kontext jeweils haben; noch lassen sie sich völlig voneinander trennen, denn damit würde man die Tatsache übergehen, dass sie nun einmal auf eine unbedingte, transzendente Wirklichkeit verweisen. Man kann auch nicht davon ausgehen, dass sie sich auf verschiedene transzendente Wirklichkeiten beziehen[50], denn damit würde man übersehen, dass eine Wirklichkeit, die alles andere transzendiert, aus logischen Gründen eine einzige sein muss – was eine wesentliche Einsicht hinter der islamischen Lehre von der Einheit des Absoluten (*tauḥīd*) ist.

Die vielversprechendste und hermeneutisch überzeugendste Lösung scheint daher folgende zu sein: Die unterschiedlichen transzendenzbezogenen Namen, Konzepte, Begriffe oder Bilder beziehen sich auf unterschiedliche Erfahrungen, aber auf Erfahrungen, die sich legitimerweise als unterschiedliche Erfahrungen mit derselben transzendenten Wirklichkeit deuten lassen[51] – eine Wirklichkeit, die wie Islam und Buddhismus lehren, zugleich auch immanent ist „[...] uns näher ist als die Halsschlagader [...]" (Sure 50:16) und daher auch erfahrbar. Ihrem eigenen Wesen nach ist diese Wirklichkeit jenseits aller Beschreibbarkeit: „Nichts ist ihm gleich" heißt es in Sure 112:4 und in Sutta Nipāta 1149 wird von dem ins *nirvāṇa* Eingehenden gesagt, er gehe zu dem, „für das es nirgend Gleichnis gibt".[52] Wenn Muslime und Buddhisten beide darin übereinstimmen, dass die transzendente Wirklichkeit im strengen Sinn unvergleichlich und daher unsagbar ist, dann lassen sich die vielen Worte, die in beiden Traditionen dennoch gemacht wurden, wohl am besten nicht als unmittelbare Aussagen über diese transzendente Wirklichkeit selbst verstehen. Vielmehr sind es Aussagen über unterschiedliche Aspekte, die die transzendente Wirklichkeit in ihrem Bezug zu uns, also in ihrer Immanenz, annimmt, so dass diese Aussagen eine Vielfalt von Formen widerspiegeln, in denen sich Menschen der Transzendenz bewusst wurden und diese erfahren haben. Meines Erachtens könnte der buddhistisch-islamische Dialog sich daher fruchtbar weiterentwickeln, wenn beide Seiten

---

49 Für eine nahezu vollständige Übersicht vgl. Brück und Lai, *Buddhismus*, für eine kurze Zusammenfassung siehe Schmidt-Leukel, "Intimate".

50 Dies ist freilich der Ansatz, den einige Prozess-Theologen verfolgen, die mir daher an diesem Punkt widersprechen würden. Vgl. dazu Griffin, *Deep Religious*.

51 Vgl. hierzu Schmidt-Leukel, *Transformation*, 107–145. Die epistemologische Grundlegung für diese Position wurde von John Hick ausgearbeitet, vgl. hierzu sein Meisterwerk *Interpretation*.

52 Nyanaponika, *Sutta-Nipāta*, 231.

erforschen, wie sich die jeweiligen Erfahrungen zueinander verhalten, die mit den unterschiedlichen Tranzendenzkonzepten und ihren jeweiligen Attributen verbunden sind.

Können diese Erfahrungen aber auch geteilt werden? Was den christlich-buddhistischen Dialog betrifft, so erhielt und erhält dieser immer wieder wesentliche Impulse von jenen Christen, die buddhistische Formen der Meditation praktizieren und dabei erfahren, dass dies nicht nur ein besseres Verständnis des Buddhismus erschließt, sondern auch ihre eigene christliche Spiritualität vertieft, bereichert und verändert.[53] Umgekehrt haben buddhistische Mönche es seit mehr als drei Jahrzehnten als eine bereichernde Erfahrung erlebt, ihren monastischen Alltag mit christlichen Mönchen zu teilen.[54] Und einzelne Buddhisten berichten sogar von den positiven spirituellen Folgen, die für sie die passive (oder vielleicht sogar aktive?) Teilhabe an der christlichen Eucharistie hat.[55]

Ist etwas Vergleichbares auch zwischen Buddhismus und Islam möglich? Es entzieht sich meiner Kenntnis, ob es Muslime gibt, die buddhistische Formen der Meditation praktizieren und welche Erfahrungen sie dabei machen, schließe die Möglichkeit aber nicht aus. Mehrere kritische Fatwas, die es in jüngster Zeit auf islamischer Seite gegen die Yoga-Praxis von Muslimen gab[56], scheinen anzudeuten, dass sich einige Muslime durchaus in diese Richtung bewegen. Im umgekehrten Fall weiß ich ebenfalls nicht, ob es Buddhisten gibt, die bereit sind, an islamischen spirituellen Praktiken teilzunehmen oder dies vielleicht bereits getan haben. Dies würde dem Dialog, in seiner theologischen Form, jedoch zweifellos eine wichtige und erstrebenswerte Dimension hinzufügen. Muslime könnten dann aus eigener Erfahrung bezeugen, dass solche Praktiken sie nicht zu einem ‚anderen Gott' führen, sondern zu jener einzigen Realität, die allein Gott ist. Und Buddhisten könnten vielleicht durch eigene Erfahrung entdecken, dass islamische Praxis – unabhängig von islamischer Ethik – sich keineswegs einfach nur in Verblendung ergeht, sondern eine weitere profunde ‚Pforte des Dharma' darstellt.

Im Verlauf solcher durchaus vorstellbaren Entwicklungen könnten beide Seiten vielleicht auch neue Wege finden, um jenen Aspekten theologischen Raum zu gewähren, die sich in den beiden zentralen religiösen Gestalten manifestie-

53 Man braucht hierzu nur die Namen von Hugo Enomiya-Lassalle (1898–1990) oder Thomas Merton (1915–1968) zu nennen. Vgl. auch Eck, *Encountering*, 144–165.

54 Zum intermonastischen Dialog siehe Blée, *Desert*, Mitchell und Wiseman, *Gethsemani*, sowie: http://monasticdialog.com/index.php.

55 Vgl. Makransky "Buddha", 178–180; Thích-Nh´ât-Hòanh, *Living*, 30ff; Thích-Nh´ât-Hòanh, *Going*, 106 ff.

56 www.hvk.org/articles/0904/35.html; http://thetyee.ca/Life/2009/03/13/Yoga/

ren. Den Buddha als einen Propheten oder Gesandten zu betrachten, besitzt eine längere Tradition unter jenen Muslimen, die mit der Beurteilung des Buddhismus als einer Mischung aus Atheismus und Idolatrie unzufrieden waren. Gelegentlich wurde der Buddha sogar mit dem im Koran erwähnten Propheten Dhu'l-kifl (Sure 21:85f und 38:48) identifiziert.[57] Die empörte Reaktion einiger Buddhisten über solche Zuschreibungen verkennt meiner Ansicht nach die dahinter stehende positive und wohlmeinende Motivation. Doch besteht dabei zweifellos auch das Risiko, dass die muslimische Wahrnehmung des Buddhas als eines Propheten wichtige Aspekte des Verständnisses des Buddhas im Buddhismus verfehlt. Auch hier empfiehlt es sich, zu Schuons Regel zurückzukehren: Das heißt, für Muslime wäre es wichtig, zunächst zu verstehen, was Buddha den Buddhisten bedeutet, und erst dann die Frage zu stellen, bis zu welchem Grad dies hinreichend mit den Kategorien eines ‚Propheten' oder ‚Gesandten' erfasst werden kann, oder ob der Buddha vielleicht ein ‚Gesandter' ganz eigener Art ist, oder ob seine spirituelle Bedeutung vielleicht in völlig anderen, möglicherweise neuen Kategorien zum Ausdruck gebracht werden muss. Dies schlösse dann die Frage ein, wie das, wofür der Buddha steht, mit dem Islam resoniert: Erstens die *Vollkommenheit der Weisheit*, die einerseits transzendent ist und andererseits nur durch eigene Einsicht gefunden werden kann; zweitens die *Vollkommenheit des Mitleids*, das niemanden ausschließt und drittens die *untrennbare Einheit von Weisheit und Mitleid*.

Ebenso wie die buddhistische Kategorie des ‚Buddhas' als eines vollendeten Bodhisattvas dem Islam fremd ist, so ist die Kategorie des ‚Propheten' dem Buddhismus unbekannt. Auch hier gilt: Muhammad großzügigerweise als einen Bodhisattva oder gar Buddha anzusehen, könnte zwar wohlmeinender Absicht entspringen, doch stünde man dabei in der Gefahr, die spezifische Bedeutung des Prophetischen im Islam zu verkennen. Somit stellt sich auch hier die Frage, ob der Buddhismus bereit ist, seinen eigenen religiösen Horizont so zu erweitern, dass diesem Neues hinzugefügt werden kann. 1993 schlug die buddhistische Feministin und Religionswissenschaftlerin Rita Gross vor, der Buddhismus könne von den Abrahamischen Religionen so etwas wie die Notwendigkeit einer „prophetischen Stimme"[58] lernen. Dieser Vorschlag stieß, wie Gross später ausführte, auf buddhistischer Seite auf heftige Kritik. Doch Gross verteidigt weiter ihre Ansicht, wonach

---

57 Vgl. Nasr, „Islam", 134–135.

58 Gross, *Buddhism*, 132 ff.

> die buddhistische Betonung des Mitleids und die christliche prophetische Betonung von Gerechtigkeit und Rechtschaffenheit [...] sich auf subtile, aber bedeutsame Weise unterscheiden und einander eine ganze Menge zu sagen haben.[59]

Dieses Urteil lässt sich leicht auf die ‚prophetische Stimme' im Islam ausdehnen. So drückte Phra Paisan Visalo in seiner bemerkenswerten Rede beim buddhistisch-islamischen Dialog in Bangkok 2006 eine sehr ähnliche Ansicht aus, indem er feststellte: „Als Buddhist denke ich, dass wir von den Muslimen viel lernen können, besonders darüber, wie sich ein Sinn für Gerechtigkeit kultivieren lässt ..."[60]

Imtiyaz Yusuf hat zu Recht darauf hingewiesen, dass beide Traditionen, Islam und Buddhismus, dem Propheten und dem Buddha jeweils einen gewissen archetypischen Status verliehen haben als höchste Beispiele dessen, was die Essenz wahren Menschseins verkörpert. Dies zu verstehen, kann nach Yusuf durchaus zu wechselseitiger Wertschätzung führen.[61] Dem möchte ich abschließend nur noch folgende Überlegung hinzufügen: Wenn solche Wertschätzung von der Einsicht darin begleitet ist, wie sich beide Archetypen voneinander unterscheiden und sich gerade darin ergänzen, dann vermag dies zu echter wechselseitiger Befruchtung führen. Es kann die Vorstellung beider Traditionen, von dem, was ideales Menschsein ausmacht, signifikant erweitern und somit beide Traditionen überschreiten.

4 Nachtrag

Nach Abschluss der ursprünglichen Fassung dieses Textes ist der buddhistisch-muslimische Dialog in eine neue Phase eingetreten, auf die hier wenigstens kurz hingewiesen werden soll. Auf Initiative von Prinz Ghazi bin Muhammad (Jordanien), unter Beteiligung des *International Institute of Advanced Islamic Studies* (IAIS), Malaysia und mit offizieller Unterstützung des XIV. Dalai Lama wurde 2010 das Projekt *Common Ground Between Islam and Buddhism* gestartet. Die Initiatoren des Projekts verstehen es in Analogie zu der weit beachteten muslimischen Initiative im christlich-islamischen Dialog *A Common Word* (2007). Mit der Abfassung des Basis-Textes, der die Gemeinsamkeiten von Islam und Buddhismus aus islamischer Sicht beschreibt, wurde Reza Shah-Kazemi beauftragt. Sein 112

59 Gross und Ruether, *Religious*, 164.
60 Visalo, "Path", 20.
61 Vgl. Yusuf, "Dialogue", 112.

Seiten starker Text ist nun mit einem Vorwort des Dalai Lama, zwei Einführungen durch Prinz Ghazi bin Muhammad und Muhammad Hashim Kamali sowie einem ergänzenden Essay von Shaykh Hamza Yusuf in einem Band veröffentlicht.[62] Das Ziel der Initiative ist, so Hashim Kamali, „Muslimen zu helfen, den Buddhismus als eine wahre Religion bzw. *Dīn* zu sehen und Buddhisten zu helfen, den Islam als einen authentischen *Dharma* zu sehen."[63]

In der Tat hat Kazemi einen bemerkenswerten Text verfasst, der einige wesentliche der oben genannten Desiderata einlöst: Obwohl der Frage der ethischen Gemeinsamkeiten gebührend Rechnung getragen wird, steht im Zentrum des Textes die theologische Frage nach dem Bezug beider Religionen zur letzten Wirklichkeit. Auf die Gefahr einer Verkürzung des Dialogs auf die rein ethische Ebene wird deutlich hingewiesen[64] und der genuine Zusammenhang von Ethik und Transzendenzbezogenheit in beiden religiösen Traditionen mit Recht hervorgehoben[65] Shah-Kazemis Interpretation von Buddhismus und Islam ist deutlich von den Lehren der *Traditionalen Schule* beeinflusst, auch wenn dies nicht explizit gesagt wird.[66] Die atheistische Deutung des Buddhismus wird mit zahlreichen Belegen aus dem buddhistischen Schrifttum verworfen. Die zentrale These lautet, dass die vom Buddhismus affirmierte, trans-personale bzw. trans-konzeptuelle letzte Wirklichkeit weitgehend dem islamischen Verständnis des transzendenten Wesens (*al-Dhāt*) Gottes entspricht. Unterschiede zwischen beiden Religionen werden nicht negiert, sondern als Voraussetzungen für wechselseitige Lernprozesse und Bereicherungen verstanden[67] Konkret wird die buddhistische Spiritualität des Nicht-Anhaftens angesichts der Vergänglichkeit als eine Einsicht gewürdigt, die dem Islam helfen kann, seine eigene entsprechende Lehre des Nicht-Haftens (*zuhd*) zu vertiefen.[68] Eine starke Betonung liegt auf der transzendenten Wirklichkeit als der eigentlichen Quelle des für beide Religionen

---

62 Vgl. Shah-Kazemi, *Common Ground*. Die Internetseite der Initiative findet sich unter www.islambuddhism.com.

63 Muhammad Hashim Kamali in seiner Einführung zu *Common Ground*; Shah-Kazemi, *Common Ground*, xix.

64 Vgl. Shah-Kazemi, *Common Ground*, 5.

65 Vgl. Shah-Kazemi, *Common Ground*, 5.

66 Allerdings wird mehrfach auf den in Fußnote 19 erwähnten Marco Pallis verwiesen, einen buddhistischen Vertreter der Traditionalen Schule. Shah-Kazemis Nähe zur Traditionalen Schule wird explizit in seinem Buch *The Other in the Light of the One*.

67 Vgl. Shah-Kazemi, *Common Ground*, 5.

68 Vgl. Shah-Kazemi, *Common Ground*, 84, 89.

gleichermaßen wesentlichen Mitleids/Mitgefühls (*karuṇā* bzw. *rahmah*).[69] Die für den Buddhismus zentrale Verbindung von Weisheit und Mitleid entspringt, so der Text, der Verwirklichung absoluter Einheit (*tauḥīd*).[70]

Das Dokument lädt Buddhisten zu einer Antwort ein, und man wird gespannt sein dürfen, wie und von wem diese Einladung auf buddhistischer Seite angenommen werden wird.[71]

Literaturverzeichnis

Al-Ġazālī, Abū Ḥāmid Muḥammad b. Muḥammad, *Ihyā' 'ulūm ad-dīn. I: Kitāb al-'ilm*. Istanbul 1985.

Aydin, Mahmut, "Religious Pluralism: A Challenge for Muslims – A Theological Evaluation." *Journal of Ecumenical Studies* 38 (2001): 330–352.

Aydin, Mahmut, "Islam in a World of Diverse Faiths. A Muslim View." In *Islam and Inter-Faith Relations. The Gerald Weisfeld Lectures 2006*, hrsg. v. Lloyd Ridgeon u. Perry Schmidt-Leukel, 33–54. London 2007.

Berzin, Alexander, "A Buddhist View of Islam." In *Islam and Inter-Faith Relations. The Gerald Weisfeld Lectures 2006*, hrsg. v. Lloyd Ridgeon u. Perry Schmidt-Leukel, 225–51. London 2007.

Berzin, Alexander, "Buddhist-Muslim Doctrinal Relations. Past, Present, and Future." In *Buddhist Attitudes to Other Religions*, hrsg. v. Perry Schmidt-Leukel, 212–36. St. Ottilien 2008.

Blée, Fabrice, *The Third Desert. The Story of Monastic Interreligious Dialogue*. Collegeville 2011.

Brück, Michael von und Lai Whalen, *Buddhismus und Christentum. Geschichte, Konfrontation, Dialog*. München 1997.

Buddhadāsa Indapañño, Bhikkhu, *Christianity and Buddhism. Phra Thēpwisutthimēthi*. Bangkok 1967.

---

69 Vgl. Shah-Kazemi, *Common Ground*, 92–100.

70 Vgl. Shah-Kazemi, *Common Ground*, 111. Dieser Gedanke scheint auch in Tariq Ramadan's *The Quest for Meaning* auf. Sein weit ausgreifender Durchgang durch die Spiritualität der Religionen in Auseinandersetzung mit den Entwicklungen der Neuzeit endet mit der Quintessenz, dass es existentiell und spirituell vor allem auf die Verbindung von Liebe und Anhaftungslosigkeit ankomme: "Loving without becoming attached [...]" (Ramadan, *The Quest*, 205). Ramadan konstatiert, dass hierin der profunde Sinn des buddhistischen Verständnisses von Mitleid liegt und dass in den monotheistischen Religionen dasselbe Motiv mit dem Gedanken der Einheit Gottes verbunden ist (ebd.).

71 In seinem jüngsten Buch über das Verhältnis der Religionen zueinander *Towards the True Kinship of Faiths* geht der XIV. Dalai Lama auch auf den Islam ein (vgl. Dalai Lama, *Towards*, 77–92), verbleibt jedoch weitgehend auf der Ebene der Anerkennung des positiven ethischen Potentials im Islam. Zwar wird festgestellt, dass der Islam das Mitgefühl als Widerspiegelung des göttlichen Mitgefühls versteht, doch verzichtet der Dalai Lama darauf, in dieser Hinsicht einen Bezug zu buddhistischen Konzepten letzter Wirklichkeit herzustellen.

Chittick, William C., "A Sufi Approach to Religious Diversity. Ibn al-'Arabī on the Metaphysics of Revelation." In *Religion of the Heart. Essays Presented to Frithjof Schuon on his Eightieth Birthday*, hrsg. v. Seyyed Hossein Nasr u. William Stoddart, 50–90. Washington D. C. 1991.

Cleary, Thomas, *The Flower Ornament Scripture*. Boston 1993.

Cornille, Catherine, *The Im-Possibility of Interreligious Dialogue*. New York 2008.

Dalai Lama, *Towards the True Kinship of Faiths. How the World's Religions Can Come Together*. London 2010.

Eck, Diana L., *Encountering God. A Spiritual Journey from Bozeman to Banaras*. Boston 1993.

Elverskog, Johan, *Buddhism and Islam on the Silk Road*. Philadelphia 2010.

Gimaret, Daniel, "Bouddha et les bouddhistes dans la tradition Musulmane." *Journal Asiatique* 257 (1969): 273–316.

Griffin, David R., Hrsg., *Deep Religious Pluralism*. Louisville, Ky 2005.

Gross, Rita M., *Buddhism After Patriarchy. A Feminist History, Analysis, and Reconstruction of Buddhism*. Albany, NY 1993.

Gross, Rita M. und Rosemary R. Ruether, *Religious Feminism and the Future of the Planet: A Christian-Buddhist Conversation*. New York 2001.

Hick, John, *An Interpretation of Religion. Human Responses to the Transcendent*. Basingstoke 1989.

Ikeda, Daisaku und Majid Tehranian, *Global Civilization. A Buddhist-Islamic Dialogue*. London 2005.

Jerryson, Michael K. "Militarizing Buddhism: Violence in Southern Thailand." In *Buddhist Warfare*, hrsg. v. Michael K. Jerryson u. Mark Juergensmeyer, 179–209. New York 2010.

Makransky, John, "Buddha and Christ as Mediators of the Transcendent. A Buddhist Perspective." In *Buddhism and Christianity in Dialogue. The Gerald Weisfeld Lectures 2004*, hrsg. v. Perry Schmidt-Leukel, 176–99. Norwich 2005.

Makransky, John, "Buddhist Inclusivism. Reflections Toward a Contemporary Buddhist Theology of Religions." In *Buddhist Attitudes to Other Religions*, hrsg. v. Perry Schmidt-Leukel, 47–68. St. Ottilien 2008.

Melikian-Chirvani, Assadullah S., "L'évocation du Bouddhisme dans l'Iran Musulman." *Le Monde Iranien et l'Islam* 11 (1974): 1–72.

Mensching, Gustav, *Der offene Tempel. Die Weltreligionen im Gespräch miteinander*. Stuttgart 1974.

Mitchell, Donald W. und James A. Wiseman, Hrsg., *The Gethsemani Encounter. A Dialogue on the Spiritual Life by Buddhist and Christian Monastics*. New York 1997.

Murata, Sachiko, *Chinese Gleams of Sufi Light*. Albany 2000.

Nasr, Seyyed H., „Der Islam." In *Innenansichten der großen Religionen. Buddhismus, Christentum, Daoismus, Hinduismus, Islam, Judentum, Konfuzianismus*, hrsg. v. Arvind Sharma, 387–538. Frankfurt am M. 1997.

Newman, John, "Islam in the Kālacakra Tantra." *Journal of the International Association of Buddhist Studies* 21,2 (1998): 311–371.

Nyanaponika, Übers., *Sutta-Nipāta. Früh-buddhistische Lehrdichtungen aus dem Pali-Kanon*. 2. Aufl., Konstanz 1977.

Panikkar, Raimundo, *The Intrareligious Dialogue*. New York 1978.

Prasetyo, Teddy, "Thailand. Buddhism-Islam Dialogue Aimed at Ending Violence and Promoting Greater Religious Understanding." *Current Dialogue* 46 (2005): 56–58.

Ramadan, Tariq, *The Quest for Meaning. Developing a Philosophy of Pluralism*. London 2010.

Ridgeon, Lloyd, Hrsg., *Islam and Religious Diversity. Volume III: Eastern Religions*. London – New York 2012.
Schmidt-Leukel, Perry, "Intimate Strangers. An Introduction." In *Buddhism and Christianity in Dialogue. The Gerald Weisfeld Lectures 2004*, hrsg. v. Perry Schmidt-Leukel, 1–26. Norwich 2005.
Schmidt-Leukel, Perry, "The Unbridgeable Gulf? Towards a Buddhist-Christian Theology of Creation." In *Buddhism, Christianity and the Question of Creation. Karmic or Divine?*, hrsg. v. Perry Schmidt-Leukel, 109–78. Aldershot 2006.
Schmidt-Leukel, Perry, "Buddhist-Hindu Relations." In *Buddhist Attitudes to Other Religions*, hrsg. v. Perry Schmidt-Leukel, 143–71. St. Ottilien 2008.
Schmidt-Leukel, Perry, *Transformation by Integration. How Inter-Faith Encounter Changes Christianity*. London 2009.
Schmidt-Leukel, Perry, Hrsg., *Buddhism and Religious Diversity: Islam and Judaism*, 3. London u. a. 2012.
Schoonenberg, Piet, „Versuch einer christlich-theologischen Sicht des Hinduismus". In *Offenbarung, Geistige Realität des Menschen*, hrsg. v. Gerhard Oberhammer, 171–187. Wien 1974.
Schuon, Frithjof, *Treasures of Buddhism*. Bloomington 1993.
Scott, David, "Buddhism and Islam. Past to Present Encounters and Interfaith Lessons." *Numen* 42 (1995): 141–155.
Shah-Kazemi, Reza, *The Other in the Light of the One. The Universality of the Qur'an and Interfaith Dialogue*. Cambridge 2006.
Shah-Kazemi, Reza, *Common Ground Between Islam and Buddhism*. Louisville 2010.
Smith, Jane, "Early Muslim Accounts of Buddhism in India." *Studies in Islam* 10 (1973): 87–100.
Smith, Wilfred C., *Faith and Belief*. Princeton 1979.
Thích-Nh´ât-Hòanh, *Going Home: Jesus and Buddha as Brothers*. New York 1999.
Thích-Nh´ât-Hòanh, *Living Buddha, Living Christ*. New York 1995.
Visalo, Phra Paisan, "On the Path Toward Peace and Justice. Challenges Confronting Buddhists and Muslims." *Seeds of Peace* 22, 3 (2006): 15–20.
Waardenburg, Jacques, *Muslims and Other. Relations in Context*. Berlin 2003.
Yi, Bhikkuni Liao und Maria Reis Habito, Hrsg., *Listening. Buddhist-Muslim Dialogues 2002–04*. Taipai 2005.
Yusuf, Imtiyaz, "Dialogue Between Islam and Buddhism Through the Concepts of Tathagata and Nur Muhammadi." *International Journal of Buddhist Thought & Culture* 5 (2005): 105–114.
Yusuf, Imtiyaz, Hrsg., *The Muslim World – A Special Issue on Islam and Buddhism* 100, 2/3 (2010).

Namenregister

Aaron 37
'Abduh, Muhammad 231
Abel 37, 38
Abraham 36, 38, 40–43, 45, 48, 50, 51, 202
Abraham ibn Daud 54, 55
Abraham ibn Ezra 54, 59–72
Adam 37, 38, 40, 49, 186
Adorno, Theodor 94
Ahab 79, 84
Akiba, Rabbi 26
Albertus Magnus 155
Al-Bīrūnī 242
Al-Fārābī 7
Al-Ǧāḥiẓ 201–204
Al-Istakhrī 242
Al-Kermāni 242
Al-Nadīm 242
Al-Shahrastānī 242
Angenendt, Arnold 130, 134
Aristoteles 155
Arkoun, Mohammed 221, 227
Ascher ben Jechiel 23
Averroes s. Ibn Rushd
Avicebrol s. Solomon ibn Gabirol
Avicenna s. Ibn Sīna
Avina, Rabbi 83
Aydin, Mahmut 250

Balderich von Dol 135–137, 139, 141
Barfield, Owen 167
Barth, Karl 96
Behr-Sigel, Elisabeth 184, 185, 188, 190, 192
Bellarmin, Robert 178
Benjamin, Walter 5
Benveniste, Abraham 27
Berger, Peter 105
Bergsträsser, Gotthelf 199
Bernhard von Clairvaux 130, 145
Berzin, Alexander 242, 243
Bonaventura, Giovanni 155
Bosco, Giovanni 96
Bourdara, Kalliopi A. 188
Buber, Martin 89–92, 97–110
Buddha 246, 250–252, 255, 256
Buddhadāsa, Bhikkhu 251
Bultmann, Rudolf 96
Burchard von Ursberg 145–147

Chappell, David W. 245
Chittick, William 244, 249
Cornille, Catherine 248

Dagobert von Pisa 142
Dalai Lama 256, 257
Dan, Joseph 75
David 77, 83, 139
Davidson, Israel 34, 35, 55
Delp, Alfred 165
Descartes, René 155
Dihle, Albrecht 117
Dinzelbacher, Peter 130
Döblin, Alfred 167

Eleazar Kalir 64, 66, 67, 69, 70
Eliezer, Rabbi 82, 83
Elm, Kaspar 134
Emanuel, Rahm 30
Ephrem von Nisibis 207
Epstein, Abraham 75
Esau 38, 49
Eva 37, 80, 186, 189
Evdokimov, Paul 186
Evil-Merodach 81

Fallon, Francis T. 124
Fichte, Johann Gottlieb 153, 160, 166
Filali-Ansari, Abdou 236
Fischer, Franz 89–100, 102–109
Fischer-Buck, Anne 90, 93
FitzGerald, Kyriaki Karidoyanes 189
Flavius Josephus 20
France, John 134
François de Sales 96
Freud, Sigmund 102
Friedman, Maurice 101
Fulcher von Chartres 135

Geiger, Abraham 196, 198
Ghazi bin Muhammad 256, 257
Glock, Charles 226

Goethe, Johann Wolfgang von 156
Goldziher, Ignaz 199
Goschen-Gottstein, Alon 247
Gottfried von Bouillon 142
Gregor VII. 131
Gregor von Nazianz 189
Gross, Rita 255
Guibert von Nogent 141

Habakuk 77, 83
Habermas, Jürgen 222
Harnack, Adolf von 154
Harrison, Verna 188, 190
Hegel, Georg Wilhelm Friedrich 91, 95, 96, 153, 156, 160
Heidegger, Martin 158
Henrich, Dieter 158, 160, 162–164
Hiram von Tyros 81
Ḥiwi al-Balkhi 32–57
Hölderlin, Johann Christian Friedrich 153, 162, 163
Hopko, Thomas 186
Horkheimer, Max 94
Horovitz, Josef 199
Hsin Tao 244, 245, 252

Ibn Khalid 242
Ibn Rushd 7, 60
Ibn Sīna 7, 60
Ikeda, Daisaku 244, 245
Innozenz III. 145, 147
Irenäus von Lyon 174, 177, 186
Isebel 79, 84

Jakob 38–40, 49, 50
Jakob ben Ascher 22
Japhet ben Eli 34, 38
Jaspert, Nikolas 135
Jehoschua, Rabbi 70
Jehoschua ben Qarcha, Rabbi 43
Jeremia 77
Jesus 10, 13, 14, 96, 111, 112, 115, 119, 120, 121, 122, 124, 125, 126, 154, 172, 175, 176, 181, 201
Jischmael 40
Johannes der Täufer 61
Johannes Paul II. 157
Josef, Rav 20
Joseph ben Samuel 22
Juan I. 26
Judah ben Barzillai 35, 39
Jung, Carl Gustav 101
Justin der Märtyrer 125

Kain 37, 38
Kallis, Anastasios 189
Kamali, Muhammad Hashim 257
Kanagaraj, Jey J. 119
Kant, Immanuel 90, 153, 156, 157, 159, 160, 167
Kassir, Samir 204, 205, 217
Kayserling, Mayer 26
Klauck, Hans-Josef 115
Klee, Paul 5
Klepper, Jochen 165
Kloppenborg, John S. 119
Koigen, David 105, 106
Konstantinidis, Chrysostomos 183–185
Kraemer, Caspar J. 118
Kugel, James 197, 203

Lao-Tzu 107
Leibniz, Gottfried Wilhelm 155
Lessing, Gotthold Ephraim 156
Levinas, Emmanuel 158
Lewis, C. S. 167
Limouris, Gennadios 185
Lotze, Rudolf Hermann 167
Luther, Martin 178, 180

Maimonides 7, 22, 23, 24, 27, 28, 53
Makransky, John 251
Maria 186, 189
Meir von Rothenburg 26
Mensching, Gustav 243
Montgomery, James 205
Mose 36, 37, 39, 68, 77, 78, 80, 83, 124, 125, 137, 201, 202, 208
Mose ibn Ezra 54
Muhammad 10, 13, 201–203, 205, 207, 208, 225, 229, 233, 238, 243, 255

Nachman bar Rav Chisda, Rav 43
Nebukadnezar 81

Nietzsche, Friedrich Wilhelm 195, 196, 200
Nikolaus von Kues 165
Noah 37, 50, 202

Obadja 80
Origenes 19, 174

Pacaci, Mehmet 215, 216
Panikkar, Raimundo 244
Paschalis II. 144
Paulus 122–124, 154
Peter III. von Aragon 25
Petrou, Ioannis 188
Philo von Alexandrien 117
Picho, Joseph 26, 27
Pinchas, Rabbi 87
Plinius der Jüngere 118, 119
Pollock, Sheldon 196
Pseudo-Baḥya 55, 56
Ptolemäus 124, 125

Rahner, Karl 165
Raimund von St. Egidii 142
Rashīd al-Dīn 242
Ratzinger, Joseph 157, 174
Rauf, Feisal A. 245
Riffaterre, Michael 215
Rimpoche, Dagpo 247
Robert von Reims 135, 138
Rogers, Carl R. 101
Rubin, Uri 207

Saadia Gaon 32–39, 44–57, 64, 71
Salmon ben Yeruḥim 35, 54
Salomon ben Adret 23
Samaravickrama, Vijaya 247
Samuel bar Nachmani, Rabbi 85
Samuel ben Ḥofni 54
Sanherib 80
Sarah 41, 79, 84
Schaeffler, Richard 159
Schechter, Solomon 55
Schelling, Friedrich Wilhelm Joseph von 95, 153, 161, 167
Schimon ben Schetach 25
Schirmann, Haim 34
Schmied-Kowarzik, Wolfdietrich 89
Scholem, Gershom 196
Schuon, Frithjof 244, 248, 249, 252, 255
Seckler, Max 173, 180
Shah-Kazemi, Reza 256, 257
Shimon ha-Darshan 74, 75
Simon, Rabbi 81
Simon, Richard 178
Smith, Wilfred Cantwell 249
Solomon ibn Gabirol 60
Solov'ëv, Vladimir 165
Spinoza, Baruch de 155, 160, 167, 179
Sprenger, Alois 199
Steinschneider, Moritz 196
Strasser, Peter 167

Tehranian, Majid 244
Teresa von Avila 165
Theunissen, Michael 89
Thomas von Aquin 155, 163, 164
Titus 20
Trajan 118
Trüb, Hans 100

Urban II. 129, 130, 131, 135–149
Urban, Martina 105, 106

Visalo, Phra Paisan 256
Voegelin, Eric 166, 167

Waardenburg, Jacques 242
Waas, Adolf 133, 134
Watt, Jan Gabriel 119, 120
Wilamowitz-Moellendorff, Ulrich von 195, 196
Wilhelm von Tyrus 131–133, 139–141, 145
Wilken, Robert John 197

Yusuf, Imtiyaz 256
Yusuf, Shaykh Hamza 257

Zeitlin, Solomon 20
Zunz, Leopold 72, 75, 196

Geographisches Register

Afghanistan 228
Afrika 60, 155, 160
Ägypten 39, 40, 60, 65, 68, 80, 85, 199, 212
Algier 223
Andalusien 59–62, 65, 66, 69, 71, 72
Antiochia 136, 142
Aragon 24, 26
Asien 241

Babylonien 33, 34, 44
Bagdad 32, 64, 71, 155, 242
Bangkok 245, 256
Basra 201
Bologna 155
Bonn 92
Byzanz 64

Chalzedon 189
China 33, 160, 252
Clermont-Ferrand 129, 130, 135, 136, 139, 140, 145, 148, 149
Cordoba 59, 60, 64, 155

Damaskus 69, 223
Deutschland 21, 23, 24, 75, 89, 223, 224, 227, 228, 230, 234, 238, 241

England 60, 64, 72, 190
Ephesus 189
Europa 61, 64, 71, 145, 146, 148, 198, 200, 217

Frankreich 21, 24, 60, 64, 72, 130

Granada 59, 60

Hamburg 90, 223, 230, 232, 236, 238

Iberische Halbinsel 19, 21, 23, 71
Indien 199, 242, 243
Israel 22, 24, 62, 63
Italien 21, 59–62, 64, 71, 72, 75

Jemen 53, 60, 65
Jericho 135
Jerusalem 129–137, 140–145, 147, 148, 184, 208

Kastilien 24, 26
Katalonien 24
Khorasan 33
Kleinasien 114, 118
Konstancin 188
Konstantinopel 189
Kuala Lumpur 247

Levadia 188

Mainz 148
Malaysia 247, 256
Medina 198, 214
Mekka 198, 207, 214, 233, 242
Myra 83

Neapel 155
Nizäa 189

Oxford 155

Palästina 19
Paris 155, 245, 247
Persien 33
Provence 60, 69
Pumbedita 33

Rheinland 147
Rom 59–62, 64, 65, 67, 71, 72

Saragossa 59
Saudi-Arabien 233
Sinai 36, 52–53, 119
Spanien 23, 27, 32, 60, 64, 69, 71

Thailand 244, 245
Toledo 22
Trient 177, 178
Tudela 60
Türkei 234

USA 188

Wien 91

www.ingramcontent.com/pod-product-compliance
Lightning Source LLC
Chambersburg PA
CBHW051112230426
43667CB00014B/2551
9781614516811